Ordnungstheorie, Ordnungspolitik und Soziale Marktwirtschaft

Hubertus Bardt · Dirk Wentzel

Ordnungstheorie, Ordnungspolitik und Soziale Marktwirtschaft

Grundbegriffe und Konzeptionen

Hubertus Bardt
Institut der deutschen Wirtschaft
Köln, Nordrhein-Westfalen, Deutschland

Dirk Wentzel
Fakultät für Wirtschaft und Recht
Hochschule Pforzheim
Pforzheim, Baden-Württemberg, Deutschland

ISBN 978-3-658-44950-6   ISBN 978-3-658-44951-3 (eBook)
https://doi.org/10.1007/978-3-658-44951-3

Die Deutsche Nationalbibliothek verzeichnet diese Publikation in der Deutschen Nationalbibliografie; detaillierte bibliografische Daten sind im Internet über https://portal.dnb.de abrufbar.

© Der/die Herausgeber bzw. der/die Autor(en), exklusiv lizenziert an Springer Fachmedien Wiesbaden GmbH, ein Teil von Springer Nature 2024

Das Werk einschließlich aller seiner Teile ist urheberrechtlich geschützt. Jede Verwertung, die nicht ausdrücklich vom Urheberrechtsgesetz zugelassen ist, bedarf der vorherigen Zustimmung des Verlags. Das gilt insbesondere für Vervielfältigungen, Bearbeitungen, Übersetzungen, Mikroverfilmungen und die Einspeicherung und Verarbeitung in elektronischen Systemen.
Die Wiedergabe von allgemein beschreibenden Bezeichnungen, Marken, Unternehmensnamen etc. in diesem Werk bedeutet nicht, dass diese frei durch jede Person benutzt werden dürfen. Die Berechtigung zur Benutzung unterliegt, auch ohne gesonderten Hinweis hierzu, den Regeln des Markenrechts. Die Rechte des/der jeweiligen Zeicheninhaber*in sind zu beachten.
Der Verlag, die Autor*innen und die Herausgeber*innen gehen davon aus, dass die Angaben und Informationen in diesem Werk zum Zeitpunkt der Veröffentlichung vollständig und korrekt sind. Weder der Verlag noch die Autor*innen oder die Herausgeber*innen übernehmen, ausdrücklich oder implizit, Gewähr für den Inhalt des Werkes, etwaige Fehler oder Äußerungen. Der Verlag bleibt im Hinblick auf geografische Zuordnungen und Gebietsbezeichnungen in veröffentlichten Karten und Institutionsadressen neutral.

Planung/Lektorat: Isabella Hanser
Springer Gabler ist ein Imprint der eingetragenen Gesellschaft Springer Fachmedien Wiesbaden GmbH und ist ein Teil von Springer Nature.
Die Anschrift der Gesellschaft ist: Abraham-Lincoln-Str. 46, 65189 Wiesbaden, Germany

Wenn Sie dieses Produkt entsorgen, geben Sie das Papier bitte zum Recycling.

Vorwort

Soziale Marktwirtschaft! Kein anderer Begriff in Wirtschaft und Gesellschaft, in Kultur und in der Politik ist in Deutschland so allgegenwärtig und prägend, wenn es um die Charakterisierung der Wirtschaftsordnung geht, die Deutschland nach zwei Weltkriegen und den Unruhen der Weimarer Republik zu einer wirtschaftsstarken und stabilen Demokratie gemacht hat! Der Gründungsmythos der Bundesrepublik, der mit der Einführung der Deutschen Mark und der Sozialen Marktwirtschaft „mit großem S" zum Wirtschaftswunder führte, ist dauerhaft mit dem Namen Alfred Müller-Armack verbunden. Das große „S" bedeutet, dass Sozial kein normales Adjektiv ist, sondern ein Eigenname, der quasi als Markenzeichen für die deutsche Wirtschaftsordnung dient. Müller-Armack war es, der diesen Begriff als Staatssekretär im Bundesministerium für Wirtschaft erfand und in den politischen Prozess einführte. Ludwig Erhard, der erste und langjährige Wirtschaftsminister der Bundesrepublik Deutschland und später Nachfolger von Konrad Adenauer als Kanzler, war das politische Gesicht der Sozialen Marktwirtschaft, der dieses Konzept unter anderem auch durch sein populärwissenschaftliches Buch „Wohlstand für Alle" tief in der Wahrnehmung der Bevölkerung verankerte.

Soziale Marktwirtschaft! Das ist eigentlich ein Widerspruch in sich. Denn in einer Marktwirtschaft geht es zunächst einmal um Angebot und Nachfrage, um die Wirkung des Preismechanismus und um den Wettbewerb. Im sozialen Bereich geht es um Solidarität, um familiären und freundschaftlichen Zusammenhalt, um Gerechtigkeit. Scheinbar sind diese beiden Welten schwer zu vereinbaren – aber eben nur scheinbar, wie der Erfinder der Sozialen Marktwirtschaft, Alfred Müller-Armack, immer wieder betonte. Die Idee der Versöhnung, des Ausgleichs verschiedener Interessen führt dazu, dass unterschiedliche gesellschaftliche Gruppierungen angesprochen und in einen Dialog gebracht werden. Soziale Marktwirtschaft ist somit auch ein Gesprächs-Forum, in dem sich verschiedene Perspektiven treffen und austauschen können.

Nach 75 Jahren kann die Soziale Marktwirtschaft auf eine bewegte und bewegende Geschichte zurückblicken: Nach dem Gründungsmythos, der eng mit der West-Anbindung Deutschlands verbunden ist, führten die ersten Jahre zum wirtschaftlichen Wiederaufbau, zur Entschuldung und erstmalig auch zu Währungsstabilität – die Deutschland bis dahin nie kannte. Ab den 60er Jahren versuchten die Nachfolger von Erhard die Soziale Marktwirtschaft dann mit den Ideen der keynesianischen Globalsteuerung zu verbinden. In den 70er Jahren musste sich die Soziale Marktwirtschaft erstmalig in internen und externen Krisen bewähren, etwa im Anschluss an die Ölkrise 1973. Der Zusammenbruch des Festkurssystems von Bretton Woods ebenfalls 1973 stellte die Währungsfragen zunehmend in das Zentrum der Aufmerksamkeit, denn die Deutsche Mark war auf einmal der Stabilitätsanker und der Bezugspunkt für die anderen europäischen Staaten und deren Währungen. Ab den 80er Jahren wurde die Soziale Marktwirtschaft immer stärker durch den Europäischen Binnenmarkt geprägt. Bei offenen Grenzen im Anschluss an das Schengener Abkommen von 1985 und zunehmender Währungskooperation im Europäischen Währungssystem nach 1979 befand sich die deutsche Wirtschaftsordnung in einem offenen Dialog mit den teilweise unterschiedlichen wirtschaftlichen Vorstellungen und Ideen, wie sie in den europäischen Partnerländern existieren.

Nach dem Zusammenbruch der zentral gelenkten Wirtschaftsordnungen in Ost-Europa und dem Fall der Berliner Mauer 1989 schienen die Marktwirtschaft und die westliche Demokratie endgültig als das „Traumpaar der Ideengeschichte" etabliert – Francis Fukuyama sprach sogar in einem viel beachteten Beitrag vom „Ende der Geschichte". Doch die Integration der ehemaligen sozialistischen Staaten in den offenen europäischen Binnenmarkt erwies sich als wesentlich schwieriger und zeitaufwendiger, als dies in der Euphorie des Mauerfalls erwartet worden war. Und sogar in Deutschland, das die Wiedervereinigung finanziell sehr großzügig gestalten und begleiten konnte, erwiesen sich die Ideen über zentrale Wirtschaftssteuerung und die Leistungsfähigkeit staatlicher Lenkung als wesentlich hartnäckiger, als man dies erwartet hatte. Dies offenbart ein gewisses Paradox in modernen Demokratien und marktwirtschaftlichen Systemen: Einerseits sind die Politiker eine Berufsgruppe, die in der Bevölkerung kein besonders hohes Ansehen hat: Andererseits erwarten viele Bürger vom Staat und damit von der Politik Lösungen für allgegenwärtige Probleme und Herausforderungen.

Die Soziale Marktwirtschaft steht heute vor großen Herausforderungen, die vor allem mit der „Entgrenzung" der wirtschaftlichen Beziehungen verbunden ist. Noch in den 50er Jahren wurde Volkswirtschaftslehre prinzipiell als „Nationalökonomie" verstanden und gelehrt. Heute ist die sie nur noch als „Internationalökonomie" zu verstehen mit vielfältigen Verflechtungen und Interdependenzen. Die Globalisierung und die internationale Vernetzung der Wertschöpfungsketten bedingen wechselseitige Abhängigkeiten, die mit nationaler Ordnungspolitik nur schwer zu gestalten sind. Hinzu kommt eine weitere Dimension der Entgrenzung, die Digitalisierung, die die noch bestehenden geografischen Landesgrenzen quasi aufgehoben und ins Internet verschoben hat. Kann es überhaupt noch nationale Wirtschaftspolitik geben im globalen und vollständig digitalisierten Markt?

Eine weitere große Herausforderung der Sozialen Marktwirtschaft ist die Dekarbonisierung der Weltwirtschaft, die angesichts der globalen Erderwärmung und steigender CO_2-Emmissionen dringend notwendig, aber nur im grenzübergreifenden, internationalen

Kontext sinnvoll zu lösen ist. Hier befindet sich die internationale Staatengemeinschaft in einem klassischen Gefangenen-Dilemma: Es wäre weltwirtschaftlich sinnvoll, wenn sich alle Staaten gleichermaßen an der CO_2-Reduktion beteiligen würden, aber für jeden einzelnen Staat besteht der Anreiz, als Trittbrettfahrer auszuscheren und die eigene heimische Industrie zu bevorzugen und vor möglichen CO_2-Kosten zu schützen. Wie können in dieser Zwickmühle institutionelle Regelungen gefunden werden, um diese scheinbar ausweglose Situation zu überwinden?

Politisch und im internationalen Kontext steht die Soziale Marktwirtschaft im Wettbewerb mit anderen Regelsystemen, die nicht notwendigerweise einer demokratischen Kontrolle unterliegen. Der Aufstieg von China zur Handelsweltmacht stellt alte Glaubenssätze infrage, nach denen Demokratie und Marktwirtschaft untrennbar miteinander verbunden sind. Offensichtlich ist die chinesische Regierungsform sehr wohl in der Lage, wirtschaftliches Wachstum und Wohlstand für breite Bevölkerungsschichten miteinander zu verbinden. Doch wie kann und soll sich eine Soziale Marktwirtschaft wie die Deutschlands in Außenhandelsfragen gegenüber einem Land positionieren, in der solche Fragen durch eine monopolistische Staatspartei gelöst und angeordnet werden? Die Rückkehr der Geopolitik verlangt pragmatische und kluge Lösungen, ohne den ordnungspolitischen Kompass aus der Hand zu legen.

Die Soziale Marktwirtschaft in Deutschland als wirtschaftswissenschaftliche Konzeption basiert auf einer theoretischen Grundlage. Im vorliegenden Band beleuchten verschiedene Autorinnen und Autoren spezielle Aspekte der Ideengeschichte, der Theorien, der Realstrukturen und der wirtschaftspolitischen Anwendungen. In einem ersten und einleitenden Kapitel werden die Grundlagen der Ordnungstheorie in verschiedenen Facetten vorgestellt. Obwohl die Ordnungstheorie derzeit auf verschiedenen Ebenen eine wahre Renaissance erlebt, findet sie als Lehrveranstaltung an wirtschaftswissenschaftlichen Fakultäten kaum noch statt. Dies mag einerseits mit der Vielfalt von ordnungstheoretischen Überlegungen und dem Mangel an einem geschlossenen theoretischen Modellrahmen zusammenhängen, andererseits aber auch mit dem manchmal geäußerten Vorwurf, die Ordnungstheorie würde sich zu sehr mit der „Exegese alter Meister" auseinandersetzen. Dieser Vorwurf kann klar zurückgewiesen werden, denn heute ist die methodologische Grundvoraussetzung der Ordnungstheorie eine grundsätzliche Überprüfbarkeit der Hypothesen, und zwar entweder mithilfe von empirischen Methoden oder aber systemvergleichend.

Ordnungspolitische Debatten werden häufig von den „Idealwelten der Ökonomen" bestimmt. Bekannte Ökonomen haben mit ihren Ideen viele Menschen überzeugt, geprägt und Denkschulen gebildet. Aus diesem Grund ist das zweite Kapitel in dem vorliegenden Band ausschließlich der Ideengeschichte gewidmet. In kurzen und knappen Beiträgen werden die Ideen und Theorien der großen Ökonomen vorgestellt und mit weiterführender Literatur bzw. mit dem Verweis auf die Originale erläutert. Alle Autorinnen und Autoren haben sich von der Motivation leiten lassen, den großen Denkern in ihrer Zeit und vor dem Hintergrund ihrer persönlichen Biografie gerecht zu werden. Es geht darum, die großen

Ideen eines Adam Smith, eines John Locke, eines John Maynard Keynes oder eines Walter Euckens darzustellen, ohne von vornherein mit einer Wertung oder Bewertung der Person und des Werkes zu beginnen.

Im dritten Kapitel des vorliegenden Bandes stehen institutionenökonomische Überlegungen und Theorien im Zentrum. Während die Ordnungstheorie vor allem im deutschsprachigen Raum Anhänger und Verfechter gefunden hat – sie war ja quasi die theoretische Grundlage der Sozialen Marktwirtschaft – haben im internationalen Wissenschaftsraum vor allem Beiträge aus den „institutional und constitutional economics" Beachtung und Verbreitung gefunden – auch mit der Verleihung diverser Nobelpreise, etwa für James Buchanan, Oliver Williamson oder auch Douglas North. Diese institutionellen Perspektiven haben zum Teil einen sehr hohen Erklärungsgehalt, weshalb Bausteine dieser Theorien auch für die konzeptionelle Weiterentwicklung der Sozialen Marktwirtschaft verwendet werden können.

Das vierte Kapitel ist der Politischen Ökonomik gewidmet. Dabei ist der Wandel dieses Begriffes im Zeitablauf und in verschiedenen Wirtschaftssystemen ganz bemerkenswert – und zugleich hoch aktuell. Die Klassiker der Ökonomie sprachen von politischer Ökonomik ebenso wie die Vertreter einer marxistischen Ökonomie – etwa in den volkswirtschaftlichen Lehrbüchern der DDR. Dann nahm dieser Begriff, vor allem im angelsächsischen Sprachraum, eine aktuelle Wendung, indem in der Politikwissenschaft und bei der Erklärung von politischen Prozessen auf ökonomische und empirische Methoden zurückgegriffen wurde. Auch aktuell erfährt die Politische Ökonomik große und neue Aufmerksamkeit, weil die Vielzahl von Krisen und Herausforderungen verdeutlichen, wie schwierig es ist, wirtschaftliche Entwicklungen ohne den Verweis auf die politischen Handlungsbedingungen zu erklären.

Im fünften Kapitel wird der Schwerpunkt auf die vergleichende Analyse von Wirtschaftssystemen gelegt. Der Systemvergleich als Teilgebiet der Ordnungstheorie, eng verbunden mit dem Namen des Eucken-Schülers Karl Paul Hensel, könnte nicht aktueller sein. Während rein historisch und natürlich gerade auch in Deutschland vor allem Vergleiche zwischen der Zentralverwaltungswirtschaft und der Sozialen Marktwirtschaft von Interesse waren, gibt es heute eine große Vielzahl von wirtschaftlichen Ordnungsformen in Kombination mit politischen Systemen. Auch hier stellt der chinesische Staatskapitalismus eine neue Spielart dar, die es zu verstehen gilt.

Im abschließenden sechsten Kapitel kommt es zum „Rendezvous mit der Realität", wie es Wolfgang Schäuble an verschiedenen Stellen immer wieder formuliert hat. Politikberatung muss eine gute Kenntnis der Ideengeschichte und einen klaren ordnungspolitischen Kompass haben – die Realität der Weltwirtschaft erfordert jedoch Lösungen, die nicht immer mit der reinen Lehre der Theorie übereinstimmen. Der Umgang mit Wettbewerb und Subventionen, das Verhältnis zu Ländern in Handelsfragen, die nicht mit unseren ethischen und demokratischen Werten in Einklang stehen, Rohstoffkonflikte und Umweltfragen, soziale Sicherung, Bildung, öffentliche Haushalte – all das sind Gebiete, die

Fakten- und Systemwissen erfordern. Die Soziale Marktwirtschaft agiert nicht in luftleerem Raum, sondern sie ist Teil eines erfolgreichen Binnenmarktes, einer Währungsunion und einer Weltwirtschaft, die durch zahlreiche exogene Schocks – etwa in der Pandemie oder in den neuen militärischen Konflikten – in Unruhe geraten ist. Politikberatung kann sich vor einer solchen Situation nicht verstecken und mit dem Hinweis auf alte Meister aus der Verantwortung stehlen. Die Frage, „was würde Erhard heute raten und tun", hilft nicht wirklich weiter. Sie führt nur zur Exegese alter Werke, die zwar fast immer noch sehr lesenswert sind, aber nur selten Handlungsanweisungen für aktuelle Herausforderungen liefern. Die neue und junge Generation von Ökonominnen und Ökonomen und die politisch Verantwortlichen müssen auf der Kenntnis der Ideengeschichte und der komplexen Sachverhalte moderner ökonomischer Systeme ihre eigenen Antworten finden. Dazu will der vorliegende Band über Soziale Marktwirtschaft, Ordnungstheorie und Ordnungspolitik Motivation und Anregung zugleich liefern.

Dieses Buch soll all denen dienen, die an Schule, Hochschule oder aus privatem Interesse einen Überblick über die Grundlagen der Sozialen Marktwirtschaft erfahren wollen. Als Herausgeber gilt unser Dank den Autorinnen und Autoren, die in den einzelnen Kapiteln ihre Expertise beigetragen haben. Ein besonderer Dank gebührt Joanna Nobis und Samia Peters für unzählige Korrekturläufe und Formatierungen, ohne die das Buch nicht möglich gewesen wäre.

Hubertus Bardt
Dirk Wentzel

Inhaltsverzeichnis

1	**Allgemeine Grundbegriffe**	1
1.1	Wirtschaftsordnung – Ordnungstheorie	1
1.2	Wirtschaftssystem	8
1.3	Wissenschaftliche Überprüfung der Ordnungstheorie	12
1.4	Systemvergleich	15
2	**Ideengeschichte und konkurrierende Denkschulen**	21
2.1	klassischer Liberalismus	22
2.2	John Locke – Freiheit und Eigentum	24
2.3	Adam Smith – Eigennutz, Mitgefühl und die unsichtbare Hand	27
2.4	David Ricardo – internationaler Handel	30
2.5	Immanuel Kant: Freiheit, sittliche und rechtliche Ordnung	34
2.6	Katholische Soziallehre	36
2.7	Laissez-faire: Liberale Ideologie?	40
2.8	Marxismus/Sozialismus	43
2.9	John Maynard Keynes	46
2.10	Neoliberalismus	49
2.11	Freiburger Schule	52
2.12	ORDO-Liberalismus – eine Synthese	54
2.13	Walter Eucken	57
2.14	Wilhelm Röpke	60
2.15	Alfred Müller-Armack	63
2.16	Historische Schule und Methodenstreit	66
2.17	Theorie der kulturellen Evolution von F.A. von Hayek	69
3	**Institutionalismus**	73

3.1	Institutionenökonomische Grundlagen	74
3.2	Institutionelle und wirtschaftliche Entwicklung nach Douglass North	77
3.3	Kulturvergleichende Institutionenökonomik	83
3.4	Theorie der Property Rights	87
3.5	Agency-Theorie	91
3.6	Governancekostentheorie	95
3.7	James Buchanans konstitutionelle Ökonomik	101
3.8	Österreichische Schule (Mises und Hayek)	104

4 Neue Politische Ökonomik 109
- 4.1 Politische Ökonomik 110
- 4.2 Public Choice 112
- 4.3 Wählerstimmenmarkt 117
- 4.4 Politischer Konjunkturzyklus 122

5 Wirtschaftssysteme 129
- 5.1 Marktwirtschaften 130
- 5.2 Zentralverwaltungswirtschaft 139
- 5.3 Chinesischer Staatskapitalismus 145

6 Soziale Marktwirtschaft 149
- 6.1 Gründungsphase unter Ludwig Erhard 150
- 6.2 Ordnungspolitik und Prozesspolitik 153
- 6.3 Wettbewerbspolitik 156
- 6.4 Subventionskontrolle 160
- 6.5 Globalisierung 165
- 6.6 Systemkonflikt 168
- 6.7 Wirtschaftliche Abhängigkeiten 171
- 6.8 Rohstoffversorgung 174
- 6.9 Europäischer Binnenmarkt und Freizügigkeiten 178
- 6.10 Föderalismus 184
- 6.11 Soziale Sicherungssysteme 187
- 6.12 Steuer- und Transfersystem 190
- 6.13 Öffentliche Haushalte und Schuldenregeln 193
- 6.14 Duale Berufsausbildung 197
- 6.15 Tarifautonomie 202
- 6.16 Nachhaltigkeit und Umweltschutz 205
- 6.17 Energiewende und Dekarbonisierung 208
- 6.18 Industrie- und Standortpolitik 212

6.19	Konjunktur und Krise	216
6.20	Geldpolitik und Währungsunion	219
6.21	Ethik und Marktwirtschaft	226
6.22	Bildung für Soziale Marktwirtschaft	231
6.23	Wissenschaftliche Politikberatung in der Sozialen Marktwirtschaft	236

Über die Autoren

Prof. Dr. Thomas Apolte Lehrstuhl für Ökonomische Politikanalyse, Centrum für Interdisziplinäre Wirtschaftsforschung, Universität Münster, Warsaw School of Economics (SGH).
apolte@uni-muenster.de
www.wiwi.uni-muenster.de/loep

Prof. Dr. Hubertus Bardt Geschäftsführer, Institut der deutschen Wirtschaft, Honorarprofessor am Düsseldorf Institute for Competition Economics an der Heinrich-Heine-Universität Düsseldorf.
bardt@iwkoeln.de
www.iwkoeln.de/institut/personen/hubertus-bardt.html

Dr. Susanne Cassel ECONWATCH – Gesellschaft für Politikanalyse e.V., Lehrbeauftragte am Düsseldorf Institute for Competition Economics an der Heinrich-Heine-Universität Düsseldorf.
susanne.cassel@econwatch.org
www.econwatch.org/organisationsc.php

Dr. Hannelore Hamel (†) frühere Geschäftsführerin der Forschungsstelle zum Vergleich wirtschaftlicher Lenkungssysteme an der Philipps-Universität Marburg.

Prof. Dr. Justus Haucap Direktor des Düsseldorf Institute for Competition Economics an der Heinrich-Heine-Universität Düsseldorf.
haucap@dice.hhu.de
www.dice.hhu.de/diceteam/professorinnen-und-professoren/prof-dr-justus-haucap

Über die Autoren

Prof. Dr. Karen Horn Honorarprofessorin Staatswissenschaftliche Fakultät, Universität Erfurt, Chefredakteurin *Perspektiven der Wirtschaftspolitik*, Operative Geschäftsführerin Herbert-Giersch-Stiftung.
karen.horn@uni-erfurt.de
www.karenhorn.de

Prof. em. Dr. Helmut Leipold (†) Früherer apl. Professor an der Forschungsstelle zum Vergleich wirtschaftlicher Lenkungssysteme an der Philipps-Universität Marburg.

Prof. Dr. Martin Leschke Lehrstuhl Volkswirtschaftslehre 5, Institutionenökonomik Universität Bayreuth.
Martin.leschke@uni-bayreuth.de
www.vwl5.uni-bayreuth.de/de/team/Martin_Leschke/index.php

Prof. Dr. Christian Müller Westfälische Wilhelms-Universität Münster, Centrum für Interdisziplinäre Wirtschaftsforschung (CIW) Institut für Ökonomische Bildung.
christian.mueller@wiwi.uni-muenster.de
www.wiwi.uni-muenster.de/ioeb/

Prof. Dr. Dr. Elmar Nass Prorektor Kölner Hochschule für Katholische Theologie, Lehrstuhl Christliche Sozialwissenschaften und gesellschaftlicher Dialog.
elmar.nas@khkt.de
www.elmarnass.de

Sebastian Panreck Wissenschaftlicher Mitarbeiter Westfälische Wilhelms-Universität Münster, Centrum für Interdisziplinäre Wirtschaftsforschung (CIW) Institut für Ökonomische Bildung.
Sebastian.Panreck@wiwi.uni-muenster.de
www.wiwi.uni-muenster.de/ciw/de/das-center/personen/sebastian-panreck

Über die Autoren

Prof. Dr. Dirk Wentzel Jean Monnet Chair in European Economic Integration, Hochschule Pforzheim.
dirk.wentzel@hs-pforzheim.de
www.hs-pforzheim.de/profile/dirkwentzel

Prof. Dr. Michael Wohlgemuth Apl. Professor für politische Ökonomie an der Universität Witten/Herdecke, Forschungsbeauftragter der Stiftung für Staatsrecht und Ordnungspolitik in Liechtenstein.
wohlgemuth@sous.li

Allgemeine Grundbegriffe 1

Inhaltsverzeichnis

1.1	Wirtschaftsordnung – Ordnungstheorie	1
1.2	Wirtschaftssystem	8
1.3	Wissenschaftliche Überprüfung der Ordnungstheorie	12
1.4	Systemvergleich	15

Zusammenfassung

Jede Wirtschaft und jede Gesellschaft basiert auf bestimmten Prinzipien, rechtlichen Strukturen und kulturellen Traditionen. Die Ordnungstheorie beleuchtet diese grundlegenden Bedingungen und Wechselwirkungen. Sie untersucht die inneren Zusammenhänge der Ordnungen und die Interdependenzen zwischen den verschiedenen Teilordnungen. Sie schafft damit ein Verständnis für die Wirkungsweisen solch unterschiedlicher Ansätze wie der Sozialen Marktwirtschaft, dem chinesischen Staatskapitalismus oder früherer Zentralverwaltungswirtschaften – etwa in der DDR. Aus dem Vergleich unterschiedlicher Wirtschafts- und Gesellschaftssysteme (Systemvergleich), können Erkenntnisse über Wirkungsweisen und Besonderheiten des jeweiligen Ordnungsrahmens und der damit verbundenen Prozesse abgeleitet werden. Der Systemvergleich ist damit auch ein Ansatz der empirischen Überprüfung ordnungstheoretischer Überlegungen.

1.1 Wirtschaftsordnung – Ordnungstheorie

Dirk Wentzel

Wirtschaftsordnung

„Die Ordnungen, in denen wir leben, sind Grundlagen unserer Existenz und unserer Lebensweise. Die äußeren Ordnungen unseres Daseins ermöglichen menschliches Gemeinleben. Mit der Beschaffenheit dieser Ordnungen ist weithin vorgezeichnet, ob Freiheit oder Unfreiheit besteht oder unterbunden wird, und wer zu entscheiden hat, wie unsere Lebensläufe geformt, menschliches Leben der einzelnen, der Familien, der gesellschaftlichen Gliederungen und das gesamte Staatswesen gestaltet werden. Die möglichen Ordnungen zu kennen und ein möglichst klares Bild davon zu gewinnen, wie verschiedenartig unser Leben durch die Ordnungen vorgeformt, beeinflusst und geprägt wird, ist Gebot politischer Bildung." (Hensel, 1972, S. 9).

Das voranstehende Zitat von K. Paul Hensel stammt aus dem Vorwort zu seinem Buch Grundformen der Wirtschaftsordnung, das im Jahr 1972 erschien und zumindest im deutschsprachigen Wissenschaftsraum große Beachtung fand. Angesichts des Zusammenbruchs der zentralgeplanten Wirtschaftsordnungen 1989 wurde das Buch zwanzig Jahre nach der Ersterscheinung 1992 zur deutschen Wiedervereinigung neu aufgelegt. Die alte deutsch-deutsche Frage, ob zentrale Wirtschaftslenkung – wie in der ehemaligen DDR – oder dezentrale Wirtschaftsplanung wie in der Bundesrepublik – bessere Ergebnisse erbringt, ist seit dem Fall der Mauer weitestgehend geklärt. Die Frage jedoch, wie Wirtschaftsordnungen grundsätzlich funktionieren, könnte nicht aktueller und spannender sein, denn die Ordnung, in der wir leben, bestimmt weitestgehend die Möglichkeiten und Potenziale, die durch eine Gemeinschaft erschlossen werden können. Wirtschaftsordnungen sind dynamisch und entwicklungsfähig: Ihre Qualität zeigt sich in der Fähigkeit, für die Menschen lebenswerte Bedingungen zu erschaffen und zu erhalten.

Die Ordnungen, die die Begründer der Ordnungstheorie, Walter Eucken (1950a, 1950b) oder auch K. Paul Hensel (1972) vorfanden und analysierten, sind kaum mehr mit denen zu vergleichen, in denen die Menschen heute im Zeitalter der Globalisierung, der Digitalisierung und der sozialen Medien leben. Die sog. „ordnenden Potenzen" einer Wirtschafts- und Gesellschaftsordnung, zu denen Eucken beispielsweise noch die Kirchen zählte, haben sich in einer säkularisierten Gesellschaft weitgehend verändert. Dennoch sind die Theoriebausteine, die die frühen Ordnungstheoretiker entwickelten, nach wie vor aktuell, ergänzungsfähig und anpassbar und sie liefern einen hohen Erklärungsgehalt. Die Fragen „wer plant?" (Wirtschaftsrechnung) und „wer hat Eigentum und Verfügungsgewalt an den Produktionsmitteln" (Eigentumsordnung) sind nach wie vor die Ausgangspunkte jeder Analyse von Wirtschaftsordnungen. Die aktuelle und höchst kontroverse Frage, ob man beispielsweise in deutschen Großstädten Wohnungsbaugesellschaften verstaatlichen sollte, um bezahlbare Mieten zu garantieren und neuen Wohnraum zu schaffen, entscheidet sich letztlich durch die Gestaltung der Eigentumsformen.

Das Wirtschaftsgeschehen ist die Summe aller Handlungen von Individuen, Unternehmen, gesellschaftlich relevanten Gruppen und staatlichen Organen, die die Handlungspotenziale und letztlich den Wohlstand eines Landes bestimmen. Eine Wirtschaftsordnung ist immer im direkten Zusammenhang zu sehen zur politischen und zur kulturellen Ordnung eines Landes, die im Zusammenspiel mit der Staatsverfassung und der Wirtschaftsverfassung das Wirtschaftssystem eines Landes bilden. In der Wirtschaftsordnung sind neben der Eigentumsordnung und der Wirtschaftsrechnung auch weitere Ordnungsformen zu berücksichtigen, die sich in der sog. Morphographie wirtschaftlicher Ordnungsformen analysieren lassen – etwa die Geldordnung, die Sozialordnung, die Marktordnung oder auch die Außenwirtschaftsordnung. Seit der Begründung der Europäischen Gemeinschaften durch die Römischen Verträge im Jahre 1957 sind zusätzlich Ordnungsfragen der wirtschaftlichen Integration zu analysieren. Wie kann ein gemeinsamer Binnenmarkt für 27 Teilnehmerstaaten mit teilweise sehr unterschiedlichen nationalen Wirtschaftsordnungen funktionieren? Welche Ordnungsbedingungen sind zu gewährleisten, damit 20 Staaten eine gemeinsame und stabilitätsorientierte Währung einführen können?

Morphographie: Die Lehre von den Ordnungsformen
Der Ansatz, mithilfe einer Morphographie verschiedene Wirtschaftsordnungen systematisch zu erfassen und zu vergleichen, geht auf Walter Eucken (1950/65 und 1952/90) und seinen Schüler K. Paul Hensel (1972/90) zurück. Beide Autoren bemühten sich, mithilfe der Methode der „pointierend hervorhebenden Abstraktion" das spezifische einer bestimmten historischen Situation zu erfassen und zu reinen Ordnungsformen zu verdichten. Die Morphographie kann sehr allgemeine Aspekte des wirtschaftlichen Geschehens berücksichtigen (siehe Tab. 1.1), sie kann aber auch sehr spezifische Elemente einzelner Teilordnungen analysieren – etwa der Medienordnung eines Landes (ausführlich Wentzel, 2002).

Ordnungstheorie und Ordnungspolitik
Ordnungstheorie und Ordnungspolitik sind Begriffe, die sehr stark im deutschen Sprach- und Kulturraum geprägt sind und die zudem eine enge Beziehung zu den frühen Nachkriegsjahren aufweisen, in denen in Deutschland die Soziale Marktwirtschaft und die Parlamentarische Demokratie eingeführt wurden. Auf internationalen Konferenzen, wo üblicherweise Englisch als Wissenschaftssprache vorherrscht, wird der deutsche Begriff Ordnungstheorie eher selten verwendet. Er lässt sich auch kaum direkt in die englische Sprache übersetzen. Häufig wird der Begriff „Institutional Economics" verwendet, wenn Sachverhalte der (deutschen) Ordnungstheorie diskutiert werden. Auch in der akademischen Lehre in Deutschland ist der Begriff der Ordnungstheorie nur noch selten anzutreffen, wenngleich „der ordnungspolitische Blick" eigentlich als sehr wichtig und grundlegend gilt und häufig in Leitkommentaren der führenden Medien verwendet wird.

Der Begriff der Ordnungstheorie ist eng mit den Gründungsvätern der Sozialen Marktwirtschaft verbunden, vor allem Walter Eucken, Franz Böhm, K. Paul Hensel und natürlich auch Ludwig Erhard, der prägenden Figur und dem Gesicht des deutschen Wirtschaftswunders. Euckens Lehre von den Ordnungsformen der Wirtschaft entstand vor dem „Hintergrund rivalisierender methodischer Richtungen" (Leipold, 1979, S. 29). Der sog. „Methodenstreit" (ausführlich Wentzel, 1999a, 1999b) zwischen Schmoller und Menger bestimmte die Diskussionen in der damaligen Wirtschaftswissenschaft: Können neue Erkenntnisse allein durch

Tab. 1.1 Morphologie verschiedener Wirtschaftsordnungen

Teilordnung	Elementarformen	Realtypische Ausprägungen
Planungsordnung	Dezentrale Planung	Laissez Faire Kapitalistische Marktwirtschaft Soziale Marktwirtschaft
	Zentrale Planung	Zentralplanwirtschaft
Eigentumsordnung	Privateigentum	Exklusives Privateigentum oder Pacht
	Kollektiveigentum	Gruppeneigentum Staatliches Eigentum Öffentliche Träger
Unternehmensordnung	Rechtsformen	Etwa Personengesellschaften, Kapitalgesellschaften oder öffentliche Unternehmen
	Formen der Willensbildung	Alleinbestimmung durch den Eigentümer
		Mitbestimmung
		Kollektive oder politische Entscheidungen
	Formen der Zielsetzung	Etwa Gewinnprinzip (in der Marktwirtschaft) oder Planerfüllungsprinzip in der ZVW
Marktordnung	Marktformen	Monopol, Oligopol oder Polypol
	Formen der Preisbildung	Freie Preisbildung oder staatliche Höchst-, Mindest- oder Fixpreise
Geldordnung	Staatliches oder hoheitliches Notenemissionsmonopol	Nationale Währungen oder Gemeinschaftswährung (Euro)
	Private Notenausgabe	Etwa Kryptowährungen
Kapital- und Finanzmarktordnung	Offene Kapitalmärkte, konvertible Währungen	Freier Kapitalverkehr, Währungskonvertibilität, flexible Wechselkurse
	Geschlossene Kapitalmärkte mit Devisenbewirtschaftung	Kapitalverkehrskontrollen, Devisenmonopol, fixe Wechselkurse
Außenwirtschaftsordnung	Gemeinsamer Markt	EU-Binnenmarkt, ggf. mit gemeinsamer Währung

(Fortsetzung)

Tab. 1.1 (Fortsetzung)

Teilordnung	Elementarformen	Realtypische Ausprägungen
	Offene Außenwirtschaft	Freihandelszone, Zollunion
	Geschlossene Außenwirtschaft	Staatliches Außenhandelsmonopol (wie früher in der DDR)

Quelle: eigene Weiterentwicklung von Leipold (1979).

Beobachtung induktiv, wie von der sog. „Historischen Schule" postuliert, oder mithilfe von exakter Theorie deduktiv gewonnen werden? Eucken erkannte beide Methoden als sinnvoll und zweckmäßig an und versuchte sie zu integrieren. Die Lösung von wirtschaftlichen Problemen, so Eucken, verlange eine Kenntnis der historisch-politischen Umstände einerseits, andererseits müssten abstrakte Modelle und Strukturen verwendet werden, um einen klaren Blick auf die Sachverhalte zu haben. Der Weg, den Eucken „zur Überwindung der großen Antinomie vorschlug, war und ist originell" (Leipold, 1979, S. 29). Seiner Auffassung nach verlaufen wirtschaftliche Prozesse stets innerhalb bestimmter Ordnungsformen, die eindeutig definiert werden können. Seine von ihm sogenannte Morphographie ist eine Lehre der Ordnungsstrukturen, innerhalb derer sich dann wirtschaftliche Prozesse mithilfe von abstrakten Methoden der Wirtschaftstheorie analysieren lassen. In der Bestimmung der Ordnungsformen sieht er deshalb die zentrale und erste Aufgabe der Wirtschaftstheorie. Nach Eucken gibt es nicht nur eine natürliche Ordnung – wie im Gedankengebäude von Adam Smith (1776) angelegt und von Eucken kritisiert wurde – sondern eine große Vielfalt von Ordnungen, die es zu entdecken gilt. Auch dieser Aspekt der Ordnungstheorie könnte nicht aktueller sein.

Für das Verständnis von Eucken ist auch sein „Denken in Ordnungen" entscheidend, welches durch seinen Schüler K. Paul Hensel (1972, S. 14–18) aufgenommen und weiterentwickelt wurde. Ausgangspunkt aller wirtschaftlicher Handlungen ist die Lösung des Knappheitsproblems. „Zu allen Zeiten haben (…) die Menschen ihre Versorgung mit den Gütern ihres Bedarfs gemeinsam betrieben, d. h. sie haben arbeitsteilig gewirtschaftet, sei dies nun im Rahmen einer Familie, eines Stammes, einer Stadt, eines Landes oder in weltweiter Ausdehnung" (Hensel, S. 14 f.). Alle diese Handlungen sind ordnungsbedingt. Aus dem Knappheitsproblem leiten sich zentrale Fragen ab: Wie sollen die Produktionsfaktoren und die Faktoreinkommen verwendet werden? In welchem Verhältnis und mit welchen Anreizen sollen Sparen und Investieren durchgeführt werden? Mit welchen Verfahren und wo soll produziert werden? Alle diese Fragen sind nach wie vor höchst relevant und sie werden, vor dem Hintergrund der globalen Vernetzung, zunehmend international diskutiert. Ordnungsschaffende Institutionen sind dabei vor allem die internationalen Organisationen, etwa die Vereinten Nationen, der Internationale Währungsfonds, die Weltbankgruppe oder auch die Europäische Union (vgl. Wentzel, 2013).

Bei Eucken ebenfalls angelegt ist die Frage, wie die staatliche Wirtschaftspolitik bei wirtschaftlichen Notständen auf die Wirtschaftsordnung einwirken soll. Vor dem zeitgeschichtlichen Hintergrund von Eucken war dies vor allem die (Massen-)Arbeitslosigkeit, die ja gerade in Deutschland in der Zwischenkriegszeit verheerende politische Folgen hatte. Aktuell kann man als wirtschaftliche Notstände auch die Resilienz von Wirtschaftsordnungen bei externen Krisen diskutieren: So haben verschiedene Länder und ihre Wirtschaftsordnungen sehr unterschiedliche Resultate bei der Bewältigung der Corona-Pandemie gezeigt. Corona war in mancherlei Hinsicht ein Stresstest für die Wirtschaftsordnung mit ihren verschiedenen Teilordnungen, etwa dem Gesundheitssystem und der Ordnung der öffentlichen Haushalte.

Für das Verständnis der Ordnungstheorie und ihrer Anwendung auf moderne Ordnungsfragen ist die Idee der Interdependenz, der Zusammengehörigkeit der Ordnungen zentral. Einerseits sind die Wirtschaftsordnung und die politische Ordnung hochgradig interdependent. Parlamentarische Demokratie und dezentrale Marktwirtschaft scheinen hochgradig miteinander verwoben, wenngleich der wirtschaftliche Erfolg Chinas die starke Interdependenzthese zumindest teilweise infrage stellt. Andererseits sind auch die wirtschaftlichen Teilordnungen zueinander interdependent. Die Geldordnung, Finanzordnung, Außenwirtschaftsordnung, Haushaltsordnung und die ergänzende Sozialordnung müssen zueinander passen, um Reibungsverluste und Ineffizienzen zu vermeiden.

Grundformen der Wirtschaftsordnung nach Hensel und Weiterentwicklungen
In seinen Grundformen der Wirtschaftsordnung unterscheidet Hensel (1972, S. 27 ff.) die Marktwirtschaft als Wirtschaftsordnung dezentraler Planung von der Zentralverwaltungswirtschaft (1972, S. 102 ff.) als Wirtschaftsordnung zentraler Planung wirtschaftlicher Prozesse. In der privatwirtschaftlichen Marktwirtschaft wird versucht, mithilfe von dezentralisierten Handlungs- und Verfügungsrechten und Marktpreisen eine effiziente Wirtschaftsrechnung zu erzielen. In der sozialistischen Zentralverwaltung übernimmt der zentrale Wirtschaftsplan bei staatlichen Eigentumsrechten den Versuch, knappheitsmildernd zu planen und zu produzieren. Knappheitsindikator ist dabei eine plansaldengesteuerte Wirtschaftsrechnung.

Neben diesen Hauptformen von Wirtschaftsordnungen sind zudem weitere Spielarten möglich, die zumindest historisch als Sozialistische Marktwirtschaft in Erscheinung traten. So gab es die sozialistische Marktwirtschaft staatssozialistischen Typs, wie sie etwa in Ungarn praktiziert wurde oder auch die sozialistische Marktwirtschaft partizipatorischen Typs, wie sie beispielsweise im ehemaligen Jugoslawien in der sog. „Arbeiterselbstverwaltung" anzutreffen war. Beide Mischformen waren jedoch nicht sonderlich effizient und erfolgreich, weshalb auch sie nach dem Zusammenbruch der sozialistischen Staaten nach 1989 untergingen und die Transformation zu einer marktwirtschaftlichen Ordnung unternahmen. Letztlich ist es im Sinne der Ordnungskonformität nur schwer möglich, einzelne wirtschaftliche Elemente einer marktwirtschaftlichen Ordnung in ein System der Zentralverwaltungswirtschaft einzubauen.

Die Frage nach den Grundformen der Wirtschaftsordnung hat jedoch nicht nur historische Bezüge im Hinblick auf die große alte Grundsatzfrage ‚Marktwirtschaft versus Zentralverwaltungswirtschaft'. Auch moderne Anwendungen und der Vergleich von marktwirtschaftlichen Ordnungen ist möglich – etwa der Vergleich der deutschen und amerikanischen Medienordnung (siehe Wentzel, 2002). Auch der rasante Aufstieg der asiatischen Staaten – allen voran China – geben Stoff für ordnungspolitische Debatten und Analysen. In China gibt es eine politische Ein-Parteien-Herrschaft mit zentraler wirtschaftlicher Planung. Diese wird ergänzt durch sog. „Sonderwirtschaftszonen" und wirtschaftliche Gemeinschaftsunternehmen mit westlichen Staaten (sog. Joint Ventures). Auch erwerben chinesische Unternehmen Eigentum an ausländischen privaten Firmen. In das alte Schema ‚Marktwirtschaft versus Zentralverwaltungswirtschaft' passt China nicht mehr hinein.

Jede Wirtschaftsordnung ist durch die Interdependenz zur Politik und zur Kultur geprägt. Auch geografische Faktoren (Klima, Topografie, Rohstoffreichtum, Autarkie-Begabung, Wasserstraßen) und historische Prägungen haben Einfluss auf die heimischen Industrien und damit auch auf die Wirtschaftsordnung. Diese Differenzen können dazu führen, dass entscheidende Ordnungsfragen in verschiedenen Ländern höchst unterschiedlich beantwortet werden.

Literatur
Eucken, W. (1950/65). *Die Grundlagen der Nationalökonomie* (6. Aufl.). Springer Verlag, Berlin/Göttingen/Heidelberg.
Eucken, W. (1952/90). *Grundsätze der Wirtschaftspolitik,* 6. durchgesehene Auflage, Verlag J.C.B Mohr (Paul Siebeck) Tübingen.
Fukuyama, F. (1992). *The end of history and the last man.* Penguin, Berlin.
Hensel, K. P. (1972/1992). *Grundformen der Wirtschaftsordnung. Marktwirtschaft. Zentralverwaltungswirtschaft* (4. unveränderte Aufl.). Lit-Verlag, Münster.
Leipold, H. (1979). *Wirtschafts- und Gesellschaftssysteme im Vergleich* (2. Aufl.). UTB-Taschenbuch, Gustav Fischer Verlag, Stuttgart.
Smith, A. (1776/1974). *Der Wohlstand der Nationen: Eine Untersuchung seiner Natur und seiner Ursachen,* C. H. Beck, München.
Wentzel, B. (1999). *Der Methodenstreit.* Peter Lang, Frankfurt.
Wentzel, D. (2002). Medien im Systemvergleich. Eine ordnungsökonomische Analyse des deutschen und amerikanischen Fernsehmarktes. In *Schriften zu Ordnungsfragen der Wirtschaft* (Bd. 69), Lucius & Lucius, Stuttgart.
Wentzel, D. (2013). Internationale Organisationen. Ordnungspolitische Grundlagen, Perspektiven und Anwendungsbereiche. In *Schriften zu Ordnungsfragen der Wirtschaft* (Bd. 97), Lucius & Lucius, Stuttgart.

Weiterführende Literaturempfehlungen
Leipold, H. (2000). Die kulturelle Einbettung der Wirtschaftsordnungen – Bürgergesellschaft versus Sozialstaatsgesellschaft. In B. Wentzel & D. Wentzel (Hrsg.), *Wirtschaftlicher Systemvergleich Deutschland/USA,* (S. 1–52). UTB-Taschenbuch, Lucius & Lucius, Stuttgart.

Leipold, H. (2006). *Kulturvergleichende Institutionenökonomik.* UTB-Taschenbuch, Lucius & Lucius, Stuttgart.

1.2 Wirtschaftssystem

Dirk Wentzel

Wirtschaftssystem
Die Begriffe Wirtschaftssystem und Wirtschaftsordnung sind eng miteinander verknüpft. Das Wirtschaftssystem umfasst sowohl die Wirtschaftsordnung (siehe „Wirtschaftsordnung") wie auch die wirtschaftlichen Prozesse, die innerhalb dieses Systems ablaufen. Das Wirtschaftssystem berücksichtigt zudem sämtliche Ausstattungen eines Landes mit natürlichen Ressourcen und Humanvermögen sowie die Wirtschaftsverfassung und weitere rechtliche Rahmenbedingungen, zu denen formale Regeln (Recht und Gesetz) wie auch informale Regeln (Traditionen, Sitten, ungeschriebene Gesetze) gehören können (vgl. Leipold, 1979).

Im politischen System, einem zentralen gesellschaftlichen Teilsystem, kann sowohl Ordnungspolitik betrieben werden, die auf die Gestaltung und Veränderung einer Wirtschaftsordnung ausgerichtet ist, wie auch Prozesspolitik, die mit der konkreten Durchführung wirtschaftspolitischer Maßnahmen befasst ist. Beide Formen der wirtschaftspolitischen Aktivität innerhalb eines Wirtschaftssystems sind notwendig und bedingen sich wechselseitig (siehe „Ordnungspolitik und Prozesspolitik"). Die Ordnungspolitik ist dabei eher allgemein an Rahmenbedingungen für wettbewerbliches Verhalten orientiert und nicht direkt ergebnisorientiert, während die Prozesspolitik häufig an der Durchsetzung konkreter Ziele interessiert ist.

Das Wirtschaftssystem und das politische System sind in hohem Maße interdependent, wie auch schon Eucken (1950a, 1950b) vielfach betonte. Auch die anderen gesellschaftlichen Teilsysteme wirken wechselseitig aufeinander ein. Weltweit gibt es sehr unterschiedliche Kombinationen von wirtschaftlichen und politischen Systemen, wie der wirtschaftliche Systemvergleich zeigt. Häufig harmonieren marktwirtschaftliche Systeme sehr gut mit demokratischen Systemen. Aber eine generelle Zwangsläufigkeit einer bestimmten Kombination kann zumindest nicht zweifelsfrei wissenschaftlich belegt werden, wie die Existenz verschiedener Mischsysteme in der Vergangenheit (etwa Jugoslawien oder Ungarn) oder auch in der Gegenwart (etwa China) zeigen. (Tab. 1.2)

In einer allgemeinen Theorie der Wirtschaftssysteme müssen folgende Fragenbereiche geklärt werden (siehe Leipold, 1979, S. 3 ff.). Erstens müssen Wirtschaftssysteme von anderen gesellschaftlichen Teilsystemen klar abgegrenzt werden. Zweitens sind Wirtschaftssysteme untereinander zu klassifizieren. Dazu müssen die wesentlichen Strukturmerkmale bestimmt werden, etwa die Frage nach der Planungsordnung („wer plant"?) und die

1.2 Wirtschaftssystem

Tab. 1.2 Systematik: Politisches und wirtschaftliches System

Politisches System	
Führt durch: Ordnungspolitik	*Führt durch: Prozesspolitik*
Wirkt auf: Wirtschaftsordnung	Wirkt auf: Wirtschaftsprozesse
Wirtschaftssystem	

Quelle: Eigene Darstellung in Anlehnung an Leipold (1979).

Frage nach der Eigentumsordnung („wer hat die Verfügungsgewalt über die Produktionsmittel"?) Drittens sind die Struktur- und Prozesszusammenhänge zu analysieren. Und viertens ist der Vergleich real existierender Wirtschaftssysteme durchzuführen. Der methodische Weg geht also von der Abgrenzung über die Klassifikation zur Analyse der Ursache-Wirkungszusammenhänge bis hin zum Vergleich von Wirtschaftssystemen. Die wichtigsten Typen von Wirtschaftssystemen können in Anlehnung an Hensel (1972/1992) nach Koordinationsformen und Eigentumsformen klassifiziert werden. (Tab. 1.3)

Wirtschaftssystem und Entscheidungen

Menschen treffen permanent wirtschaftliche Entscheidungen, wie sie ihre alltäglichen Bedürfnisse stillen können, zunächst einmal völlig unabhängig davon, in welchem Wirtschafts- und Gesellschaftssystem sie leben. Jeder Mensch muss essen, trinken und schlafen – unabhängig davon, ober er in Nord-Korea oder in der Schweiz lebt. Wie effektiv diese Bedürfnisbefriedigung aber tatsächlich erfolgen kann, hängt unmittelbar von den Rahmenbedingungen der Wirtschaft und den Leistungsanreizen für die Individuen ab: „Wirtschaftssysteme bilden den Rahmen, in dem Wirtschaftsprozesse ablaufen, die Ausdruck und Resultat von Entscheidungs- und Verhaltensprozessen sind" (Leipold, 1979, S. 36). Ordnungstheorie ist in diesem Verständnis immer auch Entscheidungstheorie.

Tab. 1.3 Typen von Wirtschaftssystemen

		Koordinationsformen	
		Dezentrale Planung und Lenkung	**Zentrale Planung und Lenkung**
Eigentumsformen	Privateigentum	Privatwirtschaftliche Marktwirtschaften	Zentral gelenkte Planwirtschaften
	Gesellschafts- bzw. Gruppeneigentum	Selbstverwaltete sozialistische Marktwirtschaft	Selbstverwaltete sozialistische Planwirtschaft
	Staatseigentum	Staatssozialistische Marktwirtschaft	Staatssozialistische entralplanwirtschaft

Quelle: Eigene Darstellung in Anlehnung an Hensel (1972/1992).

Ein Wirtschaftssystem lässt sich nach Leipold in vier verschiedene Teilsysteme unterscheiden:

- das Entscheidungssystem,
- das Motivationssystem,
- das Kontrollsystem und
- das Koordinationssystem.

Das Entscheidungssystem umfasst letztlich „die rechtlich-institutionellen Regelungen zur Ordnung der wirtschaftlichen Entscheidungsbefugnisse" (Leipold, 1979, S. 37), insbesondere was den Umgang mit knappen Ressourcen betrifft. Hier ist auch die Zuordnung der Eigentumsrechte entscheidend. Beim Motivationssystem geht es um die Anreize („incentives"), die innerhalb eines Wirtschaftssystems gegeben sind, um Menschen dazu zu bringen, ihr volles Leistungspotenzial zu entfalten. Beim Kontrollsystem geht es darum zu überprüfen, dass Leistung und Gegenleistung proportional zueinanderstehen und von den Beteiligten als angemessen, gerecht und fair angesehen werden. Kein Marktteilnehmer darf von der anderen Seite ungerecht behandelt oder gar ausgebeutet werden. Abschließend ist das Koordinationssystem zu nennen, in dem die Produktionsfaktoren und die Entscheidungen über ihre Verwendung miteinander verzahnt werden, um in einem komplexen Gesamtprozess zu einer optimalen Allokation der Produktionsfaktoren zu gelangen.

Wie effizient Entscheidungen in einem Wirtschaftssystem getroffen werden können, hängt auch von der Menge des verfügbaren und verwertbaren Wissens ab (ausführlich von Hayek, 1945). Dezentrale Wirtschaftssysteme können in der Regel größere Mengen an Informationen besser und schneller verarbeiten und zugleich wesentlich flexibler auf neue Sachverhalte oder exogene Schocks reagieren. Zentrale Wirtschaftsplanungen hingegen sind weniger anpassungsfähig und resilient: Hier ist die Planerfüllung das entscheidende Prinzip, von dem auch bei einer Missernte oder einer Naturkatastrophe kaum abgewichen werden kann. Eine Zentralisierung von allem verfügbaren Wissen bei einer zentralen Planungsbehörde ist weder logisch noch praktisch möglich.

Allgemeine Systemtheorie und Interdisziplinarität.
Über rein wirtschaftliche Sachverhalte hinaus hat Niklas Luhmann (1984) eine allgemeine und weltweit beachtete Theorie sozialer Systeme entwickelt, die auch für die Analyse von modernen Wirtschaftssystemen wichtige Erkenntnisse liefert. Kerngedanke und Leitunterscheidung bei Luhmann ist dabei, dass sich jedes gesellschaftliche Teilsystem mithilfe eines binären Codes gegenüber seiner Umwelt abgrenzt. Der Code der Wirtschaft lautet beispielsweise: „Zahlen oder nicht-Zahlen". Ein monetäres Äquivalent für eine Leistung oder ein Produkt ist demzufolge die Leitunterscheidung in der Ökonomie. Der relevante Code der Politik hingegen lautet: „Macht oder nicht-Macht". Und in der Wissenschaft lautet der Code: „Wahrheit oder Unwahrheit". In der Systemtheorie Luhmanns hat also jedes gesellschaftliche Subsystem seine eigene Sprache und Handlungsebene, mit der es sich selbst

definieren, reproduzieren und zugleich methodisch abgrenzen kann. Luhmanns Konzeption ist interdisziplinär: Sie kann in allen Sozialwissenschaften angewandt werden.

Komplexität ist ein weiterer Sachverhalt, der in der Systemtheorie Luhmanns grundlegend ist und der auch die Analyse von Wirtschaftssystemen beeinflusst (ausführlich Schenk, 2003). Moderne Gesellschaften sind vielschichtig, unübersichtlich, unüberschaubar, verwickelt und interdependent. Einfache Ursache-Wirkungszusammenhänge sind kaum vorhanden: Ein modernes Wirtschaftssystem muss also unter sehr komplexen Bedingungen arbeiten: Dies führt zur Idee der Steuerung in polykontexturalen Gesellschaftssystemen, basierend auf Luhmanns Modell der funktionalen Differenzierung der Gesellschaft (ausführlich Wentzel, 2002, S. 115 ff.).

Luhmann sieht in der funktional ausdifferenzierten Gesellschaft den Höchststand einer evolutorischen Entwicklung, die über die segmentäre Differenzierung und die stratifikatorische Differenzierung hin zu einer funktionalen Ausdifferenzierung geführt hat. Moderne (Wirtschafts-) Systeme sind also komplex, ausdifferenziert, in hohem Maße arbeitsteilig und letztlich nur mit dezentraler Planung zu steuern. Hier trifft sich Luhmanns allgemeine Systemtheorie mit der Ordnungstheorie und der Theorie des wirtschaftlichen Systemvergleichs.

Literatur
Eucken, W. (1950). *Die Grundlagen der Nationalökonomie*, 6. Auflage, Springer, Berlin.
Hayek, F. A. (1945). The use of knowledge in society. *In The American Economic Review*, *35*(4), 519–530. American Economic Association.
Hensel, K. P. (1972/1992). *Grundformen der Wirtschaftsordnung. Marktwirtschaft. Zentralverwaltungswirtschaft* (4. unveränderte Aufl.). Lit-Verlag, Münster.
Leipold, H. (1979). *Wirtschafts- und Gesellschaftssysteme im Vergleich* (2. Aufl.). UTB Taschenbuch, Gustav Fischer Verlag, Stuttgart.
Leipold, H. (2006). *Kulturvergleichende Institutionenökonomik*. UTB-Taschenbuch, Lucius & Lucius, Stuttgart.
Luhmann, N. (1984). *Soziale Systeme. Grundriß einer allgemeinen Theorie*. Suhrkamp Verlag, Berlin.
Schenk, K.E. (2003). *Economic institutions and complexity: Structures, interactions, and emergent properties*, Edward Elgar Publishing, Cheltenham.
Wentzel, D. (2002).Medien im Systemvergleich. Eine ordnungsökonomische Analyse des deutschen und amerikanischen Fernsehmarktes. In *Schriften zu Ordnungsfragen der Wirtschaft* (Bd. 69), Lucius & Lucius, Stuttgart.

1.3 Wissenschaftliche Überprüfung der Ordnungstheorie

Dirk Wentzel und Hubertus Bardt

Wissenschaftstheorie und Erkenntnis

Die Wissenschaft verfolgt ganz unmittelbar das Ziel, neue Erkenntnisse zu gewinnen und bestehendes Wissen zu erhalten bzw. es an neue Sichtweisen und Theorien anzupassen. Neue Erkenntnisse können grundsätzlich mithilfe der induktiven oder der deduktiven Methode gewonnen werden. Bei der Induktion wird die Anschauung und Erforschung der Realität verwendet, um hieraus allgemeine Theorien zu entwickeln. Bei der Deduktion hingegen wird versucht, abstrakte Theorien herzuleiten und diese dann in der Realität zu überprüfen. Diese Grundfrage der Wissenschaft existiert in jedem Wissenschaftsbereich. In der Wirtschaftswissenschaft hat sie durch den sog. „Methodenstreit" zwischen Carl Menger und Gustav von Schmoller besondere Beachtung gefunden: Welche Methode ist besser geeignet, allgemeine ökonomische Erkenntnisse und Theorien zu gewinnen? (ausführlich Bettina Wentzel, 1999a, 1999b) Es war das wissenschaftliche Bemühen Walter Euckens, diese „große Antinomie" in der Wirtschaftswissenschaft zu überwinden und ein „Denken in Ordnungen" als objektive Methode einzuführen (vgl. Leipold, 1979)/(Meyer, 1989, S. 36). Das Erkennen und Erklären von Ordnungen und deren Entwicklung ist sozusagen das Erkenntnisziel der Ordnungstheorie.

Bezüglich des Erkenntnisziels und der empirischen Überprüfung besteht ein großer Unterschied zwischen den Naturwissenschaften und den Sozialwissenschaften (vgl. Popper, 1935/94). In der Mathematik, der Chemie, der Physik oder der Biologie können wissenschaftliche Erkenntnisse vergleichsweise leicht und dauerhaft reproduziert werden: Bei gleicher Versuchsanordnung in einem chemischen Experiment wird es bei gleichen Mischungsverhältnissen immer ein identisches Ergebnis geben – unabhängig davon, in welchem Land oder zu welcher Tages- oder Jahreszeit dieses Experiment gerade durchgeführt wird. In den Sozial- und Wirtschaftswissenschaften sind solche eindeutigen Ursache-Wirkungszusammenhänge wesentlich schwerer nachzuprüfen. Beobachtbare und mit empirischen Methoden zu isolierende reale Entwicklungen sind schwer zu erkennen. Damit ist letztlich die Geschichte das „Labor" für sozialwissenschaftliche Experimente. Insofern hat der Systemvergleich im Verständnis von Hensel als wissenschaftliche Methode große Verdienste, wenn etwa auf einem Staatsgebiet unterschiedliche Wirtschaftsordnungen zueinander im Wettbewerb stehen, wie dies historisch in Deutschland und Berlin sowie in Korea der Fall war bzw. immer noch ist.

Wissenschaftlicher Fortschritt ist in den Natur- und Technikwissenschaften ebenfalls leichter zu erkennen. Die Behandlungsmethoden in der Medizin und in der Pharmazie haben sich massiv und objektiv nachweisbar verbessert. Die Fortschritte in der Physik und der Elektrotechnik haben zu einem Technologieschub geführt, den Weltraum erobert und ein neues digitales Zeitalter eröffnet. Verglichen damit sind die Fortschritte in der Wirtschaftswissenschaft bescheidener, obgleich sie zentrale Grundlage für wissenschaftliche Politikberatung sind. Die Wirtschaftswissenschaft basiert seit ihrer Begründung durch Adam Smith, 1776 auf bestimmten, teils konkurrierenden Auffassungen über die Rolle des Staates und des Marktes. Innovationen werden zumeist von außen angestoßen, etwa bei der Frage, mit welchen Methoden und ökonomischen Instrumenten man dem Klimawandel entgegenwirken könnte oder welche Auswirkungen die Digitalisierung für die Wirtschaftsstruktur und -prozesse hat.

Ordnungstheorie, Werturteile und empirische Überprüfung
Die empirische Überprüfung der theoriegeleiteten Thesen stellt sich in Mikro- und Makroökonomie unterschiedlich dar. In der Mikroökonomie – also der Lehre vom Verhalten der Individuen und der Haushalte – kann man einzelne Hypothesen noch vergleichsweise gut überprüfen – etwa mithilfe der experimentellen Wirtschaftsforschung. Makroökomische Theorien kann man ebenfalls überprüfen – etwa mithilfe von statistischen und ökonometrischen Methoden: Allerdings spielen häufig viele historische, geografische, kulturelle und politische Elemente in die Entwicklung eines Landes mit hinein, sodass die objektive Überprüfung einer einzelnen wirtschaftspolitischen Maßnahme wesentlich schwieriger ist. Evidenzbasierte Wirtschaftspolitik ist der Anspruch, der aber in der Realität nicht einfach einzulösen ist.

Durch Max Weber (1917/88) ist früh und grundlegend auf das Problem von Werturteilen in der sozial- und wirtschaftswissenschaftlichen Forschung hingewiesen worden. Max Weber vertritt die These, dass eine empirische Sozialwissenschaft niemals in der Lage sein könnte, bestimmte Werte wissenschaftlich eindeutig vorzugeben und zu „beweisen". Insofern müssten Wissenschaftlerinnen und Wissenschaftler werturteilsfrei an ihre Analysen herangehen bzw. ihre Werturteile und Prämissen, unter denen sie forschen, offenlegen. Ganz im Sinne von Karl Popper (1972) geht es um „objektive Erkenntnis". Wie „wertgeladen" gerade die Wirtschaftswissenschaft häufig ist, wird an der akademischen und auch politischen Diskussion deutlich, wenn es etwa um Verteilungsfragen, Bildungsgerechtigkeit, Steuergerechtigkeit oder Nachhaltigkeit geht. Auch im Sachverständigenrat, dem entscheidenden Beratungsinstrument für die Bundesregierung, werden zwei der fünf Mitglieder von unterschiedlichen Organisationen (Arbeitgeber, Gewerkschaften) vorgeschlagen: Es ist nur logisch, dass sie bei der Beurteilung wirtschaftspolitischer Maßnahmen unterschiedliche Werturteile einfließen lassen. Diese können sich aber im Laufe der Zeit auch verändern, wie etwa die verstärkte Wertschätzung von Nachhaltigkeitszielen in jüngerer Zeit deutlich macht. Implizite Werturteile sind praktisch kaum zu vermeiden, sie finden sich in Fragestellungen, Methoden und Theorieauswahl wieder. Umso wichtiger ist es, sie explizit zu benennen und damit der Diskussion zugänglich zu machen.

Das Forschungsprogramm der Ordnungstheorie ist entscheidend durch die methodologischen Arbeiten von Walter Eucken geprägt worden (grundlegend Meyer, 1989, S. 41 ff.). Euckens Anspruch an theoretische Sätze ist, dass eine Theorie „objektiv wahr", „für die Erfassung der Wirklichkeit brauchbar" und zudem „allgemeingültig" sein muss. Diese Eigenschaften von Theorien führen aber bei Eucken zu einer zentralen Erkenntnis: Man

„muss zwischen Aktualität und Wahrheit einer Theorie unterscheiden". Diese Aktualität kann sich aber wieder verändern. Für das Verständnis von Eucken ist sein „Denken in Ordnungen" entscheidend, welches durch seinen Schüler K. Paul Hensel (1972, S. 14–18) aufgenommen und weiterentwickelt wurde. Mithilfe der Methode der „pointierend hervorhebenden Abstraktion" versucht er, „reine Typen" von Wirtschaftsordnungen zu finden und zu analysieren. Ausgangspunkt aller Fragen in der Wirtschaftswissenschaft ist letztlich die Lösung des Knappheitsproblems. Wie kann Knappheit bewältigt und wie kann die Allokation von knappen Ressourcen bestmöglich organisiert werden?

Für die Ordnungstheorie ist die Frage empirischer Fundierung entscheidend. Meyer (1989, S. 49 f.) formuliert es in einem Aufsatz über die Euckensche Methodologie anschaulich: „Über Eucken hinaus: Exakte Analyse von Daten und das kognitive Element in der ökonomischen Theorie". Was Meyer offensichtlich 1989 schon früh erkannte, ist heute die methodologische Grundvoraussetzung der Ordnungstheorie: Jede ordnungspolitische Hypothese kann und sollte empirisch und/oder systemvergleichend untersucht werden. Auch wenn die Ordnungstheorie aus einer liberalen Tradition kommt, besteht sie nicht aus Glaubenssätzen, sondern sie ist eine ideologiefreie Wissenschaft, die mithilfe von Daten überprüft werden kann.

Die Verwendung von Modellen und die Bedeutung von Ideen
In der Wirtschaftswissenschaft wird häufig mit Modellen gearbeitet. Diese Modelle haben nicht den Anspruch, die Realität abzubilden, sondern sie dienen lediglich der vereinfachenden Darstellung von Ursache-Wirkungs-Zusammenhängen. Das berühmt-berüchtigte Modell des Homo Oeconomicus erlaubt die Ableitung theoretischer Sätze unter der Annahme, dass sich die Individuen eigeninteressiert, voll informiert und unendlich anpassungsschnell verhalten. Sowohl mithilfe der Spieltheorie wie auch mit angrenzenden Sozialwissenschaften konnte das Modell als allgemeingültige allgemeine Erklärung menschlichen Verhaltens widerlegt werden. Dennoch hat das Modell methodisch einen hohen Wert. Ähnlich ist es beim Gefangenen-Dilemma, das mithilfe des Nash-Gleichgewichts sehr gut erklären kann, warum sich Menschen häufig in Entscheidungssituationen individuell und kollektiv schädigen können. Dennoch ist die Welt nicht voller Gefangenendilemmata – es gibt in der Realität Strategien, aus solchen Dilemmata zu entfliehen. Am grundsätzlichen hohen Wert des Modells des Gefangenendilemmas und des Nash-Gleichgewichts ändert dies jedoch nichts (vgl. Wentzel, 2000).

Einfache Modelle liefern in der Regel einfache Ergebnisse: Wie verändert sich die Nachfrage nach einem Gut, wenn der Preis steigt? Sie wird sinken! Häufig gehen die Erkenntnisse, die solche Modelle liefern, nur wenig über die Intuition hinaus. Ökonomen sind jedoch häufig an den großen Fragen interessiert. Sie haben nicht selten sehr grundsätzliche Sichtweisen, wie Ward (1986) feststellt: Es gibt offensichtlich bestimmte „Idealwelten der Ökonomen", die auf bestimmten Ideen beruhen. Eine solche Einteilung von Ökonomen in Liberale, (sozialistisch) Radikale oder Konservative birgt natürlich die Gefahr einer verengten Bildung von

Schulen, die in sich geschlossen sind und gar kein Interesse an einem Dialog haben. Die dogmengeschichtlichen Ideen, die hinter diesen Idealwelten stehen, zu kennen und miteinander zu vergleichen, wie es etwa beim Vergleich von von Hayek versus Keynes der Fall ist, ist verdienstvoll. In Verbindung mit einer fundierten empirischen Analyse können Antworten auf neue und aktuelle Ordnungsfragen gewonnen werden.

Literatur

Leipold, H. (1979). *Wirtschafts- und Gesellschaftssysteme im Vergleich* (2. Aufl.). UTB Taschenbuch, Gustav Fischer Verlag, Stuttgart.

Meyer, W. (1989). Geschichte und Nationalökonomie: Historische Einbettung und allgemeine Theorien. *ORDO, 40,* 31–54. De Gruyter Oldenbourg, Berlin.

Popper, K. R. (1935/94). *Logik der Forschung,* 10. Auflage, Verlag J.C.B. Mohr (Paul Siebeck) Tübingen.

Popper, K. R. (1972). *Objektive Erkenntnis,* 4. Auflage, Verlag Campe.

Weber, M. (1917/88). In M. Weber (Hrsg.), *Der Sinn der Wertfreiheit der soziologischen und ökonomischen Wissenschaften* (S. 215–290), Mohr, Tübingen.

Ward, B. (1986). *Die Idealwelten der Ökonomen. Liberale, Radikale, Konservative,* Campus, Frankfurt.

Weber, M. (1988). In J. Winkelmann (Hrsg.), *Gesammelte Aufsätze zur Wissenschaftslehre* (7. Aufl.), Mohr Siebeck UTB, Tübingen.

Wentzel, B. (1999a). *Der Methodenstreit.* Lang.

Wentzel, D. (2000). Der Ordnungsbezug der Spieltheorie. In H. Leipold & I. Pies (Hrsg.), *Zur Konzeption von Ordnungstheorie und Ordnungspolitik, Bestandsaufnahme und Zukunftsperspektiven, Schriften zum Vergleich von Wirtschaftsordnungen* (Bd. 64, S. 197–223), De Gruyter, Berlin.

1.4 Systemvergleich

Dirk Wentzel

Systemvergleich als allgemeine Methode der Sozialwissenschaften

Der Systemvergleich ist eine allgemeine Methode in den Sozialwissenschaften, der in allen Teildisziplinen – etwa der Politikwissenschaft, der vergleichenden Soziologie und auch in den Wirtschaftswissenschaften – Anwendung und zunehmende Verbreitung findet. Da es in den Sozialwissenschaften, anders als in den Naturwissenschaften, keine eindeutigen Zusammenhänge über die Auswirkungen der Veränderung einzelner Parameter gibt, ist die Gegenüberstellung von politischen und wirtschaftlichen Systemen häufig ein erfolgversprechender Weg, um Erkenntnisse über die Wirksamkeit von Institutionen zu gewinnen.

Politische und wirtschaftliche Systeme sind dabei nicht nur direkt von den institutionellen und rechtlichen Gegebenheiten vor Ort bestimmt. Die Ausstattung mit Ressourcen oder klimatische Gegebenheiten bestimmen ebenfalls die Handlungsweisen der Individuen. Sowohl die Wirtschaftsgeographie wie auch die Wirtschaftsgeschichte liefern wertvolle Informationen für den Systemvergleich und zur Klärung der von Adam Smith, 1776 in seinem Werk „Wohlstand der Nationen" thematisierten Grundfrage: Warum sind manche Länder reich und andere nicht?

Auch die Kultur innerhalb eines Landes ist ein zentraler Faktor des Systemvergleichs, wie Leipold (2006) in seiner „kulturvergleichenden Institutionenökonomik" herausarbeitete (siehe „kulturvergleichende Institutionenökonomik"). Sitten, Gebräuche, Traditionen und historische Prägungen begrenzen die Wirksamkeit rechtlicher Regulierung. Durch Hofstede (2010) wurden sechs verschiedene Kulturdimensionen klassifiziert, anhand derer Länder und Regionen unterschieden werden. Diese Erkenntnisse sind auch für unternehmerische Entscheidungen sehr wichtig – etwa bei Investitionsentscheidungen und bei Standortfragen.

Systemvergleich ist zunehmend eine empirische Wissenschaft, bei der es auf die Qualität und Überprüfbarkeit von Daten ankommt. So veröffentlicht die Weltbank den doingbusiness.org-Indikator, der im Grunde die wirtschaftlichen Bedingungen aller Länder der Welt vergleichbar macht. Auch der good governance-Indikator der Weltbank, der die Qualität von Regierungshandeln analysiert, ist hier zu nennen ebenso wie der von der Nicht-Regierungs-Organisation (NGO) Transparency International veröffentlichte Korruptionsindex. Der wirtschaftliche Erfolg und die politische Stabilität eines Landes sind direkt mit der Abwesenheit von Korruption korreliert.

Wirtschaftlicher Systemvergleich
Der wirtschaftliche Systemvergleich ist in Deutschland vor allem mit dem Namen von Karl Paul Hensel verbunden, der als Schüler von Walter Eucken an der Universität Freiburg die „Forschungsstelle zum Vergleich wirtschaftlicher Lenkungssysteme" begründete, die er nach seinem Ruf an die Philipps-Universität Marburg dorthin mitnahm. Hensel begründete auch die Schriften zum Vergleich von Wirtschaftsordnungen. Deren erster Band aus dem Jahr 1954 mit dem Titel „Einführung in die Theorie der Zentralverwaltungswirtschaft" war zugleich die Habilitationsschrift von Hensel.

Der wirtschaftliche Systemvergleich war in Deutschland, natürlich vor dem Hintergrund der deutschen Teilung, so präsent wie nirgendwo sonst auf der Welt – vielleicht mit Ausnahme von Nord- und Südkorea. Aber in Deutschland war die Teilung noch deutlich sichtbarer – vor allem in der geteilten und durch eine Mauer getrennten Hauptstadt Berlin. Der Systemvergleich war damals vor allem der großen Systemfrage gewidmet: Ist ein System zentraler Planung besser geeignet, eine große Volkswirtschaft mit knappen Gütern und Dienstleistungen zu versorgen als eine dezentrale Marktwirtschaft? Die für Hensel hoch interessante akademische Frage lautete: Ist ein Plansaldenmechanismus möglich, der wirtschaftliche Knappheit simulieren kann? Und die praktische Frage lautete: Wenn zentrale Planung grundsätzlich funktionieren könnte, wären die Menschen dann tatsächlich in der

1.4 Systemvergleich

Lage und auch gewillt, diese Pläne umzusetzen? Hensel ging bei dieser zweiten Frage immer vom interessengeleiteten Handeln der Individuen aus, das zu den Funktionsproblemen des Sozialismus führte.

Nach dem Fall der Mauer 1989 und dem Zusammenbruch der Sowjetunion war die große Systemfrage scheinbar gelöst. Die zentrale Wirtschaftslenkung im Sozialismus sowjetischer Prägung hatte zu einer Mangelwirtschaft und zu einer Auszehrung des wirtschaftlichen Kapitalstocks geführt. In einem sehr kontroversen Beitrag sprach Francis Fukuyama (1992) sogar schon vom „Ende der Geschichte", bei dem Demokratie und Marktwirtschaft sich als überlegene Systeme dauerhaft durchgesetzt hätten. Diese sehr optimistische Hypothese hielt jedoch einer kritischen Überprüfung nicht stand. Neue Ebenen des wirtschaftlichen Systemvergleichs kamen auf, China entwickelte sich trotz der Alleinherrschaft der kommunistischen Partei innerhalb kürzester Zeit zur wirtschaftlichen Großmacht und andere vormalige Großmächte und Handelsnationen verloren an Bedeutung. Der Aufstieg und Niedergang von Nationen im Sinne von Mancur Olson (1982) ist ebenfalls ein wichtiger Aspekt des wirtschaftlichen Systemvergleichs.

Ebenen des Systemvergleichs

Beim Systemvergleich gilt der logische Grundsatz, dass nur vergleichbare Sachverhalte miteinander verglichen werden können. Zunächst können ideale Vorstellungen von Wirtschaftssystemen miteinander verglichen werden – etwa die Idealvorstellung einer Sozialen Marktwirtschaft mit einem möglichen Idealbild einer sozialistischen Wirtschaftsordnung ohne Privateigentum und mit zentraler Wirtschaftslenkung. In der Literatur wird dann vom konzeptionellen Systemvergleich gesprochen.

Ebenfalls können real existierende Wirtschaftsordnungen miteinander verglichen werden. Der Vergleich zwischen der Bundesrepublik Deutschland und der ehemaligen DDR bis 1989 war ein solcher hierfür ein Beispiel, das aber zugleich einen zentralen Engpass dieser Vorgehensweise verdeutlicht: Die dringende Notwendigkeit, valide und ehrliche statistische Daten zu verwenden. Heute ist der reale und empirisch fundierte Systemvergleich insbesondere in den 27 Mitgliedsstaaten der Europäischen Union von hohem Wert und Grundlage für weitreichende Entscheidungen – etwa welche EU-Staaten den Euro einführen dürfen.

Wissenschaftlich unzulässig – und politisch durchaus gefährlich – ist der Überkreuzvergleich von Ideal- und Realtypen. Die offensichtlichen Schwierigkeiten, die in allen Wirtschaftsordnungen in der Realität auftreten können, sollten nicht mit einem Idealbild einer anderen Wirtschaftsordnung verglichen werden. Utopien sind in der wissenschaftlichen Politikberatung wenig hilfreich.

Systemvergleich ist immer auch an konkreten Ergebnissen orientiert (vgl. Wentzel, B. und D. Wentzel, 2000). Welches Land mit welcher Wirtschaftsordnung bietet seinen Menschen und seinen Unternehmen die besten Lebens- und Arbeitsbedingungen? Die Wertschätzung der Menschen für ein Land und seine Wirtschafts- und Gesellschaftsordnung lässt sich ebenfalls empirisch messen – etwa mit Indikatoren der Glücksforschung oder aber ganz pragmatisch anhand der Migrationszahlen.

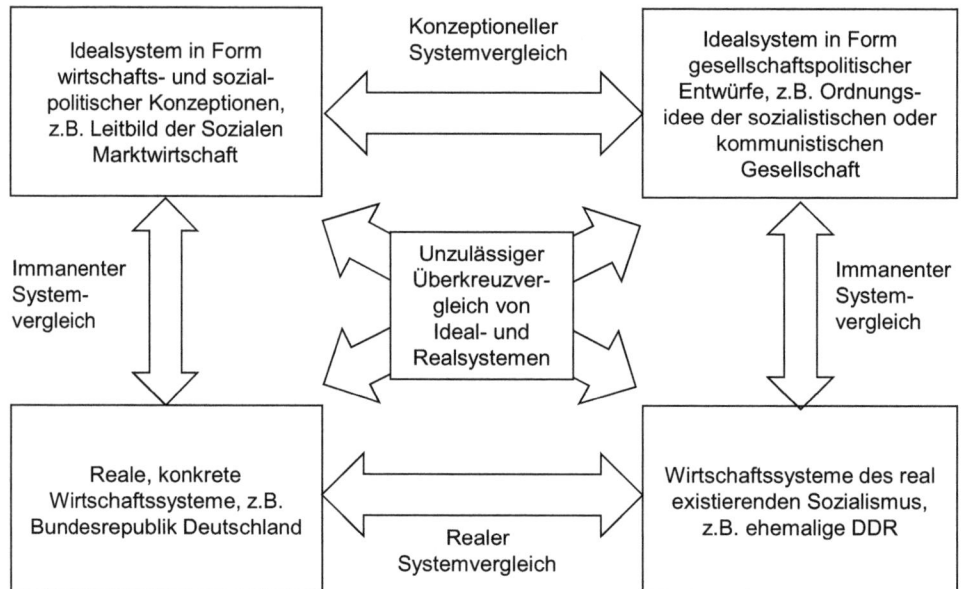

Abb. 1.1 Ebenen des Systemvergleichs (Quelle: nach Leipold (1979))

Auch die Corona-Pandemie hat weltweit zu einer Art von angewandtem Systemvergleich geführt, bei dem die Wirtschaftssysteme einem Stresstest mit besonderen Belastungen unterzogen wurden. Welche Art von Corona-Maßnahme letztlich effektiv und effizient wirkt, lässt sich am besten mit systemvergleichenden Methoden herausarbeiten. (Abb. 1.1)

Literatur
Fukuyama, F. (1992). *The end of history and the last man*. Penguin, Berlin.
Hofstede, G., Hofstede, G. J., & Minkov, M. (2010). *Cultures and organizations – software of the mind*. Intercultural Cooperation and its Importance for Survival. McGraw Hill Professional, New York.
Leipold, H. (1979). *Wirtschafts- und Gesellschaftssysteme im Vergleich* (2. Aufl.). UTB Taschenbuch, Gustav Fischer Verlag, Stuttgart.
Leipold, H. (2006). *Kulturvergleichende Institutionenökonomik*. UTB-Taschenbuch, Lucius & Lucius, Stuttgart.
Olson, M. (1982). *The rise and decline of nations*. New Haven, London.
Wentzel, B., & Wentzel, D. (2000). *Wirtschaftlicher Systemvergleich Deutschland/USA*. UTB-Taschenbuch, Lucius & Lucius, Stuttgart.

Weiterführende Literaturempfehlungen

Hensel, K. P. (1954/79). Einführung in die Theorie der Zentralverwaltungswirtschaft. In *Schriften zum Vergleich von Wirtschaftsordnungen*, Heft 1, (3. Aufl.). Gustav Fischer Verlag, Stuttgart/New York.

Hensel, K. P. (1972/1992). *Grundformen der Wirtschaftsordnung. Marktwirtschaft. Zentralverwaltungswirtschaft* (4. unveränderte Aufl.). Lit-Verlag, Münster.

Leipold, H. (2000). Die kulturelle Einbettung der Wirtschaftsordnungen – Bürgergesellschaft versus Sozialstaatsgesellschaft. In B. Wentzel & D. Wentzel (Hrsg.), *Wirtschaftlicher Systemvergleich Deutschland/USA*, (S. 1–52). UTB-Taschenbuch, Lucius & Lucius, Stuttgart.

Ideengeschichte und konkurrierende Denkschulen

Inhaltsverzeichnis

2.1 klassischer Liberalismus 22
2.2 John Locke – Freiheit und Eigentum 24
2.3 Adam Smith – Eigennutz, Mitgefühl und die unsichtbare Hand 27
2.4 David Ricardo – internationaler Handel 30
2.5 Immanuel Kant: Freiheit, sittliche und rechtliche Ordnung 34
2.6 Katholische Soziallehre 36
2.7 Laissez-faire: Liberale Ideologie? 40
2.8 Marxismus/Sozialismus 43
2.9 John Maynard Keynes 46
2.10 Neoliberalismus 49
2.11 Freiburger Schule 52
2.12 ORDO-Liberalismus – eine Synthese 54
2.13 Walter Eucken 57
2.14 Wilhelm Röpke 60
2.15 Alfred Müller-Armack 63
2.16 Historische Schule und Methodenstreit 66
2.17 Theorie der kulturellen Evolution von F.A. von Hayek 69

Zusammenfassung

Die moderne Ordnungstheorie, der Ordoliberalismus und die grundsätzlichen Überlegungen zur Sozialen Marktwirtschaft basieren auf vielfältigen Denktraditionen. Ideengeschichte beinhaltet selbstverständlich die Philosophie der Aufklärung, zu der auch das oftmals verkürzt wiedergegebene Werk des schottischen Moralphilosophen Adam Smith gehört, der als Begründer der Volkswirtschaftslehre gilt. Die ordoliberalen Autoren suchten nach Wegen, die gescheiterte frühere Ausprägung des Liberalismus zu ersetzen und zugleich eine freiheitliche Wirtschafts- und Gesellschaftsordnung als Gegenentwurf zu den Diktaturen des frühen 20. Jahrhunderts zu entwerfen. Dabei ist eine große Vielfalt von Perspektiven und Ideen zusammengekommen, die die gedankliche Basis der Sozialen Marktwirtschaft gelegt haben. Einflussreich waren dabei u. a. auch die katholische Soziallehre sowie die Auseinandersetzung mit John M. Keynes, die in den unterschiedlichen Phasen der Sozialen Marktwirtschaft unterschiedlich bedeutsam gewesen sind. Die Kenntnis der Dogmengeschichte volkswirtschaftlicher Lehrmeinungen ist eine zentrale Voraussetzung zum Verständnis und zur Analyse moderner Herausforderungen in Wirtschaft und Gesellschaft.

2.1 klassischer Liberalismus

Karen Horn

Der Begriff „klassischer Liberalismus" ist mit Vorsicht zu genießen. Vor allem in englischer Sprache wird er oft zur Abgrenzung von radikallibertären oder anarchokapitalistischen Strömungen benutzt, ohne dass ein substanzielles, geschlossenes und einheitliches Konzept dahintersteht. Individuelle Freiheit, Vorrang des Individuums vor dem Kollektiv, Minimierung von Zwang, Toleranz, Repräsentation und beschränkte Regierung, Herrschaft des Rechts, spontane Ordnung, Schutz des Eigentums, Handel und Märkte, Vorzugswürdigkeit zivilgesellschaftlicher gegenüber staatlichen Lösungen, Universalismus: Das ist einer der gelegentlich angebotenen Gemischtwarenläden an klassisch-liberalen Orientierungsmarken (Butler, 2022). Mal klingt ein solcher „klassischer Liberalismus" dann nach Adam Smith, mal nach Walter Eucken, und die ideengeschichtliche Konfusion ist komplett, wenn man sich vor Augen führt, dass sich die ordoliberale Freiburger Schule ausdrücklich von „den Klassikern" distanzierte, denen sie ein allzu blauäugiges Vertrauen auf die Selbstkoordination von Märkten unterstellte. Man entgeht dergleichen Fallstricken am ehesten, wenn man sich dem unscharfen Begriff „klassischer Liberalismus" in einem weiten ideengeschichtlichen Bogen nähert und sich darauf fokussiert, dass in den entsprechenden Konzeptionen der Schutz der individuellen Freiheit als zentrales Problem der Politik erkannt ist. In einer solchen Annäherung mag man den klassischen Liberalismus mit den staatspolitischen Philosophien von Thomas Hobbes und John Locke aus England beginnen lassen. Die Entwicklung des Paradigmas setzte sich mit Immanuel Kant in Deutschland sowie mit Charles de Montesquieu und Jean-Jacques Rousseau in Frankreich fort. Als sich in Europa mit Adam Smiths „Wealth of Nations" (Smith, 1776/1981) die Wirtschaftswissenschaft als eigenständige akademische Disziplin ausformte und von der Philosophie abspaltete, kamen Gewerbe- und Handelsfreiheit als neue liberale Argumentationslinien hinzu.

Philosophische Lehren

Der englische Mathematiker und Philosoph Thomas Hobbes nahm eine für das liberale Denken entscheidende erste Weichenstellung vor, indem er in seinem „Leviathan" (1651) die Souveränität an den legitimationstheoretischen Gedanken eines Gesellschaftsvertrags koppelte. Der Naturzustand eines „Krieges aller gegen alle" wird dadurch überwunden, dass die Bürger einwilligen, alle Gewalt auf einen staatlichen Herrscher zu übertragen. Dieser bezieht seine Legitimität aus seiner Schutzfunktion gegenüber Leben, Würde und Freiheit der Bürger; diese sind zum Gehorsam verpflichtet. Allerdings ist dieser Herrscher mit absoluter Macht ausgestattet, was aus liberaler Sicht unbefriedigend ist. Der englische Arzt und Philosoph John Locke schuf hier Abhilfe, indem er die gesellschaftsvertragliche Konstruktion um eine weitere entscheidende Facette erweiterte und den Herrscher unter das Recht rückte und eine Zweiteilung der staatlichen Gewalt vorsah (Locke, 1690). Die Schutzfunktion des Staates erstreckt sich bei ihm ausdrücklich auf das Eigentum, das er konzeptionell aus dem Eigentum jedes Menschen an seinem eigenen Körper hervorgehen lässt. Der Ruf nach Gewaltenteilung erhielt mit Montesquieus „Esprit des Lois" (1748) im Interesse der Verhinderung von allzu großer Macht eine dritte Dimension (Legislative, Exekutive, Judikative); für den Franzosen bestand Freiheit vor allem in der garantierten Gesetzlichkeit. Der Genfer Philosoph Jean-Jacques Rousseau wiederum entwarf eine weitere kontrakttheoretische Konstruktion, die einen „allgemeinen Willen", in dem die Einzelwillen aufgehen, zur zwingenden Voraussetzung legitimer staatlicher Gewalt erklärte (Rousseau, 1762); diese republikanische Konstruktion ist Grundlage der heutigen schweizerischen Demokratie. Die Bedeutung des Rechts kulminierte in Deutschland mit dem Denken Immanuel Kants, bei dem der Staat nichts anderes ist als „die Vereinigung einer Menge von Menschen unter Rechtsgesetzen" (Kant 1797/1945, Erster Teil, §45).

Ökonomische Lehren

Der schottische Philosoph Adam Smith legte in seinem „Wealth of Nations" (Smith 1776/1981) nicht nur ein umfängliches theoretisches Kompendium der Nationalökonomie und eine kausale Erklärung dynamischer Wachstumsprozesse vor, sondern auch eine historische Analyse der mit Blick auf die Steigerung des Wohlstandes erfolgreichen politischen Institutionen. Seine Erkenntnis lässt sich auf die Kurzformel bringen, dass Rechtsstaat und Gewaltenteilung, als historische Zufälle entstanden, eine notwendige Voraussetzung für die Entwicklung der bürgerlichen Freiheiten waren, ohne die allgemeiner wirtschaftlicher Wohlstand nicht zustande kommen kann. Smith prangerte die diesem Gemeinwohlziel abträgliche, von den Partikularinteressen mächtiger Kaufleute manipulierte merkantilistische Wirtschaftspolitik seiner Zeit an und maß ihre Verfehlungen an der gedanklichen Benchmark eines „Systems natürlicher Freiheit", also ohne künstliche Hemmnisse, Privilegien und staatliche beförderte wirtschaftliche Macht. Er sah den aufgeklärten, dem Tugendgebot der Klugheit folgenden Herrscher in der Pflicht, möglichst weitgehende Gewerbe- und Handelsfreiheit zu gewähren und dabei alles zu unterlassen, was private

Machtstellungen ins Leben rufen, absichern und auf Dauer stellen könnte. Das wirtschaftspolitische Grundprinzip, dass der Staat dem Streben freier Menschen nach einer Besserung ihres Loses und der selbstkoordinierenden inneren Logik von Märkten nicht unnötig im Wege stehen sollte, fand seine Fortsetzung und Ausdifferenzierung in den Arbeiten der Engländer David Ricardo (1817) und John Stuart Mill (1848). Der häufig wiederholte, aber sachlich nicht verfangende Vorwurf, man habe dem Staat nur die Rolle eines „Nachtwächters" zugedacht, wurde 1862 von Ferdinand Lassalle erhoben, einem der Wortführer der frühen deutschen Arbeiterbewegung.

Literatur
Butler, E. (2022). *Was ist klassischer Liberalismus? LI-Paper*, Januar; Auszug aus dem Buch *„Wie wir wurden, was wir sind: Einführung in den Klassischen Liberalismus", 2017*. FinanzBuch, München.
Locke, J. (1690). *The second treatise of civil Government*. Awnsham and John Churchill, London.
Ricardo, D. (1817). *On the Principles of Political Economy and Taxation*, John Murray.
Rousseau, J.-J. (1762). *Du contract social ou, principes du droit politique*. Marc Michel Rey, Amstedam.
Smith, A. (1776/1981). *An inquiry into the nature and causes of the wealth of nations*. (2 Bde, Oxford Aufl.). Liberty Fund, Indianapolis.

Weiterführende Literaturempfehlungen
Briefs, G. (1930). Der klassische Liberalismus. *Archiv für Rechts- und Wirtschaftsphilosophie, 24*(1/2), 90–124. Franz Steiner Verlag,
Hobbes, T. (1651). *Leviathan, sive de materia, forma, & potestate civitatis ecclesiasticae et civilis*. Andrew Crooke. London.
Kant, I. (1797/1945). *Die Metaphysik der Sitten*. Felix Meiner Verlag, Hamburg.
Lassalle, F. (1862/1919). Das Arbeiter-Programm. In *Gesammelte Reden und Schriften* (Bd. 2, S. 147–202). Cassirer, Berlin.
de Montesquieu, C. (1748). *De l'esprit des loix* (2 Bde). Barrillot & Fils, Genf.

2.2 John Locke – Freiheit und Eigentum

Michael Wohlgemuth

John Locke (1632–1704) war ein einflussreicher englischer Philosoph der frühen Aufklärung und des klassischen Liberalismus. Zu seinen bekanntesten Werken gehören „An Essay Concerning Human Understanding" (1690) und „Two Treatises on Government" (ebenfalls 1690, aber anonym veröffentlicht und schon viele Jahre zuvor konzipiert). Erst genanntes Buch zählt zu den Grundlegungen des Empirismus, der die Bedeutung

2.2 John Locke – Freiheit und Eigentum

sinnlicher Erfahrung (anstelle eingeborener Ideen) bei der Erlangung von Wissen und moralischer Überzeugungen betont. Diese Idee wurde später von David Hume verfeinert. Von den „zwei Abhandlungen über die Regierung" hat vor allem die zweite enorme Wirkung auf das liberale Denken in Europa und den USA ausgeübt. Ganz unter dem Eindruck der politischen Auseinandersetzungen vor und während der „glorious revolution" gegen den Absolutismus in England (1668–1669) liefert Locke liberale Argumente für die gottgebende individuelle Freiheit und Gleichheit der Menschen und (daraus folgend) die konstitutionelle Beschränkung der Macht des Staates. Die amerikanische Unabhängigkeitserklärung (1776) und der französische Verfassungsentwurf (1791) sind unmittelbar von den Lehren Lockes beeinflusst; die Entwicklung liberaler Verfassungsstaaten seitdem zumindest indirekt über weitere Vermittler wie Montesquieu oder Wilhelm von Humboldt.

Naturrechtliche Begründung von Menschenrechten
Locke war auch sehr studiert in der Theologie und stammte aus einer protestantisch geprägten Familie. Seine Begründung individueller Gleichheit und Freiheit leitet er direkt aus biblischen Texten (von der Schöpfungsgeschichte über die zehn Gebote bis zu den Paulusbriefen) ab. „Life, Health, Liberty and Possession" sind für ihn gottgewollte und damit naturgegebene Rechte jedes Menschen. Zur Gleichheit der Menschen in dieser Hinsicht gehört auch die zwischen Mann und Frau. Zu den Pflichten jedes Menschen (und jeder Regierung) gehört, diese Freiheitsrechte jedes anderen zu achten.

Das Privateigentum ist dabei sowohl Ausdruck als auch Bedingung persönlicher Freiheit. Locke begründet auch dies aus dem Willen Gottes, der die Schöpfung allen Menschen zur Nutzung und Aneignung gab. Durch ihre eigene Arbeit erwerben die Menschen Eigentum an dieser „Gottesgabe". Locke illustriert diese Aneignung an einem sehr simplen Beispiel: Wer von einem Baum (im Naturzustand ohne zuvor definierte Eigentumsrechte am Apfelbaum) einen Apfel holt, dem gehört er. Und er hat das Recht, so viele Äpfel zu sammeln, wie er nutzen kann, ehe sie verderben. Er hat aber auch das Recht, mehr als nötig zu ernten und überschüssige Äpfel gegen Nüsse einzutauschen, die länger haltbar sind.

Derlei Tauschprozesse gelingen natürlich noch besser gegen Metallstücke, die unendlich haltbar sind, gegen alle möglichen anderen Güter der Erde getauscht werden können und damit als allgemeines Wertaufbewahrungs- und Tauschmittel allgemein anerkannt sind: Geld. Durch Verallgemeinerung dieses „Apfel-Nuss-Gleichnisses" war das Privateigentum im Sinne einer Arbeitswerttheorie begründet. Es finden sich neben diesem „naturrechtsdogmatischen" Prinzipien-Argument für Privateigentum auch viele „Klugheits-" Argumente, wonach Eigentum nicht nur für das individuelle Streben nach Glück, sondern auch für den gesellschaftlich verantwortungsvollen Umgang mit knappen Ressourcen und allgemein-wirtschaftlichen Wohlstand unerlässlich ist.

Übrigens trat Locke deshalb auch in einem Brief an das englische Parlament (1692) gegen Versuche der Regierung ein, Zinsen unter den „natürlichen" Marktzins zu drücken und den Silbergehalt von Münzen zu reduzieren (Caffentzis, 2006). Auch dies war schon eine sehr frühe liberale Haltung. Aber zunächst brauchte es eine Begründung der Existenz einer Regierung selbst.

Vertragstheoretische Begründung des liberalen Rechtsstaats
Ähnlich wie Thomas Hobbes (1588–1679) begründet und rechtfertigt Locke den Staat und dessen Monopol legitimen Zwangs aus der Idee eines Gesellschaftsvertrags. Gleichzeitig geht er dabei aber weitaus „liberaler" vor als Hobbes, indem er dem Staat klare Grenzen setzt. Die oben genannten Rechte (Leben, Freiheit, Eigentum) sind unveräußerlich und müssen auch von jeder externen Autorität geachtet werden. Der Zweck der Regierung besteht darin, diese natürlichen Rechte zu schützen. Verletzt sie diese natürlichen Rechte, handelt sie sitten- und vertragswidrig; die Bürger haben bei Locke dann auch das Recht auf Widerstand.

Bemerkenswert ist zudem, dass Locke bei aller religiösen Überzeugung und Herleitung des „Naturrechts" aus biblischen Quellen Staat und Religion klar getrennt sehen möchte. In seinen „Letters Concerning Toleration" (1689) argumentiert er, dass es bei echtem Glauben auf innere Überzeugung ankommt, die nicht staatlich erzwungen werden kann, ohne das gottgegebene Recht auf Willens- und Gewissensfreiheit zu verletzen. Bereits 60 Jahre vor Montesquieu argumentierte Locke zudem für eine weitere Teilung: die Gewaltenteilung zwischen Exekutive, Legislative und Judikative, und (damit) für den Rechtsstaat als Regierung unter dem Gesetz; genauer: unter der Verfassung als auf Konsens der Bürger beruhendem Gesellschaftsvertrag.

Bedeutung heute
Besonders Lockes vertragstheoretische Begründung der verfassungsrechtlich begrenzten Regierung hat bis heute einen Einfluss auf die moderne politische Philosophie und Ordnungsökonomik. Die Idee der Regierung durch Zustimmung und die Vorstellung eines Gesellschaftsvertrags zwischen den Regierten und den Regierenden sind in vielen Arbeiten grundlegende normative Idealtypen liberal-demokratischer Gesellschaften.

Die Verfassungsökonomik von James M. Buchanan und die Sozialphilosophie von John Rawls etwa stehen heute für moderne Adaptationen der Idee des Gesellschaftsvertrags. Bei ihnen geht es indes vor allem um das Konsensprinzip als Verfahren, um dessen Begründungen und mögliche Einschränkungen. Die naturrechtliche Begründung von Freiheitsrechten gilt heute (außerhalb von Sozialtheorien der Kirchen) weitgehend als methodologisch überholt oder suspekt. Dagegen schließt die vor allem in libertären Kreisen nach wie vor einflussreiche Begründung eines Minimalstaats von Robert Nozick gerade auch an Lockes naturrechtliche Begründung von Freiheit und Eigentum an. In „Anarchy, State, and Utopia" argumentiert Nozick (1974) ähnlich wie Locke, dass Eigentum vermittels erster Aneignung durch eigene Arbeit sowie gegenseitig zwanglos vereinbarter Übertragung an andere gerechtfertigt sei. Dem modernen (Minimal-) Staat komme damit legitimerweise nur die Aufgabe zu, das Recht auf Leben, Freiheit und Eigentum gleichermaßen zu schützen.

Literatur
Caffentzis, C. G. (2006). Locke, John. In D. Herz & V. Weinberger (Hrsg.), *Lexikon ökonomischer Werke* (S. 287–289). Wirtschaft und Finanzen. Verlag Wirtschaft und Finanzen im Schäffer-Poeschel-Verlag, Stuttgart.
Nozick, R. (1974). *Anarchy, State, and Utopia*. Oxford University Press, Oxford.

Weiterführende Literaturempfehlungen
Locke, J. (1689). *Brief über die Toleranz, 2021*. Reclam, Ditzingen.
Locke, J. (1689). *Über die Regierung, 2017*. Reclam, Ditzingen.
Uzgalis, W. (2018). *John Locke*. Stanford Encyclopedia of Philosophy, https://plato.stanford.edu/archives/win2018/entries/locke/.

2.3 Adam Smith – Eigennutz, Mitgefühl und die unsichtbare Hand

Karen Horn

Adam Smith ist einer der wichtigsten Denker der schottischen Aufklärung, Moralphilosoph, Erneuerer der politischen Ökonomie und wirtschaftspolitischer Reformer. Die „unsichtbare Hand" hat er weder erfunden noch mit der Bedeutung einer natürlichen Harmonie aufgeladen, die man ihr gemeinhin zuschreibt. Dass Egoismus eine gute oder auch nur nützliche Sache ist, hat er nie behauptet.

Ein Leben für die Philosophie
Adam Smith kam 1723 in Kirkcaldy, einer schottischen Kleinstadt gegenüber von Edinburgh am Firth of Forth, als Sohn eines bereits verstorbenen Anwalts und Zollkommissars auf die Welt. Seine Mutter zog ihn allein auf. Er wurde im Alter von 14 Jahren zum Studium an die Universität Glasgow geschickt und erhielt anschließend ein Stipendium für weiterführende Studien in Oxford. Nach seiner Heimkehr hielt er zunächst öffentliche Vorlesungen in Edinburgh. Im Jahr 1751 wurde er an die Universität Glasgow berufen. Dort hatte er zunächst den Lehrstuhl für Logik und bald für Moralphilosophie inne – ein Fach, das sich über die gesamten Geistes- und Gesellschaftswissenschaften erstreckte. Seine Hauptvorlesung umfasste Aspekte der natürlichen Religion, der Ethik, der Jurisprudenz sowie der politischen Ökonomie. Schließlich gab er seinen Lehrstuhl auf, um in den Jahren 1764–1766 einen jungen Adeligen, den Duke of Buccleuch, als Tutor auf dessen „Grand Tour" nach Frankreich und in die Republik Genf zu begleiten; auf dieser Reise kam er mit vielen europäischen Denkern in Kontakt. Danach widmete er sich in London und Kirkcaldy vornehmlich dem Schreiben, bis er 1776 zum Mitglied der Königlichen Zollkommission für Schottland ernannt wurde und sich in Edinburgh niederließ. Dort starb Adam Smith 1790.

Normen als soziale Konstruktion
Berühmtheit erlangte Smith mit einer moralphilosophischen Schrift, der Theory of Moral Sentiments (TMS, Smith, 1759). Das Werk enthält eine Darstellung des Prozesses der individuellen moralischen Urteilsbildung sowie der damit verbundenen Entstehung kollektiver Normen. Wie für die schottische Aufklärung typisch, schafft Smith kein spekulatives Modell, sondern baut seine Theorie auf konkreter Anschauung auf. Mit psychologischer Beobachtungsgabe versehen, sammelt er Einsichten darüber, wie sich Menschen verhalten, und fügt diese zu einer strukturierten deskriptiven Theorie zusammen.

Nur zwei minimalistische Setzungen braucht er für das Verhaltensmodell der TMS. Erstens tragen die Menschen Eigenliebe in sich. Diese ist eine natürliche Neigung, die das Verhalten auf Selbsterhaltung ausrichtet. Dabei umschließt das „Selbst" neben der eigenen Person auch Menschen im emotionalen Nahbereich, etwa die Familie. Ethische Theorien, die diese Eigenliebe leugnen, sind unrealistisch – und politische Systeme, die den Bürgern die Eigenliebe austreiben wollen, tun der menschlichen Natur Gewalt an. Zweitens verfügen die Menschen als soziale Wesen auch über die Gabe der Nächstenliebe, über den emotionalen Nahbereich hinaus. Diese bildet das Gegengewicht zur Eigenliebe.

Noch etwas setzt Smith voraus: Menschen sind fähig, sich in die Lage anderer Leute hineinzuversetzen. Das ist nötig, um beurteilen zu können, ob diese angemessen handeln. Smith spricht von „Sympathy", der Fähigkeit zum Einfühlen – heute ist in diesem Zusammenhang eher der Begriff der „Empathie" geläufig. Gemeint ist nicht nur das Mitgefühl im Sinne des Mitleids, sondern auch das Mitfreuen.

Auf dieser Grundlage beurteilen Menschen, welches Tun angemessen ist. Sie halten einander ständig einen Spiegel vor. Die Konfrontation mit der Billigung und Missbilligung anderer hilft, das eigene Verhalten anzupassen. So entstehen die moralischen Urteile in einem von der Fähigkeit zum Einfühlen getragenen Rückkopplungsprozess. Wirksam wird zum einen die Reaktion anderer Menschen und zum anderen die Befragung des Gewissens, des Speichers des moralisch Erlernten. Für das Gewissen nutzt Smith die Denkfigur des „unparteiischen Beobachters". Dieser erlaubt es, sich selbst mit Abstand zu betrachten. Und so kann es gelingen, die Eigenliebe davon abzuhalten, sich zum Egoismus auszuwachsen.

Als unbeabsichtigtes Nebenprodukt der persönlichen Urteilsbildung wachsen so auch die sozialen Normen. Dieses Muster ist typisch für Smith und die gesamte schottische Aufklärung: Das Kollektive wird aus dem beobachtbaren Individuellen in einem Prozess der Interaktion hergeleitet und erklärt. Dabei ist offensichtlich, dass zahlreiche Kollektiverscheinungen zwar aus individuellem Handeln in Interaktion entstehen, aber von niemandem geplant oder beabsichtigt sind. Individuelles Handeln hat unbeabsichtigte Nebenfolgen. Viele davon mögen günstig sein, andere aber durchaus auch ungünstig.

Wissenschaft für den Gesetzgeber
Smiths zweites, heute weitaus bekannteres Werk ist die nach seiner Rückkehr aus Frankreich verfasste Inquiry into the Nature and Causes of the Wealth of Nations (WN, „Wohlstand der

2.3 Adam Smith – Eigennutz, Mitgefühl und die unsichtbare Hand

Nationen", Smith, 1776). Dieses Buch entfaltete nicht nur in der Wissenschaft große Wirkung, indem es den Startschuss für die Ökonomie als eigenständige Disziplin gab, sondern auch, als Kritik am Merkantilismus und als reformerische Anleitung für ein aufgeklärtes Staatswesen gelesen, in der Politik Europas und Amerikas.

Smith erforscht hier den wirtschaftlichen Fortschritt. Wie funktioniert er? Und wovon hängt es ab, ob eine Gesellschaft zur Prosperität findet, sodass es vor allem den Armen besser ergeht? Analog zur TMS geht er in seiner Modellierung vom Wunsch des Menschen aus, das eigene Los zu bessern, und der Neigung, mit anderen in Austausch zu treten. Daraus entwickelt Smith einen interaktiven Prozess, in dem über produktivitätssteigernde Arbeitsteilung eine selbsttragende Wachstumsdynamik entsteht.

In den ersten zwei Teilen des WN trägt Smith die Bestandteile der ökonomischen Theorie zusammen – Preise, Wert, Geld, Faktorlöhne, Kapitalakkumulation, Außenhandel etc. Es folgt im dritten Teil eine Analyse der historischen Abweichungen vom theoretischen Entwicklungspfad: Smith schildert es als glücklichen Zufall, dass der Feudalismus überwunden wurde und sich Institutionen herausbildeten, die wirtschaftlichen Fortschritt erst ermöglichten: Rechtsstaat und Gewaltenteilung. Nur auf dieser Basis kann sich das Streben der Menschen, ihr Los zu bessern, im Miteinander gedeihlich entfalten.

Im vierten Teil, der verschiedenen ökonomischen Doktrinen gewidmet ist und Smiths Kritik am Merkantilismus bündelt, findet sich – das einzige Mal im WN – die überschätzte Metapher der „unsichtbaren Hand" im Zusammenhang damit, dass ein Kaufmann bei seiner Entscheidung, wo er investiert, den heimischen Standort nicht ganz vernachlässigen wird, schlicht aus eigeninteressierter Vorsicht (WN IV.ii.9). Der Nutzen für das eigene Land ist dann bloß ein unbeabsichtigter Nebeneffekt. Oft, aber durchaus nicht immer jedoch sind solche Nebeneffekte günstig. Unter welchen Bedingungen darf man also hoffen, dass individuelles Handeln, das nicht in der Verpflichtung auf das Gemeinwohl wurzelt, diesem trotzdem dient? Um das zu wissen, bedarf es nach Smith vor allem guter Wissenschaft.

In den letzten Teilen des WN bringt Smith seine Kritik an Regierenden vor, die den Partikularinteressen der Kaufleute entsprechen und deren Eigenliebe außer Kontrolle geraten lassen. Zu ihrer Verschwörung gegen die Allgemeinheit sollte der Staat nicht noch die Hand reichen. Weil die Kaufleute Privilegien für sich durchsetzten, litten die Bürger Hunger, und an den Handelsgewinnen klebe Blut. Weg also mit den Bevorzugungen, die einer mächtigen Gruppe Gewinne zuschanzen und jene gesamtwirtschaftliche Entwicklung hemmen, die gerade den Armen ein besseres Leben ermöglichen würde. Weg auch mit den regulatorischen Einschränkungen, die diese unverdient in ihrer Misere festhalten.

Der Reformer Smith will den Staat von gemeinwohlschädlicher Beeinflussung emanzipiert und neu ausgerichtet sehen – mithilfe der ökonomischen Wissenschaft, der „Science of the legislator", sowie der jedermann aufgegebenen Tugenden der Klugheit, der Gerechtigkeit und des Wohlwollens.

Literatur

Smith, A. (1759/1982). *The theory of moral sentiments* (Glasgow Aufl.). Liberty Fund, Indianapolis.

Smith, A. (1776/1981). *An inquiry into the nature and causes of the wealth of nations* (2 Bde, Glasgow Aufl.). Liberty Fund, Indianapolis.

Weiterführende Literaturempfehlungen

Horn, K. (2023a). Kampf den Klischees: Die jüngere Adam-Smith-Forschung rollt die Interpretation des schottischen Gelehrten neu auf. *Perspektiven der Wirtschaftspolitik, 24*(2), 184–209. De Gruyter Oldenbourg, Berlin.

Horn, K. (2023b). *Adam Smith @300, Der schottische Moralphilosoph und Ökonom: Menschenfreund, Reformer und großer Liberaler.* Friedrich Naumann-Stiftung für die Freiheit/Ludwig Erhard Forum für Wirtschaft und Gesellschaft. Potsdam. https://shop.freiheit.org/#!/Publikation/1491.

Sagar, P. (2022). *Adam Smith reconsidered: History, liberty, and the foundations of modern politics.* Princeton University Press, Princeton.

Samuels, W. J. (2011). *Erasing the invisible hand: Essays on an elusive and misused concept in economics.* Cambridge University Press, Cambridge.

2.4 David Ricardo – internationaler Handel

Michael Wohlgemuth

David Ricardo (1772–1823) gilt als bedeutender Ökonom der späten Klassik. Man kann ihn auch als den „ersten modernen Ökonom" (Braunberger, 2023) bezeichnen. In London wird er in eine reiche Familie eines erfolgreichen Börsenmaklers hineingeboren. Mit 21 Jahren macht er sich als Börsenkontraktor für Darlehen selbständig. 1815 wird er mit einer Wette mit Kriegsanleihen auf die Niederlage Napoleons in Waterloo zu einem der reichsten Männer Englands. Durch die Lektüre von Adam Smiths „Wealth of Nations" inspiriert, widmet er sich nun ganz der Politischen Ökonomie.

Die Politik der „Corn Laws" attackiert er schon früh mit ökonomischen Argumenten: die Einschränkungen ausländischer Getreideimporte nutzen nur den Grundbesitzern, sie erhöhen die Preise und Lebenshaltungskosten der Bürger; sie verringern die Profitrate im Inland und damit die Kapitalakkumulation und das langfristige Wachstum. Auch argumentiert Ricardo 1816 für eine stabile und sichere Währung und die Rückkehr zum Goldstandard sowie (später) für eine (weitgehend) unabhängige staatliche Notenbank (siehe Kurz, 2008, 122 f.). 1819 erwirbt Ricardo einen Sitz im Parlament, wo er sich für bürgerliche Freiheiten, geheime Wahlen, Gleichbehandlung von Religionen und eine Vermögenssteuer zur Tilgung der hohen Kriegsschulden einsetzt (Kurz, 2008, 123).

2.4 David Ricardo – internationaler Handel

Zuvor, 1817, erscheint sein Hauptwerk „On the Principles of Political Economy and Taxation" (Deutsch: Ricardo, 2006). Was diese „Grundsätze" für den Stil der Ökonomik wegweisend für die moderne Ökonomik machte, war dass sie in der Tat sehr „grundsätzlich" sind. Anstelle bloßer Beschreibung von Wirtschaftsvorgängen in der Geschichte und episodenhaften Einzelbeobachtungen (Induktion) wählt Ricardo die Deduktion und modellhaft-abstrakte Analyse von Wirkkräften, die in der langen Frist als ökonomische „Gesetze" gelten können.

Vor allem geht es ihm um die Prinzipien der Verteilung des Sozialprodukts auf die „drei Klassen der Gesellschaft": Eigentümer des Bodens, des Kapitals und der Arbeit. Ricardo geht es dabei um die Bestimmung „natürlicher" Preise (Bodenrente, Profit, Lohn), die als dauerhafter Gravitationspunkt langfristig wirken – auch wenn die aktuellen Marktpreise davon abweichen. Als Börsianer kennt er den Unterschied zwischen Fundamentaldaten und kurzfristigen Schwankungen. Auch ist ihm bewusst, dass etwa Profite, die über dem natürlichen Gewinn liegen, bei freiem Marktzugang auch wieder herunter konkurrenziert werden.

Viele noch heute Studierenden der Volkswirtschaft präsentierte Theorien finden sich bereits in Ricardos Grundsätzen ausgearbeitet (aber auch schon bei früheren Autoren): so etwa die Quantitätstheorie des Geldwertes, die Kaufkraftparitätentheorie der Wechselkurse oder die Mechanik des Zahlungsbilanzausgleichs. Die Verteilungstheorie ist heute eher ideengeschichtlich relevant, beruht sie doch auf einer Arbeitswertlehre, die heute kaum mehr bemüht wird. Was indes bleibt – und heute oft sogar in Schulbüchern Eingang findet, ist seine Theorie der „komparativen Kostenvorteile" im Außenhandel.

Wie schon Adam Smith war auch David Ricardo überzeugter Freihändler. Dessen Erklärung des Spezialisierungsmusters von Ländern hob noch auf absolute Kostenvorteile ab. Ricardo dagegen konnte zeigen, dass Handel auch zwischen Ländern, von denen ein Land durchweg absolute Kostennachteile hat und ein anderes Land überall absolute Kostennachteile, zustande kommen kann und für beide vorteilhaft ist. Hierfür gibt Ricardo zwei Gründe an: zum einen erfährt das Land mit den Kostenvorteilen hohe Exporte und damit einen Zufluss von Gold oder Silber. Gemäß der Quantitätstheorie des Geldes führt dies zu steigenden Preisen, sodass sich die preislichen Kostenvorteile umkehren können. Doch selbst ohne diesen „specie-flow" Mechanismus lohnt sich Handel zwischen Ländern mit absoluten Kostenunterschieden in allen Güterklassen. Dies zu zeigen war Ricardos eigentliches Verdienst.

In Kapitel VII der „Principles" illustriert Ricardo das Prinzip der „komparativen Vorteile" an einem Modell für zwei Länder (England und Portugal) und zwei Güter (Tuch und Wein). Die Produktionskosten (ausgedrückt in Arbeitsstunden) seien jeweils in England höher als in Portugal. (Tab. 2.1)

Erkennbar ist, dass England zwar jeweils Kostennachteile hat, diese aber bei Herstellung von Tuch weniger ausgeprägt sind. Spezialisiert sich nun Portugal auf den Weinbau und England auf seine Textilindustrie, und man handelt beide Güter frei zwischen beiden Ländern, haben beide etwas gewonnen: sie sparen jeweils Arbeit oder produzieren mit der

Tab. 2.1 Modell komparativer Vorteil

	Portugal		England		Arbeit insgesamt
	Tuch	Wein	Tuch	Wein	
Stunden vor Spezialisierung und Handel	90	80	100	120	390
Stunden nach Spezialisierung und Handel	0	160	200	0	360
Arbeitsersparnis	10		20		30
Quelle: Eigene Darstellung					

gleichen Arbeit mehr Güter. Zudem können Sie jeweils die „economies of scale" (Größenvorteile der Produktion) der Spezialisierung für mehr Ertrag pro Arbeitseinsatz nutzen. Was Smith für die Effizienz-steigernde Wirkung der Arbeitsteilung zwischen Menschen gezeigt hat, gilt auch für die zwischen Ländern. „Damit fügt Ricardo Adam Smith' Loblied auf die segensreichen Wirkungen der Arbeitsteilung eine wichtige Strophe hinzu" (Kurz, 2008, 135).

Ricardo hat dieses zentrale Freihandelsargument nicht durch historische Analyse von Außenhandelsdaten (etwa für Wein und Tuch) gewonnen, sondern durch logisches Denken und als analytisches Modell oder Gedankenexperiment präsentiert. Wie bei jedem Modell musste er dabei von realen Umständen abstrahierende Bedingungen unterstellen (etwa: keine Handelshemmnisse und Transaktionskosten, homogene Güter und Präferenzen). So funktioniert ein Großteil der ökonomischen Theoriebildung auch heute; freilich mithilfe weitaus raffinierterer Mathematik. Paul Samuelson (1959) war einer der ersten, die die Grundsätze von Ricardos System der Verteilung des Sozialprodukts mathematisierten.

In Deutschland war diese Art der abstrahierenden, logischen Theoriebildung lange Zeit nicht angesagt; es herrschte die „Historische Schule", die sehr auf regional, historisch oder kulturell spezifische Eigenarten konkret beobachtbarer Wirtschaftsvorgänge abhob und allgemeine „Gesetze" oder „Modelle" im Sinne Ricardos weitgehend ablehnte. Erst Ende der 1920er Jahre sahen jüngere Ökonomen in Deutschland (Walter Eucken, Alexander Rüstow, Wilhelm Röpke u. a.), den Wert theoretisch-abstrakter Analyse als wichtigen Teil der Ökonomik an. Treffenderweise nannten sie sich „die deutschen Ricardianer" (hierzu von Klinkowstroem, 2023, 109 ff.).

Auch die Außenhandelstheorie hat sich in den letzten 200 Jahren erheblich weiterentwickelt. Die grundlegende Logik der „komparativen Vorteile" hat sich dabei zwar als Grundargument für globale Arbeitsteilung und freien Handel bewährt und gilt noch heute; die empirischen Umstände waren indes schon immer komplexer und haben sich heute auch etwas geändert.

Theoretisch führt schon die Einführung von Kapital neben Arbeit als Produktionsfaktor in den neoklassischen Modellen zu anders gelagerten Bedingungen der Spezialisierung unter Handelspartnern. Nach dem Heckscher-Ohlin Modell exportiert ein Land (vereinfacht gesagt) das Gut, dessen Produktion denjenigen Produktionsfaktor relativ intensiv nutzt, der in dem Land relativ viel vorhanden ist, und importiert das Gut, dessen Produktion den Faktor relativ intensiv nutzt, der in dem Land relativ wenig vorhanden ist (Faktorproportionentheorie).

Doch auch dieses Modell passt heute nicht mehr so richtig. So kann man beobachten, dass ein Großteil des Handels (auch bei weitgehendem Freihandel) zwischen Ländern mit sehr ähnlicher Faktorausstattung, Technologie und Konsumentenpräferenzen stattfindet: etwa Autos aus Deutschland, Japan, China, USA. Dieser intra- und interindustrielle Handel wurde etwa von Paul Krugman (1979) als „noncomparative advantage trade" modelliert. Dabei spielen intra-industrielle Größenvorteile und unvollständiger Wettbewerb eine zentrale Rolle.

Heute kommt noch ein weiteres Argument hinzu, das Ricardos Logik zwar nicht aus den Angeln hebt, aber doch zumindest in seiner Radikalität relativiert: „Resilienz" und „strategische Redundanz" (Wohlgemuth, 2023). Die Corona-Pandemie oder aktuelle geopolitische Spannungen haben gezeigt, dass Länder verwundbar sind, wenn die internationale Arbeitsteilung plötzlich stockt: wenn man auf Güter und Vorprodukte angewiesen ist, die nur von wenigen spezialisierten Handelspartnern zu bekommen wären. Kurz: Käme es in Ricardos Modell zu einer Missernte in Portugal, hätte England keinen Wein mehr zu trinken.

Aus diesem Risikokalkül folgt indes nicht die Forderung nach „strategischer" Autonomie (im Sinne von Autarkie und Protektionismus. Im Gegenteil: gefragt ist die Diversifizierung der globalen Arbeitsteilung und der Abschluss möglichst vieler Freihandelsabkommen mit möglichst vielen Partnern in möglichst vielen Bereichen.

Literatur
Braunberger, G. (2023). *Der erste moderne Ökonom.* In Frankfurter Allgemeine Zeitung vom 7. Sept. 2023.
von Klinckowstroem, W. (2023). *Walter Eucken. Ein Leben für Menschenwürde und Wettbewerb.* Mohr Siebeck, Tübingen.
Krugman, P. (1979). Increasing returns, monopolistic competition, and international trade. *Journal of International Economics, 9*(4), 469–479.
Kurz, H. D. (2008). D. Ricardo. In ders. (Hrsg.): *Klassiker des ökonomischen Denkens* (Bd. 1, S. 120–139). C. H. Beck, München.
Ricardo, D. (2006). In H. D. Kurz & C. Gehrke (Hrsg.), *Über die Grundsätze der Politischen Ökonomie und der Besteuerung.* Metropolis, Marburg.
Samuelson, P. A. (1959). A modern treatment of the ricardian economy. *Quarterly Journal of Economics, 73,* 1–35 und 217–231.
Wohlgemuth, M. (2023). *Die Resilienz von Wirtschaft, Staat und Gesellschaft.* Stiftung für Staatsrecht und Ordnungspolitik. BVD Druck+Verlag AG, Schaan

2.5 Immanuel Kant: Freiheit, sittliche und rechtliche Ordnung

Michael Wohlgemuth

Immanuel Kant (1724–1804) gilt weltweit als der bedeutendste deutsche Philosoph. Als Universalgelehrter hat er Vorlesungen gehalten (und publiziert) zu Themen wie Logik, Metaphysik, Moralphilosophie, Theologie, Mathematik, Physik, Mechanik, Geografie, Anthropologie, Pädagogik und Recht. Nur Ökonomie hat ihn nicht sonderlich interessiert, obwohl er am Rande gelegentlich Adam Smith erwähnt. Gleichwohl kann man Kant als wichtigen und einflussreichen Wegbegleiter des klassisch-liberalen Ordnungsdenkens würdigen (Kersting, 2007)/(Bouillon, 2015).

Kant selbst hat in seiner „Kritik der reinen Vernunft" (1787, AA III, S. 522) sein zentrales „Forschungsprogramm" anhand von drei Fragen strukturiert: „1. Was kann ich wissen?", „2. Was soll ich tun?", „3. Was darf ich hoffen?".

Die erste Frage der Erkenntnistheorie hat ihn sehr lange beschäftigt. Anfangs dogmatischer Rationalist (der alle Erkenntnis versucht, aus Begriffen des Verstandes abzuleiten), hat ihn David Hume herausgefordert, auch sinnliche Anschauungen (Empirismus) für den Prozess der Erkenntnis anzuerkennen. Die „Kritik der reinen Vernunft" ist das Ergebnis einer Synthese: „Gedanken ohne Inhalt sind leer, Anschauungen ohne Begriffe sind blind" (Kant, 1787, S. 75).

Die dritte Frage betrifft die Religionsphilosophie, die hier nicht weiter behandelt werden soll. Für die Ordnungstheorie und Ordnungsethik ist vor allem die zweite Frage von Bedeutung: „Was soll ich tun?". Daran schließt sich die Frage an: wie soll eine Gesellschaft freier Menschen geordnet sein? Beide Fragen sind verbunden durch die von Kant vehement verteidigte aufklärerische Idee der Willensfreiheit und der Abwesenheit von Zwang – nicht aber der Abwesenheit sittlicher Pflichten. In der „Grundlegung der Metaphysik der Sitten" entwickelt Kant den berühmten „kategorischen Imperativ" in verschiedenen Varianten. Die wichtigsten sind: „handle nur nach derjenigen Maxime, durch die du zugleich wollen kannst, dass sie ein allgemeines Gesetz werde" (1785, AA IV, S. 421) und: „Handle so, dass du die Menschheit sowohl in deiner Person, als in der Person eines jeden anderen jederzeit zugleich als Zweck, niemals bloß als Mittel brauchst" (Kant, 1785, S. 429).

Bei Kant hat der (vernünftige) Mensch somit Pflichten sowohl gegen sich selbst als auch gegen andere: „Wohltätig, d.i. anderen Menschen in Nöten zu ihrer Glückseligkeit, ohne dafür etwas zu hoffen, nach seinem Vermögen beförderlich zu sein, ist jedes Menschen Pflicht" (Kant, 1785, S. 453). Hierbei handelt es sich indes um eine rein individualethische Pflicht. Wie die Menschen (im Rahmen des Rechts, s. u.) ihr eigenes Glück oder das anderer besorgen, geht den Staat nichts an (Bouillon, 2015, S. 19).

Einen paternalistischen Wohlfahrtsstaat lehnt Kant (1793, AA VIII, S. 290 f.) deshalb sehr „kategorisch" ab: „Eine Regierung, die auf dem Prinzip des Wohlwollens gegen das Volk als eines Vaters gegen seine Kinder errichtet wäre, d.i. eine väterliche Regierung

2.5 Immanuel Kant: Freiheit, sittliche und rechtliche Ordnung

…, wo also die Untertanen als unmündige Kinder, die nicht unterscheiden können, was ihnen wahrhaftig nützlich oder schädlich ist, sich bloß passiv zu verhalten genötigt sind, um, wie sie glücklich sein sollen, bloß von dem Urteile des Staatsoberhaupts, und, dass er es auch wolle, bloß von seiner Gütigkeit zu erwarten: das ist der größte denkbare Despotismus (Verfassung, die alle Freiheit der Untertanen, die alsdann gar keine Rechte haben, aufhebt)".

Der eben zitierte Text „Über den Gemeinspruch: Das mag in der Theorie richtig sein, taugt aber nicht für die Praxis" (1793) aus Kants Spätwerk gehört neben dem Text „Zum Ewigen Frieden" (1795, AA VIII, S. 341 ff.) zu den kürzeren, recht gut lesbaren und zudem ordnungspolitisch und staatsphilosophisch besonders relevanten (und brisanten) Texten Kants.

Den „Gemeinspruch" (den auch viele Politikberater kennen, siehe Wohlgemuth, 2004) lehnt Kant ab. Vernunft ist nicht nur in der Theorie richtig. Sie bietet als praktische, kritische Vernunft auch Orientierung für die Praxis. So versteht Kant auch die Idee des Gesellschaftsvertrags „auf den allein eine bürgerliche … Verfassung unter Menschen gegründet und ein gemeines Wesen errichtet werden kann" (Kant, 1793, AA VIII, S. 297). Zwar ist dieser Vertrag „keineswegs als ein Faktum vorauszusetzen nötig (ja als ein solches gar nicht möglich) … Sondern es ist eine bloße Idee der Vernunft, die aber ihre unbezweifelte (praktische) Realität hat: nämlich jeden Gesetzgeber zu verbinden, dass er seine Gesetze so gebe, als sie aus dem vereinigten Willen eines ganzen Volks haben entspringen können".

Dieser „Probierstein der Rechtmäßigkeit eines jeden öffentlichen Gesetzes" (Kant, 1793) kann auch (methodologisch gesehen nicht ganz unproblematisch) als eine Ausweitung des individualethischen „kategorischen Imperativs" auf die kollektive, politische Ebene verstanden werden. Jedenfalls ist diese „bloße Idee der Vernunft" eine recht überzeugende normative Begründung der gleichen Freiheit unter dem Recht: „Niemand kann mich zwingen, auf seine Art … glücklich zu sein, sondern ein jeder darf seine Glückseligkeit auf dem Wege suchen, welcher ihm selbst gut dünkt, wenn er nur der Freiheit anderer, einem ähnlichen Zwecke nachzustreben, die mit der Freiheit von jedermann nach einem möglichen allgemeinen Gesetze zusammen bestehen kann (d.i. diesem Rechte des anderen) nicht Abbruch tut" (Kant, 1793, S. 290).

Ziemlich genau diese Idee der „negativen Freiheit" und der „Universalisierbarkeit von Regeln gerechten Verhaltens" ist es auch, die Friedrich August von Hayek (1960) zum „Probierstein" seiner klassisch-liberalen „Verfassung der Freiheit" gemacht hat. Noch deutlicher auf Kant bezogen ist die „Theory of Justice" von John Rawls (1971), der mithilfe der heuristischen Fiktion des „Schleiers des Unwissens" (über die eigenen Fähigkeiten, sozio-ökonomische Position und mehr) der Individuen darüber nachdenkt, was diese wollen können, dass es zum allgemeinen Gesetz werde.

Kants Traktat „Zum ewigen Frieden" (1795, AA VIII, S. 341 ff.) wird heute noch öfters innerhalb der Sozialwissenschaften, vor allem im Bereich Internationale Beziehungen und Völkerrecht, rezipiert. Seine Idee eines „Völkerbunds" (anstelle einer Weltrepublik), der nur auf die Abwesenheit von Krieg und Zwang zwischen den Völkern abzielt, wurde von Rawls (1999) in die moderne Sozialphilosophie übersetzt, mit ähnlichen Einschränkungen der moralischen Pflichten, auf die man sich weltweit würde einigen können.

Literatur
Bouillon, H. (Hsrg.). (2015). *Freiheit, Vernunft und Aufklärung. Ein Immanuel Kant Brevier.* Neue Zürcher Zeitung.
Kant, I. *Akademieausgabe von Immanuel Kants Gesammelten Werken in 13 Bänden* (Online: http://kant.korpora.org/ – Kritik der reinen Vernunft" (1787, AA III)- Grundlegung der Metaphysik der Sitten (1785, AA IV)- Über den Gemeinspruch: Das mag in der Theorie richtig sein, taugt aber nicht für die Praxis" (1793, AA VIII)- Zum Ewigen Frieden (1795, AA VIII).
Kersting, W. (2007). *Wohlgeordnete Freiheit.* Mentis, Paderborn.
von Hayek, F. A. (1960). *The constitution of liberty.* University of Chicago Press, Chicago.
Rawls, J. (1971). *A theory of justice.* Belknap Press, Cambridge.
Rawls, J. (1999). *The law of peoples.* Harvard University Press, Cambridge.
Wohlgemuth, M. (2004). Das mag in der Theorie richtig sein, taugt aber nicht für die Praxis? In B. Priddat & T. Theurl (Hrsg.), *Risiken der Politikberatung* (S. 35–45). Nomos, Baden-Baden.

2.6 Katholische Soziallehre

Elmar Nass

Anspruch und Quellen
Die Katholische Soziallehre (KSL) ist der in päpstlichen Lehrschreiben (v. a. Sozialenzykliken) seit 1891 nicht dogmatisierte, aber mit hoher kirchlicher Verbindlichkeit vorgegebene Kompass sozialer Werte, Prinzipien und Tugenden zur Lösung aktueller und grundsätzlicher gesellschaftlicher Dilemmata. Die KSL ist ein offenes Mosaik, das mit immer neuen sozialen Herausforderungen durch neue päpstliche Lehrschreiben weiter ergänzt wird. Sie gewinnt ihre Verbindlichkeit, indem sie sich aus verschiedenen Quellen speist:

1. Vorbild und Botschaft Jesu sowie die Aussagen der Heiligen Schrift sind die verbindliche Referenz für alle sozialen Orientierungen der KSL.
2. KSL ist Teil des päpstlichen Lehramtes. Damit teilt sie die dogmatisierte Glaubenslehre der katholischen Kirche und führt die Inhalte vorausgegangener sozialer Lehrschreiben fort.
3. Die christlich-soziale Praxis (etwa in Hospizen, Hospitälern, Sozialverbänden, Orden, Schulen, Gemeinden etc.) soll diesen Auftrag glaubwürdig konkretisieren und Vorbild

sein. Etwa das Leben von Heiligen und Ideen aus der Praxis fließen in die Sozialverkündigung ein. Die gute christlich-soziale Praxis ist also gelebte Soziallehre und soll sie zugleich in ihrer Entwicklung bereichern.
4. Christliche Theologie will den Auftrag Jesu auch sozialtheoretisch auslegen und wird seit alters her betrieben (etwa Friedensethik und Staatslehre bei Augustinus, Naturrechts- und Eigentumslehre bei Thomas v. Aquin). Diese Tradition ist nach katholischem Verständnis eine wichtige Quelle der Erkenntnis, der sich die KSL verpflichtet weiß.

Aufbauend auf biblischen und lehramtlichen Verweisen, gelebter sozialer Praxis, Tradition und Naturrecht bietet die KSL nicht nur Katholiken, sondern „allen Menschen guten Willens" ein transzendent begründetes Menschen- und Gesellschaftsbild und eine daraus abgeleitete sozialethische Systematik an. Sie will über die katholische Kirche hinaus Orientierung geben für große soziale Fragen der Zeit. Konkrete politische Lösungen und Programme werden nicht entworfen, wohl aber sollen sich diese an der KSL messen.

Seit der ersten Sozialenzyklika „Rerum Novarum" (1891 von Leo XIII.), die sich der sozialen Frage im ausgehenden 19. Jahrhundert widmete, folgten viele weitere solcher päpstlichen Verlautbarungen. Herauszuheben sind etwa die Schreiben „Quadragesimo Anno" (1931 von Pius XI.), in der die Subsidiarität ausdrücklich als soziales Ordnungsprinzip eingeführt wurde, oder „Centesimus annus" (1991 von Johannes Paul II.) mit klarem Bekenntnis für eine freiheitliche Wirtschafts- und Gesellschaftsordnung. Weitere Anwendungsthemen über die Jahre waren etwa das Verhältnis von Arbeit und Kapital, die Eigentumsordnung, die Folgen des Kolonialismus, die Entwicklung der ärmeren Völker, eine Kultur der Caritas u. a. (O. von Nell-Breuning, 1983; KAB, 2007; Non Nobis, 2020). Jüngste Mosaiksteine sind die Enzykliken „Laudato si" (2015) und „Fratelli tutti" (2020) von Papst Franziskus, die sich der Bewahrung der Schöpfung und der Vision von einer weltumspannenden Menschheitsfamilie widmen.

Katholische Soziallehre und Sozialethik
Katholische Sozialethik ist die sozialtheologische Disziplin, die in Forschung und Lehre an die Vorgaben der KSL gebunden sein sollte. Sie erkundet neue soziale Herausforderungen, erarbeitet konkrete Lösungsvorschläge und bereitet künftige Akzente der KSL vor. Eine solche der KSL verpflichtete, naturrechtlich-katholische Sozialethik ist weltweit bestimmend, im deutschsprachigen Raum aber so gut wie verschwunden. „Jenseits katholischer Soziallehre" wird hier im Sinne einer erhofften Anschlussfähigkeit an säkulare Sozialphilosophie eine ökonomische, konstruktivistische, neu-sozialistische, deontologische und/oder gendertheoretische Sozialethik betreiben (Hengsbach et al., 1993). Je nachdem, welche externe Philosophie adoptiert wird, gibt es in diesem Jenseits konkurrierende katholische Sozialethiken mit unterschiedlichen Antworten auf gleiche soziale Fragen. Bis in die 80er Jahre hatte katholische Sozialethik in Deutschland maßgeblichen Einfluss in Politik und Gesellschaft (von Nell-Breuning/Höffner/Rauscher u. a.). Derzeit ist ihre Bedeutung hier

weitgehend marginalisiert, während säkulare Sozialphilosophen wie C. Taylor (2009) die wachsende Bedeutung einer wieder profilierten christlichen Sozialkultur fordern.

Orientierung und Konsequenz
Grundlegende Säulen des Menschen- und Gesellschaftsbildes der KSL sind die im Heilsplan Gottes begründeten Verständnisse von Verantwortung, Würde und Zusammenleben mit entsprechenden Konsequenzen:

1. Einem zentralen Jesuswort folgend (Mt 22,37–39) hat der Mensch die Verantwortung vor Gott, seine Talente zu entfalten. Nach dem irdischen Tod wird er vor Gottes Angesicht Rechenschaft ablegen. Er trägt Verantwortung, Raubbau an sich zu vermeiden und sich in seiner Begrenztheit als liebenswert zu verstehen. Er ist verantwortlich für Mitmenschen. Daraus folgen Solidarität und Subsidiarität als Rechtspflichten sowie die Nächstenliebe. Und er soll die Schöpfung bewahren. Wohlfahrtsstaat, Laissez-Faire und Säkularismus lassen sich mit dieser vierfachen Verantwortung nicht vereinbaren.
2. Gottesebenbildlichkeit und Menschenwerdung Gottes in Jesus begründen die unantastbar personale Würde jedes Menschen. Damit unvereinbar sind: Sozialdarwinismus, Utilitarismus, normativer Individualismus und Kollektivismus sowie alle schiefen Bahnen zu „unwertem" menschlichen Leben.
3. Da alle Menschen als Gottes Ebenbild angesehen werden, soll das Zusammenleben idealerweise als Menschheitsfamilie affektiv, inklusiv und irenisch gestaltet sein. Dies entspricht dem Stilgedanken Sozialer Marktwirtschaft. Damit unvereinbar sind: Kampfideologien, soziale Spaltung, anonyme Moral Order, eine exklusiv-elitäre Avantgarde und auch ein kantisch gedachtes gutes Regiment für Teufel.

Auftrag als Angebot
KSL legt einen im Heilsplan Gottes wie im Auftrag Jesu begründeten Wertekompass als Angebot an Sozialwissenschaft und Politik vor. (Soziale) Gerechtigkeit als das der Menschenwürde entsprechende (Verteilungs-)Recht sowie eine positive Befähigungsfreiheit, dem Auftrag Gottes zu folgen, sind gesellschaftliche Ziele. Personalität und die in Solidarität und Subsidiarität rechtlich verbriefte Hilfe zur Selbsthilfe sind daraus folgende Ordnungsprinzipien, die gemeinsam mit vierfacher Verantwortung und den Tugenden von Demut, Glaube, Hoffnung und Liebe individuell Sinn und kollektiv Gemeinwohl stiften. Mit dieser ausdrücklich metaphysischen Begründung von Werten, Prinzipien und Tugenden wird säkulare Sozialphilosophie herausgefordert. KSL bietet mit ihrer Ordnungsidee ein Wertefundament an, das Resilienz gegenüber Despotie und irdischen Vergötzungen stiftet. Die so begründete Forderung einer Ordnung, die es jedem Menschen ermöglicht, in positiver Freiheit seinen Fähigkeiten entsprechend den ihm von Gott gegebenen Lebensauftrag zu erfüllen, ist ihr ordnungsethisches Angebot im pluralistischen Diskurs. (Abb. 2.1)

2.6 Katholische Soziallehre

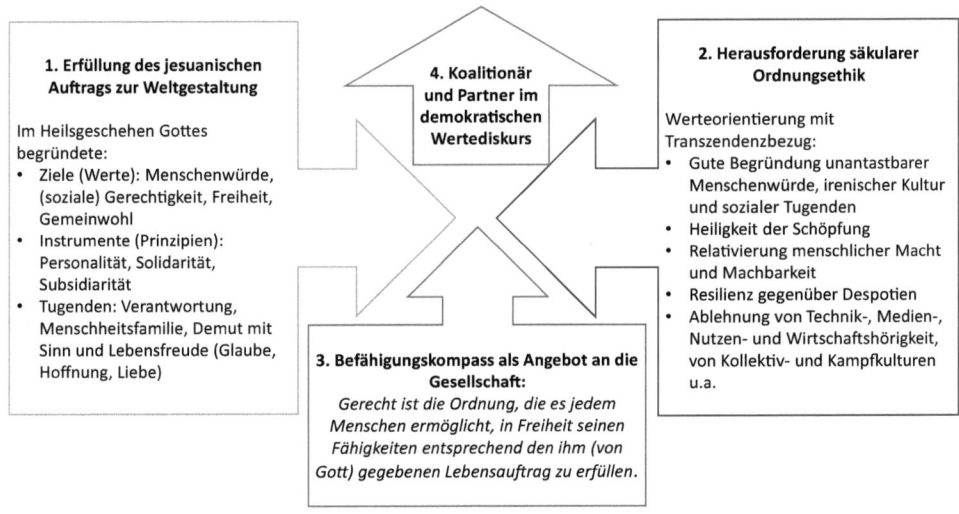

Abb. 2.1 Auftrag als Angebot (Quelle: eigene Darstellung)

Literatur

Hengsbach, F., Emunds B., & Möhring-Hesse, M. (1993). *Jenseits Katholischer Soziallehre. Neue Entwürfe Christlicher Gesellschaftsethik.* Patmos Verlag, Ostfildern.

KAB (Hrsg.). (2007). *Texte zur Katholischen Soziallehre* (Die sozialen Rundschreiben der Päpste und andere kirchliche Dokumente, 9. Aufl.). Ketteler/Butzon & Bercker, Köln/Kevelaer.

von Nell-Breuning, O. (1983). *Soziallehre der Kirche. Erläuterungen der lehramtlichen Dokumente.* Europaverlag, München.

Non Nobis (2020). *Christliche Gesellschaftslehre – Ein Jahrhundertthema* (Jg. 12, Heft 23).

Rauscher, A. (Hrsg., 2008). *Handbuch der Katholischen Soziallehre.* Duncker & Humblot, Berlin.

Taylor, C. (2009). *Ein säkulares Zeitalter.* Suhrkamp, Berlin.

Veit, O. (1953). Ordo und Ordnung Versuch einer Synthese. *ORDO, 5*, 3–47. De Gruyter Oldenbourg, Berlin.

Weiterführende Literaturempfehlungen

Höffner, J. K. (1997). *Christliche Gesellschaftslehre* (Herausgegeben, bearbeitet und ergänzt von Lothar Roos). Butzon & Bercker, Kevelaer.

Nass, E. (2020). *Christliche Sozialethik. Orientierung, die Menschen (wieder) gewinnt.* Kohlhammer, Stuttgart.

von Nell-Breuning, O. (1985). *Gerechtigkeit und Freiheit. Grundzüge katholischer Soziallehre.* Olzog, München.

Päpstlicher Rat für Gerechtigkeit und Frieden (Hrsg.). (2004). *Kompendium der Soziallehre der Kirche.* Herder Verlag, Freiburg

Sen, A. (1993/2002). Capability and well-being. In M. Nussbaum & A. Sen (Hrsg.), *The quality of life* (8. Aufl., S. 30–53). Clarendon Press, Oxford.

2.7 Laissez-faire: Liberale Ideologie?

Karen Horn

„Laissez-faire" ist eine lange vor allem mündlich weitergereichte liberale Losung. Als solche einst klar positiv konnotiert, wandelte sich ihr Gebrauch mit der Zeit drastisch. Heute wird der Begriff fast ausschließlich negativ verwendet. Er bezeichnet dann kritisch ein Wirtschaftssystem sowie eine wirtschaftspolitische Lehre, die auf einer radikalen liberalen Ideologie fußt und jegliche staatliche Einmischung für verfehlt hält. Damit steht er in der Nähe des Begriffs „ungezügelter Kapitalismus".

Ein Schlagwort aus Frankreich
Das Schlagwort „Laissez-faire" verdankt sich einer überlieferten Anekdote aus dem 17. Jahrhundert. Damals stellte der für seine interventionistische merkantilistische Politik bekannte Finanzminister unter Frankreichs König Louis XIV, Jean-Baptiste Colbert, einer von ihm einberufenen Versammlung von Kaufleuten die Frage: „Que faut-il faire pour vous aider?" (Was ist zu tun, um Ihnen zu helfen?) Ein Geschäftsmann, nach August Onckens (1886) Recherchen vermutlich zugleich ein angesehener Arithmetiker und Verfasser eines verbreiteten kaufmännischen Rechenbuches, François Legendre, antwortete demnach höchst selbstbewusst: „Laissez-nous faire!" (Lassen Sie uns machen!).

In der Literatur taucht diese stets im Imperativ gehaltene Maxime (also nicht: Laisser-faire) erstmals um 1736 auf, in den handschriftlichen Memoiren von René Louis de Voyer de Paulmy, des Marquis d'Argenson, eines dezidiert antiinterventionistischen Liberalen. Er wünschte sich auch, der Staat möge „ne pas trop gouverner" (nicht zu viel regieren). Erweitert zu „Laissez faire et laissez passer" (Lassen Sie uns machen und lassen Sie uns durch!) benutzt die Maxime um 1758 auch der Handelsintendant Jean Vincent, Marquis de Gournay, im Sinne eines generellen Rufs nach Gewerbe- und Handelsfreiheit. Diese umfassende Freihandelslehre steht zum Merkantilismus wie auch zur späteren Physiokratie quer. Den Vertretern beider Lehren ist es mit Blick auf den Außenhandel ausschließlich um den Abbau von Exportschranken zu tun, nicht von Importschranken. Der Beweggrund für diese Einseitigkeit war für die Merkantilisten die Sorge um die Staatsfinanzen, für die Physiokraten die Sorge um die Lage des Bauernstandes.

Von der Maxime zur Theorie
In der klassischen Ökonomie, wie sie im Vereinigten Königreich mit Adam Smith (1723–1790) beginnt, spielt der Begriff als solcher zunächst keine Rolle. In Smiths bahnbrechendem

"Wealth of Nations" (Smith, 1776) findet er sich nirgends, wohl aber die inhaltlich damit verbundene Ablehnung des Merkantilismus und die grundsätzliche Präferenz für den Freihandel (mit einigen Ausnahmen). Smith misst die aktuelle Wirtschaftspolitik an der Benchmark eines „system of natural liberty" (WN IV.ix.51), das frei von Privilegien und Hemmnissen ist, allein gestützt durch die vom Rechtsstaat gewährleistete Gerechtigkeit. Der französische Begriff „Laissez-faire" breitet sich in der britischen Klassik erst gegen Ende des 18. Jahrhunderts mit der Verbreitung physiokratischer Schriften aus Frankreich allmählich aus, sowie dann im 19. Jahrhundert etwa bei John Wheatley, James Mill und John Ramsay McCulloch.

Richtig geläufig wird die Maxime aber wohl erst in den Diskussionen im Zusammenhang mit Richard Cobden und der Anti-Corn Law League. Die 1815 eingeführten Einfuhrsteuern auf Getreide, die den Grundbesitzern in die Hände spielten, hatten die Brotpreise für die Bevölkerung schmerzhaft in die Höhe getrieben. Der Erfolg der Bewegung stellte sich erst 1846 mit der Abschaffung dieser Zölle ein, unter dem Druck der Hungersnöte in Irland und dank des Engagements des Tory-Politikers Richard Peel.

An diesen Hintergrund knüpft John Stuart Mill an, der seine „Principles of Political Economy" (1848) in ein Schlusskapitel zu den „Grounds and Limits of the Laisser-Faire or Non-Interference Principle" münden lässt. Schon in Mills Darstellung bezieht sich der Begriff Laissez-faire indes gar nicht mehr vorrangig auf den Freihandel. Vielmehr geht es um die wirtschaftspolitisch alles überwölbende Frage, ob, wann und wie sich der Staat überhaupt ins ökonomische Geschehen einmischen soll. Dabei grenzt sich Mill in seiner Argumentation von den Vertretern der Laissez-faire-Schule ab, deren Haltung er so beschreibt, dass sie den Bereich der staatlichen Zuständigkeiten gewöhnlich auf den Schutz von Person und Eigentum beschränkt habe. Einer derart radikalen restriktiven Programmatik stellt er, konzeptionell in unmittelbarer Nachbarschaft von Adam Smith stehend, eine ganze Kasuistik von legitimen und sinnvollen Zuständigkeiten des Staates gegenüber.

Reformerischer Einfluss in der Politik
Das Nichteinmischungsprinzip, wie Mill das Laissez-Faire in wohl allzu absoluter Zuspitzung nennt, war zunächst nur die Präferenz einer mächtigen französischen Interessengruppe, der Kaufleute. Darüber hinausgehende Bedeutung erhielt es, was heute oft übersehen wird, erst in umgekehrter Stoßrichtung: als Adam Smith mit seinem „Wealth of Nations" nachdrücklich darauf drang, die Regierung auf das Gemeinwohl zu verpflichten und dafür den schädlichen Einfluss der mächtigen Kaufleute wieder zurückzudrängen, die viel zu leicht Privilegien für sich zu organisieren wussten. Die im „Wealth of Nations" skizzierten wirtschaftspolitischen Reformvorschläge, die sich an einen aufgeklärten, für die Erkenntnisse der Wissenschaft aufgeschlossenen Gesetzgeber richteten, wurden in vielen Ländern aufgegriffen oder stützten dortige Ansätze, etwa im Preußen der Stein-Hardenberg'schen Reformen.

Niemals hatten die jeweiligen Reformatoren im Sinn, sich selbst abzuschaffen und den Staat jeglicher Aufgaben zu entledigen; es ging vielmehr darum, durch größere, rechtlich abgesicherte bürgerliche Freiheiten und durch eine hilfreiche Infrastruktur dem wirtschaftlichen Fortschritt im Land den Weg zu bahnen. Die Bemühungen waren auch in der Regel von Erfolg gekrönt: in der Landwirtschaft stellten sich Produktivitätszuwächse ein, die Industrialisierung nahm Fahrt auf, der internationale Handel expandierte. Vom „Nachtwächterstaat", den Ferdinand Lassalle einst verhöhnte, konnte dabei kaum die Rede sein. Allerdings stellte sich die soziale Frage im Zuge der Industrialisierung, die eine wachsende, unter elenden Bedingungen lebende Arbeiterschaft produzierte, in der Tat verschärft.

Ordoliberale Kritik
Im 20. Jahrhundert war man nicht wirklich weiter: Auch die deutschen Ordoliberalen hatten in der Zwischenkriegszeit den Einfluss der mächtigen Industrien auf die Politik zu beklagen; sie sahen den Staat von wirtschaftlichen Interessen gekapert und geschwächt. Die ausdrückliche staatliche Duldung von Kartellen musste den Leistungswettbewerb unterlaufen. Doch für die Ordoliberalen war die Aufrechterhaltung des Wettbewerbs von zentraler Bedeutung. Nur so lasse sich die Zusammenballung von privater Macht verhindern. Für die Abwägungen und Zwischentöne der Klassiker hatten sie wenig Geduld und fokussierten sich stattdessen diskursiv auf das „Laissez-faire" als Feindbild, dem sie ihre eigene, ordnungspolitische Konzeption gegenüberstellen konnten. Auch sie schoben den Klassikern gesamthaft in die Schuhe, Ideologen eines Nachtwächterstaats gewesen zu sein. Sie warfen ihnen vor, allzu blauäugig auf eine natürliche Harmonie gesetzt zu haben. Sie hätten nicht bedacht, dass sich der Wettbewerb nicht von selbst erhalte, dass es einer gesicherten Ordnung bedürfe und dass die Marktwirtschaft moralische Voraussetzungen brauche, die sie nicht selbst zu schaffen vermöge.

Literatur
Oncken, A. (1886). *Die Maxime Laissez faire et laissez passer, ihr Ursprung, ihr Werden: Ein Beitrag zur Geschichte der Freihandelslehre.* Wyß, Bern.
Smith, A. (1776/1974). *Der Wohlstand der Nationen: Eine Untersuchung seiner Natur und seiner Ursachen*, C. H. Beck, München.

Weiterführende Literaturempfehlungen
Brebner, J. B. (1948). Laissez Faire and State Intervention in Nineteenth-Century Britain. *The Journal of Economic History, 8,* Supplement: The Tasks of Economic History (pp. 59–73). Cambridge University Press.
Horn, K. (2020). Perpetuating prejudice: the difficult relationship between German Ordoliberalism and Adam Smith. *History of Economic Ideas, 28*(2), 97–133. Albert-Ludwigs-Universität Freiburg, Freiburg i. Br.
Kittrell, E. R. (1966). „Laissez Faire" in English classical economics. *Journal of the History of Ideas., 27*(4), 610–620.
Mill, J. S. (1848). Principles of political economy. In *Collected works* (2 Bde). 2006, Liberty Fund, Carmel.
Viner, J. (1927). Adam Smith and Laissez Faire. *Journal of Political Economy, 35*(2), 198–232.

Voyer de Paulmy, R. L. & de Marquis d'Argenson (1736/1865). *Les Mémoires du Marquis d'Argenson*. Renouard, Paris.

2.8 Marxismus/Sozialismus[1]

Hannelore Hamel

Gesamtheit der Lehren von Karl Marx und Friedrich Engels mit folgenden Bestandteilen:

1. Dialektischer Materialismus,
2. Historischer Materialismus,
3. Kritik der politischen Ökonomie, insbesondere des Kapitalismus,
4. Aussagen über die künftige Gesellschafts- und Wirtschaftsordnung.

Zu 1: Der dialektische Materialismus ist die Lehre von den allgemeinen Bewegungs- und Entwicklungsgesetzen der Natur, der Gesellschaft und des Denkens auf der Basis des Primats des Seins (Materie) gegenüber dem Bewusstsein (Geist, Denken). Damit hat Marx die Hegelsche Dialektik umgekehrt: Nicht der Geist, sondern die Materie und die in ihr enthaltenen Widersprüche sind die treibende Kraft der Weltgeschichte. Diese vor allem für den gesellschaftlichen Bereich aufgestellten dialektischen Entwicklungsgesetze hat Friedrich Engels auch auf den Bereich der Natur übertragen, die ebenfalls den Gesetzen der Dialektik unterliege.

Zu 2: Der historische Materialismus ist die Lehre von den allgemeinen Entwicklungsgesetzen der Gesellschaftsformationen und Produktionsweisen. Die Entwicklung von der Urgesellschaft zur Feudalgesellschaft, zum Kapitalismus bis schließlich zum Sozialismus/Kommunismus hat sich hiernach nicht durch übergeordnete Wertvorstellungen und Ideen vollzogen, sondern war eine zwangsläufige Abfolge der jeweils herrschenden materiellen Bedingungen, d. h. der jeweils bestehenden Wechselwirkung zwischen Produktivkräften und Produktionsverhältnissen.

Als Produktivkräfte gelten vor allem die arbeitenden Menschen, die Produktionsmittel nach dem jeweiligen Stand des technisch-organisatorischen Wissens und die Naturreichtümer. Sie wirken als gesellschaftliche Triebkräfte auf die Produktionsverhältnisse ein, d. h. auf die Beziehungen der Menschen, die diese bei der Produktion, der Verteilung, dem Austausch und der Konsumtion materieller Güter eingehen. Als prägend für die Produktionsverhältnisse wird die arbeitsteilige (gesellschaftliche) Form der Produktion und Reproduktion, vor allem aber das Eigentum an den Produktionsmitteln angesehen, dass

---

[1] Dieser Aufsatz ist unverändert übernommen aus Schüller, A., & Krüsselberg, H.-G. (2002). Grundbegriffe zur Ordnungstheorie und Politischen Ökonomik, Arbeitsberichte zu Ordnungsfragen der Wirtschaft, Nr. 7, Marburg.

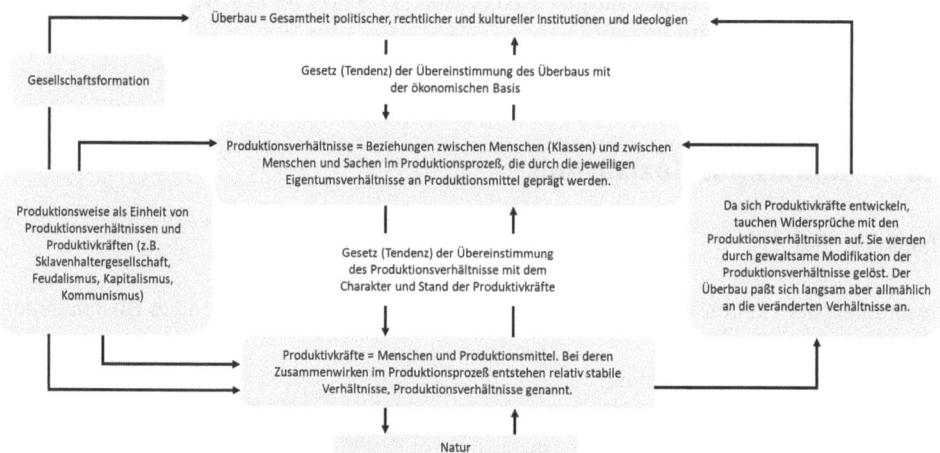

Abb. 2.2 Schema der Struktur und der Entwicklung der Gesellschaftsformationen (Quelle: Leipold (1988))

die Qualität allen menschlichen Beziehungen in der Gesellschaft bestimmt. Durch die kontinuierliche Entwicklung der Produktivkräfte entstehen nach Marx Widersprüche zwischen diesen und den Produktionsverhältnissen, die eine revolutionäre Umgestaltung der Produktionsweisen und den Übergang zu einer neuen Gesellschaftsformation erzwingen (siehe Abb. 2.2).

Zu 3: Auf der Basis des dialektischen und historischen Materialismus entwickelte Marx seine Kritik der politischen Ökonomie, nach der die Bewegungsgesetze des Kapitalismus zwangsläufig zu dessen Untergang und zur Ablösung durch eine sozialistisch-kommunistische Gesellschaftsordnung führen. Dem Konkurrenzoptimismus der englischen Klassik setzte Marx eine pessimistische Einschätzung der sozialökonomischen Wirkungen der Marktwirtschaft entgegen. Die sozial wohltätige „unsichtbare Hand" des Wettbewerbsmechanismus in der Lehre von Adam Smith (siehe „Adam Smith") führe zu unerträglichen wohlfahrtszerstörenden Lebensbedingungen für die Masse der Bevölkerung und zur notwendigen revolutionären Beseitigung des Kapitalismus. Gleichwohl könne nur auf dem vom Kapitalismus geschaffenen beispiellosen Wohlstandsniveaus eine sozialistische Ordnung entstehen. Den Weg dorthin versucht er zu erklären mithilfe der Arbeitswertlehre, der Mehrwert-, Ausbeutungs- und Verelendungstheorie sowie mit der Lehre vom Klassenkampf und der daraus hervorgehenden Idee der „Diktatur des Proletariats", der Vorstufe zum Kommunismus.

Nach der Arbeitswertlehre, dem Kernstück der Marxschen Theorie, ist die Arbeitskraft die einzige Wertschöpfungsquelle. Jede Ware ist „vergegenständlichte Arbeit". Ihr Tauschwert (w) bemisst sich nach der zu ihrer Herstellung erforderlichen „gesellschaftlich notwendigen Arbeitszeit", d. h. der Tauschwert einer Ware besteht erstens aus dem Wert der direkt („lebendig") eingesetzten Arbeitskraft in Höhe der Reproduktionskosten, die für die Erhaltung der Arbeitskraft notwendig sind, auch „variables Kapital" (v) genannt, und zweitens aus dem indirekten Arbeitswert, der in den Vorprodukten und Ersatzinvestitionen enthalten ist, dem „konstanten Kapital" (c).

Wird ein Überschuss des produzierten Wertes (w) über c + v erzielt, weil die Arbeiter länger arbeiten, als zur Reproduktion ihrer Arbeitskraft erforderlich ist, entsteht ein Mehrwert (m). Da die Arbeitskraft zu ihrem Tauschwert entlohnt wird, fällt der Mehrwert (m = w − c − v) als Unternehmergewinn dem Kapitalisten zu und wird für diesen zum bestimmenden Motiv der Produktion.

Die Aneignung dieses Mehrwertes durch den Kapitalisten begründet nach Marx den Tatbestand der Ausbeutung, der nur durch Überwindung der kapitalistischen Produktionsweise beseitigt werden könne. – Zwar entstehe auch unter sozialistischen Produktionsbedingungen ein Mehrwert; gleichwohl gebe es keine Ausbeutung, weil der Mehrwert nicht privat angeeignet werde.

Aus seiner Mehrwerttheorie leitete Marx das „Gesetz vom tendenziellen Fall der Profitrate" ab: Bei konstanter Mehrwertrate (= das Verhältnis von m/v) und steigender organischer Zusammensetzung des Kapitals c/v (infolge fortwährender konkurrenzbedingter Akkumulation des Mehrwertes) sinke die Profitrate (= m/c + v). Damit setze eine Kette sich verschärfender Krisen ein, beginnend mit einem konzentrationsfördernden Kapitalintensivierungs- und Verdrängungswettbewerb, in dessen Gefolge sich eine „industrielle Reservearmee" bilde. Durch die fortschreitende Verschärfung der Klassengegensätze komme es schließlich zur revolutionären Sprengung der „kapitalistischen Hülse".

Zu 4: Über die Funktionsweise einer nach dem Zerfall des Kapitalismus sich herausbildenden Wirtschafts- und Gesellschaftsordnung gibt es bei Marx und Engels kaum Hinweise. Offensichtlich gingen sie davon aus, dass es sich hierbei nur um eine kurzfristige Übergangsphase auf dem Weg zum Kommunismus handele. Über diese Zukunftsgesellschaft entwickelten sie folgende Vision: Es entstehe eine klassenlose Gesellschaft mit einem „gänzlich gewandelten Menschen", in der 1) die Produktionsmittel sozialisiert sind, 2) die Produktivkräfte ein Niveau erreicht haben, das es erlaubt, die für die Reproduktion der Arbeitskraft notwendige Arbeit erheblich zu reduzieren und das Mehrprodukt für eine reichhaltige Bedürfnisbefriedigung aller zu nutzen, 3) der Arbeitsprozess sich – unter Verzicht auf die Zwänge der Arbeitsteilung, von Leistungsanreizen und –kontrollen – als ein Feld der Selbstverwirklichung erweist, 4) der Zusammenhang zwischen individueller Produktivität und Konsumtionsmöglichkeit aufgehoben ist und 5) der Grundsatz gilt: „Jeder nach seinen Fähigkeiten, jedem nach seinen Bedürfnissen".

Ferner gingen sie von einem „Absterben des Staates" aus; es werde sich eine „Gesamtheit der Genossenschaften" und ein „Verein freier Menschen" entwickeln, die sich mithilfe einer zentralen, gleichwohl freiwilligen Planwirtschaft organisieren.

Wie diese visionären Aussagen belegen, verstanden Marx und Engels ihre Lehren nicht nur als Wissenschaft, sondern als politisch-ideologische Programmatik zur

Durchsetzung sozialistischer Gesellschaftsordnungen. Die Wege und Ziele waren jedoch unter den nachfolgenden Richtungen des Marxismus heftig umstritten. Was aus wissenschaftstheoretischer Sicht eine Schwäche der Marxschen Lehre darstellte, nämlich die Unbestimmtheit und beliebige Deutbarkeit der Erklärungen und Vorhersagen, erwies sich für die Praxis sozialistischer Bestrebungen als Vorteil, weil sich diese Lehre dem jeweiligen Handlungsbedarf der Politiker mithilfe von ad-hoc-Erklärungen anpassen ließ.

So hielten die Vertreter des sozial-reformistischen Marxismus der Arbeiterbewegung, der „Sozialistischen Internationale" und der deutschen Sozialdemokratie unter Berufung auf Marx für Länder wie England, Frankreich und die USA eine friedlich-demokratische Form der proletarischen Revolution für möglich. Dieser als „revisionistisch" kritisierten Richtung setzte Wladimir I. Lenin den Sowjetkommunismus mit einer eigenen Dialektik von politisch-revolutionärer Aktion entgegen, und zwar ebenfalls unter Berufung auf den Marxismus. Er sah im dialektischen Materialismus nicht nur eine theoretische Begründung des Weltgeschehens, sondern (unter Berufung auf Engels) auch eine methodische „Anleitung zum Handeln" (Prinzip der Einheit von Theorie und Praxis), d. h. zur revolutionären Umgestaltung der kapitalistischen Produktionsverhältnisse im Interesse der Arbeiterklasse.

Literatur
Leipold, H. (1988). *Wirtschafts- und Gesellschaftssysteme im Vergleich* (5. Aufl.). Gustav Fischer, Stuttgart.

Weiterführende Literaturempfehlungen
Kolakowski, L. (1988). *Die Hauptströmungen des Marxismus: Entstehung, Entwicklung, Zerfall* (3 Bd., 3. Aufl.). R. Piper, München/Zürich.
Hensel, K. P. (1974). Die historische Bestimmung des Kapitals nach Marx: Das Problem der äußeren Ordnung der Wirtschaft im Kommunismus. In Breitenbürger, Gerd und Günter Schnitzler (Hrsg.), *Marx und Marxismus heute, Hamburg* (S. 103–124). Hoffmann und Campe, Hamburg.

2.9 John Maynard Keynes

Karen Horn

John Maynard Keynes war Ökonom der Unsicherheit und der Krisen, Geld- und Nachfragetheoretiker, Erfinder des makroökonomischen Denkens in persistenten Unterbeschäftigungsgleichgewichten, langjähriger Wirtschaftsberater und Mandatsträger der britischen Regierung, Kämpfer gegen die nach seinen Analysen für Deutschland allzu harten und dadurch gefährlichen Bedingungen des Versailler Vertrags, geistiger Vater und nach dem Zweiten Weltkrieg auch britischer Verhandlungsführer für das Währungssystem von Bretton Woods. In seiner Bedeutung für die Wirtschaftswissenschaften ist er gar mit Martin Luther verglichen worden (Caspari, 2009, S. 161): Wie dieser die christliche Theologie und Kirche, so hatte Keynes sein Feld und den ökonomischen Lehrkanon reformiert, wenn nicht revolutioniert. Damit verband sich ein nachhaltiger Einfluss auf die praktische Wirtschaftspolitik. Statt der unter liberalen Ökonomen einst selbstverständlichen Überzeugung, man müsse selbst schwerste Krisen eben ihr reinigendes Anpassungswerk tun lassen, herrscht seither der Ehrgeiz vor, diesen Prozess auf wissenschaftlich wohlinformierte Weise abzupuffern, um soziale Verwerfungen zu vermeiden.

Ein Leben zwischen Bourgeoisie, Bohème und Diplomatie
John Maynard Keynes kam 1883 in Cambridge auf die Welt. Seine Mutter war Historikerin, Autorin und sozial engagierte Politikerin; von 1932 bis 1939 amtierte sie als Bürgermeisterin von Cambridge. Der Vater lehrte Logik und Politische Ökonomie an der Universität Cambridge. Das älteste von drei Kindern, John Maynard, besuchte die Eliteschule Eton und studierte anschließend am King's College in Cambridge Mathematik, Philosophie, Geschichte und, bei Alfred Marshall, Politische Ökonomie. In diese Zeit reichen auch die Wurzeln seines extravaganten Freundeskreises aus vorwiegend künstlerischem Milieu zurück, der als die Londoner „Bloomsbury Group" bekannt wurde.

Nach seinem Studienabschluss arbeitete Keynes 1906–1908 im India Office der Regierung in London, schrieb seine Doktorarbeit zur Wahrscheinlichkeitstheorie und kehrte dann als Dozent ans King's College zurück. Im Jahr 1911 wurde er Herausgeber des Economic Journal. Mit Ausbruch des Ersten Weltkriegs wurde er ins britische Schatzamt gerufen, wo er ein System alliierter Kriegsanleihen entwickelte. Nach Kriegsende schickte ihn das Schatzamt als Delegationsmitglied zur Pariser Friedenskonferenz. Keynes bewertete die Härte der Deutschland im Versailler Vertrag auferlegten Bedingungen als für alle Beteiligten verheerend und trat schließlich im Protest von seinem Posten zurück. In dem hellsichtigen Buch „The Economic Consequences of the Peace" (1919) legte er der Öffentlichkeit seine ökonomischen, politischen und nicht zuletzt auch moralischen Gründe dar, ebenso wie in einem Folgeband und in etlichen Zeitungsartikeln in verschiedenen Sprachen. Damit machte er sich im Vereinigten Königreich so manchen Feind; in Deutschland hingegen, wo er von nun an regelmäßig eine Kolumne im „Wirtschaftsdienst" schrieb, wurde er zum gern gesehenen Gast.

Ab 1920 lehrte Keynes wieder am King's College in Cambridge, wo man ihn bald aufgrund seiner Finanzerfahrungen auch zum Schatzmeister machte. Eine Deutschlandreise führte ihn unter anderem an die Universität Berlin, wo er 1926 eine Aufsehen erregende Vorlesung hielt, die als Essay mit dem Titel „The End of Laissez faire" veröffentlicht wurde. Darin erklärte er das klassische System des (ungeordneten) Laissez-faire für unzeitgemäß und entwarf eine wirtschaftspolitische Agenda für die Zukunft, zu der auch die zentrale staatliche Kontrolle von Währung und Kredit, Ersparnis und Investition gehörten. Dazu passend setzte sich Keynes in den Jahren der Weltwirtschaftskrise für schuldenfinanzierte öffentliche Ausgabenprogramme ein. Während er an seinem wichtigsten wissenschaftlichen

Werk arbeitete, der dann 1936 erscheinenden „General Theory of Employment, Interest and Money", betätigte er sich privat als Mäzen für den Bau des Cambridge Arts Theater.

Im Zweiten Weltkrieg wurde Keynes wieder Berater der Regierung; 1941 berief man ihn in den Aufsichtsrat der Bank of England. Auf Vorschlag Winston Churchills wurde er 1942 als „Baron Keynes of Tilton in the County of Sussex" in den erblichen Adelsstand erhoben. Die Regierung schickte ihn 1944 in die Vereinigten Staaten als Chefunterhändler auf die von ihm mit vorbereiteten Bretton-Woods-Verhandlungen für eine neue Währungsordnung. Lord Keynes starb 1946 auf seinem Landsitz Tilton House.

Die General Theory

Schon der Titel der „General Theory of Employment, Interest and Money" lässt den Ehrgeiz erkennen, mit dem Keynes hier ans Werk gegangen ist. Seine Theorie sollte in der Lage sein, auch jene schweren Krisen zu erklären, gegenüber denen die neoklassische Theorie im Stile Marshalls hilflos erschien, und sie sollte so der Politik die wissenschaftliche Basis für Notmaßnahmen liefern. Die klassische Theorie war für ihn nicht falsch, aber eben nicht allgemeingültig, nur ein Spezialfall der allgemeinen Theorie. Ihre Analysen konnten mithin stimmen, aber auch versagen. Ihr fehlte vor allem die Einsicht, dass es Gleichgewichtssituationen bei unfreiwilliger Arbeitslosigkeit geben kann, und dass dafür dann nicht unbedingt die Angebotsseite der Wirtschaft die Ursache ist, sondern vielmehr die Nachfrageseite.

Keynes hatte erkannt, dass es ein so gravierendes Ausmaß an Unsicherheit geben kann, dass die üblichen ökonomischen Transmissionsmechanismen wirkungslos werden und die Selbstheilungskräfte des Marktes ersterben: Selbst wenn die Zinsen niedrig sind, wird dann nicht mehr investiert; und statt normal Geld auszugeben, wird übermäßig gespart. Damit beginnt eine Abwärtsspirale. Psychologie spielt auch in der Wirtschaft eine Rolle, und massenpsychologische Phänomene können verheerend sein. Das in einer solchen Krisensituation fehlende Zukunftsvertrauen der Bürger kann allenfalls noch der Staat wiederherzustellen versuchen, in dem er die mangelnde Nachfrage vorübergehend durch schuldenfinanzierte Ausgabenprogramme kompensiert und immerhin die gesamtwirtschaftliche Maschinerie am Laufen hält, sodass die Menschen in Lohn und Brot bleiben. Dieser Gedanke des Staats als vorübergehendem Lückenbüßer steht, über absolute Notlagen hinausreichend, auch hinter dem keynesianischen Konzept der antizyklischen Konjunkturpolitik. Freilich stellt sich gerade dann, wenn ein gegensteuerndes Eingreifen des Staats zur Regel werden soll, die Frage nach der politischen Opportunität. Im Abschwung neues Geld zu drucken und die Ausgaben hochzufahren, ist nach aller Erfahrung wesentlich leichter, als im Aufschwung auf die geld- und fiskalpolitische Bremse zu treten.

Die „General Theory" ist ein genuin makroökonomisches Werk. Gegenüber der traditionellen Theorie besteht der wesentliche Perspektivwechsel zur klassischen und neoklassischen Theorie darin, dass statt mikroökonomischer Gesetzmäßigkeiten nun das Verhalten gesamtwirtschaftlicher Aggregate in den Fokus rückt. Der analytische Korpus, den das Keynes'sche Werk zumal im Zusammenwirken mit den späteren Formalisierungen durch John Hicks, Paul Samuelson und andere konstituiert, strotzt nur so vor seinerzeit neuen

Konzepten und Begrifflichkeiten. Diese sind aus der Volkswirtschaftslehre heute gar nicht mehr wegzudenken: Konsumfunktion, marginale Konsumneigung, effektive Nachfrage, Erwartungen, Wertaufbewahrungsfunktion des Geldes, Liquiditätspräferenz, Liquiditätsfalle, Spekulationskasse, Grenzleistungsfähigkeit des Kapitals, Lohn- und Preisrigiditäten, Multiplikator usw.

Neben diesem Instrumentarium liegt der größte Erkenntnisgewinn, den die „General Theory" der Ökonomie beschert hat, sicherlich in der Herausforderung, die konkrete wirtschaftliche Situation, in der man sich befindet, genau zu prüfen: Handelt es sich um einen Fall, der mit der klassischen Theorie hinreichend erklärt ist und in dem nichts weiter zu unternehmen ist; in dem staatliches Eingreifen sogar schadet? Oder befindet man sich in einem „Keynesian moment", der ein Eingreifen dringend erfordert?

Literatur
Caspari, V. (2009). John Maynard Keynes (1883–1946). In H. D. Kurz (Hrsg.), *Klassiker des ökonomischen Denkens* (Bd. 2, 161–186). C. H. Beck, München.

Weiterführende Literaturempfehlungen
Braunberger, G. (2009). *Keynes für jedermann: Die Renaissance des Krisenökonomen.* Frankfurter Allgemeine Buch, Frankfurt.
Keynes, J. M. (1919). *The Economic consequences of the peace.* Palgrave Macmillan, London.
Keynes, J. M. (1926). The End of Laissez Faire. *Essays in persuasion* (S. 272–294). Palgrave Macmillan, London.
Keynes, J. M. (1936). *The general theory of employment, interest and money.* Macmillan. Polygraphic Company of America, New York.
Skidelsky, R. (2003). *John Maynard Keynes 1883–1946* (Economist, Philosopher, Statesman). Penguin, London.

2.10 Neoliberalismus

Karen Horn

„Neoliberalismus" ist längst ein Kampfbegriff. Wer ihn verwendet, verweist damit in der Regel auf eine arrogante, angeblich dominante Doktrin, die alle Lebensbereiche ökonomisiere und den „ungezügelten Markt" fördere, mit einer bewussten Bevorzugung des Kapitals zulasten der arbeitenden Bevölkerung. Das Kapitalinteresse erfordert demnach eine Schwächung der Staatsgewalt und die Aushebelung der Demokratie, mit der Folge, dass sich die ausgebeuteten Menschen nicht einmal mehr wehren können. Dieses Vorverständnis ist insbesondere in der Politikwissenschaft verbreitet, und oft schließt sich daran das ausdrückliche Ziel an, diesen Neoliberalismus zu überwinden. So geben die Herausgeber eines voluminösen Handbuchs zum Neoliberalismus in ihrer Einleitung die kämpferische Devise vor: Es gehe darum, den Neoliberalismus in einer kollektiven wissenschaftlichen Anstrengung zu „delegitimieren" (Cahill et al., 2018, S. xxxii). Das moderne, ausschließlich negative Verständnis von Neoliberalismus ist indes ziemlich das Gegenteil dessen, was ursprünglich mit dem Begriff gemeint und verbunden war.

An den Wurzeln: Das Colloque Walter Lippmann
Der Begriff „Neoliberalismus" ist nicht etwa eine Erfindung des 20. Jahrhunderts, sondern er existiert schon viel länger. Insbesondere in Frankreich war er schon zur Zeit der Restauration Anfang des 19. Jahrhunderts geläufig, und damals beschrieb er eine Protestbewegung. Wie der Historiker Sébastien Charléty im Jahr 1898 formulierte, hatte die junge Generation nach 1820 geradezu „einen Ekel vor den Unzulänglichkeiten der Lehre des offiziellen Liberalismus" entwickelt und angesichts grassierender sozialer Notlagen eine Erneuerung gefordert, einen „Neoliberalismus". Zu einem mit konkretem Inhalt versehenen Konzept und zu einem Label für eine wissenschaftliche und politische Strömung wuchs der Begriff jedoch tatsächlich erst im 20. Jahrhundert heran: auf einem wissenschaftlichen Kolloquium liberaler Köpfe, das vom 26. bis 30. August in Paris stattfand, des „Colloque Walter Lippmann".

Diese Tagung verdankt ihren Namen dem 1937 erschienenen Buch „The Good Society" des später mit dem Pulitzer-Preis ausgezeichneten amerikanischen Journalisten Walter Lippmann. Die Veranstalter hatten das Treffen rund um dieses Buch organisiert und auch den Autor eingeladen. Der Hintergrund war düster: Die Weltwirtschaftskrise war noch nicht ganz abgeklungen. Die globale Integration war zerfallen. Zudem hatten sich zwei mörderische Diktaturen ausgebreitet: In der Sowjetunion herrschte Stalin, in Deutschland Hitler. Der Zweite Weltkrieg warf bereits deutlich sichtbar seine Schatten voraus. In dieser Lage hatte Lippmann mit seinem Buch einen selbstquälerischen Nerv der Liberalen getroffen: Er sah in den verheerenden Entwicklungen ein Scheitern des Liberalismus und führte dieses wesentlich auf gedankliche Fehlleistungen zurück. Er forderte nichts Geringeres als „eine neue Synthese, die offensichtliche Gegensätze wie individuelle Freiheit und Souveränität des Volkes, Ordnung und Freiheit, nationale Souveränität und internationale Sicherheit, die Macht von Mehrheiten und die Kontinuität des Staates, Stabilität und Wandel, Privateigentum und Gemeinwohl, Freiheit und soziale Organisation in Einklang bringt" (Reinhoudt & Audier, 2018, S. 109, eigene Übersetzung).

Hierüber diskutierten in Paris 26 Persönlichkeiten aus Wissenschaft und Wirtschaft, darunter Friedrich A. von Hayek, Ludwig von Mises, Michael Polanyi, Wilhelm Röpke und Alexander Rüstow. Ziel war eine als dringlich empfundene Erneuerung des Liberalismus. Schließlich blieb der Name „Neoliberalismus" hängen, weil sich die Teilnehmer auf kein anderes Label für ihr gemeinsames konzeptionelles Projekt einigen konnten. Der Zweite Weltkrieg setzte den Beratungen ein Ende. Eine Art Fortsetzung fand das Colloque Walter Lippmann erst nach dem Krieg in der 1947 auf Initiative Hayeks gegründeten Mont Pèlerin Society, einer bis heute bestehenden Plattform für Austausch und Kontaktpflege von Liberalen.

Der Kern neoliberalen Denkens: Freiheit und staatliche Ordnung
Als (erneuerte) Form des Liberalismus ist auch der Neoliberalismus in besonderem Maße dem Wert der Freiheit verbunden. Der dahinterstehende Freiheitsbegriff ist strikt individuell; vor Eingriffen des Kollektivs in die persönliche Sphäre einzelner Menschen stellt sich systematisch die Legitimitätsfrage. Damit ein solcher Eingriff als legitim gelten kann, reicht eine bloße Abstimmungsmehrheit innerhalb eines Gemeinwesens noch nicht. Es bedarf neben demokratischen Verfahren eines rechtsstaatlichen Rahmens mit verfassungsmäßigen Garantien individueller Freiheits- und Bürgerrechte.

Wirtschaftspolitisch steht die Abkehr vom Laissez-faire, verstanden als Nachtwächterstaat, im Zentrum des Neoliberalismus im historischen Wortsinn. „Laissez-faire mit Regeln", das ist vielmehr die Idee. Es geht also keineswegs darum, den Staat abzuschaffen, sondern im Gegenteil darum, ihn zu einem verlässlichen, unparteiischen, nicht korrumpierbaren Ordnungshüter für Wirtschaft und Gesellschaft zu machen. Der Staat soll mithin Regelsetzer und neutraler Schiedsrichter sein. Die Pässe aber müssen und dürfen die Spieler im Wettbewerb auf dem Spielfeld selbst schlagen, die Tore selbst schießen. Zu den essenziellen Gestaltungsmerkmalen einer solchen Ordnung im Geiste des Neoliberalismus zählen Privateigentum, Vertragsfreiheit und offene Grenzen für freien Handel.

Was als wissenschaftliche und politische Strömung mit dem Colloque Walter Lippmann begann, erlebte im weiteren Verlauf das Entstehen zum Teil äußerst unterschiedlicher Ausprägungen. Dazu zählt unter anderem die Londoner Schule um Lionel Robbins, die Wiener Schule um Ludwig von Mises und Friedrich August von Hayek, der Ordoliberalismus um Walter Eucken und Franz Böhm mit seinem Zentrum in Freiburg, ebenso wie die ökonomische Chicago School in ihren mindestens drei gezählten Generationen, unter anderem mit Frank Knight, Milton Friedman und George Stigler. Die Abgrenzung der verschiedenen Schulen ist schwierig und bis heute Gegenstand ideengeschichtlicher Diskussionen.

Als offensichtliche Steine des Anstoßes, die den Begriff „Neoliberalismus" und die damit assoziierte Weltanschauung in der öffentlichen Debatte diskreditiert haben, mögen die Verbindungen Friedrich Hayeks und Milton Friedmans nach Chile zur Zeit des Diktators Augusto Pinochet gelten. Die sozialen Härten der Strukturanpassungsprogramme, die Internationaler Währungsfonds und Weltbank in den achtziger Jahren in Reaktion auf die lateinamerikanische Schuldenkrise aufsetzten („Washington consensus"), verschärften in der Öffentlichkeit ebenfalls die Kritik am Neoliberalismus.

Lässt sich der Begriff „Neoliberalismus" angesichts der Aufsplitterung der Denkschulen und trotz seiner politischen Kontamination noch halten? Vielleicht nicht. Doch mindestens als eine Haltung der Selbsthinterfragung liberaler Geister, als Aufforderung, das freiheitliche Paradigma angesichts der Probleme der jeweiligen Zeit immer wieder zu aktualisieren, ergibt er eine Menge Sinn.

Literatur
Cahill, D., et al. (Hrsg.). (2018). *The SAGE handbook of Neoliberalism.* SAGE, London.
Reinhoudt, J. J., & Audier, S. (2018). *The walter lippmann colloquium: The birth of neoliberalism.* Palgrave Macmillan.

Weiterführende Literaturempfehlungen
Charléty, S. (1911). *Histoire de France Contemporaine, Bd. IV, La restauration (1815–1830)*. Hachette. Nabu Press.
Horn, K. (2019). *Die Soziale Marktwirtschaft: Alles, was Sie über den Neoliberalismus wissen sollten*. Frankfurter Allgemeine Buch, Frankfurt.
Kolev, S. (2022). Giftschrank oder Schatztruhe? Warum jede Generation ihren eigenen Neoliberalismus benötigt. In R. Fücks & R. Manthe (Hrsg.), *Rethinking liberalism: Liberal responses to the challenges of our time* (S. 59–64). Transcript, Bielefeld.

2.11 Freiburger Schule

Karen Horn

Schulbildend zu wirken, ist nicht allzu vielen Wissenschaftlern vergönnt. Einer dieser eher seltenen Fälle ist die Forschungs- und Lehrgemeinschaft an der Universität Freiburg in den dreißiger und vierziger Jahren, entstanden aus einem Gemeinschaftsseminar des Nationalökonomen Walter Eucken sowie der Rechtswissenschaftler Franz Böhm und Hans Großmann-Doerth. Diese Kerngruppe erweiterte sich rasch um Kollegen und Schüler, sodass Walter Eucken 1937 selbst bereits von einer „Freiburger Schule" sprach. Im Zentrum der Überlegungen stand die Frage, wie in einer freien Gesellschaft mit privater Macht umzugehen sei und „wie die Ordnung einer freien Wirtschaft beschaffen ist" (Böhm, 1957/1960, S. 162). Diese Ausrichtung bekam in den fünfziger Jahren das Label „Ordoliberalismus" angeheftet, in Anlehnung an die einst von den drei Gründern verantwortete Schriftenreihe „Ordnung der Wirtschaft" und das ihr nachfolgende „Ordo – Jahrbuch für die Ordnung von Wirtschaft und Gesellschaft", dessen Name auf den Ordo-Gedanken der Scholastik verweist.

Die Freiburger
Der neben Walter Eucken (siehe Beitrag II 13) an der Forschungs- und Lehrgemeinschaft beteiligte Rechtswissenschaftler Franz Böhm (1895–1977) hatte in Freiburg studiert, war dann als Referent in der Kartellabteilung des Reichswirtschaftsministerium nach Berlin gegangen und 1931 für Promotion und Habilitation nach Freiburg zurückgekehrt. Mit einem Zwischenspiel als Lehrstuhlvertreter an der Universität Jena lehrte er in Freiburg, bis ihm im Jahr 1940 die nationalsozialistischen Behörden die Lehrbefugnis entzogen. Böhm gehörte wie Eucken den Freiburger Widerstandskreisen an. Nach Kriegsende erhielt er den ihm lange versagten Lehrstuhl in Freiburg, wechselte jedoch 1946 an die Universität Frankfurt. Ludwig Erhard rief ihn in seinen Wissenschaftlichen Beirat. Außerdem engagierte er sich als Politiker; von 1953 bis 1965 saß er für die CDU im Deutschen Bundestag. Böhm gilt als der Vater der deutschen Kartellgesetzgebung. Hans Großmann-Doerth (1894–1944), der dritte im Bunde, war der Initiator der Gruppe. Er hatte in Freiburg den Lehrstuhl für Handels-,

Wirtschafts-, Arbeits- und Bürgerliches Recht inne. Gleich nach dem deutschen Überfall auf Polen 1939 stellte er sich als Offizier zur Verfügung. Mit den Kollegen kam es Anfang der vierziger Jahre wohl wegen seiner judenpolitischen Äußerungen zu einem Zerwürfnis. Großmann-Doerth starb 1944 in einem Königsberger Lazarett.

Zur Freiburger Schule im originären Sinn zählt man aus dem Kreise Euckens auch die Ökonomen K. Paul Hensel, Hans Otto Lenel, Friedrich A. Lutz, Karl Friedrich Maier, Fritz W. Meyer, Leonhard Miksch und Bernhard Pfister; insbesondere wegen der Verbindung in den Widerstandskreisen auch die Kollegen Adolf Lampe und Constantin von Dietze. Unter den Rechtswissenschaftlern rechnet man in einem losen, rein ideellen Sinn gelegentlich auch den (allerdings Frankfurter) Böhm-Schüler Ernst-Joachim Mestmäcker hinzu sowie wiederum dessen akademische Schüler Wernhard Möschel und Ulrich Immenga. Verbindungslinien verlaufen auch in Richtung der Nicht-Freiburger Wilhelm Röpke, Alexander Rüstow und Alfred Müller-Armack. Nils Goldschmidt und Michael Wohlgemuth (2008, 2, FN 4) verweist des Weiteren auf die Freiburger Lehrstuhltradition, deren Vertreter sich mit Fragen der Wirtschaftsverfassung auseinandergesetzt haben, von Friedrich A. von Hayek über Erich Hoppmann und Manfred Streit bis zu Viktor J. Vanberg. Heute wird die Freiburger Tradition von einer jüngeren Nachwuchsgeneration ordnungstheoretisch arbeitender Wissenschaftler verschiedener Disziplinen fortgeführt.

Das Programm
Das Forschungsprogramm der Freiburger Schule ist im Aufsatz „Unsere Aufgabe" beschrieben, mit dem die Herausgeber ihre gemeinsame Schriftenreihe eröffneten (Böhm et al., 1936/37 und 2008). Es geht um eine ineinander verschränkte Erneuerung von Jurisprudenz und Nationalökonomie, um eine Hinwendung zu realen Tatsachen und konkreten Problemen, in der Erkenntnis, dass „die Rechtsordnung als Wirtschaftsverfassung zu begreifen und zu formen ist" (Böhm et al., 1936/37 und 2008, S. 36). Den Anstoß zu dieser selbst gestellten Aufgabe geben die Erfahrungen aus der Zwischenkriegszeit, in der Kartelle gesetzlich gebilligt waren und, so der einhellige Befund, eine fatale Verquickung von wirtschaftlicher und politischer Macht nach sich gezogen haben. Der Staat war zur Geisel der wirtschaftlichen Interessen geworden. Für die Zukunft sollte es deshalb nunmehr darum gehen, wie es mit selbstbewusstem Geltungsanspruch heißt, „die wissenschaftliche Vernunft, wie sie in der Jurisprudenz und in der Nationalökonomie zur Entfaltung kommt, zum Aufbau und zur Neugestaltung der Wirtschaftsverfassung zur Wirkung" zu bringen (Böhm et al., 1936/37 und 2008, S. 35). Das erfordere insbesondere, dass „sich der Jurist der Ergebnisse wirtschaftswissenschaftlicher Forschung bedient". Und weil der Wettbewerb ein wesentliches Ordnungsprinzip einer freien Gesellschaft sei, gelte dies an vorderster Stelle mit Blick auf das Wettbewerbsrecht. „Wie die Grenze zwischen unlauterem und erlaubtem Wettbewerb zu ziehen ist, wo freier Wettbewerb vorliegt, wo nicht, wo beschränkter Wettbewerb, wann Leistungswettbewerb, wann Behinderungswettbewerb gegeben ist, wann Preisunterbietungen dem Ordnungsprinzip widersprechen, wann nicht – kann nur auf Grund

der Untersuchungen der verschiedenen Marktverfassungen entschieden werden, welche die Wirtschaftswissenschaft durchführt" (Böhm et al., 1936/37 und 2008, S. 36 f.).

Literatur
Böhm, F. (1957/1960). Die Forschungs- und Lehrgemeinschaft zwischen Juristen und Volkswirten an der Universität Freiburg in den dreißiger und vierziger Jahren des 20. Jahrhunderts. In H. J. Wolff (Hrsg.), *Aus der Geschichte der Rechts- und Staatswissenschaften zu Freiburg im Breisgau* (Wiederabgedruckt In Reden und Schriften über die Ordnung einer freien Gesellschaft, einer freien Wirtschaft und über die Wiedergutmachung. C.F. Müller, S. 158–175, S. 95–113). Eberhard Albert Universitätsbuchhandlung, Freiburg.
Böhm, F., Eucken, W., & Großmann-Doerth, H. (1936/37 und 2008). Unsere Aufgabe (Vorwort der Herausgeber zu: F. A. Lutz (1936/37), Das Grundproblem der Geldverfassung, Stuttgart, Kohlhammer, VII–XXI. Wieder abgedruckt in Goldschmidt, N. & M. Wohlgemuth (Hrsg.). (2008). *Grundtexte zur Freiburger Tradition der Ordnungsökonomik*, S. 27–37). Mohr Siebeck, Tübingen.
Goldschmidt, N. & Wohlgemuth, M. (Hrsg.). (2008). *Grundtexte zur Freiburger Tradition der Ordnungsökonomik*. Mohr Siebeck, Tübingen.

Weiterführende Literaturempfehlungen
Eucken, W. (1952). *Grundsätze der Wirtschaftspolitik*. Mohr Siebeck, Tübingen.
Horn, K. (2010). *Die Soziale Marktwirtschaft*. Frankfurter Allgemeine Buch, Frankfurt

2.12 ORDO-Liberalismus – eine Synthese

Karen Horn

Der Ordoliberalismus ist eine deutsche Variante des im 20. Jahrhunderts erneuerten Liberalismus (Neoliberalismus i. e. S.). Die zugrunde liegende Konzeption einer menschengerechten Ordnung geht auf die Vertreter der Freiburger Schule rund um den Nationalökonomen Walter Eucken zurück. Nach der globalen Finanz- und Wirtschaftskrise 2008/9 nahm das Interesse am Ordoliberalismus in aller Welt zunächst rapide zu; man erkannte in dessen Ablehnung des als zügellos verstandenen Laissez-faire und der Betonung staatlich gesetzter Regeln die verantwortlichere Variante freiheitlichen Denkens. Die neue Popularität ging allerdings im Zusammenhang mit der sich an die Finanz- und Wirtschaftskrise anschließenden Staatsschuldenkrise und dem harten Umgang mit Griechenland wieder verloren; seither haftet dem Ordoliberalismus in breiten Kreisen der Ruf einer verfehlten, autoritären, demokratiefeindlichen deutschen Doktrin an (Haselbach, 1991 & Biebricher, 2021).

2.12 ORDO-Liberalismus – eine Synthese

Die Wurzeln

Das Wort „Ordoliberalismus" ist eine Erfindung aus dem Jahr 1950. Sie stammt von dem Tübinger Ökonomen Hero Moeller (1950) und lehnt sich an den Namen des von Walter Eucken und Franz Böhm gegründeten „ORDO Jahrbuchs für die Ordnung von Wirtschaft und Gesellschaft" an. Dass Moeller zu dieser Strömung neben der Freiburger Schule und Wilhelm Röpke auch Friedrich August von Hayek zählte, was aus heutiger ideengeschichtlicher Sicht unüblich ist, verdeutlicht zum einen die Ausrichtung auf die deutschsprachige Tradition und zum anderen die anfängliche Breite des Begriffs. Dass die Strömung als Spielart des Liberalismus firmiert, geht auf die große Bedeutung zurück, die der persönlichen Freiheit zugemessen wird; dieser Wert wird jedoch nicht gegenüber der Gerechtigkeit verabsolutiert. Das Präfix „Ordo" wiederum verweist spezifisch auf Walter Euckens gestalterische Konzeption. Eucken greift auf den scholastischen Ordo-Gedanken einer von Gott errichteten harmonischen Ordnung zurück; aus dieser Vorstellung einer „sinnvollen Zusammenfügung des Mannigfaltigen zu einem Ganzen" schöpft er seine Idee der Interdependenz ebenso wie den Anspruch, eine Ordnung zu schaffen, „die dem Wesen des Menschen und der Sache entspricht" (Eucken 1952, 372–374)/(Veit, 1953). In der Erkenntnis, dass sich diese natürliche, gottgewollte, harmonische Ordnung nicht von selbst ergibt, sondern der aktiven Gestaltung bedarf, sieht Eucken den wesentlichen Unterschied zu seiner – nicht unumstrittenen – Lesart der klassischen Konzeption.

Der konzeptionelle Kern

Im Kern der Denktradition, die seit den fünfziger Jahren als Ordoliberalismus bezeichnet wird, steht Walter Euckens Wettbewerbsordnung. Diese fußt in ihren sieben gleichzeitig zu verwirklichenden konstituierenden Prinzipien wesentlich auf der neoklassischen Logik, dass die Funktionsfähigkeit des Preismechanismus gesichert sein muss. Hinzu kommen die regulierenden Prinzipien, allen voran das Erfordernis einer aktiven Wettbewerbspolitik. Dies ist gleichsam die praktische Auslegeordnung für das Paradigma, nach dem es eines staatlich gesicherten Regelrahmens bedarf. Diese Konzeption des Staates unterscheidet sich von autoritären oder planwirtschaftlichen Regimen dadurch, dass sie an ein objektives Prinzip gebunden und deshalb frei von Willkür ist (Krüger, 1953). Durch seine auf den Regelrahmen fokussierten Ordnungspolitik wird der Staat zum Hüter des Leistungswettbewerbs, mit diskretionären Eingriffen in das Wirtschaftsgeschehen („Prozesspolitik") soll er sich schon deshalb zurückhalten, weil er sich vor dem Einfluss mächtiger privater Interessengruppen schützen muss. Auf dieser Basis stehen auch die modernen Fortentwicklungen und Anwendungen des Ordoliberalismus. Dabei ist analytisch zwischen drei Aspekten des Ordoliberalismus zu unterscheiden, die historisch, aber heute nicht länger zwingend in eins fallen: a) der philosophischen, weltanschaulichen, normativen Position der Ordoliberalen, b) dem politischen Handlungsfeld der auf die Rahmenbedingungen der Wirtschaft zielenden Ordnungspolitik und c) dem Forschungsprogramm der Ordnungsökonomik. Die Ordnungsökonomik ist insoweit kein normatives, sondern ein positives Forschungsprogramm, als es vorrangig nur um die Frage geht, welche Rahmenordnung und Institutionen das jeweils gewünschte Ergebnis hervorbringen. Diese Art von Forschung ist weder von einer weltanschaulich ordoliberalen Position abhängig noch von der Ausrichtung auf konkrete politische Gestaltung.

Anwendungen und Nagelproben

Man mag darüber streiten, wie weitgehend die deutsche Politik seit dem Ende des Zweiten Weltkriegs von ordoliberalen Gestaltungsprinzipien geprägt war und ist. Gewiss waren die Soziale Marktwirtschaft und die Politik Ludwig Erhards mit dem Ordoliberalismus verbunden und durch ihn inspiriert; gegen den ersten deutschen Bundeskanzler Konrad Adenauer hingegen war die für den Ordoliberalismus wesentliche Forderung einer aktiven Wettbewerbspolitik zunächst nicht durchzusetzen, sodass das Gesetz gegen Wettbewerbsbeschränkungen erst 1958 kam. Das strikte Prinzip, sich der Prozesspolitik zu enthalten, ließ und lässt sich politisch wohl nie verwirklichen. In den sechziger und siebziger Jahren erfasste auch Deutschland die globale Welle der keynesianischen Globalsteuerung, die nur schwer mit dem ordoliberalen Programm zu vereinbaren war. Hingegen ging das Beharren Deutschlands auf gesamtwirtschaftlicher Konvergenz als Voraussetzung für die Bildung einer europäischen Währungsunion ebenso deutlich auf ordoliberale Überzeugungen zurück wie die strikte deutsche Haltung in der griechischen Schuldenkrise. Auch die Kritik an der „Rettungspolitik" der Europäischen Zentralbank beruft sich regelmäßig auf den Ordoliberalismus. Nach einer jüngeren Lesart aus dem Kreis moderner ordoliberaler Wissenschaft bedeutet dies jedoch zumindest in manchen Fällen eine dogmatische, allzu mechanistische, ökonomistische und sozialpolitisch nicht tragbare Verengung des ordoliberalen Paradigmas. Akademisch wäre die notwendige Überwindung dieser Verengung durch eine Modernisierung und Einordnung des ordoliberalen Forschungsprogramms in das interdisziplinäre Feld „Philosophy, Politics and Economics" zu leisten (Dold & Krieger, 2020). Die auch heute wieder starke Verflechtung von Staat und Wirtschaft, die politische Einflussnahme mächtiger wirtschaftlicher Interessen und die Herausbildung monopolitischer Strukturen beispielsweise in der digitalen Ökonomie zeigen die nach wie vor bedeutende Relevanz des ordoliberalen Anliegens (Zingales, 2022). Die Schaffung einer gerechten, funktionsfähigen und menschenwürdigen Wirtschafts- und Gesellschaftsordnung ist eine Daueraufgabe.

Literatur
Biebricher, T. (2021). *Die politische Theorie des Neoliberalismus*. Suhrkamp, Berlin.
Dold, M., & Krieger, T. (Hrsg.). (2020). *Ordoliberalism and European Economic Policy – Between Realpolitik and Economic Utopia*. Routledge, Milton Park.
Eucken, W. (1952). *Grundsätze der Wirtschaftspolitik*, Verlag J.C.B Mohr Tübingen.
Haselbach, D. (1991). *Autoritärer Liberalismus und soziale Marktwirtschaft. Gesellschaft und Politik im Ordoliberalismus*. Nomos, Baden-Baden.
Krüger, W. (1953). *Der neu entfachte Universalienstreit*. Die ZEIT vom 7. Mai 1953.
Moeller, H. (1950). Liberalismus. *Jahrbücher für Nationalökonomie und Statistik, 162*(3), 214–240.

Veit, O. (1953). Ordo und Ordnung Versuch einer Synthese. *ORDO*, 5, 3–47. De Gruyter Oldenbourg, Berlin.

Zingales, L. (2022). „Wir brauchen dringend mehr Ordoliberalismus": Ein Gespräch über Filz, Wettbewerb und die Vereinnahmung von Ökonomen. *Perspektiven der Wirtschaftspolitik, 23*(4), 271–280. De Gruyter Oldenbourg, Berlin.

Weiterführende Literaturempfehlungen

Goldschmidt, N. (2002). *Entstehung und Vermächtnis ordoliberalen Denkens. Walter Eucken und die Notwendigkeit einer kulturellen Ökonomik.* Lit-Verlag, Münster.

Vanberg, V. J. (2004). *The Freiburg School: Walter Eucken and Ordoliberalism.* Freiburger Diskussionspapiere zur Ordnungsökonomik 04/11, Freiburg.

2.13 Walter Eucken

Karen Horn

Der Nationalökonom Walter Eucken war der Erfinder des Denkens in Ordnungen, führender Kopf der Freiburger Schule, überzeugter Liberaler, Kämpfer gegen Zusammenballungen privater und staatlicher Macht, Mitglied im Widerstand gegen den Nationalsozialismus und vieles andere mehr. Seine Konzeption einer Wettbewerbsordnung beeinflusste die wirtschaftspolitischen Vorstellungen in der bundesrepublikanischen Nachkriegszeit. Der „Ordoliberalismus" ist untrennbar mit Eucken verknüpft.

Ein Leben in schweren Zeiten

Walter Eucken erlebte die letzten Jahre des Deutschen Kaiserreichs, den Ersten Weltkrieg und den Versailler Vertrag, die von Instabilität und Unsicherheit geprägten Jahre der Weimarer Republik, das Dritte Reich und den Zivilisationsbruch des Holocaust – und schließlich den bundesrepublikanischen Neubeginn. Es waren schwere Zeiten. Eucken war 1891 als drittes Kind der Malerin Irene Eucken und des Philosophen Rudolf Eucken in Jena zur Welt gekommen. Nach der Schulzeit in Jena, dem Studium in Kiel, Bonn und Jena, der Promotion, dem freiwilligen Militärdienst und dem Fronteinsatz im Ersten Weltkrieg lebte er zunächst in Berlin. Dort verfasste er als Assistent bei Hermann Schumacher an der Universität Berlin seine noch ganz im Stil der Historischen Schule gehaltene Habilitationsschrift und verdingte sich daneben als Redaktionssekretär von Schmollers Jahrbuch sowie anschließend als stellvertretender Geschäftsführer der Fachgruppe Textilindustrie beim Reichsverband der Deutschen Industrie (RDI). Im Jahr 1925 wurde er auf einen Lehrstuhl für Nationalökonomie an der Universität Tübingen berufen, wechselte jedoch schon 1927 nach Freiburg. Dort blieb er bis zu seinem Tod.

In der Zeit des Nationalsozialismus, den er früh als menschenverachtend erkannte, engagierte sich Eucken in mehreren Widerstandskreisen – Freiburger Konzil, Bonhoeffer-Kreis,

Arbeitsgemeinschaft Erwin von Beckerath – und arbeitete am Entwurf einer Nachkriegsordnung mit. An der Universität war er 1933 gegen die Gleichschaltung der Universität aufgestanden, wie sie der damalige Rektor Martin Heidegger betrieb. Mit den Juristen Franz Böhm und Hans Großmann-Doerth bildete Eucken eine Forschungs- und Lehrgemeinschaft, die Freiburger Schule im engeren Sinne. Ab 1937 gaben sie eine Schriftenreihe unter dem Titel „Ordnung der Wirtschaft" heraus, mit dem programmatischen Appell, die Rechtsordnung sei stets als Wirtschaftsverfassung zu begreifen und zu formen.

Nach dem Ende des Zweiten Weltkriegs beriet der politisch unbelastete Eucken die französische und die amerikanische Militärregierung. Bald rief auch die deutsche Politik, vor allem Ludwig Erhard, nach seinem Sachverstand. Die Arbeitsgemeinschaft Beckerath, der er angehört hatte, ging im Anfang 1948 gegründeten Beirat bei der Verwaltung für Wirtschaft des Vereinigten Wirtschaftsgebiets auf, dem Vorläufer des Bundeswirtschaftsministeriums. Eucken starb 1950 auf einer Reise, die ihn auf Einladung Friedrich August von Hayeks für Gastvorträge an die London School of Economics geführt hatte.

Die Suche nach einem neuen Ansatz
Wissenschaftlich strebte Walter Eucken nach einem neuen Ansatz, der sowohl die für ihn theoretisch unbefriedigende „Stoffhuberei" der Historischen Schule vermied, als auch die Engführungen, die er vor allem der britischen Klassik unterstellte. Er neigte mehr der Österreichischen Schule um Carl Menger zu, wollte aber auch das Historische nicht missen. Einen Vorgeschmack darauf, dass seine intellektuelle Reise in Richtung Ordnungstheorie ging, liefert der Aufsatz „Staatliche Strukturwandlungen und die Krise des Kapitalismus" (1932), der geschichtliche und theoretische Betrachtung zusammenführt und den Gedanken der Interdependenz der (staatlichen und wirtschaftlichen) Ordnungen präsentiert.

Mit seinen „Grundlagen der Nationalökonomie" (1940) hoffte Eucken dann die „große Antinomie" endgültig zu überwinden, die er zwischen der Vielfalt der Erscheinungen des wirtschaftlichen Alltags und deren Einordnung in die Theorie konstatierte. Dazu entwickelte er einen morphologischen Apparat, der in „pointierend hervorhebender Abstraktion" konkrete Wirtschaftssysteme idealtypisch zu erfassen, zu analysieren und an Werte rückzubinden erlauben sollte. Dessen polare, nach der Art der ökonomischen Planaufstellung unterschiedenen Endpunkte, die „Verkehrswirtschaft" und die „zentral geleitete Wirtschaft", spiegeln schon in ihrer Begrifflichkeit die Bedingungen und die Mittel der Macht im Wirtschaftsleben. Dieser galt Euckens besonderes Augenmerk auf seiner Suche nach einer funktionsfähigen und menschenwürdigen Ordnung, für die er seinen Apparat letztlich entwickelt hatte.

Die Prinzipien der Wettbewerbsordnung
Euckens posthum veröffentlichte „Grundsätze der Wirtschaftspolitik" (1952) knüpfen unmittelbar an den Vorarbeiten aus den „Grundlagen" an und ergänzen die Ordnungstheorie um die Ordnungspolitik. Eucken bestimmt hier schließlich die konkreten Prinzipien einer Gesamtordnung, die nicht nur ökonomisch vorteilhaft ist, sondern den Menschen das Leben

nach ethischen Prinzipien ermöglicht. Sein Konzept der Wettbewerbsordnung, das Freiheit und Ordnung vereint, ist präzise ausbuchstabiert: Es fußt auf sieben „konstituierenden Prinzipien", die einander komplementär sind und gleichzeitig verwirklicht werden sollten, sowie vier „regulierenden Prinzipien", die subsidiären Charakter haben. Dieser Kriterienkatalog eignet sich bis heute gut zur Überprüfung wirtschaftspolitischer Maßnahmen.

Im Zentrum der Wettbewerbsordnung steht, ganz in theoretisch-neoklassischem Stil, das Grundprinzip eines funktionsfähigen Preissystems: Ohne Preise, die den Marktteilnehmern die relativen Knappheiten verlässlich anzeigen, ist kein wirklich effizientes Wirtschaften möglich. Darum herum gruppieren sich sechs weitere Prinzipien, die das Grundprinzip stärken, also für die Signalkraft der Preise unabdingbar sind. Da ist zunächst das sogenannte Primat der Währungspolitik (oder: der Geldwert muss nach innen wie nach außen stabil sein, es darf also weder zu starken Schwankungen des Geldwerts durch Inflation oder Deflation noch durch Änderungen des Wechselkurses kommen). Darauf folgt das Prinzip der offenen Märkte, das für den Binnenhandel wie den Außenhandel gilt. Ein weiteres Prinzip ist der Schutz des Privateigentums, eingehegt durch den Wettbewerb. Zudem bedarf es der Vertragsfreiheit im positiven wie im negativen Sinne: Man muss frei sein, Verträge zu schließen und dies zu unterlassen; diese Freiheit erstreckt sich jedoch nicht auf Verträge, welche die Vertragsfreiheit anderer Menschen beschränken. Es schließt sich das Haftungsprinzip an, sowie die „Konstanz der Wirtschaftspolitik".

An erster Stelle der regulierenden Prinzipien nennt Eucken die Wettbewerbspolitik: Es bedarf neben einer insgesamt auf Sicherung der Konkurrenz ausgerichteten Rechts- und Wirtschaftspolitik auch der aktiven Verhinderung von Machtpositionen durch Kartellrecht und Monopolverbote. Zweitens ist dort, wo die Marktpreise nicht alle gesamtwirtschaftlich relevanten Kosten widerspiegeln, Abhilfe zu schaffen (heute spräche man von der Internalisierung externer Effekte). Drittens kann das Steuerrecht genutzt werden, um Verteilungsmängel auszugleichen. Und viertens sind Mindestlohnvorschriften denkbar im Fall der Marktanomalie, dass Arbeitnehmer von einem einzigen Arbeitgeber abhängen und folglich nicht ihr Arbeitsangebot drosseln können, wenn die Löhne gesenkt werden. Die Zulässigkeit dieser Eingriffe ist strikt an die Maßgabe gebunden, dass sie den Preismechanismus stärken müssen.

Walter Eucken sah sein Konzept einer Wettbewerbsordnung nicht gern als „liberal" oder „neoliberal" eingeordnet; dies sei oft tendenziös und nicht treffend. Der Liberalismus, im 19. Jahrhundert meist dem Laissez-faire verhaftet, sei nur „ein Ast an dem großen Baum der europäischen Kultur, die auf Freiheit beruht, seit sie besteht, und die nur dann bedroht war oder verfiel, wenn die Freiheit verfiel". Es gelte „die massive Bedrohung der Freiheit durch neue, positive Mittel abzuwenden" (Eucken 1952, S. 375). Das nachträglich erfundene Label „Ordoliberalismus" passt gerade deshalb sehr gut.

Literatur
Eucken, W. (1932). Staatliche Strukturwandlungen und die Krise des Kapitalismus. *Weltwirtschaftliches Archiv, 36,* 297–321.
Eucken, W. (1940). *Grundlagen der Nationalökonomie.* Gustav Fischer, Stuttgart.
Eucken, W. (1952). *Grundsätze der Wirtschaftspolitik*, Verlag J.C.B Mohr Tübingen.

Weiterführende Literaturempfehlungen
Goldschmidt, N. (2005). Die Rolle Walter Euckens im Widerstand: Freiheit, Ordnung und Wahrhaftigkeit als Handlungsmaximen. In *Wirtschaft, Politik und Freiheit* (S. 289–314). Mohr Siebeck, Tübingen.
von Klinckowstroem, W. G. (2023). *Walter Eucken. Ein Leben für Menschenwürde und Wettbewerb.* Mohr Siebeck, Tübingen.
Pies, I., & Leschke, M. (Hrsg.). (2002). *Walter Euckens Ordnungspolitik.* Mohr Siebeck, Tübingen.

2.14 Wilhelm Röpke

Karen Horn

Freiheit ist mehr als nur Marktwirtschaft, das Nachdenken über die Freiheit braucht mehr als allein die Ökonomie, und ein gelingendes Leben bedeutet mehr als bloß materiellen Wohlstand: Wer eine Persönlichkeit aus der ökonomischen Ideengeschichte sucht, die markant hieran erinnert hat, stößt fast unweigerlich auf Wilhelm Röpke. Das Buch „Jenseits von Angebot und Nachfrage" (Röpke, 1958), in welchem der konservative deutsche Nationalökonom wortgewaltig die geistigen und kulturellen Voraussetzungen der Marktwirtschaft beschwört, ist heute wohl die bekannteste seiner Schriften. Auch sein Ruf nach einem „Dritten Weg" trifft noch immer so manchen Nerv, wobei auffallend ist, dass gerade seine klagenden Befunde oft auch für aus dem linken politischen Spektrum stammende Kritiker des Kapitalismus anschlussfähig sein dürften, seine Remeduren hingegen nicht immer. Röpke war nicht nur der Kulturkritiker seiner späten Jahre; als junger Wissenschaftler war er zudem auch ein origineller Theoretiker, Spezialist für Konjunktur, Handel, Geld und Kapital.

Sehnsucht nach der verlorenen Zeit
Wilhelm Röpke kam 1899 in Schwarmstedt in der Lüneburger Heide als Sohn eines Landarztes auf die Welt. Er studierte Rechts- und Staatswissenschaften in Göttingen, Tübingen und Marburg, gleich zu Anfang unterbrochen von einem halbjährigen Kriegseinsatz – einer ihn tief verstörenden Erfahrung an der Seite des Leutnants Ernst Jünger, dessen Faszination, ob der „Stahlgewitter" er nicht teilen konnte. Seine Welt war verloren gegangen. Nach Abschluss des Studiums wurde er 1921 in Marburg im Fach Nationalökonomie promoviert und habilitierte sich ein Jahr später. Anschließend arbeitete er eine Zeitlang im Auswärtigen

Amt in Berlin. Im Alter von 24 Jahren wurde er auf eine Professur an der Universität Jena berufen. 1928 wechselte er an die Universität Graz und 1929 nach Marburg. Röpke agitierte früh gegen die Nationalsozialisten und wurde von diesen 1933 aus dem Lehramt entfernt. Er ging mit seiner Familie ins Exil und lehrte fortan an der von Atatürk neu gegründeten Universität Istanbul, wo etliche Emigranten unterkamen. Dort schrieb er unter anderem sein Buch „Die Lehre von der Wirtschaft" (Röpke, 1937), ein liberales Bekenntnis zur Marktwirtschaft. Röpke wurde in der Türkei nicht heimisch und ergriff 1937 die Gelegenheit zu einem Wechsel nach Genf, an das Institut Universitaire des Hautes Etudes Internationales (HEI). Der Zivilisationsbruch Deutschlands war eine neue traumatische Erfahrung, die in seinen Arbeiten Spuren hinterließ. Von nun an schrieb er viele Zeitungsbeiträge und verfasste vor allem kulturkritische Bücher, die von seiner Sehnsucht nach einer heilen ländlichen Welt zeugen, etwa „Gesellschaftskrisis der Gegenwart" (Röpke, 1942). Es entstand aber auch ein wichtiges Werk zur „Internationalen Ordnung" (Röpke, 1945, 1954). Nach Ende des Zweiten Weltkriegs zählte er zu den engen Beratern Ludwig Erhards. Röpke starb 1966 in Genf.

Konjunkturzyklen und Sekundärdeflation
In den frühen dreißiger Jahren nahm Wilhelm Röpke in der konjunkturtheoretischen Diskussion im deutschsprachigen Raum eine unorthodoxe Position ein. Wie die meisten jüngeren Theoretiker stand er auf dem Boden der monetären Oberinvestitionstheorie, wie sie die Österreicher vertraten, doch anders als diese hielt er es nicht in jedem Fall für eine gute Idee, der Krise ihren reinigenden Lauf zu lassen. Er hielt dies nicht nur für politisch gefährlich, sondern auch für ökonomisch undifferenziert. Er entwickelte ein innovatives Konzept, indem er zwischen einer „Primärdeflation" unterschied, die für eine Rückkehr zum Gleichgewicht unabdingbar ist, und einer „Sekundärdeflation", die sich aus einer davon losgelösten öffentlichen Vertrauenskrise ergibt und in einen Teufelskreis münden kann, der eine Rückkehr zum Gleichgewicht letztlich vollständig unterbindet (Röpke, 1933, S. 434). In einer solchen Ausnahmesituation, so argumentierte er, ist es ein Fehler, geldpolitisch auf die Bremse zu treten. Diese Einsichten machten Röpke zu einem Gesprächspartner Wilhelm Lautenbachs, des „deutschen Keynes" und ließen ihn auch den Kontakt zum englischen Ökonomen John Maynard Keynes suchen. Nach einem Zusammentreffen in London nahm dieser in seiner Eigenschaft als Herausgeber des Economic Journal einen Beitrag von Röpke an, der englischsprachigen Lesern die Trends in der deutschsprachigen konjunkturpolitischen Debatte nahebringen sollte (Röpke, 1933). Röpkes Theorie jedoch fand international keinen Widerhall. Später entwickelte sich Röpke zu einem der unerbittlichsten Kritiker von Keynes. Dessen Warnungen vor einer allzu hohen Sparquote sowie das Plädoyer für eine staatliche Vollbeschäftigungspolitik waren ihm ein Dorn im Auge.

Nicht vom Brot allein
In seinem Buch „Jenseits von Angebot und Nachfrage" (Röpke, 1958) bezeichnet der Ökonom nicht nur die Marktwirtschaft als Moralzehrer, sondern beklagt eine lange Reihe ideeller

und ideologischer Fehlentwicklungen. Er fährt eine schier erschlagende Liste von fatalen „-ismen" auf: den Utilitarismus („Kult der Nützlichkeit", 150), den Rationalismus, den Konstruktivismus (Unterschätzung der Kraft der spontanen Ordnung), den Dirigismus, den Progressismus (blindes Vertrauen auf den Fortschritt), den Relativismus (Abwesenheit absoluter Werte, an die Menschen glauben), den Historismus (alles wird aus dem jeweiligen Zusammenhang erklärt statt aus Grundsätzlichem), den Soziologismus (alles wird kategorisiert, statt dass man den strukturellen Wandel zu verstehen sucht), den Modernismus („wir vergewaltigen auf Schritt und Tritt die Natur", 110), den Individualismus im Sinne der Vereinsamung des Menschen, den Kollektivismus („der einzelne gilt immer weniger, Masse und Kollektiv immer mehr", 32), den Kommunismus (eine „Vergewaltigung der Seele des Menschen", 29), den Etatismus. Die Liste lässt sich verlängern. Die Klammer um alle Begriffe sind Ökonomismus und Säkularismus. Ökonomismus bezeichnet bei Röpke eine Geisteshaltung, die alle Lebensbereiche wirtschaftlichen Kriterien unterwirft. Die kulturelle Kehrseite davon ist für ihn der Säkularismus: „die erschreckende Entchristlichung und irreligiöse Säkularisierung unserer Kultur" (21), also die abnehmende Religiosität der Menschen; das Absterben der Beziehung des einzelnen zu Gott; das Versiegen des Strebens nach Transzendenz; die geistige Verarmung der Menschheit und der Verlust christlicher Werte.

Dezentralisation der Macht
Röpke hielt die anonyme moderne Großgesellschaft (er nannte sie „Massengesellschaft" oder sprach schlicht von einer „Vermassung" des Menschen) für gefährlich – sowohl politisch als auch mit Blick auf das Seelenheil jedes Einzelnen. Sein Leben in der Schweiz ab 1937 dürfte ihn in der Überzeugung bestärkt haben, dass es auch anders geht: In kleinräumigen Strukturen, wo man einander meistens kennt; im Respekt vor althergebrachter Tradition, Gemeinschaft und Moral; mit einer weitestgehend dezentralen kollektiven Entscheidungsfindung, im Föderalismus. Sein dankbarer Blick auf seine Wahlheimat mag romantisierend und utopisch gewesen sein (Franc, 2018); seine nachdrückliche Warnung vor einer Zentralisierung der Macht erscheint trotzdem treffend, auch im internationalen Zusammenhang (Feld, 2016). In seinem Buch „Internationale Ordnung – heute", das gleich nach Kriegsende veröffentlicht wurde und dann 1954 in weitgehend neu geschriebener Fassung erschien, plädiert Röpke für eine entpolitisierte weltwirtschaftliche Ordnung und für ein liberales Miteinander der Gleichgesinnten. Er nennt die Werte „Frieden, Wohlstand, Sicherheit, Ausgleich, Gerechtigkeit und Universalität" und als Voraussetzung dafür eine offene Weltwirtschaft (Röpke, 1954, S. 347).

Literatur
Feld, L. P. (2016). Europa in der Welt von heute: Wilhelm Röpke und die Zukunft der Europäischen Währungsunion. *ORDO, 63*(1), 403–428. De Gruyter Oldenbourg, Berlin.
Franc, A. (2018). Wilhelm Röpke's Utopia and Swiss Reality: From Neoliberalism to Neoconservatism. In P. Commun & S. Kolev (Hrsg.), *Wilhelm Röpke (1899–1966), A*

liberal political economist and conservative social philosopher (S. 31–40). Springer, Cham.

Röpke, W. (1932). *Krise und Konjunktur.* Quelle & Meyer, Leipzig.

Röpke, W. (1933). Trends in German business cycle policy. *Economic Journal, 43*(171), 427–441. Oxford University Press, Oxford.

Röpke, W. (1937). *Die Lehre von der Wirtschaft.* Bern, Haupt.

Röpke, W. (1942). *Die Gesellschaftskrisis der Gegenwart.* E. Rentsch Verlag, Zürich und Stuttgart.

Röpke, W. (1945). *Internationale Ordnung.* E. Rentsch Verlag, Zürich und Stuttgart.

Röpke, W. (1954). *Internationale Ordnung.* E. Rentsch Verlag, Zürich und Stuttgart.

Röpke, W. (1958). *Jenseits von Angebot und Nachfrage.* E. Rentsch Verlag, Zürich und Stuttgart.

Weiterführende Literaturempfehlungen

Hennecke, H. J. (2005). *Wilhelm Röpke – Ein Leben in der Brandung.* Schäffer-Poeschel, Stuttgart.

Horn, K. (2011). *Diesseits von Angebot und Nachfrage.* ORDO, 62(1), 539–554. De Gruyter Oldenbourg, Berlin.

Commun, P., & Kolev, S. (Hrsg.). (2018). *Wilhelm Röpke (1899–1966), A liberal political economist and conservative social philosopher.* Springer Verlag, Heidelberg.

2.15 Alfred Müller-Armack

Karen Horn

Alfred Müller-Armack war Nationalökonom und Religionssoziologe, Erfinder des populären Begriffs „Soziale Marktwirtschaft", enger Mitarbeiter Ludwig Erhards im Bundeswirtschaftsministerium und nicht nur von Amts wegen Förderer der wirtschaftlichen Integration Europas. Auf das „große S", das seinen Begriff „Soziale Marktwirtschaft" schon leicht sichtbar als Konzept ausflaggt und vor allem die Gleichwertigkeit des Sozialen und des Markts hervorhebt, legte er ausdrücklich Wert.

Ein Leben in Wissenschaft und Verwaltung

Alfred Müller-Armack kam 1901 in Essen auf die Welt, als Sohn des Leiters eines Gaswerks bei der Firma Krupp. Nach dem Abitur studierte er Nationalökonomie an den Universitäten Gießen, Freiburg, München und in Köln, wo er 1923 bei dem Ökonomen und Soziologen Leopold von Wiese mit einer Arbeit unter dem Titel „Das Krisenproblem in der theoretischen Sozialökonomik" promoviert wurde. Nur drei Jahre später, 1926, habilitierte er sich, abermals an der Universität Köln, mit einer Arbeit zur ökonomischen Theorie der Konjunkturpolitik – den heute vollkommen geläufigen Terminus „Konjunkturpolitik" hat er angeblich geprägt (Dietzfelbinger, 2000, S. 86). Über der Zeit Müller-Armacks im Nationalsozialismus liegt Nebel. Man weiß nur, dass er 1933 in die NSDAP eintrat, und bekannt sind auch seine vom Faschismus begeisterten Äußerungen in dem Buch „Staatsidee und „Wirtschaftsordnung im neuen Reich" (1933). Müller-Armack hat sich zu dieser Zeit nie geäußert.

Im Jahr 1938 ging Alfred Müller-Armack an die Universität Münster, wo er 1940 einen Lehrstuhl für Nationalökonomie und Kultursoziologie, insbesondere Religionssoziologie bekam. Er übernahm die Geschäftsführung des Instituts für Wirtschafts- und Sozialwissenschaften an der Universität Münster und gründete außerdem die Forschungsstelle für Textile und Allgemeine Marktwirtschaft. Zehn Jahre später kehrte er als Professor für wirtschaftliche Staatswissenschaften an die Universität Köln zurück, als Nachfolger auf dem Lehrstuhl seines Doktorvaters Weise. Mit Unterstützung durch den damaligen Kölner IHK-Präsidenten und Unternehmer Franz Greiß schuf er das Institut für Wirtschaftspolitik.

Ludwig Erhard holte Müller-Armack, der nach dem Krieg in die CDU eingetreten war, 1952 ins Bonner Bundeswirtschaftsministerium. Dort leitete dieser die Grundsatzabteilung, war als rechte Hand Erhards an der Ausarbeitung der Römischen Verträge beteiligt und wurde 1958 Staatssekretär in der Europaabteilung des Ministeriums. Er amtierte als erster Präsident des Konjunkturausschusses der Europäischen Gemeinschaft und als Verwaltungsratsmitglied der Europäischen Investitionsbank. Mit dem Regierungswechsel 1963 schied er aus der öffentlichen Verwaltung aus. Er starb 1978 in Köln.

Wirtschaftsstile und Soziale Marktwirtschaft
Nach seinen Anfängen in der Konjunkturtheorie wandte sich der Protestant Müller-Armack, an Max Weber anknüpfend, der Religionssoziologie zu. Ähnlich wie der Freiburger Ökonom Walter Eucken, mit dem er allerdings zu dieser Zeit keine Verbindungen hatte, strebte er nach einer Verbindung von Geistesgeschichte und Ökonomie sowie nach einer Überwindung der Kluft zwischen Geschichte und Theorie. Dafür entwickelte er in seinem 1940 erschienenen Werk „Genealogie der Wirtschaftsstile" eine Theorie, die zeigt, wie Wirtschaft und Religion, Soziökonomie und Metaphysik interagieren.

An die rückblickende theoretische Analyse schloss sich seine vorausgreifende, für die aktive politische Gestaltung gedachte Konzeption und Programmatik einer „Sozialen Marktwirtschaft" an; dies ist in seinem 1947 veröffentlichten Buch „Wirtschaftslenkung und Marktwirtschaft" sowie in etlichen nachfolgenden Aufsätzen aufgefächert. Der Begriff „Soziale Marktwirtschaft" war Müller-Armack während eines Aufenthaltes in der Kleinstadt Vreden im westlichen Münsterland eingefallen, wo er in der Abgeschiedenheit des Herz-Jesu-Klosters an seinem Buch arbeitete.

Anders als Ludwig Erhard, von dem der Satz überliefert ist, je freier die Wirtschaft sei, ums sozialer sei sie auch, verstand Müller-Armack seinen Doppelbegriff „Soziale Marktwirtschaft" als in beiden Bestandteilen absolut gleichwertig; für ihn ist das Soziale dem Markt ebenbürtig und nicht nur als Qualifizierung oder gar als Korrekturmechanismus beigeordnet. Eine „irenische", friedensstiftende Formel sah er darin (Müller-Armack, 1962,

1966, S. 293), die erlaubt, „das Prinzip der Freiheit auf dem Markte mit dem des sozialen Ausgleichs zu verbinden" (Müller-Armack, 1956, S. 390). Was das für die konkrete Wirtschaftspolitik heißt, ist nicht in Stein gemeißelt; es sollte sich um einen sich entwickelnden, „der Ausgestaltung harrenden, progressiven Stilgedanken" handeln (Müller-Armack, 1966, S. 12). Die sozialpolitischen Eingriffe, die Müller-Armack vorschwebten und die sein Konzept zuließ, gingen dabei weit beispielsweise über die Vorstellungen Walter Euckens und der Freiburger Schule hinaus. Doch er formulierte die Maßgabe, Staatseingriffe müssten stets marktkonform sein; sie sollten „den sozialen Zweck sichern, ohne störend in die Marktapparatur einzugreifen" (Müller-Armack, 1956, S. 391). Das erfordert einen Drahtseilakt und dürfte sich oft als unmöglich erweisen.

Dem Begriff „Soziale Marktwirtschaft" großer Erfolg beschieden. Was auch immer in der Öffentlichkeit darunter genau verstanden wird, ob nun die bundesrepublikanische Realität dem Konzept getreu war und ist oder nicht – auf jeden Fall gilt die Soziale Marktwirtschaft, gern auch als „Rheinischer Kapitalismus" bezeichnet, als weniger ruppig als der gänzlich freie Markt. In Meinungsumfragen beschert ihr dies regelmäßig ansehnliche Zustimmungsquoten. Sie hat sich im wirtschaftspolitischen Koordinatensystem zumindest der breiten europäischen Öffentlichkeit als sympathischere und bessere Alternative zum Kapitalismus amerikanischer Prägung etabliert.

Auch politisch scheint man auf diesen gängigen und populären Begriff inzwischen nicht mehr verzichten zu können. Im Staatsvertrag zwischen der Bundesrepublik und der DDR 1990 über die Währungs-, Wirtschafts- und Sozialunion ist in Kap. 1, Art. 1 Abs. 3 die Soziale Marktwirtschaft als gemeinsame Wirtschaftsordnung festgeschrieben, und im Lissabon-Vertrag der Europäischen Union aus dem Jahr 2007 ist, was den großen Europäer Alfred Müller-Armack gewiss mit Stolz erfüllt hätte, in Art. 1, Absatz 4 (3) von einer „wettbewerbsfähigen sozialen Marktwirtschaft" die Rede.

Literatur

Dietzfelbinger, D. (2000). Von der Religionssoziologie zur Sozialen Marktwirtschaft: Leben und Werk Alfred Müller-Armacks. *Politische Studien, 373*(51), 85–99. Atwerb-Verlag, Grünwald.

Müller-Armack, A. (1933). *Staatsidee und Wirtschaftsordnung im Neuen Reich.* Junker & Dünnhaupt, Berlin.

Müller-Armack, A. (1947). Wirtschaftslenkung und Marktwirtschaft, Hamburg, Verlag für Wirtschaft und Sozialpolitik. Wieder abgedruckt 1966. In *Wirtschaftsordnung und Wirtschaftspolitik, Studien und Konzepte zur Sozialen Marktwirtschaft und zur Europäischen Integration, Freiburg, Rombach* (S. 19–170). Verlag für Wirtschaft und Sozialpolitik, Hamburg.

Müller-Armack, A., et al. (1956). Soziale Marktwirtschaft. In E. von Beckerath (Hrsg.), *Handwörterbuch der Sozialwissenschaften* (Bd. 9, S. 390–392). Gustav Fischer, Stuttgart.

Müller-Armack, A. (1962). Das gesellschaftspolitische Leitbild der Sozialen Marktwirtschaft, Evangelische Verantwortung 12. Wieder abgedruckt 1966. In *Wirtschaftsordnung* und *Wirtschaftspolitik, Studien und Konzepte zur Sozialen Marktwirtschaft und zur Europäischen Integration. Freiburg, Rombach* (S. 293–315). De Gruyter Oldenbourg, Berlin.

Müller-Armack, A. (1966). *Wirtschaftsordnung und Wirtschaftspolitik, Studien und Konzepte zur Sozialen Marktwirtschaft und zur Europäischen Integration* (S. 19–170), Haupt, Bern.

Weiterführende Literaturempfehlungen

Dietzfelbinger, D. (1998). *Soziale Marktwirtschaft als Wirtschaftsstil: Alfred Müller-Armacks Lebenswerk.* Kaiser, Gütersloh.

Müller-Armack, A. (1941). *Genealogie der Wirtschaftsstile, Die geistesgeschichtlichen Ursprünge der Staats- und Wirtschaftsformen bis zum Ausgang des 18. Jahrhunderts.* Kohlhammer, Stuttgart.

2.16 Historische Schule und Methodenstreit

Michael Wohlgemuth

Ökonomen streiten sich schon immer und meist gerne. Deutsche/deutschsprachige Ökonomen (aber auch Philosophen, Theologen, Juristen, Historiker oder Mediziner) am liebsten über sehr Grundsätzliches, über die richtige Methode des Erkenntnisgewinns ihres Faches. Dass es dabei neben hehrem Streben nach Wahrheit auch um die Bewahrung von Macht und Einfluss, etwa um Lehrstühle und Drittmittel geht, versteht sich von selbst; auch heute noch.

Im deutschsprachigen Raum des späteren 19. Jahrhunderts fand eine besonders heftige Kontroverse statt: zwischen der deutschen „Historischen Schule der Nationalökonomie" und der (noch jungen) „österreichischen Schule", konkreter zwischen den beiden Anführern dieser Schulen: Gustav von Schmoller (1838–1917) und Carl Menger (1840–1921).

Die deutsche „Historische Schule" ist ein komplexes Phänomen. Man unterscheidet eine ältere Variante (z. B. Roscher, Hildebrand, Knies) von der „jüngeren historischen Schule" (Schmoller, Bücher, Brentano) und einer „dritten" (Max Weber, Sombart, Spiethoff). Einigermassen einigend war die Vorstellung, dass die einzelnen Volkswirtschaften unterschiedliche Stufen der wirtschaftlichen Entwicklung mit eigenen zeit- und raumspezifischen sozialen und kulturellen Besonderheiten durchlaufen. Mithilfe der historischen Methode sollten durch umfassende Detailstudien historischer Quellen und durch statistisch-empirische Forschung die Besonderheiten der jeweiligen sozialen Ordnungen erfasst werden. Vorherrschend war also die induktive Methode, die Ableitung historischer Gesetzmäßigkeiten oder Kategorisierungen von Entwicklungsstufen und Wirtschaftsstilen

2.16 Historische Schule und Methodenstreit

aus detaillierten Beobachtungen. Deduktive Modellbildung anhand von abstrahierenden a-priori-Annahmen lehnte man (weitgehend) ab.

Diese abstrakt-deduktive Methode herrschte indes in der englisch-dominierten Klassik, insbesondere seit David Ricardo. Im deutschsprachigen Raum brachte erst der Begründer der „österreichischen Schule" abstrakt-theoretische „Grundsätze der Volkswirtschaftslehre" (Menger, 1871) prominent hervor. Menger kann (wie fast zeitgleich Jevons oder Walras) auch als Begründer der „Neoklassik" angesehen werden, welche die Arbeitswertlehre überwunden hat und Werte, Preise und Marktgleichgewichte anhand subjektiver Präferenzen (methodologischer Individualismus) und einer allgemeinen Theorie (des Ausgleichs) der (abnehmenden) Grenznutzen herleitet.

In seinen „Untersuchungen über die Methode der Sozialwissenschaften" unterscheidet Menger (1883) u. a. zwischen Sozialwissenschaften, die das Individuelle, und solchen, die das Generelle erklären sollen. Die historische Methode sei nur im ersten Fall, die theoretische Methode nur im zweiten Fall anzuwenden. Schmoller fühlte sich von Menger direkt angegriffen und warnt etwa in seinem „Grundriss der Allgemeinen Volkswirtschaftslehre" (1904) vor „falschen Abstraktionen" und „luftigen Theorien".

Gleichzeitig waren die historischen Schulen in Deutschland aber auch nicht nur deskriptiv unterwegs, sondern oft auch präskriptiv, sie waren also mit ethisch (oder „patriotisch") motivierten Forderungen und Werturteilen recht schnell bei der Hand. Hierum ging es beim „jüngeren Methodenstreit" oder „Werturteilsstreit". Dieser wurde u. a. zwischen Max Weber und wiederum Schmoller ausgetragen. Hierbei vertrat Weber grob gesagt das Postulat der „Wertfreiheit" im Sinne einer Trennung zwischen objektiver Erkenntnis (sei diese nun induktiv oder deduktiv gewonnen) und Bekenntnis (Werturteilen, die man der Politik oder den Bürgern überlassen solle). Für Schmoller war dies nicht annehmbar, da er gerade auch Wirtschafts- und Sozialpolitik wissenschaftlich fundieren, formulieren und fördern wollte.

Die (schon bei Weber im Grunde angelegten) Grundlagen einer (auch) normativen Sozialwissenschaft hat Hans Albert (1965) im Sinne des kritischen Rationalismus geklärt. Demnach sind Werturteile (a) im Sinne der Auswahl von Methoden und Gegenständen der wissenschaftlichen Untersuchung unvermeidbar; (b) im Sinne der empirischen (oder sozialphilosophischen) Analyse von Normen und Werthaltungen sinnvoll und nur (c) als Verkleidung eigener Werturteile als wissenschaftliche Aussagen zu vermeiden.

Auch wenn die Historische Schule und diese beiden Methodenstreite nach gut einhundert Jahren heute selbst (Ideen-) Geschichte sind, haben ähnliche Debatten immer noch Konjunktur. Sie ähneln den alten Methodenstreiten auch darin, dass sich erkenntnistheoretische Schulen oder Lager bilden, die meist in karikierender Darstellung der anderen Seite ihre Methode als die einzig wissenschaftliche zu verteidigen suchen.

Nicht zuletzt infolge der Weltfinanzkrise 2008 musste sich die vorherrschende neoklassische (Makro-) Ökonomik von vielen Seiten vorwerfen lassen, versagt zu haben. Grundsätzlich kamen schon länger Zweifel auf, ob abstrakte (mathematische) Modelle „reiner Theorie", die von rationalen Individuen („rationale Erwartungen"), vollständiger

Information und vollkommenen Märkten (meist ohne Geld und Banken) ausgingen, nicht nur an der Realität vorbeigingen, sondern auch in ihrer empirischen Prognosefähigkeit gerade von Krisen leiden.

In Deutschland kam es in dieser Zeit zum (bisher) „jüngsten Methodenstreit" (Kromphardt, 2014) und wie schon einhundert Jahre zuvor ging es dabei ums sehr grundsätzliche, methodische (sowie um Lehrstuhlbesetzungen). Schon vor der Finanzkrise gab es eine Debatte darum, ob die spezifisch deutsche Disziplin der Ordnungstheorie und -politik an deutschen Universitäten überhaupt noch gebraucht werde und akademisch wettbewerbsfähig sei. Die internationale Spitzenforschung hat von diesem „deutschen Sonderweg" tatsächlich kaum Notiz genommen (und kennt auch keine englische Übersetzung etwa von „Ordnungspolitik"). Auch sei die deutsche Ordnungstheorie, wie schon die Historische Schule, allzu sehr normativen (ordo-liberalen) Grundsätzen verhaftet.

Als Reaktion haben die wenigen verbliebenen und auch einige jüngere „Ordnungsökonomen" (etwa Zweynert et al., 2016) vertreten, dass eine „Neue Ordnungsökonomik" schon lange erfolgreich unter anderen Namen international erfolgreich ist („New Institutional Economics", „Constitutional Economics", „Cultural Economics") und noch heute eine Vielfalt von Methoden und Perspektiven bereithält, institutionelle und kulturelle Rahmenbedingungen wirtschaftlichen Handelns sowohl abstrakt theoretisch als auch empirisch überprüfbar zu analysieren.

Tatsächlich ist vieles von dem auch im ökonomischen „Mainstream" angekommen. Was der Historischen Schule noch fehlte: global verfügbare vergleichbare Datensätze auch etwa über die Qualität von Institutionen oder über kulturelle Werthaltungen der Bürger, ökonometrische Methoden zur Destillierung von Kausalitäten, und eine Vielzahl abstrakt-theoretischer Hypothesen, die laufend empirisch getestet werden, beherrscht heute die Forschung der Ökonomik.

Sowohl von Menger als auch von Schmoller kann heute ihr Erbe als „aufgehoben" (in der reizvollen Vieldeutigkeit des deutschen Begriffes) angesehen werden: in der heute wieder recht friedlich vereinten „scientific community".

Literatur

Albert, H. (1965). Wertfreiheit als methodisches Prinzip. Zur Frage der Notwendigkeit einer normativen Sozialwissenschaft. In E. Topitsch (Hrsg.), *Logik der Sozialwissenschaften* (S. 181–210.). Kiepenheuer & Witsch, Köln.

Kromphardt, J. (2014). Der jüngste Methodenstreit: Alter Streit mit neuen Akzenten. In H. D. Kurz (Hrsg.), *Studien zur Entwicklung der ökonomischen Theorie XXVIII* (S. 11–34). Duncker & Humblodt, Berlin.

Menger, C. (1871). *Grundsätze der Volkswirtschaftslehre, 1990.* Wirtschaft und Finanzen. Wilhelm Braumülle, Wien.

Menger, C. (1883). *Untersuchungen über die Methode der Socialwissenschaften, und der Politischen Oekonomie insbesondere.* Duncker & Humblot, Berlin.

Schmoller, G. (1904). *Grundriß der Allgemeinen Volkswirtschaftslehre.* Duncker & Humblot, Berlin.

Zweynert, J., & Kolev, S., & Goldschmidt, N. (Hrsg.). (2016). *Neue Ordnungsökonomik*. Mohr Siebeck, Tübingen.

Weiterführende Literaturempfehlungen
Weber, M. (1918). Der Sinn der „Wertfreiheit" der soziologischen und ökonomischen Wissenschaften (1918). In *Gesammelte Aufsätze zur Wissenschaftslehre, 1973* (S. 489–540), Mphr, Tübingen.
Wohlgemuth, M. (2014). Die Kalkulationsdebatte als Methodenstreit. In H. D. Kurz (Hrsg.), *Studien zur Entwicklung der ökonomischen Theorie XXVIII* (S. 35–72). Duncker & Humblodt, Berlin.

2.17 Theorie der kulturellen Evolution von F.A. von Hayek[2]

Helmut Leipold

Friedrich August von Hayeks Theorie der kulturellen Evolution steht im Mittelpunkt seiner späteren Arbeiten. Wie sein Gesamtwerk ist auch diese Theorie als Gegenentwurf zu den verschiedenen rationalistischen und konstruktivistischen Gesellschaftstheorien zu verstehen. Dazu zählt er die französische Aufklärungsphilosophie, die idealistische sowie materialistische deutsche Philosophie, den deutschen Rechtspositivismus oder die in der Tradition von Hobbes stehenden Vertragsphilosophien. Hayek hält diese Theorien für falsch und gefährlich, und zwar nicht wegen der postulierten Werte, sondern wegen der verführerischen Vor-stellung über die rationale Gestaltbarkeit der Ordnungen. Als schwerwiegendsten Irrtum bewertet er die Idee, dass Institutionen das Resultat menschlicher Vernunft seien oder sein sollten. Das rationalistische Denken verleite den Menschen dazu, die Traditionen zu unter-schätzen und die Machbarkeit einer neuen, idealen Gesellschaftsordnung zu überschätzen. Diese normative Stoßrichtung ist für das Verständnis der Hayekschen Theorie zu berücksichtigen. Sie knüpft an das Gesellschaftsverständnis der liberalen Klassiker (David Hume, Adam Smith und Adam Ferguson) an, welche die gesellschaftliche und wirtschaftliche Ordnung als das unintendierte Ergebnis menschlichen Handelns und nicht des bewussten Entwurfs interpretierten.

Hier können lediglich einige Grundgedanken seiner evolutionären Ordnungstheorie skizziert werden. Unter Ordnung versteht Hayek einen Zustand, der es den Individuen ermöglicht, verlässliche Erwartungen über das Verhalten anderer zu bilden und damit wechselseitig verlässliche Verhaltensbeziehungen einzugehen. Die Ordnung menschlichen Zusammenlebens setzt mit anderen Worten eine gewisse Regelmäßigkeit des Handelns,

---
[2] Dieser Aufsatz ist unverändert übernommen aus Schüller, A., & Krüsselberg, H.-G. (2002). Grundbegriffe zur Ordnungstheorie und Politischen Ökonomik, Arbeitsberichte zu Ordnungsfragen der Wirtschaft, Nr. 7, Marburg.

damit die Existenz und Befolgung gemeinsamer Regeln voraus. Die angedeutete Unterscheidung zwischen Handelns- und Regelebene ist analytischer Natur, da sich Menschen in ihrem alltäglichen Handeln häufig nicht bewusst sind, dass sie bestimmte Regeln befolgen. Die Frage, wie eine Ordnung des zwischenmenschlichen Handelns zustande kommen kann, ist daher untrennbar mit der Frage verbunden, welche Regeln der Handelnsordnung zugrunde liegen und wie diese Werte entstehen. Indem Hayek zwei Arten von Handelnsordnung unterscheidet, liefert er gleichzeitig eine Antwort auf die Frage nach der Entstehung und der Geltung von Regeln.

Die erste Art bezeichnet er als spontane Ordnung. Sie ist das unintendierte Ergebnis menschlichen Zusammenlebens und zeichnet sich dadurch aus, dass die Individuen ihre eigenen Ziele verfolgen und im Wege sozialer, wirtschaftlicher und sonstiger Prozesse realisieren. Das setzt die Existenz von Regeln voraus, die die Verfolgung der individuellen Ziele und die Nutzung eigener Fähigkeiten erlauben und lediglich die Formen des unerlaubten Verhaltens verbieten. Solche negativ formulierten Regeln nennt Hayek abstrakte Regeln, die dann all-gemeiner Natur sind, wenn sie für alle Personen losgelöst von den besonderen Umständen in gleicher Weise gelten. Die Existenz und Geltung abstrakter und allgemeiner Regeln ist also die zentrale Voraussetzung für die Entfaltung spontaner Handelnsordnungen, die ihre klassische Ausprägung in freien und wettbewerblichen Marktwirtschaften finden.

Die zweite Art von Ordnung bezeichnet er als Organisation oder als konstruierte Ordnung. Sie ist das Resultat der Anordnung, damit des bewussten Entwurfs. In der Organisation werden die Handlungen von einer zentralen Instanz auf die Realisierung eines gemeinsamen Zieles oder Zielsystems hin angeordnet und kontrolliert. Das verlangt die Existenz und Geltung konkreter Regeln, die das Verhalten der Mitglieder einer Organisation vorschreiben oder gebieten und daher die Verfolgung eigener Ziele und Fähigkeiten einschränken. Klassische Beispiele für Organisationen sind Staaten, Unternehmen, Militärapparate und andere hierarchische Gebilde. Die ihnen zugrunde liegenden konkreten Regeln sind daher überwiegend bewusst geschaffene Regeln.

Praktisch alle Gesellschaften machen von beiden Arten der Ordnung Gebrauch, wobei deren Gewichte jedoch höchst verschieden sein können. Eine freie Gesellschaft setzt die Dominanz spontaner Ordnungen und damit auch die Dominanz abstrakter Regeln voraus. Ihr Zustandekommen wird in der Theorie der kulturellen Evolution erklärt. Im Zentrum steht die These, dass die Regeln, die die zivilisatorische Entwicklung begründet haben, das Ergebnis eines langen Suchvorgangs sind. In den Regeln speichert sich deshalb das Wissen früherer Generationen über vor- und nachteilige Verhaltensweisen. Regeln verdichten die teils erfolgreichen, teils leidvollen Erfahrungen von Menschen. Durch die Befolgung tradierter Regeln können die Menschen also Wissen nutzen, das das Ergebnis des Experimentierens vieler Generationen verkörpert. Deshalb sein es irrig, die kulturelle Entwicklung als Konstrukt der Vernunft zu interpretieren. Kultur und Vernunft haben sich vielmehr im Wege der Koevolution entwickelt, deren Kern im Lernen und in der Weitergabe bewährter Erfahrungen gesehen wird. Hayek unterscheidet verschiedene Schichten

2.17 Theorie der kulturellen Evolution von F.A. von Hayek

der Verhaltensregeln, die nicht frei von Konflikten sind. Die unterste Ebene der genetisch verankerten und instinktiv befolgten Regeln werde von den über Millionen Jahre gewachsenen und von mehr als 50.000 Generationen verinnerlichten Regeln der kleinen Gruppen (Horden) überlagert. Da es sich bei diesen Gruppen um frühe Ausprägungen von Organisationen gehandelt habe, interpretiert Hayek dieses gewachsene Regelwerk als konkrete Regeln, die bis heute im Denken der Menschen lebendig geblieben sind. Über diesem Regelwerk wird eine dünne Schicht von Regeln verortet, die den Erfordernissen anonymer Großgesellschaften entsprechen und erst von vergleichsweise wenigen (ca. 1000) Generationen verinnerlicht worden seien.

Die Schrittmacherrolle für die Genese abstrakter Regeln sieht Hayek im Tauschhandel mit Fremden, der die kollektivistische Solidarmoral der Kleingruppen allmählich aufgeweicht habe. Die frühen Händler waren die Ausbrecher und damit die Bahnbrecher der zivilisatorischen Entwicklung. Die entscheidenden Schritte für den Übergang der kleinen Gruppen- und Stammesgemeinschaften zu den unpersönlichen und abstrakten Regeln der Großgesellschaft bestanden in der Akzeptanz des Privateigentums, besonders an Land, des Vertragsgedankens, der freien Aushandlung von Preisen und schließlich in der Einführung des Geldes und der Geldverleihung gegen Zinsen. Die angeführten Neuerungen, die den von D. Hume genannten vorstaatlichen Naturrechten entsprechen, gelten bis heute als Grundbedingung für geordnete Marktbeziehungen und rechtsstaatliche Verhältnisse. Die abstrakten Regeln wurden vereinzelt und zögerlich aufgenommen. Diejenigen Gemeinschaften, die es taten, konnten nicht nur mehr Menschen ernähren, sondern aufgrund der größeren materiellen Basis rivalisierende Gruppen verdrängen und damit das Regelwerk ausweiten. Die Menschen sind nach Hayek also eher zufällig und widerwillig in die Zivilisation gestolpert.

In dem Verlangen nach konkreten Regeln im Geiste der Kleingruppe erkennt Hayek die größte Gefahr für die Existenz einer freien Großgesellschaft. Das unterschwellige Bedürfnis nach einfachen, hierarchisch geordneten Verhältnissen habe das Aufkommen der totalitären Systeme in Gestalt der nationalsozialistischen oder stalinistischen Regime begünstigt, wie auch das Verlangen nach einer gerechten Ver- oder besser Zuteilung der wirtschaftlichen Ergebnisse für die Expansion des Sozialstaates verantwortlich gemacht wird. Die eigentliche Gefahr einer Politik, die dem Ideal der sozialen Gerechtigkeit im Sinne einer Ergebnisgerechtigkeit verpflichtet sein, bestehe in der Erosion der Gleichheit aller und vor allem ungleicher Individuen vor dem Gesetz und führe zur Ungleichbehandlung ungleicher Personen und Gruppen. Bezogen auf die Regelebene, bedeute das die Verdrängung abstrakter Regeln, insbesondere des Privatrechts durch konkrete Regeln in Gestalt des öffentlichen Rechts. Das Plädoyer gegen das auf soziale Gerechtigkeit ausgerichtete staatliche Handeln wird also von der Sorge angetrieben, dass damit ungewollt die Grundlagen einer freien und zivilisierten Gesellschaft zerstört werden.

Diese pessimistische Sicht über die Zukunft rechtsstaatlicher und demokratischer Gesellschaften, die vor allem das Alterswerk von Hayek prägt, lässt sich nur schwer mit seinem ansonsten konstatierbaren Optimismus vereinbaren, wonach sich im Wege der Evolution überlegene Regeln durchsetzen. Eine Versöhnung dieses Gegensatzes ist nicht erkennbar. Denn einerseits ist aufgrund der menschlichen Anfälligkeiten für einfach, hierarchisch und solidarisch strukturierte Ordnungen kein Verlass auf die spontane Entwicklung der Regeln einer freien und produktiven Gesellschaftsordnung geboten. Andererseits kann wegen des Misstrauens von Hayek gegen eine bewusste, rational geleitete Gestaltung der Regeln darin ebenfalls keine erfolgsträchtige Strategie gesehen werden. Insofern offeriert die Theorie der kulturellen Evolution von Hayek ungeachtet ihrer originären und kreativen Erklärungen wenig Gehalt für normative, also ordnungspolitisch verwertbare Schlussfolgerungen.

Literatur
von Hayek, F. A. (1980 und 1981). *Recht, Gesetzgebung und Freiheit. Bd. 1, Regeln und Ordnung sowie Bd. 2, Die Illusion der sozialen Gerechtigkeit.* Verlag Moderne Industrie, München.
Vanberg, V. (1994). *Kulturelle Evolution und Gestaltung von Regeln.* Mohr, Tübingen.

Institutionalismus 3

Inhaltsverzeichnis

3.1 Institutionenökonomische Grundlagen 74
3.2 Institutionelle und wirtschaftliche Entwicklung nach Douglass North 77
3.3 Kulturvergleichende Institutionenökonomik 83
3.4 Theorie der Property Rights 87
3.5 Agency-Theorie 91
3.6 Governancekostentheorie 95
3.7 James Buchanans konstitutionelle Ökonomik 101
3.8 Österreichische Schule (Mises und Hayek) 104

> **Zusammenfassung**
>
> Zum Verständnis der Zusammenhänge und Entwicklungen einer Volkswirtschaft sind Kenntnisse über die institutionellen Grundlagen einer Wirtschafts- und Gesellschaftsordnung von hoher Bedeutung. Diese ordnungspolitische Perspektive findet sich auch in der Institutionenökonomik wieder, die Aufbau und Wirkungsweise von rechtlichen und wirtschaftlichen Institutionen analysiert. Dazu gehören beispielsweise die Konsequenzen von Transaktionskosten oder die Bedeutung von klar definierten Verfügungsrechten. Dabei ist neben den statischen Vergleichen insbesondere auch die dynamische Wirkung relevant. Gerade für den Vergleich unterschiedlicher Volkswirtschaften, das Verständnis von Veränderungsprozessen oder die Analyse konstitutioneller Grundlagen wird die Institutionenökonomik herangezogen.

3.1 Institutionenökonomische Grundlagen

Leschke Leschke

Arten von Institutionen

Institutionen sind die Regeln des Zusammenlebens, des Interagierens, des gemeinsamen Planens und Entscheidens. Institutionen geben Erwartungssicherheit, was eine zentrale Voraussetzung für zukunftsgerichtetes Entscheiden und Investieren ist. Regeln können diese zentrale gesellschaftliche Rolle jedoch nur übernehmen, wenn sie auch (bis zu einem gewissen Grad) durchgesetzt werden. Es erscheint daher geboten, sich die verschiedenen Arten von Regeln samt ihrer Durchsetzungsmechanismen anzuschauen.

Tab. 3.1 verdeutlicht, dass es höchst unterschiedliche Regeln samt Durchsetzungsmechanismen gibt. Möglicherweise denkt man bei Regeln eher an schriftlich kodifizierte Regeln, die sich in Gesetzestexten, Verfassungen oder Verträgen bzw. Abkommen zwischen Ländern finden. Solche formellen Regeln besitzen oft auch staatlich oder zwischenstaatlich festgelegte Durchsetzungsmechanismen. Allerdings darf man dabei nicht übersehen, dass auch formelle Regeln nur dann durchgesetzt werden können, wenn die Mehrheit der Bürgerinnen und Bürger die Regeln als fair ansieht und sie freiwillig befolgt.

Institutionenökonomik

Knappheit ist Dreh- und Angelpunkt der ökonomischen Analyse. Das bedeutet, dass je nach betrachteter Problemlage verschiedene Faktoren den Engpassfaktor darstellen können. So kann in einer Situation das Einkommen knapp sein, in einer anderen das Wissen und wieder in einer anderen beispielsweise die Zeit. Setzt man knappe Faktoren nicht effizient ein, kommt es zu unnötigen Verschwendungen, also Situationen, die Individuen tunlichst vermeiden sollten und auch vermeiden möchten. Da viele Investitionen, die letztlich der Wohlstands- oder

Tab. 3.1 Typen von Institutionen und deren Überwachung

Institution	Überwachung	Kategorie	Beispiele
Konvention	Selbstüberwachung	Informell	Sprachregeln
Sitte	Spontane Selbst- und Fremdüberwachung	Informell	Umgangsformen
Moralische Regel	Imperative Selbstbindung	Informell	Kategorischer Imperativ
Private Regeln	Festgelegte Überwachung durch andere Akteure und den Staat	Formell	Hausordnungen, Satzungen, Verträge
Regeln des Rechts	Staatliche Überwachung, aber auch Selbst- und Fremdüberwachung	Formell	Privates und Öffentliches Recht, Internationale Abkommen

Quelle: in Anlehnung an Voigt (2002, S. 39)

Wohlfahrtsmehrung dienen, nicht von Individuen alleine getätigt werden, sondern hierfür das kooperative Zusammenspiel vieler Akteure nötig ist, müssen zahlreiche Verträge ständig geschlossen und abgesichert werden. Solche Knappheiten konfrontieren Akteure zwangsläufig mit dem Problem der Verschwendung. Außerdem unterstellen Ökonomen, dass die Akteure bestrebt sind, solche Verschwendungen zu vermeiden. Die Institutionenökonomik als Teilgebiet der Volkswirtschaftslehre untersucht vor diesem Hintergrund, wie welche Institutionen helfen können, wünschenswerte Transaktionen oder Interaktionen abzusichern, d. h. zu stabilisieren und unerwünschte Transaktionen oder Interaktionen zu destabilisieren. Hierfür ist es natürlich notwendig, dass man sich im Klaren ist, welche Transaktionen oder Interaktionen als wünschenswert gelten und welche nicht. Ist diese normative Frage unstrittig, so analysiert die Institutionenökonomik, welche Institutionen wie auf das interaktive Handeln der Individuen wirken. Innerhalb der Institutionenökonomik unterscheidet man folgende Forschungszweige (Erlei et al., 2016):

- **Governancekostenökonomik:** In dieser Forschungsrichtung geht man davon aus, dass Individuen oder Akteure aufgrund von Wissensdefiziten (beschränkte Rationalität, engl. Bounded Rationality) keine vollständigen Verträge abschließen können, die alle Eventualitäten und Entscheidungsmöglichkeiten der beteiligten Akteure vorhersehen können. Daraus resultieren zahlreiche Ausbeutungsprobleme, bekannt als Prinzipal-Agent-Probleme oder Hold-Up-Probleme. Anreizkompatible Verträge oder organisatorische Lösungen können helfen, diese Probleme der Marktakteure zu verringern.
- **Property-Rights-Theorie:** Hier geht es um die Analyse der Ausgestaltung und Wirkung von Eigentums- und Verfügungsrechten.
- **Ökonomische Analyse des Rechts** (Economic Analysis of Law oder auch Law & Economics): Diese Richtung befasst sich mit den Folgewirkungen und Gestaltungen des Rechts in bestimmten Gebieten (Vertragsrecht, Wettbewerbsrecht, Schutzrechte, Umweltrecht u. v. a. m.).
- **Konstitutionenökonomik** (Constitutional Economics): Diese Richtung der Institutionenökonomik beschäftigt sich mit der Analyse von Verfassungsregeln, auch internationaler Abkommen. Bei den Analysen fließen auch Erkenntnisse der Theorie öffentlicher bzw. kollektiver Entscheidungsprozesse (Public-Choice-Theorie) mit ein, die auch mögliches politisches Versagen (Staats- oder Staatenversagen) untersucht.
- **Informelle Regeln:** Diese Forschungsrichtung analysiert die nicht formgebundenen Regeln (der Moral oder auch der Sitten), die kulturell geprägt sind und sich oft nur langsam ändern.
- **Theorie des institutionellen Wandels** (Institutional Change): Gegenstand hier ist der langfristige Wandel der Institutionen einer Gesellschaft vor dem Hintergrund des Zusammenspiels informeller und formeller Regeln und daraus resultierender Zeitpfadabhängigkeiten.

Institutionen und Transaktionskosten

Die einzelnen Forschungsrichtungen der Institutionenökonomik haben neben der Fokussierung auf Regeln (auch in Form von Langfristverträgen) eine weitere Gemeinsamkeit: es wird von der Existenz von Transaktionskosten ausgegangen. Diese Kosten der Vertragsanbahnung, des Vertragsabschlusses und der Vertragsüberwachung und des Risikos der Vertragsverletzung sorgen dafür, dass man „vollständige Verträge", die den Vertragspartnern Sicherheit geben, nicht abschießen kann. Vielmehr hat man es üblicherweise mit „unvollständigen Verträgen" zu tun. Und diese Unvollständigkeit der Verträge eröffnet das Feld für zahlreiche Möglichkeiten der Ausbeutung (Williamson, 1975). Ist man sich bewusst, dass man möglicherweise ausgebeutet wird, so geht man bestimmte Verträge und Investments erst gar nicht ein. Man hat es also mit Ineffizienzen zu tun, denn wechselseitig vorteilhafte Verträge bzw. Investments werden nicht getätigt. Dieses Problem unvollständiger Verträge aufgrund der Existenz von Transaktionskosten wird manchmal auch als Problem „begrenzter Rationalität" (Bounded Rationality) bezeichnet. Dieser Begriff darf nicht so interpretiert werden, als seien die Individuen irrational. Er deutet nur darauf hin, dass in einer komplexen Welt (mit Transaktionskosten) nicht alle Ereignisse sicher analysiert und vorhergesagt werden können. – Und genau hier kommen Institutionen ins Spiel. Sie können helfen, die Nachteile der Unsicherheit und Ausbeutung abzumildern. Daher sind sie in einer (realen) Welt mit Transaktionskosten weit verbreitet und es ist unbedingt lohnenswert und wichtig, sich mit der wissenschaftlichen Analyse von Institutionen zu beschäftigen (Richter & Furubotn, 2010).

Ältere Institutionenökonomik

Institutionenökonomische Forschung begann nicht erst in den 1960er Jahren, sondern reicht deutlich weiter zurück (Caspari, 2010). Mindestens fünf Strömungen der älteren Institutionenökonomik lassen sich identifizieren. (1) Zum einen haben sich die klassischen Ökonomen und Moralphilosophen des 18. Jahrhunderts Adam Smith, David Hume, David Ricardo oder auch Robert Malthus bereits mit der Rolle von Moral, Sitten, Traditionen und Eigentumsrechten im wirtschaftlichen und gesellschaftlichen Kontext beschäftigt. (2) Ein früher deutscher Ableger der älteren Institutionenökonomik ist die Historische Schule (Hauptvertreter Gustav Schmoller, 1938–1917). Protagonisten dieser Schule vertraten die These, dass Institutionen wie Moral, Sitten und Traditionen konstitutiv für eine wirtschaftliche Entwicklung sind. Ein Hauptaugenmerk lag auf dem Verstehen der Wirkung von Institutionen; weswegen man Erkenntnisse auf der Basis von Fallstudien sammelte. (3) Vertreter der Österreichischen Schule wie Carl Menger (1840–1921) erkannten nicht nur die Bedeutung von Institutionen für die Entwicklung von Wirtschaft und Gesellschaft, sondern hoben auch hervor, dass Institutionen oft gar nicht intendierte Resultate eines Planungsentwurfs waren, sondern in einem evolutorischen Prozess (durch Trial and Error) entstanden sind. (4) Etwa zeitgleich entstand auch die Denkschule des amerikanischen Institutionalismus. Vertreter wie Thorstein Veblen (1857–1929) oder Roger Commons (1862–1945) analysierten die Bedeutung von Institutionen als Beschränkungen für einzelne Individuen (bei Verträgen) sowie für die Ökonomie als Ganzes (Makroperspektive). Zugleich wiesen sie darauf hin, dass informelle Regeln oft strukturbewahrend wirken und einem schnellen Fortschritt im Wege stehen können. (5) Eine weitere deutsche Spielart der älteren Institutionenökonomik ist der Ordoliberalismus, dessen Kopf Walter Eucken (1891–1950) war (auch wenn Franz Böhm seine Verdienste bei der Gestaltung des Wettbewerbsrechts hatte und Alfred Müller-Armack als Namensgeber für die Soziale Marktwirtschaft gilt). In methodologischer Auseinandersetzung mit der Historischen Schule entwickelte Eucken mit seinen Mitstreitern der Freiburger Schule grundlegende Prinzipien und Regeln, die für das Funktionieren einer Sozialen Marktwirtschaft bzw. Wettbewerbsordnung konstitutiv sind: Eigentumsrechte, Vertragsfreiheit, Währungsstabilität, Einheit von Handeln und Haften, Wettbewerbsrecht u. a.

Literatur
Erlei, M., Leschke, M., & Sauerland, D. (2016). *Institutionenökonomik* (3. Aufl.). Schäffer-Poeschel, Düsseldorf.
Caspari, V. (2010). *Alte und Neue Institutionenökonomik*. In Ders., *Ökonomik und Wirtschaft. Eine Geschichte des ökonomischen Denkens*. SpringerGabler, Belin/Heidelberg.
Richter, R. & Furubotn, E. G. (2010). *Neue Institutionenökonomik* (4. Aufl.). Mohr Siebeck, Tübingen.
Williamson, O. E. (1975). *Markets and hierarchies, analysis and antitrust implications*. New York Free Press, New York.
Voigt, S. (2002). *Institutionenökonomik*. W. Fink UTB, Paderborn.

3.2 Institutionelle und wirtschaftliche Entwicklung nach Douglass North

Martin Leschke

Ausgangspunkte
Denkt man über langfristige Entwicklungspfade nach und fragt, welche Faktoren für eine langfristige Phase der wirtschaftlichen Prosperität und Wohlstandsmehrung ursächlich sind, so geben die Geschichtsbücher i. d. R. folgende Antwort: Der Erfindungsreichtum der Menschen brachte zu manchen Zeiten bahnbrechende technische Neuerungen hervor, die der Wirtschaft zu langen Phasen der Prosperität (des Wachstums des realen Bruttoinlandsprodukts pro Kopf) verhalfen, wie z. B.: 1672 baute der deutsche Physiker Otto von Guericke eine Elektrisiermaschine; 1690 präsentiert der Franzose Denis Papin den ersten Prototyp einer Dampfmaschine; 1772: Der Italiener Allessandro Volta konstruiert die erste Batterie; 1843: Friedrich Gottlob Keller erfindet den Papier-Rohstoff; 1854: Heinrich Göbel erfindet die Glühbirne; 1859: Philipp Reis erfindet das Telefon; 1864: Der Chemiker Julius Lothar Meyer entwickelt das Periodensystem; 1866: Werner von Siemens erfindet den Dynamo; 1895: Der Physiker Wilhelm Conrad Röntgen entdeckt die Röntgenstrahlung; 1938: Otto

Hahn erfindet die Kernspaltung; 1941: Konrad Zuse erfindet den Computer: u. v. a. m. Viele solcher Erfindungen erhöhten die Faktorproduktivität in den Volkswirtschaften und sorgten für Wachstumsschübe.

Douglass North hinterfragt diese These, dass (zufällige) Erfindungen ursächlich für wirtschaftliche Prosperität sind. Für ihn sind Phasen, in denen sich auffallend viele Erfindungen verbreiten, keine zufälligen Häufungen von Geistesblitzen, sondern Ausfluss einer „institutionellen Umgebung". Verkürzt bedeutet seine These für Phasen der wirtschaftlichen Prosperität wie des wirtschaftlichen Niedergangs: Institutions Matter!

Douglass North war nicht er erste Ökonom, der die zentrale Bedeutung der Institutionen erkannte. So hoben Vertreter der deutschen Historischen Schule (wie Friedrich List, Wilhelm Roscher oder Gustav Schmoller u. a.) die Bedeutung von Institutionen für die wirtschaftliche Entwicklung hervor. Sie zeichneten mit Blick auf die Institutionen Phasen wirtschaftlicher Entwicklung nach: List unterstrich die Bedeutung des Deutschen Zollvereins und der Erziehungszölle; Schmoller analysierte die wirtschaftliche Entwicklung des preußischen Staates im 17. und 18. Jahrhundert mit Rückgriff auf die Verfassungs- und Verwaltungsgeschichte u. a. Allerdings versäumten es die Vertreter der Historischen Schule, ihre Analysen und Erkenntnisse zu verallgemeinern und für die moderne Ökonomik anschlussfähig zu machen. Insofern ist ihr Beitrag zu ökonomischer Erkenntnis nicht viel mehr als (interessantes) „Stückwerk".

Der Einfluss von Institutionen auf die wirtschaftliche Entwicklung
Douglass North's (1990) zentrale These ist, dass langfristig von den Institutionen die zentralen Anreize für oder gegen bestimmte Investitionen ausgehen. Die Rentabilität unternehmerischer Investitionen wird maßgeblich durch die institutionelle Umgebung bestimmt. Ohne sichere Eigentumsrechte, Vorkehrungen gegen Vertragsbrüche u. ä. sind Investitionen und deren Rendite unsicher, möglicherweise so unsicher, dass sie gar nicht erst getätigt werden. Institutionen vermögen, die private Ertragsrate und damit die erwartete Rendite der Investitionen zu erhöhen. Umgekehrt gilt dann spiegelbildlich, dass fehlende oder fehlkonzipierte Institutionen die Ertragsrate, die Renditeerwartungen und schließlich den Umfang von Investitionen schmälern.

North (1981) spitzt die These noch einmal zu, indem er annimmt, die soziale Ertragsrate von potenziellen Investitionen sei über die Zeit stets gleich hoch. Das bedeutet, Ideen für Investitionen, die zu Produkt- und Verfahrensfortschritt und zu wirtschaftlichem Wachstum führen, gab und gibt es zu jeder Zeit. Warum wurden sie aber nur in bestimmten Zeiten getätigt? Eben, weil die Institutionen sichere Erwartungen generierten, die für eine positive private Ertragsrate bzw. positive Renditeerwartungen sorgten. North hebt diesbezüglich folgende Institutionen hervor:

- Für marktwirtschaftliche Prozesse sind Eigentums- und Vertragsrechte eine zentrale Voraussetzung.

- Institutionen können zudem Transaktionskosten senken, indem sie Normierungen vorgeben (Standardverträge, Schienenbreite, Stromspannung, DIN-Regulierungen etc.) und damit Verträge vereinfachen (North & Thomas, 1973).
- Ein aufgeklärter Geist bringt eine Wissenschaftsorganisation (Grundlagenforschung an Universitäten) hervor, die für die Wissensmehrung und die Zusammenarbeit mit der Wirtschaft von großer Bedeutung sind (North, 1981).
- Ebenso können entwickelte Volkswirtschaften nur dann stetig technische Fortschritte hervorbringen, wenn Patentrechte und andere Urheberrechte gewährt werden (North & Thomas, 1973).

Da in der Politik nicht nur über die Rahmenregeln und Regulierungen entschieden wird, sondern auch über Bildungssysteme und Infrastrukturinvestitionen, ist es für Douglass North (1990) ebenfalls von zentraler Bedeutung, dass auch in diesem Bereich Wettbewerb vorherrscht, der zu guten Ideen führt, um gesellschaftliche und wirtschaftliche Probleme durch institutionelle Reformen zu lösen. North plädiert daher für eine

- Rechtsstaatliche Demokratie mit horizontaler und vertikaler Gewaltenteilung, also auch föderalen Elementen.

Gerade demokratische Rechtsstaaten besitzen die Fähigkeit, auch von anderen Staaten zu lernen und dadurch inspiriert institutionelle Verbesserungen vorzunehmen. So entsteht ein produktiver institutioneller Wettbewerb (auch „yardstick competition" – Maßstabwettbewerb genannt: Shleifer, 1985).

Informelle Regeln, mentale Modelle und institutionelle Pfadabhängigkeiten
Nach North (1990) bestimmen nicht nur formelle (formgebundene) Regeln wie Gesetze und geschriebene Verfassungen und Verträge die wirtschaftliche und gesellschaftliche Entwicklung, sondern auch informelle Regeln wie Moral, Sitten und Gebräuche. In ihnen verdichtet sich die Kultur einer Gemeinschaft basierend auf den Erfahrungen der Vergangenheit (Geschichte).

Informelle Regeln sind wichtiger Bestandteil der sogenannten „shared mental models" (geteilte mentale Modelle) der Bürgerinnen und Bürger (Denzau & North, 1994). Und diese fungieren als eine Art Wahrnehmungsfilter – was als wichtig erachtet wird, wird wahrgenommen und gespeichert – und als normativer Maßstab (Werte): Was ist gut und sollte unterstützt werden, was ist schlecht und sollte abgelehnt werden? Eine Kultur definiert sich (ein Stück weit) über geteilte (gemeinsame) mentale Modelle.

Informelle Regeln bzw. geteilte mentale Modelle leisten einen wichtigen Beitrag für die wirtschaftliche und gesellschaftliche Entwicklung. So werden (insbesondere in Demokratien) Änderungen der formellen Regeln oft in Einklang mit den vorfindlichen Werten und Anschauungen vorgenommen. Dies hat für die Entwicklung einen Vor- und Nachteil. Der

Vorteil besteht darin, dass formelle Regeln, die in Einklang mit den Werten und Anschauungen weiter Teile der Bevölkerung stehen, einfacher, d. h. ohne hohe Transaktionskosten, durchgesetzt werden können. Denn Regeln, die den eigenen Wertvorstellungen entsprechen, werden oft freiwillig befolgt. Hier muss der Staat wenig Mittel für die Regelumsetzung und -durchsetzung aufwenden. Sind formelle Regeln und informelle Regeln in Einklang, entsteht eine Art Pfadabhängigkeit. Beide Regelebenen bestärken sich wechselseitig. Reformen des Rechts werden von informellen Regeln mitbestimmt, und länger bestehende formelle Regeln beeinflussen auch die Bildung von Werten und Normen. Diese Wechselseitigkeit erschwert bisweilen Reformen der Regelstruktur. Dazu kommen verstärkend noch Gewöhnungseffekte. Die Wechselkosten des einmal eingeschlagenen institutionellen Pfades erhöhen sich. Es kommt zu einem „Quasi-Lock"-in. Dieser Lock-in-Effekt kann nun gesellschaftlich und wirtschaftlich notwendige Reformen des institutionellen Rahmens erschweren oder sogar verhindern (North, 1990).

Offene Gesellschaft und der Prozess der Regeländerung
Eine freiheitliche Wirtschaftsordnung, deren Kennzeichen zahlreiche internationale Kooperationen und vielschichtige internationale Wettbewerbsprozesse sind, bringt ständig neue Verfahren, Produkte und Probleme mit sich. Dies führt zu der Notwendigkeit, Regeln anzupassen oder Regelsysteme komplett zu ändern. Pfadabhängigkeiten können dies erschweren. Daher ist es wichtig, dass politische Debatten über Regelreformen offen und transparent geführt werden, um neue institutionelle Reformideen auf die Tagesordnung zu bringen. Damit sich hier keine wertebedingte Verengung ergibt, sollte man neben der Offenheit den Wert der Selbstkritik verbreiten und verinnerlichen. Das bedeutet keinesfalls, dass man eigene Ziele, Planungen oder die eigene Moral stets infrage stellen sollte. Es bedeutet aber, dass man bei gesellschaftlichen bzw. politischen Diskursen stets kritisch hinterfragen muss, welche Folgen das Festhalten bzw. die Revision bestimmter Werte und Regeln haben. Auf der Ebene der Politik, d. h. der Ebene der Regelreformen, müssen stets alle institutionellen Alternativen offen analysiert werden, bevor Entscheidungen getroffen werden. Offenheit bedeutet hier, dass man alle Argumente in die Betrachtung einbezieht. Hierfür ist es wiederum wichtig, dass Regeln für faire Diskurse in der Demokratie (wie Respekt, Verständlichkeit, argumentativer Austausch ggf. mit Rückgriff auf wissenschaftliche Erkenntnisse, Argumente zählen, nicht Machtpositionen u. ä.) existieren, die geachtet werden. Ansonsten obsiegt der Populismus und nicht das bessere Argument. Auch dies sollte sich im „mind set" der Bürgerinnen und Bürger verfestigen. Nur eine offene Gesellschaft („open access order" nach North et al., 2009) vermag es, einen stabilen Wandel hervorzubringen.

Den Prozess der Regeländerung(en) kann man sich in einer offenen demokratischen Gesellschaft wie in Abb. 3.1 dargelegt vorstellen.

Sind weite Teile der Bevölkerung mit den Ergebnissen des Wirtschaftens unzufrieden, so ist dies auf die Regeln, die Infrastruktur und/oder die Bildung zurückzuführen. Denn diese Faktoren beeinflussen das Handeln (die Entscheidungen) der Wirtschaftsakteure samt

3.2 Institutionelle und wirtschaftliche Entwicklung nach Douglass North

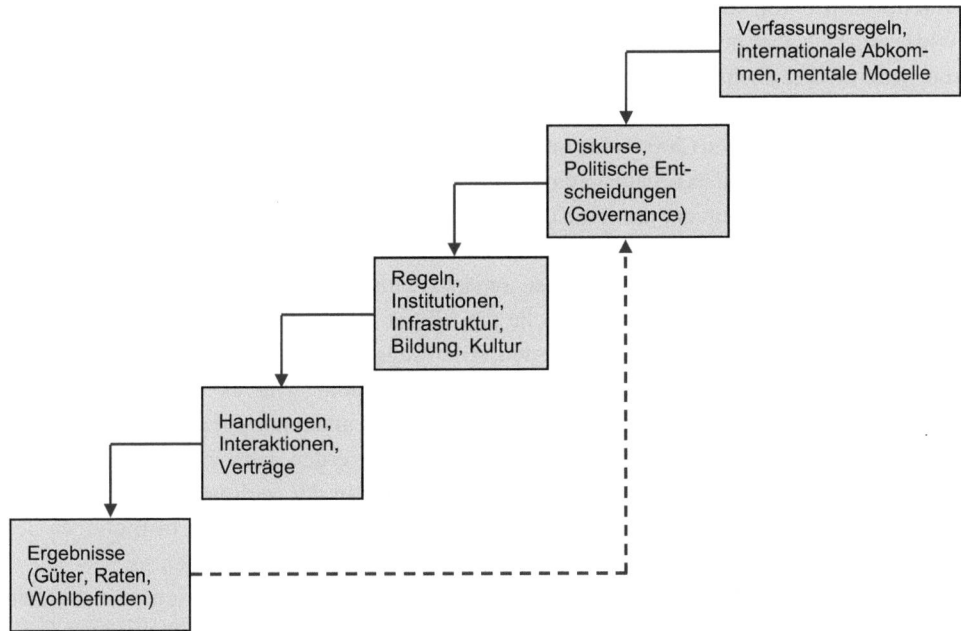

Abb. 3.1 Prozess der Regeländerung in einer offenen demokratischen Gesellschaft (Quelle: Leschke (2020, S. 7)

Ergebnissen maßgeblich. Um den Rahmen des Wirtschaftens zu ändern, muss man entsprechende Diskurse in der Politik initiieren bzw. Einfluss auf diese nehmen. Warum? Weil aus den politischen Diskursen politische Entscheidungen (nach festgelegten demokratischen Verfahren) erfolgen. Sind die Bürger mehrheitlich mit den Regeländerungen und anderen politischen Entscheidungen (den Rahmen ihrer Handlungen betreffend) nicht einverstanden, so muss man in letzter Konsequenz über Änderungen des Verfassungsrahmens (Verfassung, internationale Abkommen, Ideologien als Bestandteil der mentalen Modelle) nachdenken. Denn dieser Rahmen hat einen entscheidenden Einfluss auf die Art der politischen Diskurse und die politische Entscheidungsfindung.

Entscheidungen in Marktwirtschaften führen nicht nur zu Fortschritt und Wachstum und höherem Wohlstand, sondern i. d. R. auch zu neuen Problemen (z. B. neuen externen Effekten in Form von Umweltbelastungen), die kollektives (staatliches) Handeln erforderlich machen. Finden sich innerhalb der Governancestrukturen und Verfassungsregeln Lösungen, so scheint der politische Ordnungsrahmen geeignet zu sein. Kommt es zu unerwünschten politischen Entscheidungen oder zu Reformstaus, so sollten Änderungen des politischen Ordnungsrahmens initiiert werden.

Machtkämpfe und Reformen

Wie lassen sich aber institutionelle Reformen innerhalb von autokratischen Systemen erklären, in denen die Machthaber (autokratische Eliten) nur an der Ausbeutung (des Landes bzw. der Bevölkerung) und an der Sicherung ihrer Machtstellung interessiert sind? Hierzu haben Acemoglu und Robinson (2006) eine interessante These aufgestellt: Falls die Ausgebeuteten es schaffen, Widerstand zu organisieren, kommt es zu sozialen Unruhen. Wenn in einer Situation sozialer Unruhe die erwarteten Kosten der Niederschlagung eines Aufstandes für die Macht-Eliten sehr hoch sind, ist es wahrscheinlich, dass sie zu Zugeständnissen an die Bürger bereit sind. Diese Zugeständnisse können zunächst einmal die Form finanzieller oder ähnlicher Vergünstigungen annehmen, welche die Bürger unmittelbar besserstellen. Zugleich sollen die Bürger damit ruhiggestellt werden. Allerdings werden rationale Widerständler auf ein solches Angebot nicht leichtfertig eingehen. Warum nicht? Weil es für die machthabenden Eliten recht einfach ist, solche Zugeständnisse zurückzunehmen, sobald die unmittelbare Gefahr einer Revolution gebannt ist. Die Widerständler werden daher auf eine nachhaltige Lösung drängen. Und die kann nur in einer Beteiligung an der (politischen) Macht bestehen. So kann es zu einer schrittweisen Demokratisierung der politischen Institutionen des Regimes und damit zu einer Verbesserung der Governancestruktur kommen.

Allerdings – und das sollte man nicht verschweigen – ist die Organisation eines solchen Widerstands zwecks Brechung des Machtmonopols der autokratischen Eliten und zur Initiierung institutioneller Reformen (Demokratisierung) äußerst schwierig und oftmals nicht von Erfolg gekrönt (Apolte, 2019).

Literatur

Acemoglu, D. & Robinson, J. A. (2006). *Economic origins of dictatorship and democracy.* Cambridge University Press, Cambridge.
Apolte, T. (2019). *Der Mythos der Revolution.* Wiesbaden. Springer.
Denzau, A. T. & North, D. C. (1994). Shared mental models: ideologies and institutions. *Kyklos, 47,* 3–31.
Leschke, M. (2020). *Entwicklung und kollektives Handeln: Marktwirtschaft, Demokratie, Governance.* In M. Leschke & N. Otter (Hrsg.), *Wachstum, Entwicklung, Stabilität. Governanceprobleme und Lösungen* (S. 1–19). Mohr Soebeck, Tübingen.
North, D. (1981). *Structure and change in economic history.* Norton, New York.
North, D. (1990). *Institutions institutional change and economic performance.* Cambridge University Press, Cambridge.
North, D. & Thomas, R. P. (1973). *The rise of the western world a new economic history.* Cambridge University Press, Cambridge.
North, D., Wallis, J. J. & Weingast, B. (2009). *Violence and social orders: A conceptual framework for interpreting recorded human history.* Cambridge University Press, Cambridge.
Shleifer, A. (1985). A theory of yardstick competition. *The RAND Journal of Economics, 16,* 319–327.

3.3 Kulturvergleichende Institutionenökonomik

Martin Leschke und Dirk Wentzel

Wirtschaftlicher Systemvergleich beschäftigt sich mit der vergleichenden Analyse von Entscheidungssystemen, verschiedenen Motivationssystemen sowie Kontroll- und Koordinationssystemen in unterschiedlichen Wirtschaftsordnungen. Der traditionelle Systemvergleich im Verständnis von K. Paul Hensel fokussiert dabei in erster Linie auf Wirtschaft und Politik und hat damit einen „blinden Fleck", nämlich die prägende Rolle der Kultur, die menschliches Verhalten nachhaltig kanalisiert und beeinflusst. Diese erkenntnistheoretische Lücke aus der Perspektive der Ordnungstheorie zu schließen, war der Anspruch für den Hensel-Schüler Helmut Leipold, der 2005 sein vielbeachtetes Buch mit dem Titel „kulturvergleichende Institutionenökonomik" vorlegte.

Der Begriff der Kultur ist komplex: Es gibt weit mehr als einhundertfünfzig verschiedene Deutungen, was Kultur umfasst. Zudem verschwimmen die Begriffe Kultur und Zivilisation: Der auch unter Ökonomen viel beachtete Welterfolg von Samuel Huntington über den „Clash of Civilizations" hieß in deutscher Übersetzung: „Der Kampf der Kulturen". Was in der deutschen Sprache eher als Kultur analysiert wird, gilt im angelsächsischen Sprachraum eher als „Zivilisation".

Wie können Ökonomen sich dem offensichtlich zentralen Begriff der Kultur nähern? Nach Leipold (2005, S. 1–11) gibt es ein normatives, ein ganzheitliches, ein funktionales und auch ein kognitives Kulturverständnis. Man kann Kultur einerseits künstlerisch elitär betrachten – wenn es etwa um Kunst, Literatur, Musik und Malerei geht – anderseits aber auch als Gegenwartskultur, die verschiedene Normen, Sitten und Gebräuche umfasst, die sich wiederum in institutionellen Regeln und Traditionen niederschlagen.

Auch vor Leipold gab es eine Vielzahl verschiedener Ansätze einer „kulturellen Ökonomik", auf die er ausdrücklich und ausführlich hinweist (2005, S. 21–61). Das Werk von Adam Smith beispielsweise war in vieler Hinsicht der Ausgangspunkt einer kulturvergleichenden ökonomischen Analyse: Warum ist der Wohlstand zwischen den Nationen so ungleich verteilt? Welche historischen, institutionellen und kulturellen Faktoren sind hier verantwortlich? Warum ist Korruption in manchen Ländern stark verbreitet, in anderen hingegen gar nicht? Die klassische Frage bei Adam Smith ist eine Frage nach der Wirkung von Institutionen und des langfristigen Einflusses der Kultur.

In der Historischen Schule spielt die Kultur ebenfalls eine tragende Rolle: Werner Sombart etwa versuchte, die geschichtlich-kulturelle Vielfalt von Wirtschaft zu erklären und er entwickelte dabei Konzepte und Begriffe wie Wirtschaftsstile, Wirtschaftsweise oder auch Wirtschaftsgesinnung, ohne dabei aber eine nachvollziehbare allgemeine ökonomische Theorie hervorzubringen. Eine präzise Klärung des Verhältnisses von Wirtschaft und Kultur konnte er nicht entwickeln, aber zumindest konnte er einen kultur-ökonomischen Erklärungsbeitrag leisten.

Das Forschungsprogramm von Max Weber (1924) hatte ebenfalls von Beginn an eine starke kulturelle Prägung. Seine noch heute lesenswerten Ausführungen über die protestantische Arbeitsethik und den Geist des Kapitalismus stellen einen direkten Zusammenhang her zwischen dem wirtschaftlichen Erfolg des amerikanischen Kapitalismus und der Geisteshaltung der Menschen (ausführlich Leipold, 2000). Der rasche Aufstieg der USA nach ihrer Gründung 1776 zur wirtschaftlichen und kulturellen Weltmacht (Film, Fernsehen, Lebensart des „American Way of Life") liegt auch in der besonderen Wirtschaftsfreundlichkeit der amerikanischen Kultur begründet. Hier spielen übergeordnete Ideen („Arbeitsethos") wie auch materielle Interessen eine zentrale Rolle. Nach Leipold (2005, S. 31) ging es Weber grundsätzlich darum, „dem komplexen Wechselverhältnis zwischen Ideen und Interessen im Wege geschichts- und kulturvergleichender Studien auf die Spur zu kommen".

In der Ordnungstheorie von Walter Eucken spielt die Kultur ebenfalls eine gewisse, wenn auch eher untergeordnete Rolle: Sie war, wie auch andere historische Faktoren, Teil des sog. „Datenkranzes", der auf die konstituierenden und regulierenden Prinzipien der Wettbewerbsordnung einwirkt. Friedrich August von Hayek entwickelte sogar eine eigene „Theorie der kulturellen Evolution" (siehe „Theorie der kulturellen Evolution"), die aber eher als Ex-post-Erklärung für die Entwicklung einer zivilisierten Wirtschaft und Gesellschaft anzusehen ist und weniger zur Lösung aktueller ordnungspolitischer Fragen oder gar zur wissenschaftlichen Politikberatung geeignet ist. Als letzter Baustein einer kultur-ökonomischen Analyse sei auf die sog. „Theorie des institutionellen Wandels" von Nobelpreisträger Douglas C. North (siehe „Die Theorie des institutionellen Wandels") verwiesen, der ähnlich wie Max Weber von mentalen Modellen der Weltsicht spricht und hier einen entscheidenden Ansatz für die Entwicklung von Wirtschaftsordnungen sieht.

Kulturen und Organisationen zu analysieren und die Bedingungen für interkulturelle Kooperation zu definieren, ist auch Gegenstand der Betriebswirtschaftslehre und der kulturwissenschaftlichen Forschung, wie sie vor allem durch die empirischen Arbeiten von Geert Hofstede weltweite Beachtung gefunden haben. Hofstede et al., (2010, S. 10 ff.) vertreten die These, dass Kultur sich selbst reproduziert und dass kein Individuum und keine Gruppe Kultur entfliehen kann. Kultur hat zudem verschiedene Schichten (2010, S. 18): Ein nationales Level, ein regionales Level, ein geschlechtsspezifisches Level, ein generationsspezifisches Level und nicht zuletzt Perspektiven, die mit der sozialen Klasse eines Individuums sowie seines Berufsumfelds verbunden ist. Kultureller Wandel ist ein extrem langwieriger Prozess, weil kulturelle Werte sowohl in der Erziehung wie auch im Alltagsleben an die junge Generation weitergegeben werden. Kultureller Wandel entsteht primär durch Austausch (etwa Schüler- und Studentenaustausch) oder durch Migration. Besonders in internationalen Großstädten kommt es zur interkulturellen Durchmischung und zum kulturellen Wandel, durch die neue Verhaltensweisen, aber auch neue Geschäftsmodelle entstehen.

Grenzüberschreitendes Arbeiten in Wirtschaft und Politik verlangt interkulturelle Kompetenz. Die „Hofstede-Kriterien" – etwa die Bereitschaft zur Akzeptanz von Ungleichheit innerhalb einer Gesellschaft, die grundsätzliche Orientierung bezüglich Individualismus oder Kollektivismus oder auch der Umgang mit Unsicherheit – sind dabei Rüstzeug für jeden international orientierten Manager. Aus Sicht von Hofstede ist es dabei wichtig, zunächst nicht wertend an bestimmte kulturelle Werte heranzugehen, sondern im Sinne eines „audiatur et altera pars" beide Seiten eines kulturellen Wertes zu beleuchten. Der Umgang mit Unsicherheit („uncertainty avoidance") kann beispielsweise zu mangelnder Flexibilität und Verkrustung führen. Anderseits kann eine solche risiko-averse Verhaltensweise dazu führen, dass Produkte mit besonders hohen Qualitäts- und Sicherheitsstandards entwickelt werden. Schweizer Sicherheitsstandards sind ein sehr positives Beispiel für starke Risikoaversion – sehr zum Vorteil der Verbraucher.

Der besondere Verdienst von Hofstede und seinen Schülern, von denen einer sein eigener Sohn ist, liegt in der werturteilsfreien Analyse von Kultur und vor allem in dem Versuch, Kulturen und Werte empirisch messbar und vergleichbar zu machen. Jeder Mensch, der schon einmal fremde Länder bereist hat, spürt die Unterschiede in den Mentalitäten und Kulturen der Menschen in Asien, in Europa oder in Nordamerika. Mithilfe der Methoden von Hofstede sind diese Unterschiede messbar, und es entsteht quasi eine Landkarte der Kulturen, die in Verbindung mit einer Analyse der Wirtschafts- und Rechtsordnung ein gutes und genaues Bild eines Landes ergibt. Außerdem kann die Veränderung von Kulturen im Zeitablauf empirisch eindeutig festgestellt werden.

Um Kultur aus ordnungstheoretischer Perspektive greifbar zu machen und in eine allgemeine Theorie einzubetten, ist für Leipold (2005, S. 68 ff.) die Unterscheidung zwischen selbstbindenden und bindungsbedürftigen Institutionen grundlegend. Dort, wo Regelbefolgung nicht wirklich kontrolliert werden kann, müssen selbstregulierende Mechanismen greifen – und hier ist die unmittelbare Öffnung zur kulturellen Prägung offensichtlich. Marktwirtschaftliche Ordnungen beruhen häufig auf ethischen Voraussetzungen, die sie nicht selbst schaffen können. Leipold unterscheidet

- emotional gebundene Institutionen (Emotio),
- religiös-ideologisch gebundene Institutionen (Credo) und nicht zuletzt
- vernunftrechtlich gebundene Institutionen (Ratio).

Emotio, Credo und Ratio bilden in ihrer Gesamtheit die originären Ordnungsfaktoren, die in Verbindung mit den selbstbindenden Institutionen – an die Menschen sich freiwillig und gerne halten – die Gesamtordnung bilden.

In seinem Buch stellt Leipold auch zahlreiche ökonomisch-kulturelle Vergleichsstudien vor, die immer noch ein hohes Maß an Aktualität aufweisen. Die afrikanische, die chinesische, die islamische, die russische, die amerikanische und nicht zuletzt die deutsche Kultur werden sehr sachlich und vorurteilsfrei analysiert. Während viele aktuelle Lehrbücher in der Volkswirtschaftslehre heute eher mit an die Physik angelehnten formalen Modellen arbeiten und argumentieren, als ob es überall eindeutige und stabile Marktgleichgewichte

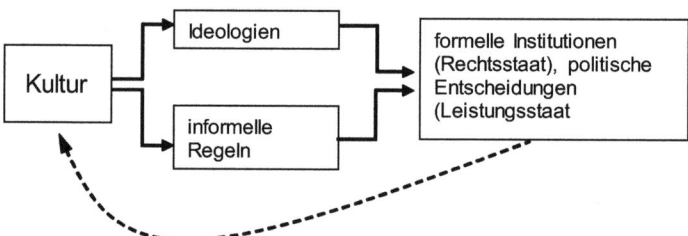

Abb. 3.2 Kultur, formelle Regeln und Politik (Quelle: Eigene Darstellung in Anlehnung an Leschke, Dieterle & Stöhr (2017, S. 14)

gäbe, erklärt Leipold sehr scharf, warum unterschiedliche Volkswirtschaften teilweise extrem heterogene Ergebnisse produzieren.

Der Vergleich von Wirtschaftsordnungen kann durch die Berücksichtigung von Kultur als Ordnungsfaktor an Erklärungsgehalt nur gewinnen. Nach Helmut Leipold, Douglass North (1990) u. a. können bzw. dürfen langfristige Entwicklungspfade von Ländern oder Regionen ohne den Rückgriff auf den Faktor „Kultur", der Sitten, Traditionen, Moral und „Mind Sets" umfasst, nicht analysiert werden. Die Abb. 3.2 verdeutlicht den Einfluss der Kultur.

Wenn es in einer Gemeinschaft oder in einem Staat zu einer gewissen Konvergenz der Kultur kommt, führt das dazu, dass die Entwicklung der formalen Regeln und der Politik langfristig „kulturell" geprägt werden, und zwar über die Ideologien und die informellen Regeln. Hierbei gibt Feedback-Effekte (gestrichelte Linie), sodass man bezogen auf Kultur auf der einen und formelle Regeln und Politik auf der anderen Seite von einem „Junktim" (einer natürlichen Zusammengehörigkeit) sprechen kann: beide Ebenen beeinflussen sich wechselseitig.

Aus der Gemengelage der Regeln und politischen Weichenstellung (Bereitstellung öffentlicher Güter wie Bildung, Infrastruktur, Soziales Netz) resultieren dann die Entscheidungen der Wirtschaftsakteure samt der nicht-intendierten Makroresultate (Wachstum, Beschäftigung, Wohlfahrt, Umwelt).

Literatur

Hofstede, G., Hofstede, G. J. & Minkov, M. (2010). *Cultures and organizations. Software of the mind.* McGraw-Hill, New York.

Leipold, H. (1975/1988). *Wirtschafts- und Gesellschaftssysteme im Vergleich* (5. Aufl.). UTB-Taschenbuch, Lucius & Lucius, Suttgart.

Leipold, H. (2000). Die kulturelle Einbettung der Wirtschaftsordnungen – Bürgergesellschaft versus Sozialstaatsgesellschaft. In B. Wentzel & D. Wentzel (Hrsg.), Wirtschaftlicher Systemvergleich Deutschland/USA, (S. 1–52). UTB-Taschenbuch, Lucius & Lucius, Stuttgart.

Leipold, H. (2005). *Kulturvergleichende Institutionenökonomik.* UTB-Taschenbuch, Lucius & Lucius, Stuttgart.

Leschke, M., Dieterle, O. & Stöhr, S. (2017). *Institutionelle Faktoren, Korruption und Entwicklung.* NMP, Bayreuth.

North, D. (1990). *Institutions institutional change and economic performance.* Cambridge University Press, Cambridge.

Weber, M. (1924). *Gesammelte Aufsätze zur Sozial- und Wirtschaftsgeschichte.* Mohr Siebeck, Tübingen.

Weiterführende Literaturempfehlungen

Leipold, H. (Hrsg.) (2008). *Die Ordnung von Wirtschaft und Gesellschaft als zentrale Aufgabe.* Ordnungsökonomische und kulturvergleichende Studien. In *Schriften zu Ordnungsfragen der Wirtschaft,* Bd. 88, de Gruyter, Berlin.

Vanberg, V. (1994). *Kulturelle Evolution und Gestaltung von Regeln.* Mohr Siebeck, Tübingen.

Wentzel, B. & Wentzel, D. (Hrsg.). (2000). *Wirtschaftlicher Systemvergleich Deutschland/ USA, UTB-Taschenbuch,* Lucius & Lucius, Stuttgart.

3.4 Theorie der Property Rights

Martin Leschke

Arten von Property Rights

Property Rights werden bisweilen als Verfügungsrechte und manchmal als Eigentumsrechte übersetzt. Wir wählen hier „Verfügungsrechte" als Oberbegriff, weil Eigentumsrechte eine Unterkategorie oder Teilmenge darstellen. Gegenstand der Theorie der Verfügungsrechte sind die verschiedenen Rechte an Gütern (Schüller, 1983)/(Erlei et al., 2016, S. 283 ff.). Man unterscheidet diesbezüglich

- das Recht zur Nutzung eines Guts – *Usus,*
- das Recht, Erträge aus dem Gut zu ziehen (Fruchtziehungsrecht), wobei auch Verluste zu tragen sind – *Usus Fructus,*
- das Recht, das Gut zu verändern – *Abusus;*
- das Recht auf den Veräußerungsgewinn (bei Veräußerung des Guts) – *Ius Abutendi.*

Auf Basis dieser Teilrechte lässt sich der Unterschied zwischen Property Rights (Verfügungsrechten) und dem Eigentumsrecht an Gütern und Leistungen verdeutlichen. Property Rights (Verfügungsrechte) ist der Oberbegriff. Hierunter fallen sowohl Eigentumsrechte als auch Besitzrechte. Das Eigentumsrecht ist das umfassende Recht an Gütern und wird in vielen Ländern (so auch Deutschland) verfassungsmäßig (Art. 14 GG) garantiert, womit auch ein Schutz des Eigentums durch den Staat gewährleistet wird. Das Eigentumsrecht wird in Deutschland umfänglich gewähr., wie im Bürgerlichen Gesetzbuch (BGB) dargelegt. Dort ist in § 903 Satz 1 zu lesen: Der Eigentümer einer Sache kann, soweit nicht das Gesetz oder Rechte Dritter entgegenstehen, mit der Sache nach Belieben verfahren und andere von jeder Einwirkung ausschließen.

Solche umfänglichen Rechte an einem Gut hat der Besitzer nicht. Er kann das Gut nicht verkaufen, denn es gehört ihm nicht. Auch sind Rechte zur Veränderung des Gutes und der Aneignung von Erträgen für Besitzer auf in entsprechenden Verträgen mit dem Eigentümer enthaltene Regelungen begrenzt. Das gilt auch für das Nutzungsrecht. Besitzrechte können vertraglich festgelegte Nutzungs-, Veränderungs- und auch Fruchtziehungsrechte beinhalten. Diese sind aber an die vertraglichen Grenzen gebunden und damit weniger umfangreich als beim Eigentum(srecht).

Neben diesen Eigenschaften, die gängiger Weise den Property Rights zugeschrieben werden, müssen zur Komplettierung der Eigentumsrechte zwei weitere genannt werden:

- Eigentum kann bei Banken als (Teil-) Absicherung von Kreditgeschäften eingesetzt werden (Heinsohn & Steiger, 2006) – *Credit Securitas;*
- die Haftung ist als pflichtmäßiges „Gegenstück" zur Aneignung von Nutzen oder Gewinnen aus Eigentum anzuführen (Eucken, 1952/1968, S. 279 ff.) – *Teneatur.*

Eigentumsrechte in der Marktwirtschaft

Eigentumsrechte sind in der Marktwirtschaft staatlich garantierte Freiheitsrechte. Sie werden nicht nur gewährt, sondern deren Verletzung wird auch staatlich geahndet. Polizei, Staatsanwaltschaft und Gerichte sorgen dafür, dass man sich auf die gewährten Rechte zwar nicht vollständig, aber doch weitgehend verlassen kann. Auf diese Weise wird Rechtssicherheit gewährt, welche zu Erwartungssicherheit führt, was eine Voraussetzung ist, um Investitionen planen und verwirklichen zu können (und dies oft weit in die Zukunft).

Zudem sorgen Eigentumsrechte für einen eigenverantwortlichen Umgang mit den „Dingen". Da man (weitgehend) selbstverantwortlich mit dem Eigentum hantiert, versucht man, lange Zeit (möglichst viel) Nutzen aus den Dingen zu ziehen. Dies kann nur gelingen, wenn man mit den Dingen sorgsam umgeht. Im Gegensatz dazu steht das Gemeineigentum, bei dem der Gemeinschaft „alles" gehört; man bezeichnet es auch als Kollektiveigentum. Wenn allen alles gehört, diffundiert die Verantwortung und damit der Anreiz zum sorgsamen Umgang mit den Gütern. Dies war und ist ein Problem planwirtschaftlicher Systeme, die (weitgehend) auf dem Kollektiveigentum fußen. Man kümmert sich als Wirtschaftsakteur kaum darum, die Mittel in eine produktive Verwendung zu lenken, weil dieses Eigenengagement selten belohnt wird; denn die Gewinne aus der produktiven Verwendung fallen allen zu. Umgekehrt trägt man die Kosten des Verfalls des Gemein- oder Kollektiveigentums nur zu einem geringen Teil; denn man ist ja nur Teil der Gemeinschaft, die von diesen Kosten betroffen ist (Eucken, 1952/1968).

Darüber hinaus ist Eigentum – wie erwähnt – eine wichtige Voraussetzung, um einen Kredit zu bekommen. Selbst wenn der Kreditgeber nicht von der Idee einer Investition überzeugt ist, wird er den Kredit, ohne zu zögern geben, sofern Eigentum als Sicherheit gestellt wird. Durch diese Art der Kreditsicherung und durch die weitere Eigentumssicherung auf der Ebene der Banken in Form des haftenden Eigenkapitals erhält das zirkulierende Kreditgeld – in weiten Teilen Europas der Euro – eine zentrale Wertsicherung. War es früher das Gold, das einer Währung Sicherheit gab, ist es heute das unterlegte Eigentum.

Bereits diese einfache Gegenüberstellung von Privat- und Kollektiveigentum zeigt, dass die Eigentumsrechte der privaten Individuen und Akteure ein zentraler Pfeiler der Marktwirtschaft sind. Der eigenverantwortliche und nutzengeleitete Umgang mit dem Eigentum setzt Ideen und Produktivkräfte frei, wie sie aus dem Kollektiveigentum niemals erwachsen können. Zudem erfüllt das Eigentum die wichtige Funktion der Kreditsicherung, gibt dem Geldsystem Stabilität und ermöglicht es, Investitionen vorzufinanzieren. Daher sind Eigentumsrechte und marktwirtschaftliche Systeme ein Junktim.

Einige „Relikte" gemeinschaftlichen Eigentums gibt es aber auch in marktwirtschaftlichen Systemen. So kann der Staat Eigentum an Dingen wie Grund und Boden haben, oder auch Eigentümer von Wohnungen haben i. d. R. gemeinschaftliches Eigentum an den Grünflächen, dem Treppenhaus, dem Dach, dem Aufzug u. a. Dingen. Auch können viele Anteilseigner (Aktionäre) zusammen Eigentum an einem Unternehmen haben.

Verfügungsrechte in der Marktwirtschaft
Verfügungsrechte, die nicht Eigentumsrechte darstellen, sind ebenfalls in der Marktwirtschaft weit verbreitet. Sie entstehen auf dem Vertragsweg. So kann der Eigentümer eines Wohnhauses Wohnraum gegen eine Miete überlassen. Und selbst Werkzeuge und viele andere Dinge kann man mieten oder pachten.

Allerdings entsteht durch die vertragliche Übertragung der Verfügungsrechte an Nicht-Eigentümer ein Anreizproblem. Die Mieter oder Pächter des Eigentums gehen i. d. R. bei weitem nicht so sorgfältig mit den Dingen um wie die Eigentümer. Daher muss diesem negativen Anreiz in Verträgen entgegengewirkt werden – z. B. indem man als Mieter verpflichtet wird, eine Kaution für etwaige verschuldete Schäden zu hinterlegen.

Bei dem o. g. gemeinschaftlichen Eigentum an Unternehmen – wie Aktionäre bei großen Kapitalgesellschaften – ergibt sich ein ähnlich gelagertes Problem. Um seine Ziele bezogen auf das produktive Eigentum – hier das Unternehmenskapital – zur Geltung zu bringen, benötigt man Fachleute, die man einsetzt: die Manager. Diese erhalten weitreichende Verfügungsrechte, um den langfristigen Gewinn des Unternehmens und damit die Rendite der Aktionäre zu mehren. Allerdings können sie diese Verfügungsmacht auch dazu nutzen, vorrangig ihre eigenen Ziele ggf. auf Kosten der langfristigen Rendite der Kapitaleigner zu verfolgen. Auch hier müssen vertragliche Vorkehrungen oder/und Governancestrukturen (z. B. Aufsichtsrat) dafür sorgen, dass die Ziele der Eigentümer (Aktionäre) nicht unterlaufen werden. Aus diesem Blickwinkel sind Governancestrukturen nichts anderes als Verfügungsrechtsstrukturen, die Anspruchsberechtigten zu ihrem Recht verhelfen sollen (Picot & Michaelis, 1984).

In einer Marktwirtschaft bzw. in einer freien demokratischen Gesellschaft spielen folglich nicht nur Eigentumsrechte eine wichtige Rolle, sondern ebenso zahlreiche Verfügungsrechte.

Vor allem das Zusammenspiel von Eigentums- und Verfügungsrechten ist eine zentrale Voraussetzung dafür, dass legitime Ansprüche weitgehend erfüllt werden (können). Insofern stellt die Eigentums- und Verfügungsrechtsstruktur ein wertvolles Kapitalgut dat. Diese Struktur bestimmt (letztlich), ob und inwiefern erfolgreich gewirtschaftet und investiert wird oder nicht.

Zudem sind Eigentums- und Verfügungsrechtsstrukturen notwendig, um Erwartungssicherheit für Verträge und Investitionen zu schaffen, eine Voraussetzung, um rational planen und entscheiden zu können. Sie senken zudem die Transaktionskosten für die Wirtschaftsakteure erheblich. Denn müssten die durch sie festgelegten Sachverhalte vollumfänglich durch private Verträge geregelt werden, wären die Transaktionskosten deutlich höher.

Änderung von Eigentums- und Verfügungsrechten
In einer dynamischen Wirtschaft werden laufend neue Verträge geschlossen und neue innovative Investitionen mit wechselnden Partnern durchgeführt. Neue Verträge, Investitionen sowie Güter und Dienstleistungen sorgen aber nicht nur für eine höhere Wohlfahrt, sondern sind i. d. R. auch oft mit negativen externen Effekten für unbeteiligte Dritte verbunden, deren Wohlfahrt dadurch geschmälert wird. Warum ist das so? Weil zu einem Zeitpunkt t0 eben nicht alle Sachverhalte adäquat geregelt werden können. Jede Rechtsordnung ist zu jedem Zeitpunkt zwangsweise defizitär, d. h. sie weist Lücken oder auch Fehlregulierungen auf.

Da niemand ohne eigenes Verschulden negativ von externen Effekten beeinträchtigt werden möchte, scheint es nur fair, wenn der Staat die Aufgabe hat, Eigentums- und Verfügungsrechte so zu ändern, dass externe Effekte möglichst (unter Abwägung sonstiger Kosten) internalisiert werden. Internalisierung bedeutet hierbei, Maßnahmen zu ergreifen, um die von den Verursachern nicht berücksichtigten (externen) Kosten zurückzuspiegeln, sodass sie zukünftig bei den Planungen, Verträgen und Entscheidungen berücksichtigt werden. Der amerikanische Ökonom Harald Demsetz (1967) veranschaulichte dies anhand des Beispiels der Labrador-Indianer (Quebec), den Montagnais (einer Innu-Gruppe nordamerikanischer Indianer, welche auf der Labrador-Halbinsel wohnen). Anthropologen stellten bei ihren Forschungen fest, dass mit dem Aufkommen des Pelzhandels im 18. Jahrhundert, die Verfügungsrechte des Stammes geändert wurden. Warum? Die gestiegene Pelznachfrage sorgte dafür, dass die Biberjagd, die unreguliert war, von den Indianerfamilien so weit intensiviert wurde, dass die Biberpopulationen drastisch abzunehmen drohte. Eine Änderung der Verfügungsrechte konnte das Problem lösen. Den einzelnen Familien wurden Abschnitte am Fluss zum Jagen zugeordnet. So konnten diese die wenig wanderwilligen Biber nachhaltig jagen (so, dass der örtliche Bestand erhalten blieb). Die Einführung dieser Verfügungsrechte beendete den externen Effekt, der hier in Form einer unintendierten Selbstschädigung auftrat.

Harold Demsetz' These lautet allgemein: „Property rights develop to internalize externalities when the gains of internalization become larger than the cost of internalization." Verspricht man sich von einer neuen Eigentums- oder Verfügungsrechtsstruktur einen Nettonutzen- und damit einen positiven Wohlfahrtseffekt, so führt man sie ein. Diese, auf den ersten Blick überzeugend erscheinende These muss jedoch kritisch beleuchtet werden. Zum einen gibt es genügend Gegenbeispiele. So ist es der Menschheit qua staatlichen Handelns bis heute nicht gelungen, eine neue Verfügungsrechtsstruktur zur wirksamen Reduzierung der klimaschädlichen Treibgase einzuführen. Zahlreiche andere Fälle, die der Demsetz-These entgegenstehen, ließen sich anführen. Zum anderen haben organisierte Gruppen oftmals einen nicht zu unterschätzenden Einfluss auf die Gesetzgebung. Und diese „pressure groups" werden ihre eigenen Sonderinteressen stärker im Blick haben als die Notwendigkeit, externe Effekte durch Verfügungsrechtsänderungen zu internalisieren (selbst, wenn dies insgesamt für die Allgemeinheit lohnend erscheint). Wenn die Governancestrukturen im staatlichen Sektor so beschaffen sind, dass sich organisierte Partialinteressen vergleichsweise stark durchsetzen können, wird sich Demsetz' These eher nicht bewahrheiten. Die Änderung von „Property Rights" lässt sich daher schwerlich ohne den politischen Prozess analysieren.

Literatur
Demsetz, H. (1967). Toward a theory of property rights. *The American Economic Review, 57*, 347–359.
Erlei, M., Leschke, M., & Sauerland, D. (2016). *Institutionenökonomik* (3. Aufl.). Schäffer-Poeschel, Düsseldorf.
Eucken, W. (1952/1968). *Grundsätze der Wirtschaftspolitik*. Mohr Siebeck, Tübingen.
Heinsohn, G. & Steiger, O. (2006). *Eigentumsökonomik*. Metropolis, Marburg.
Picot, A. & Michaelis, E. (1984). Verteilung von Verfügungsrechten in Großunternehmungen und Unternehmungsverfassung. *Zeitschrift für Betriebswirtschaft, 54*, 252–272.
Schüller, A. (1983). (Hrsg.). *Property Rights und ökonomische Theorie*. Vahlen, München.

3.5 Agency-Theorie

Martin Leschke

Ausgangspunkte
Ronald Coase lenkte mit seinem im Jahr 1937 erschienenen Aufsatz „The Nature of the Firm" den Blick der ökonomischen Forschung auf eine neue Kostenkategorie: die Transaktionskosten. Während in der ökonomischen Standardtheorie bis dahin Unternehmen als Produktionsfunktionen angesehen wurden, rückten nun Transaktionen und die damit zusammenhängende Verträge in den Mittelpunkt der Analyse. In einer Welt mit Transaktionskosten (also z. B. Informationskosten, Suchkosten, Vertragsabschlusskosten, Vertragsüberwachungskosten) kann man die Vertragspartner weder genau erkennen (Fähigkeiten, Präferenzen), noch deren Verhalten genau beobachten. Dies eröffnet Spielräume, die von Akteuren zulasten der Vertragspartner ausgenutzt werden können.

Die Leitfrage ist daher: Wie lassen sich Verträge so gestalten, dass Spielräume, die aufgrund von Informationsasymmetrien zu Problemen wie

- Hidden Preferences (verborgene Präferenzen),
- Hidden Characteristics (verborgene Eigenschaften bzw. Fähigkeiten),
- Hidden Action (verborgene Handlung),
- Hidden Performance (verborgene Produktivität)

führen, möglichst entschärft werden?

Dies ist im Übrigen im Interesse aller Vertragspartner. Denn: Wer möchte mit jemandem kooperativ zusammenarbeiten, der über Möglichkeiten der Ausbeutung zur Mehrung des eignen Nutzens verfügt? So gesehen sind alle Parteien an Verträgen interessiert, die Anreize zur produktiven Zusammenarbeit generieren.

Informationsasymmetrien, die zu einigen der angesprochenen Probleme führen, treten in der realen Welt in vielen Facetten auf. Man kennt sie von sogenannten Prinzipal-Agent-Beziehungen (Auftraggeber-Auftragnehmer) wie: Aktionäre-Management, Arbeitgeber-Arbeitnehmer, Vermieter-Mieter, Käufer-Verkäufer u. v. a. m. Sie können jedoch ebenso bei Teamarbeit auftreten. Leistung und Gegenleistung können hier so weit auseinanderfallen, dass die kooperative Zusammenarbeit gefährdet wird.

Exemplarisch soll auf drei grundlegende Fälle eingegangen werden: die Teamproduktion, das Problem adverser Selektion am Beispiel des Gebrauchtwagenmarkts sowie das Problem des moralischen Wagnisses am Beispiel eines Kreditvertrags.

Teamproduktion

Um das Grundproblem zu erfassen, nehmen wir an, dass mehrere Individuen produktiv zusammen in einem Team arbeiten könnten. Die Teamleistung erbringt einen Ertrag ET. Alternativ könnten die Individuen ihre Leistungen separat erbringen und danach „vereinen". Dies würde zu einem Gesamtertrag ES führen, wobei gilt:

$$ES = (E1 + E2 + \ldots + En) < ET.$$

Der Gesamtertrag bei separater Leistungserstellung ES setzt sich aus den einzelnen Erträgen der n Individuen zusammen, wobei die Summe der Einzelerträge kleiner ist als die Teamproduktion ET. Die Produktivität der Teamarbeit zeigt sich in der Differenz zwischen ET und ES.

Das Agency-Problem entsteht bei der Teamproduktion, wenn die Produktivität bzw. der Arbeitseinsatz der einzelnen Teammitglieder nicht messbar ist, sondern nur der Gesamtertrag (und damit die Gesamtproduktivität). Dies lädt zu einem Trittbrettfahrerverhalten ein („shirking" genannt). Der einzelne täuscht vor, mit Einsatz zu arbeiten, bleibt aber tatsächlich (aus Eigennutz) weit hinter seinen Möglichkeiten zurück.

Wenn Instrumente wie Stärkung der individuellen Motivation oder Betonung des Teamgeists, Betonung der individuellen Verantwortung nur wenig Abhilfe schaffen, stellt sich die Frage, wie man das „Shirking-Problem" lösen kann (Alchian & Demsetz, 1972)/(Erlei et al., 2016, S. 67 ff.).

Ohne Überwachungseinrichtung wird es nicht funktionieren. Solche Einrichtungen sind folglich im Interesse aller Teammitglieder, denn der Gesamtbetrag, der für die Teammitgliedern auch die Grundlage ihres Einkommens darstellt, wird durch die Kontrolle steigen, sofern gilt: Die Kosten der Kontrolle sind geringer als der Ertragsgewinn durch Eindämmung des „Shirking". Dies kann jedoch nur gelingen, wenn die Kontrollierenden selbst gewissenhaft arbeiten, d. h. nicht selbst zu Trittbrettfahrern werden. Ein Anreiz hierzu lässt sich vertraglich generieren, indem man das Einkommen der Kontrollierenden gewinnabhängig gestaltet. Durch diese Festlegung wächst deren Einkommen mit dem Anstieg der Produktivität bzw. mit dem Gesamtertrag, was seriöse Arbeit der Kontrollinstanz zum Wohl des gesamten Teams (weitgehend) garantiert.

Adverse Selektion am Beispiel des Gebrauchtwagenmarktes
Adverse Selektion beschreibt ein Problem, das aufgrund asymmetrischer Informationen entsteht, wenn Akteure einer Marktseite zu Handlungen verleitet (angereizt) werden, die den Markt in eine allseitig unerwünschte Struktur (bzw. Richtung) transformieren. Diese etwas „hölzerne" Definition lässt sich anhand des Gebrauchtwagenmarkts leicht verdeutlichen.

Wir unterstellen einen Gebrauchtwagenmarkt, auf dem kleine Unternehmen (Agenten) auf der Angebotsseite agieren, die an keinem langfristigen Reputationsaufbau interessiert sind. Es gilt für den Autohandel: Gekauft wie gesehen. Doch leider können die technisch wenig versierten Käufer (Prinzipale) tatsächlich wenig sehen. D. h. sie können die Qualität der angebotenen Autos nicht genau überprüfen. Die Verkäufer haben also einen Informationsvorsprung gegenüber den (potenziellen) Käufern, den sie ausnutzen können (bessere Qualität „vortäuschen"). Wenn die Käufer dies realisieren, werden sie die Qualität der Gebrauchtwagen schlechter einschätzen als sie angepriesen wird, was wiederum zu einer recht geringen Zahlungsbereitschaft führt. Verkäufer, die gute Qualität zu entsprechend hohen Preisen anbieten, bleiben auf ihren Autos sitzen, weil die potenziellen Käufer die gute Qualität nicht erkennen und honorieren (können). So transformiert sich der Gebrauchtwagenmarkt zu einem Markt, auf dem nur noch qualitativ schlechte Autos gehandelt werden: ein „Market of Lemons" (Akerlof, 1970) entsteht.

Allerdings ist solch eine unerwünschte Marktentwicklung nicht zwingend. Das Problem adverser Selektion, welches bereits vor den Vertragsabschlüssen auftritt, kann eingeschränkt werden, z. B. durch Garantien, die die Verkäufer vertraglich gewähren, oder durch gewährte Überprüfungen mittels Probefahrten oder Schnellchecks einer unbeteiligten Werkstatt. Solche vertraglichen (institutionellen) Vorkehrungen stellen zwar Transaktionskosten dar, entschärfen aber das Problem adverser Selektion ein Stück weit. Sie stellen aus ökonomischer Sicht eine „Second-Best-Lösung" dar: ein gutes Ergebnis, weil die das beste Ergebnis (First-Best-Solution) „alle handeln stets fair" in der realen Welt nicht erreicht werden kann. Das schlechte Ergebnis (Third-Best-Solution – „Markets of Lemmons") wird aber vermieden.

Probleme adverser Selektion können auf vielen Märkten in unterschiedlichen Formen auftreten. Damit durch Entscheidungen bei asymmetrischer Information Märkte sich nicht in eine unerwünschte Richtung transformieren, muss man vertragliche (institutionelle) Vorkehrungen treffen, um die Informationsasymmetrien abzubauen und Vertrauen zu schaffen. Auch der Reputationsaufbau oder (staatliche) Zertifizierungen können hier hilfreich sein.

Moralisches Wagnis am Beispiel des Versicherungsvertrags
Der Begriff „moralisches Wagnis" (engl. Moral Hazard) beschreibt ein unmoralisches, unverantwortliches oder auch opportunistisches Verhalten von Marktteilnehmern beziehungsweise Vertragspartnern, welches aufgrund ökonomischer Fehlanreize durch den Abschluss eines Vertrags zustande kommt (Pauly, 1968). Grund für die Fehlanreize ist hier abermals die asymmetrische Information.

In Verträgen zwischen Auftraggebern und Auftragnehmern, sog. Prinzipal-Agent-Beziehungen, entsteht das Problem dadurch, dass sich durch den Vertragsabschluss die Anreize für den oder die Agenten so ändern, dass opportunistisches Handeln (auf Kosten der Prinzipale) vorteilhaft erscheint. Allerdings schädigen sich die ausbeuterisch handelnden Agenten langfristig sebst, denn Prinzipale werden über kurz oder lang das ausbeuterische Verhalten bemerken oder sogar antizipieren und sich entsprechend absichern (und sei es dadurch, dass bestimmte Verträge gar nicht mehr abgeschlossen werden). Langfristig entsteht so eine allseitig unvorteilhafte Situation (ökonomisch: pareto-inferiore bzw. pareto-ineffiziente Situation).

Das moralische Wagnis tritt z. B. bei einem Versicherungsvertrag auf, wenn der Versicherungsnehmer (hier der Agent) aufgrund des Vertrags einen Anreiz erhält, ein deutlich riskanteres Verhalten an den Tag zu legen (z. B. indem er Vorsichtsmaßnahmen ignoriert), da er die Konsequenzen der Schäden (Kosten) nicht vollständig selbst tragen muss (Shavell, 1979). Sein Nutzen vergrößert sich, und die Versicherung (hier der Prinzipal) wird geschädigt (muss ggf. einen hohen Schaden begleichen). Ein Beispiel: So kann es sein, dass gut versicherte Mitglieder einer Krankenkasse den Anreiz haben, risikoreiche Freizeitaktivitäten zu unternehmen, wohlwissend, dass Unfallschäden abgedeckt sind. Hier wird ein Anreiz, leichtsinnig zu agieren, durch den Vertragsschluss (ex post) generiert. Die Versicherung wird jedoch auf die größer werdenden Schadenssummen mit Beitragserhöhungen reagieren, sodass die Kosten wieder auf die Kunden zurück überwälzt werden. Eine allseitig ungünstige (pareto-inferiore) Situation entsteht.

Zahlreiche andere Beispiele aus und über den Versicherungsbereich hinaus ließen sich anführen. Gemein ist diesen Konstellationen, dass bei Moral-Harzard-Problemen die „schlechten Anreize" durch den Vertrag, also ex post (nach Vertragsabschluss), eintreten. Letztlich kommt es dadurch zu einer Situation der wechsel- bzw. allseitigen Schädigung – eine pareto-inferiore Situation gegenüber der (gedachten) First-Best-Situation ohne das Eingehen moralischer Wagnisse.

Ähnlich wie bei Problemen adverser Selektion, sollte man nach der Diagnose des Moral-Hazard-Problems nach vertraglichen Gestaltungsmöglichkeiten suchen, um Second-Best-Situationen zu erreichen (die möglichst nahe am First Best liegen). Kluge vertragliche

Vereinbarungen können das angesprochene Problem ein Stück weit lösen. Drei Mechanismen werden hier oftmals in den Blick genommen: (1) Bonding: Hier versucht man die Verhaltensspielräume der mit Informationsvorsprüngen ausgestatteten Vertragspartner so einzuengen, dass Ausbeutung erschwert wird. (2) Monitoring: Kontrollmöglichkeiten können vereinbart werden. (3) „Gute" Anreize: Hier werden Anreize durch Prämienmodelle o. ä. geschaffen, um sich mehr für die „gemeinsame Sache" einzusetzen.

Vertragliche (institutionelle) Lösungen können zahlreiche Agency- oder Prinzipal-Agenten-Probleme entschärfen. Hierbei stellt die Situation einer perfekten Welt ohne Transaktionskosten und mit moralisch integren Individuen ein First-Best-Ideal dar. Mit vertraglichen Lösungen versucht man, eine Second-Best Situation zu schaffen, die dem First Best nahekommt und zugleich den pareto-inferioren Zustand eines Third Best (ohne vertragliche bzw. institutionelle Vorkehrungen) vermeidet. Das Ideal einer perfekten Welt kann hier nur als Benchmark fungieren; es bleibt unerreicht, wenn reale Individuen in einer realen Welt interagieren.

Literatur
Akerlof, G. A. (1970). The market for lemons: Quality uncertainty and the market mechanism. *Quarterly Journal of Economics, 84,* 488–500.
Alchian, A. A., & Demsetz, H. (1972). Production, information costs, and economic organization. *The American Economic Review, 62,* 777–795.
Coase, R. (1937). The nature of the firm. *Economica, 4,* 386–405.
Erlei, M., Leschke, M., & Sauerland, D. (2016). *Institutionenökonomik* (3. Aufl.). Schäffer-Poeschel, Düsseldorf.
Pauly, M. V. (1968). The economics of moral hazard. *The American Economic Review, 58,* 531–537.
Shavell, S. (1979). On moral hazard and insurance. *Quarterly Journal of Economics, 93,* 541–562.

3.6 Governancekostentheorie

Martin Leschke

Governance
Governance ist ein schillernder Begriff. Abgeleitet aus dem Lateinischen „gubernare" könnte man Governance als das „Führen des Steuerruders" interpretieren. Und das trifft es tatsächlich, wenn man sich die heutigen Bedeutungen vergegenwärtigt: Regierungs-, Amts- bzw. Unternehmensführung. Hierbei wird das Augenmerk allerdings nicht vornehmlich auf die führenden Personen und ihre Entscheidungen gelenkt, sondern v. a. auch auf Regelungs-, Lenkungs- bzw. Steuerungsstrukturen (im Folgenden einfach: Governancestrukturen). Diese Strukturen geben vor, wer welche Entscheidungskompetenzen in welchem Umfang

hat. Beispiele für Governancestrukturen sind Entscheidungen innerhalb der Arenen „Familie", „Unternehmen", „Staat", „Netzwerk". Und innerhalb dieser Arenen gelten für die Entscheidungsfindungen bestimmte Abläufe und Regeln.

Vor diesem Hintergrund lässt sich folgende Definition formulieren: „Eine Governance bietet den rechtlichen und faktischen Ordnungsrahmen, um eine Organisation im weiteren Sinne zu steuern." Als Kriterien zur Beurteilung der Güte der Governancestruktur werden nicht selten Kriterien wie

- Accountability (Rechenschaftspflicht),
- Responsibility (Verantwortlichkeit),
- Transparency (Offenheit und Transparenz von Strukturen beziehungsweise Prozessen)
- Fairness (nachvollziehbare, diskriminierungsfreie Strukturen)

herangezogen. Sind diese Kriterien erfüllt, spricht man von „Good Governance", sind sie nicht erfüllt, von „Bad Governance".

Governancekosten und spezifische Investitionen
Der Institutionenökonom Oliver Wiliamson führte die mit Governancestrukturen verbundenen Transaktionskosten – kurz „Governancekosten" – in die Ökonomik ein. Er wurde inspiriert durch den Transaktionskostenbegriff, der wiederum durch Ronald Coase (1937) durch seinen Aufsatz „Nature of the Firm" bekannt gemacht wurde. Heute werden Transaktionskosten zumeist als Kosten der Suche, der Anbahnung und Vereinbarung, des Abschlusses, der Einhaltung(süberwachung) und ggf. der Nichteinhaltung sowie der Anpassung und Beendigung von Verträgen definiert.

Oliver Williamson nimmt eine ähnliche Sichtweise ein, aber er versucht, das Augenmerk darauf zu richten, dass Transaktionskosten mit der Governancestruktur erheblich differieren können. Damit ist folgendes gemeint: Ein und dieselbe Wertschöpfungs- bzw. Transaktionskette weist je nach Art der sie umgebenden Governancestruktur unterschiedliche Transaktionskosten auf.

Für Williamson (1975a, b, 1985) spielen Governancekosten insbesondere bei „spezifischen" Investitionen eine wichtige Rolle; denn solche Investments sind risikobehaftet. Werden Faktoren speziell auf ein Investment ausgerichtet, so kann der Fall eintreten, dass deren Wert drastisch sinkt, wenn die Investition nicht zustande kommt. Warum? Weil in anderen Verwendungen diese Faktoren bei weitem nicht so produktiv eingesetzt werden können. Spezifität von Faktoren kann im Standort begründet sein (Standortspezifität), aber sich auch durch bestimmte Komplementärfaktoren begründen (Sachkapitalspezifität oder Humankapitalspezifität). Investitionen in spezifische Faktoren können unter bestimmten Bedingungen Abhängigkeiten erzeugen, die von Vertragspartnern ausgenutzt werden. Diese Art von Governancekosten spielt für Oliver Williamson eine immens wichtige Rolle; sie kann eine Investition riskant bzw. brisant werden lassen.

3.6 Governancekostentheorie

Riskante Investitionen

In der (älteren) neoklassischen Markttheorie spielten Vertrags- und Governanceprobleme keine Rolle, weil Transaktionskosten nicht berücksichtigt wurden. Diese Kosten wurden – weil sie nicht beachtet wurden – implizit auf Null gesetzt. In der Realität spielen die Transaktions- oder Governancekosten aber oftmals eine entscheidende Rolle.

Oliver Williamson und andere Transaktionskostenökonomen gehen im Gegensatz zur neoklassischen Markttheorie von positiven (also spürbaren) Transaktionskosten aus. Dies hat zum einen seine Ursache darin, dass man weder das genaue Motiv, noch den Charakter seiner Vertragspartner und damit ihr zukünftiges Verhalten genau abschätzen kann. Zum anderen ist man nicht in der Lage, alle „Eventualitäten" (Was kann ungünstigerweise mir als Investor alles passieren? Was könnten der oder die Vertragspartner zu meinen Ungunsten unternehmen?) vorherzusehen und vertraglich abzusichern. Aufgrund von Transaktionskosten sind die allermeisten (komplexen) Verträge unvollständig!

Die Unvollständigkeit von Verträgen wäre nicht weiter schlimm, wenn man davon ausgehen könnte, dass die Vertragspartner sich an Verträge halten, Versprechen nicht brechen, eben stets moralisch integer sind. Davon ist aber leider nicht auszugehen. Oliver Williamson nimmt vielmehr an, dass Individuen nicht selten versuchen, mittels Arglist und Täuschung den eigenen Nutzen auf Kosten der Vertragspartner zu mehren; insbesondere, wenn dadurch viel zu gewinnen ist. Dies lässt sich als „Opportunismus" bezeichnen.

Selbst opportunistische (unmoralische und egoistische) Vertragspartner würden in einer Welt mit Transaktionskosten und unvollständigen Verträgen kein großes Problem darstellen, wenn für Investments stets alternative Partner zur Verfügung stünden. Die Wechselmöglichkeit sorgt für einen (potenziellen) Wettbewerb, der disziplinierend wirkt. Wer nicht kooperiert, wird durch einen anderen Investitionspartner ersetzt. Allerdings ist solch ein Auswechseln unkooperativer Vertragspartner nicht immer möglich. Investiert man spezifisch, so kann eine Abhängigkeit entstehen, die es unmöglich macht, ohne sehr hohe Verluste den Vertragspartner zu wechseln. Man ist auf buchstäblich auf den Vertragspartner angewiesen. Der Einstieg in einen solchen Vertrag bedeutet für den spezifischen Investor eine „fundamentale Transformation". Eine ex ante (vor Vertragsabschluss) wettbewerbliche Situation – man hat viele potenzielle Vertragspartner – wird ex post (nach Vertragsabschluss) zu einem bilateralen Monopol.

Diese Konstellation – Transaktionskosten, unvollständige Verträge, opportunistische Individuen, Spezifität – kann nun eine Investition sehr riskant werden lassen. Das bedeutet: Der unspezifisch investierte Vertragspartner nutzt den unvollständigen Vertrag zu seinen Gunsten aus. Er beutet den spezifisch investierten Partner aus, indem er mehr als den ihm zustehenden Gewinn einfordert. Die Gewinnschmälerung wird der spezifisch investierende Partner hinnehmen (müssen), weil die Alternative – Ausstieg aus dem Investment – noch schlechter ist. Der Ausbeutungsversuch, „Hold Up" genannt, kann im Extremfall den spezifisch investierten Partner bis auf den Ertrag seiner zweitbesten Alternative drücken.

Die Differenz zwischen dem Gewinn aus einer Investition in der spezifischen Verwendung bzw. Transaktion und dem Gewinn der Investition in der nächstbesten (unspezifischen)

Verwendung bezeichnet man als „Quasi-Rente". Ist ein Vertragspartner (einseitig) spezifisch investiert, so besteht die Gefahr eines Hold Up, eines Angriffs auf die Quasi-Rente.

Das ökonomische Problem risikobehafteter Investitionen besteht nun darin, dass Investoren erst gar nicht solche spezifischen Investments eingehen, weil sie Gefahr laufen, aufgrund eines Hold Up am Ende schlechter dazustehen, als hätten sie gar nicht auf das spezifische Investment eingelassen. Ohne Absicherungsmechanismen wird es also zu wenig spezifische Investments geben.

Organisatorische und andere Absicherungen
Gemäß der Theorie von Oliver Williamson sind

- die Kosten bzw. Gefahren der Ausbeutung bei spezifischen Investitionen
- oder als Pendant
- Absicherungen gegen solche erwartbaren Ausbeutungen

die relevanten Transaktions- bzw. Governancekosten. Diese Kosten sind entscheidend dafür, ob bestimmte Transaktionen überhaupt über den Markt abgewickelt werden können. Doch welche Absicherungsmöglichkeiten bestehen, wenn spezifische Investitionen bei marktlicher Koordination sehr riskant sind? (Erlei et al., 2016, Kap. 3).

Eine Möglichkeit ist die Absicherung durch Integration in ein Unternehmen. Ein selbständiges Unternehmen hat wesentliche größere Anreize, Vertragspartner (die ebenfalls eigenständige Unternehmen sind) auszubeuten, als es eine Abteilung in einem Unternehmen gegenüber einer anderen Abteilung in ein- und demselben Unternehmen hat. Die ein- oder wechselseitige Ausbeutung von Abteilungen kann in einem Unternehmen durch eine höhere Instanz wirksam unterbunden werden. Daher wird bei hoher Spezifität nach Williamson die Unternehmung als Governancestruktur (also als Absicherungsmechanismus) gewählt werden (müssen), auch wenn die Integration selbst mit (spezifitätsunabhängigen) Transaktionskosten verbunden ist.

Eine weitere Möglichkeit der Absicherung gegen Ausbeutung spezifischer Investitionen ist die Hybridform (Williamson, 1996, Kap. 4). Hierzu gehören Joint Ventures, strategische Allianzen, Franchise-Systeme, Lizenzvereinbarungen und andere Netzwerke zur langfristigen vertraglichen Zusammenarbeit. Diese Governancestruktur weist hinsichtlich ihres Aufbaus nicht so hohe Transaktionskosten wir die unternehmerische Integration auf. Sie eignet sich zur Absicherung bei mittelhoher Spezifität.

Nach Williamson (1996) bietet sich somit eine Vielzahl möglicher Governancestrukturen an, um spezifische Investitionen gegen Ausbeutung (weitgehend) zu schützen. Man muss hier abwägen, wie hoch der Schutz gegen Ausbeutung auf der einen Seite ist und wie hoch die Kosten der Errichtung einer Governancestruktur auf der anderen Seite sind. Dies lässt sich anhand der Grafik 3.3 verdeutlichen.

In der Abb. 3.3 ist der Verlauf der Governancekosten in Abhängigkeit von der Spezifität dargelegt. Bei geringer Spezifität ($0 < k < k1$) ist der Markt als Governancestruktur effizient,

3.6 Governancekostentheorie

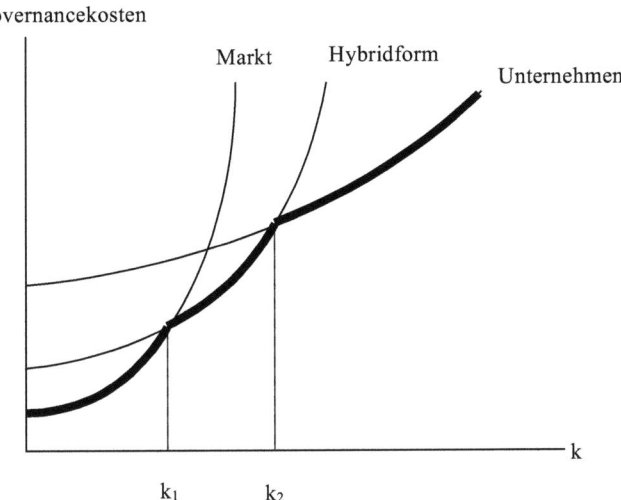

Abb. 3.3 Governancekosten und Spezifität (Quelle: Eigene Darstellung, angelehnt an Erlei, Leschke & Sauerland (2016, S. 188)

bei mittlerer Faktorspezifität ($k_1 < k < k_2$) Hybridformen, und bei hoher Spezifität ($k > k_2$) die hierarchische Koordinationsform der Unternehmung.

Grenzen der Governancestruktur
Jede Governancestruktur hat bezogen auf bestimmte Transaktionen ihre Vor- und Nachteile. Oliver Williamson lotet die Grenzen marktlicher Koordination und hybrider Governancestrukturen in Abhängigkeit von der Spezifität der Investments aus. Während einfach strukturierte Transaktionen, bei denen man alle Eventualitäten erfassen kann, in Form klassischer Verträge (Standardverträge) innerhalb des Marktes abgewickelt werden, können sich bei längerfristigen, komplexeren Strukturen Abhängigkeiten aufgrund von Spezifität ergeben. Hier hat die marktliche Koordination ihre Grenze und hybride Governancestrukturen können gewählt werden. Diese können Unsicherheiten aufgrund von Lücken in sogenannten neoklassischen (komplexeren und zugleich unvollständigeren) Verträgen reduzieren. Ggf. lassen sich hier auch Schlichter heranziehen, um bei Streitigkeiten Lösungen zu finden. Nehmen Spezifität und Unsicherheit noch einmal zu, so stoßen auch neoklassische Langfristverträge samt hybrider Governancestrukturen an ihre Grenze. Man muss dann die Form sog. relationaler Verträge wählen, die auf Dauer ausgerichtet sind und innerhalb hierarchischer Unternehmen abgewickelt werden.

Doch warum werden dann nicht alle spezifischen Investments in einem Unternehmen abgewickelt? Man könnte doch hier Größen- und Verbundvorteile (Economies of Scale und Scope) realisieren, sodass solche ein Riesenunternehmen doch effizient sein müsste. Hierzu lassen sich zwei Argumente anführen:

Zum einen formulierte Ronals Coase in seinem berühmten Aufsatz „The Nature of the Firm" aus dem Jahr 1937, durch den auch Oliver Williamson inspiriert wurde, ein Transaktionskostenargument. Die Existenz von Unternehmen begründet Coase mit steigenden Transaktionskosten marktlicher Koordination (Transaktionskostenvorteil der unternehmerischen Governancestruktur). Analog begründet er, warum es nicht effizient sein kann, alle Transaktionen über ein Unternehmen abzuwickeln. Die Transaktionskosten organisatorischer Koordination in Unternehmen steigen mit der Anzahl der Transaktionen ebenfalls überproportional an. Die führt dazu, dass Unternehmen nicht mehr steuerbar sind und sich (irgendwann, irgendwo) ein Kostenvorteil marktlicher Koordination ergibt. Die optimale Unternehmensgröße und damit Grenze der Unternehmung befindet sich dort, wo die marginalen Transaktionskosten unternehmerischer Koordination gleich den marginalen Transaktionskosten marktlicher Koordination sind. Würde das Unternehmen weitere Transaktionen abwickeln, würde ein Transaktionskostennachteil – also eine Ineffizienz – auftreten; denn die Kosten der marktlichen Koordination wären geringer.

Zum anderen dürften wettbewerbspolitische Probleme gegen ein solches Riesenunternehmen zur Abwicklung sämtlicher spezifischer Investitionen sprechen. Die Marktmachtprobleme (Ausbeutung der Vertragspartner, insbesondere der Verbraucher) können ggf. den Größenvorteil überkompensieren. Williamson (1968) selbst weist allerdings diesbezüglich darauf hin, dass Großunternehmen, die über gewisse Marktmacht verfügen, auch nicht leichtfertig verboten oder wettbewerbspolitisch eingeschränkt werden dürften; denn schließlich seien sie zur Absicherung von spezifischen Investitionen und Senkung der Transaktionskosten notwendig. Es sollte hier also eine genaue Abwägung der Kosten und Nutzen des „Trade-Offs" (Marktmachtnachteil vs. Effizienzvorteil) stattfinden.

Literatur
Coase, R. (1937). The nature of the firm. *Economica, 4*, 386–405.
Erlei, M., Leschke, M., & Sauerland, D. (2016). *Institutionenökonomik* (3. Aufl.). Schäffer-Poeschel, Düsseldorf.
Williamson, O. E. (1968). Economies as an antitrust defense: The welfare tradeoffs. *The American Economic Review, 58,* 18–36.
Williamson, O. E. (1975). *Markets and hierarchies, analysis and antitrust implications.* New York Free Press, New York.
Williamson, O. E. (1996). *The mechanisms of governance.* Oxford University Press, Oxford.

Weiterführende Literaturempfehlungen
Williamson, O. E. (1985). *The economic institutions of capitalism.* New York Free Press, New York.

3.7 James Buchanans konstitutionelle Ökonomik

Martin Leschke

Ausgangspunkte

Die konstitutionelle Ökonomik (engl. Constitutional Economics) ist der Zweig der Wirtschaftswissenschaft, der sich mit den grundlegenden Regeln des Zusammenlebens beschäftigt. Hierzu zählen nicht nur die Analyse der Regeln (Institutionen) im politischen Sektor, sondern auch die Rahmenregeln der Wirtschaft.

Die Leitfrage ist: Wie lassen sich die grundlegenden Regeln in der Politik und in der Wirtschaft so gestalten, dass die Individuen einer betrachteten Gemeinschaft ihre unterschiedlichen Ziele so weit wie möglich erreichen können? Findet man solche Regelsysteme, so bezeichnet Buchanan sie in Anlehnung an den schwedischen Ökonomen Knut Wicksell (1896) als konsensuale Regeln, also institutionelle Arrangements, denen die Individuen zustimmen, weil sie ihnen größtmögliche Chancen zu ihrer Entfaltung bieten.

James Buchanan (1987) unterscheidet kategorisch zwischen der Ebene der Regeln (Rules of the Game) und der Ebene der Entscheidungen und Handlungen unter den Regeln (Choices within Rules). Er moniert, dass sich Ökonomen viel zu wenig um die Analyse und Gestaltung der Regeln kümmern, obschon diese maßgeblich die individuellen Handlungen in der Wirtschaft und in der Politik beeinflussen (Buchanan, 1964).

Von der Anarchie zur Ordnung

James Buchanan (1975) knüpft mit seiner Analyse eines grundlegenden Regelrahmens an alte Vertragstheoretiker wie den Philosophen Thomas Hobbes (1588–1679) an. Vertragstheorien argumentieren streng individualistisch, indem sie gemeinschaftliches (kollektives bzw. staatliches) Handeln auf die Präferenzen (Ziele) und Fähigkeiten der Individuen zurückführen. Die (erwartbare) Zustimmung der Individuen ist das Legitimationskriterium; dieses wird auch „Konsenskriterium" genannt.

Ein Vertrag, hier verstanden als eine Vereinbarung der Individuen, gemeinschaftliches Handeln mittels eines Staatsapparates einvernehmlich zu organisieren, ist sinnvoll, weil diese Art kollektiven Handelns die Individuen aus einem anarchischen Urzustand befreit. Dieser Zustand der Anarchie ist gekennzeichnet durch eine schrankenlose Freiheit der Individuen. Dieses Maximum an Freiheit in einem gedachten Naturzustand ist jedoch wertlos, weil das Fehlen von Regeln dazu führt, dass Individuen willkürlich auf Kosten anderer ihre Ziele verfolgen. Es kommt letztlich zu einem Krieg „aller gegen alle", im dem der Mensch dem Menschen wie ein Wolf gegenübertritt (homo homini lupus). Das Leben ist „einsam, armselig, scheußlich, tierisch und kurz" (Hobbes, 1651/1984).

Der allseitig nachteilige Urzustand der Anarchie kann jedoch verlassen werden, indem sich die Individuen auf einen Regelrahmen einigen, der als fair angesehen wird. Diese Regeln schaffen geschützte Freiräume und Erwartungssicherheit. Weiterhin ermöglichen sie, dass die Individuen zahlreiche produktive Tauschprozesse und auch Investitionen tätigen können.

Diese produktive Initialzündung durch die Etablierung eines Regelrahmens kann jedoch nur dann nachhaltig erfolgreich sein, wenn die Regeln auch durchgesetzt und (aufgrund der dynamischen Umwelt, die durch zahlreiche Tauschprozesse und Investitionen entsteht) stetig weiterentwickelt werden. Daher scheint es rational, einen Staatsapparat zu etablieren, der diese Aufgaben übernimmt. Wenn der Aufbau eines Rechtsstaats sinnvoll erscheint, so kann und sollte der Staat auch die Kollektivgüter bereitstellen, die vom Markt nicht hervorgebracht werden (weil zahlende Nutzer nicht vom Konsum des Gutes ausgeschlossen werden können). „Bereitstellung" bedeutet hierbei, dass der Staat „nur" über die Qualität, Quantität und Art der Finanzierung entscheidet. Produziert werden kann (z. B. Infrastruktur) mit bzw. von privaten Unternehmen. Auch Versicherungsgüter (z. B. Basisabsicherung), die der Markt nicht hervorbringt, sollte der Staat organisieren (Teile des sozialen Netzes).

Nach Buchanan gibt es folglich – aufbauend auf die Argumentation von Thomas Hobbes – legitime Gründe für staatliche Aufgaben, also für organisiertes kollektives Handeln.

Das Leviathan-Problem und mögliche Lösungen
Ruft man als Gemeinschaft einen Staat ins Leben, der das Recht setzen und Kollektivgüter (einschl. Absicherungsgüter) bereitstellen soll, so muss er so „mächtig" mit Ressourcen ausgestattet werden, dass er das Recht auch durchsetzen und Missbrauch bei leistungsstaatlichem Handeln verhindern kann. Solch eine Machtfülle können die Staatsbediensteten jedoch auch zum eigenen Vorteil und damit zu Lasten bzw. auf Kosten der Bürgerinnen und Bürger ausnutzen. Rationale Individuen werden jedoch bei der Organisation des Staates dieses „Leviathan-Problem" (der Staat könnte sich in ein die Bürger ausbeutendes Ungeheuer verwandeln) antizipieren und entsprechende Vorkehrungen in Form verfassungsmäßiger Schranken gegen die Allmacht des Staates treffen.

Ein Gesellschaftsvertrag wird nur die Zustimmung der Individuen finden, wenn mit der Übertragung von Aufgaben, Rechten und Pflichten an den Staat auch zugleich wirksame Schranken gegen eine mögliche Ausbeutung der Bürger verankert werden.

Doch was sind wirksame Vorkehrungen gegen mögliche Ausbeutungsversuche des Staates? Als wirksam haben sich beispielsweise folgende Maßnahmen erwiesen (Erlei et al. 2016):

- Die horizontale Gewaltenteilung ist ein auf John Locke (1632–1704) und Charles de Secondat Montesquieu (1689–1755) zurückgehendes Konzept der Teilung der Staatsgewalt in Legislative, Exekutive und Judikative, einschließlich turnusmäßiger Wahlen der Vertreter der Legislative und ggf. auch der Spitze der Exekutive. Diese Trennung mehr oder weniger stark aufzuheben und die Gewalten zu vermischen, zieht oft Ausbeutungs- und Diskriminierungsprobleme nach sich.
- Die vertikale Gewaltenteilung, also ein föderaler Staat, initiiert eine Art Standortwettbewerb oder Systemwettbewerb und erhöht auf diese Weise die Chancen für eine Politik gemäß den Präferenzen der Bürger.

3.7 James Buchanans konstitutionelle Ökonomik

- Die Etablierung von einklagbaren Grundrechten schützt die Bürger vor willkürlicher Ausübung der Staatsmacht.
- Eine regel- oder prinzipiengeleitete Wirtschaftspolitik erschwert die willkürliche Bedienung bestimmter organisierter Interessengruppen und somit Diskriminierung. Hierunter fallen auch Regeln zur Beschränkung der Staatsausgaben, Staatseinnahmen und/oder der Staatsverschuldung.
- Die Etablierung unabhängiger Organisationen, damit diese unabhängig von tagespolitischem Druck bestimmte (klar umrissene) kollektive Aufgaben erfüllen können. Beispiele sind Sachverständigenräte, Rechnungshöfe, Zentralbanken, Wettbewerbsbehörden u. w.
- Die Einbindung des Staates in übergeordnete Netzwerke, um Kollektivprobleme über der nationalstaatlichen Ebene besser lösen zu können (z. B. Treibgas- bzw. Klimaproblem).

Negieren die Staatsvertreter solche o. ä. konstitutionelle Vorkehrungen gegen Ausbeutung und nutzen den Staatsapparat vorwiegend, um ihren Nutzen und den einer bestimmten Klientel zu mehren, so sind Protest und Aufruhr ein legitimes Mittel dagegen. Buchanan (1975) beschreibt es so: Aufruhr und Ungehorsam gegen den Staat stellen im Extremfall eine Drohung mit Anarchie dar. Dies zu vermeiden, ist zu guter Letzt im Interesse aller und stellt einen Anreiz dar, konstitutionelle Reformen umzusetzen.

Buchanan stellt die Frage, auf welche grundlegenden Regeln sich rationale Individuen, die ihre Wohlfahrt stetig mehren möchten, einigen würden. Weil die Regelsetzung und Weiterentwicklung sowie die Bereitstellung von Kollektivgütern (öffentlichen) Gütern eine permanente Aufgabe für eine Gemeinschaft darstellt, bietet es sich an, einen Staatsapparat zu etablieren. Damit dieser nicht selbst zum Ausbeuter des Volkes wird (Leviathan-Problem), werden die Individuen in ihrem Gesellschaftsvertrag konstitutionelle Vorkehrungen (Schranken) dagegen vorsehen.

Indem die Individuen einen bindenden Gesellschaftsvertrag verabschieden, tauschen sie Teile ihrer Freiheit ein, und zwar (a) gegen durch das Recht geschützte Freiräume, (b) effiziente Möglichkeiten der Rechtsweiterentwicklung durch die Legislative und durch Gerichtsurteile der Judikative, (c) effiziente Bereitstellung von Kollektivgütern. Politik auch immer als eine Art von Tauschprozess zu denken, wird nach Buchanan (1987) „politics-as-exchange-paradigm" bezeichnet.

Literatur
Buchanan, J. M. (1964). What should economists do? *Southern Economic Journal, 30*, 213–222.
Buchanan, J. M. (1975). *The limits of liberty – Between anarchy and Leviathan*. The University of Chicago Press, Chicago.
Buchanan, J. M. (1987). The constitution of economic policy. *The American Economic Review, 77*, 243–250.
Erlei, M., Leschke,M., & Sauerland, D. (2016). *Institutionenökonomik* (3. Aufl.). Schäffer-Poeschel, Düsseldorf.
Wicksell, K. (1896). *Finanztheoretische Untersuchungen*. Gustav Fischer, Frankfurt.
Hobbes, T. (1651/1984). *Leviathan*. Reclam, Ditzingen.

3.8 Österreichische Schule (Mises und Hayek)

Martin Leschke

Das Individuum als Ausgangspunkt
Die österreichischen Wirtschafts- und Gesellschaftstheoretiker Ludwig von Mises und Friedrich August von Hayek gehen von mündigen Individuen aus, die als freie Bürgerinnen und Bürger ihre Entscheidungen selbstbestimmt treffen möchten. Daraus folgt nach Mises (1927), dass sie Schmied ihrer Lebensplanung und ihres Glücks sind. Zudem sind sie fähig, Verantwortung für ihr Handeln zu übernehmen und ihre Entscheidungen zu revidieren, wenn die Konsequenzen bzw. Ereignisse es erfordern. Menschen sind in diesem Sinne zu rationalem Handeln fähig.

Hayek betont darüber hinaus, dass der Rahmen, innerhalb dessen die Individuen Dinge wahrnehmen, reflektieren und entscheiden stark von der Kultur (Moral, Sitten, Regeln) geprägt ist, unter der sie aufgewachsen sind. Die Sinnesordnung der Individuen ist maßgeblich ein Produkt der Kultur (Hayek, 1952). Und diese innere Ordnung bestimmt den Scheinwerfer, mit dem wir unsere Umwelt ausleuchten (was ist wichtig, was ist unwichtig?) und bewerten (was ist gut, was ist schlecht?).

Da die Erfolge individuellen Entscheidens auch (bisweilen sogar maßgeblich) von den Rahmenbedingungen wirtschaftlichen und gesellschaftlichen Handelns abhängen, ist deren Beschaffenheit von besonderer Bedeutung. Mises und Hayek haben daher in ihren Werken dezidiert zur Beschaffenheit des Ordnungsrahmens Stellung genommen. Sie setzen sich insbesondere mit dem sozialistischen planwirtschaftlichen System auseinander und entwickeln einen liberalen Gegenentwurf.

Die Markt- und Geldordnung nach Ludwig von Mises
Ein zentraler Baustein der Auseinandersetzung mit dem planwirtschaftlichen Sozialismus von Ludwig von Mises ist sein „Unmöglichkeitstheorem". Dieses Theorem ist eigentlich eine These, und sie besagt, dass in einer zentral (durch den Staat) organisierten Planwirtschaft eine effiziente Güterallokation (und auch Faktorallokation) unmöglich sei. Diese These begründet Mises (1922, 1927) folgendermaßen: (1) Innerhalb eines sozialistischen Systems ist es nicht möglich, aus Angebot und Nachfrage resultierende Marktpreise bereitzustellen. Ohne freie Preisbildung, wie sie in einer Marktwirtschaft erfolgt, können Wirtschaftsteilnehmer (Unternehmer, Konsumenten) sich nicht an sich ändernden Knappheiten schnell und effizient orientieren, weil im planwirtschaftlichen Sozialismus die Preise politisch gesetzt sind; sie können die sich ändernden Knappheiten nicht anzeigen. Folglich reagiert das planwirtschaftliche System auf sich ändernde Knappheiten äußerst träge und damit ineffizient. (2) Auf die geistige Arbeitsteilungs- und Anpassungsfunktion, die aus der Zusammenarbeit aller Unternehmer, Landbesitzer und Arbeiter sowohl als Produzenten als auch als Konsumenten auf der Basis von Marktpreisen in einem freien Wirtschaftssystem besteht, muss im Sozialismus verzichtet werden. (3) Ein Unternehmer, der von seiner charakteristischen

Rolle im ökonomischen Leben entbunden wird, weil er nunmehr im planwirtschaftlichen Sozialismus eingesetzt wird, hört auf, ein Geschäftsmann zu sein. Egal wie viel Erfahrung und Routine er für seine neue Tätigkeit auch mitbringt, er wird doch wie ein Funktionär sein.

Im Umkehrschluss gilt, dass die Preismechanismen des Marktes eine effiziente Güter-, Faktor- und Ressourcenallokation ermöglichen, weil die sich ändernden Preise sich ändernde Knappheiten anzeigen und die unternehmerisch tätigen Individuen die Informationen aufnehmen und produktiv verwerten. Sie können und werden ihr Handeln an sich ändernde Gegebenheiten (Knappheiten) anpassen. Auch werden sie stets nach besseren Möglichkeiten der Arbeitsteilung suchen, um die Produktivität zu steigern. Darauf hat schon Adam Smith hingewiesen.

Um dezentrales (individuelles) Planen und Entscheiden – freiheitlich und eigenverantwortlich sowie unter Abwägung von Vor- und Nachteilen – zu ermöglichen, bedarf es der Gewährung von Privateigentum (im Folgenden einfach „Eigentum"). Nur Eigentum ermöglicht Freiheit, individuelles verantwortungsvolles Handeln und eine adäquate Anpassung an sich ändernde Knappheiten. Der Staat soll daher sein Handeln darauf ausrichten und zugleich darauf beschränken, Eigentumsrechte (a) zu gewähren, (b) deren Einhaltung zu gewährleisten und (c) sich aus dem marktlichen Mechanismus der arbeitsteiligen Gütererstellung und des Konsums herauszuhalten. Mises (1927) sieht den auf dem Privateigentum (von ihm Sondereigentum genannt) fußenden Marktmechanismus als so leistungsfähig an, dass weiteres leistungsstaatliches Handeln (Infrastruktur, Bildung, Soziales) nicht notwendig erscheint. Der Markt bringt es hervor, wenn die Eigentumsordnung durch den Staat garantiert wird und Verletzungen von Eigentumsrechten wirksam geahndet werden.

Ein stabiles Preisniveau ist für Ludwig von Mises (1924) eine weitere zentrale Voraussetzung für ein funktionierendes Marktsystem. Inflation verzerrt die Preise, sorgt für Fehlallokation und schmälert auf diese Weise die Funktionsfähigkeit des Marktsystems (Mises spricht von einer Verfälschung der Wirtschaftsrechnung). Dem Staat kommt somit die Aufgabe zu, die Umlaufmittel – so nennt von Mises das Geld – stabil zu halten. Da der Staat aber selbst eine starke Neigung hat, die Wirtschaft (Konjunktur) in Krisensituationen mittels einer Expansion der Geldmenge anzutreiben (was langfristig nur zu Inflation und Wohlstandseinbußen führt), besteht er darauf, dass die volkswirtschaftliche Geldmenge „gedeckt" sein müsse. Als Deckungsmittel eignen sich Gold oder Silber o. ä. Da der Staat aus kurzfristigen Erwägungen das Versprechen einer Stabilitätspolitik selbst immer wieder brechen wird, muss die Geldordnung so beschaffen sein, dass eine 100-%-Deckung der Geldmenge festgeschrieben wird. Mises (1928) favorisiert daher eine nicht vom Staat manipulierbare Goldwährung.

Markt- und Gesellschaftsordnung nach Friedrich August von Hayek
Hayek wurde u. a. durch Mises' Argumente von einem idealistischen Sozialisten zu einem liberalen Denker. So verwundert es nicht, dass er einige Punkte aus dem Mises'schen

Werk aufgreift und weiterentwickelt. Zugleich fügt er neue Argumente hinzu, und zwar auf wirtschaftlicher wie auf gesellschaftlicher Ebene.

Nach Hayek (1945) sind die Individuen in einer freiheitlichen marktwirtschaftlichen Ordnung am ehesten in der Lage, ihre unterschiedlichen Ziele weitgehend zu erreichen. Denn bei sich permanent ändernden Umständen (Präferenzen, Daten, Knappheiten) gelingt eine Anpassung der individuellen Pläne an diese Änderungen innerhalb einer freiheitlichen, dezentralen Ordnung vergleichsweise gut, weil (wie erwähnt) freie Preise sich ändernde Knappheiten (schnell) anzeigen. Der einzelne kann auf diese Weise über Preise Informationen gewinnen, ohne die Fülle von Einzelumständen kennen zu müssen, durch die sie determiniert werden. So hat er die Möglichkeit, Erwartungen zu bilden und Pläne zu korrigieren oder neu aufzustellen. Aber auch ohne eine Änderung äußerer Umstände und relativer Preise werden die Unternehmer aufgrund des Wettbewerbsdrucks angehalten, innovativ zu sein, d. h. Produkt- und Verfahrensfortschritte zu initiieren; denn sonst fallen sie gegenüber Konkurrenten zurück und scheiden aus dem Markt aus. Welche Neuerungen erfolgreich sind, bestimmt der Marktprozess (das ist nämlich von einzelnen Individuen kaum antizipierbar). Auf diese Weise fungiert der „Wettbewerb als Entdeckungsverfahren" (Hayek, 1968). Folglich ist Freiheit zusammen mit Wettbewerb auf der Ebene eines freiheitlichen Marktes (mit freier Preisbildung) ein Vehikel, um dauerhaft Fortschritt zu erzeugen.

Freiheit und Wettbewerb fungieren als Garant des Fortschritts allerdings nur dann, wenn der Ordnungsrahmen adäquat ausgestaltet ist. Ein Merkmal der Adäquanz ist für Hayek (1973) das Primat abstrakter Verbotsregeln. Abstrakte Verbotsregeln sind (a) negativ formuliert, was bedeutet, dass alle Handlungen, die nicht explizit unter die Verbote fallen, erlaubt sind. Weiterhin sollen sie (b) unabhängig von Ort, Zeit, Personen und spezifischen Umständen sein und (c) für eine im Vorhinein unbekannte Zahl von Fällen gelten. Auf diese Weise wirken sie freiheitssichernd und erwartungsstabilisierend. Zudem kann über solche Regeln eher eine Übereinstimmung erzielt werden als über unterschiedliche Verteilungen (von Einkommen und Vermögen). Hayek bezeichnet solche abstrakten Verbotsregeln daher als „nomos", die Regeln gerechten Verhaltens.

Neben der Aufgabe der Rechtsetzung und Rechtsdurchsetzung spricht Hayek (1979) – im Gegensatz zu Mises – dem Staat auch leistungsstaatliche Aufgaben zu. Wenn der Markt versagt und Güter und Leistungen nicht in erwünschter Weise hervorbringt, ist es dem Staat erlaubt, diese Güter und Leistungen bereitzustellen (d. h. „Sorge" dafür zu tragen, dass sie vorhanden sind). Innerhalb dieses Spektrums des Marktversagens soll der Staat also allokativ tätig werden. Allerdings formuliert Hayek diesbezüglich einen wichtigen Grundsatz: Wenn der Staat im Bereich der Güterbereitstellung tätig wird, muss er private Konkurrenz, also ein Angebot, was sich aus dem freien Markt heraus ergibt, zulassen. Das gilt für alle Bereiche. So soll bzw. muss es im Rahmen des staatlichen sozialen Netzes privaten Versicherungsanbietern erlaubt sein, eine Absicherung anzubieten, sodass man aus der öffentlichen Versicherung ausscheren kann. Ebenso wendet Hayek (1976b) diesen Grundsatz auf die Emission des Geldes an. Stabiles Geld lässt sich seiner Ansicht nach nur durch Wettbewerb hervorbringen. Deshalb muss es auch privaten Banken gestattet sein, ihr eigenes Geld zu emittieren.

Hayek geht in seinen ordnungspolitischen Abhandlungen sogar noch einen Schritt weiter. Er stellt die Frage: Wie kann man (weitgehend) sicherstellen, dass sich der Staat auf die dargelegten Grundsätze rechts- und leistungsstaatlichen Handelns beschränkt? Bevor Hayeks Antwort auf diese Frage skizziert wird, soll erklärt werden, warum diese Frage überhaupt von Bedeutung ist. Nach Hayek (1976a, b) ist sie es, weil (a) vor Wahlen Politiker dazu neigen, Wahlgeschenke zu versprechen, auch wenn diese mittel- und langfristig gegen Grundsätze verstoßen und mehr Schaden anrichten als Nutzen stiften (oft unter dem Deckmantel der sozialen Gerechtigkeit) und (b) weil es im politischen Prozess organisierten Interessengruppen immer wieder gelingt, Sondervergünstigungen zu erlangen, auch wenn diese mittel- bis langfristig die allgemeine Wohlfahrt (das Wachstum) schmälern. Um dieses Problem, das in vielen Demokratien zu beobachten ist, zu entschärfen, schlägt Hayek (1979) vor, ein „Parlament für Grundsatzfragen" in den demokratischen Prozess zu integrieren, dessen Mitglieder (in Deutschland z. B. 100 bis 200 Personen) direkt vom Volk gewählt werden, und zwar revolvierend (z. B. alle 3 Jahre ein Drittel ohne Wiederwahlmöglichkeit). Bezüglich der Aufgabe dieses „Parlaments für Grundsatzfragen" orientiert sich Hayek an den Gründervätern der demokratischen Gewaltenteilung Locke und Montesquieu. Das „Parlament für Grundsatzfragen" soll überwachen, ob sich die Regierung samt des vorwiegend mit der tagespolitischen Gesetzgebung befassten Parlaments (das Hayek als Regierungsversammlung bezeichnet) an die Grundsätze (der Rechtsstaatlichkeit und der Marktordnung) hält oder nicht. Bei Übertritten bzw. Verfehlungen kann es eingreifen und Korrekturen in der Gesetzgebung bzw. Politik anordnen. Unüberwindbare Streitigkeiten zwischen dem „Parlament für Grundsatzfragen" und dem mit der Tagespolitik befassten Parlament müssen vom Verfassungsgericht entschieden werden. Von dieser neuen Governancestruktur verspricht sich Hayek eine Entwicklung des Rechts, die langfristig ausgerichtet ist (man würde heute von nachhaltiger Gesetzgebung sprechen) und den Bürgerinnen und Bürgern in weitaus stärkerem Maße hilft, durch die Schaffung eines verlässlichen Ordnungsrahmens ihre Ziele zu erreichen.

Ludwig von Mises und Friedrich August von Hayek kämpften Zeit ihres Lebens gegen die Idee des Sozialismus, eine planwirtschaftliche und zugleich gerechte Wirtschaftsordnung zu etablieren. Sie führen Gründe an, warum die Planwirtschaft scheitern muss. Ferner argumentieren beide, dass nur eine freiheitliche Marktwirtschaft dazu führen kann, dass Innovationen stetig die Lebenssituationen der Menschen verbessern. Zudem argumentiert Hayek, dass nur über abstrakte (freiheitssichernde) Verbotsregeln eine weitreichende Übereinkunft erzielt werden kann, sodass diese auch (weitgehend) als gerecht angesehen werden.

Später kämpfte vor allem Hayek auch gegen eine zunehmend interventionistische Politik zugunsten einzelner Gruppen in der Demokratie. Als Lösung für dieses Problem regte er an, darüber nachzudenken, demokratische Grundordnungen so zu gestalten, dass die Einhaltung grundlegender Prinzipien, die ein Garant für Wohlstand und Fortschritt sind, in der Politik bzw. im Staat gewährleistet wird.

Ludwig von Mises und Friedrich August von Hayek sind somit Vertreter einer liberalen Ordnungspolitik oder Ordnungsökonomik als Teil der Institutionenökonomik, die sich mit den institutionellen Governancestrukturen auf der Ebene des Marktes sowie auf der Ebene der Politik beschäftigt.

Literatur

Von Mises, L. (1922). *Die Gemeinwirtschaft. Untersuchungen über den Sozialismus.* Gustav Fischer, Frankfurt.

Von Mises, L. (1924). *Theorie des Geldes und der Umlaufsmittel* (2. erweiterte Aufl.). Duncker & Humblot, Berlin.

Von Mises, L. (1927). *Liberalismus.* Gustav Fischer, Frankfurt.

Mises, L. von (1928). *Geldwertstabilisierung und Konjunkturpolitik.* Gustav Fischer, Frankfurt.

von Hayek, F. A. (1945). The use of knowledge in society. *American Economic Review, 25,* 519–530.

Hayek, F. A. von (1952). *The sensory order. An inquiry into the foundations of theoretical psychology.* The University of Chicago Press, Chicago.

von Hayek, F. A. (1968). *Der Wettbewerb als Entdeckungsverfahren* (S. 56). NF: Kieler Vorträge gehalten im Institut für Weltwirtschaft an der Universität Kiel. Institut für Weltwirtschaft, Kiel.

von Hayek, F. A. (1973). *Law, legislation and liberty (Bd. 1). Rules and order.* University of Chicago Press, Chicago.

Hayek, F. A. von (1976a). *Law, legislation and liberty, (Bd. 2). The mirage of social justice.* University of Chicago Press, Chicago.

Hayek, F. A. von (1976b). *The Denationalization of Money.* The Institute of Economic Affairs, London.

Hayek, F. A. von (1979). *Law, legislation and liberty, (Bd. 3). The political order of a free people. U*niversity of Chicago Press, Chicago.

Neue Politische Ökonomik 4

Inhaltsverzeichnis

4.1 Politische Ökonomik 110
4.2 Public Choice 112
4.3 Wählerstimmenmarkt 117
4.4 Politischer Konjunkturzyklus 122

> **Zusammenfassung**
>
> Die Gestaltung einer Wirtschaftsordnung ist ohne die zugehörige Gesellschaftsordnung nicht denkbar. Das Zusammenwirken und die Interdependenzen von Wirtschafts- und Gesellschaftsordnung waren eine fundamentale Überlegung der Ordnungstheoretiker. Ebenso kann ökonomische Politikberatung und Analyse nicht ohne ein Verständnis für politische Prozesse auskommen. Dies erfordert eine erweiterte Perspektive der ökonomischen Analyse, geht es doch nicht mehr nur um die Koordination von unterschiedlichen individuellen Interessen und Präferenzen über Märkte, sondern zusätzlich um die kollektive Entscheidungsfindung über politische Prozesse. Dafür konnten aus der Ökonomik bekannte Kosten-Nutzen-Überlegungen übernommen und in die Analyse politisch-administrativer Prozesse übertragen werden. Mit diesem Instrumentarium werden ganz allgemein politische Prozesse, Wahlverhalten, Anreize für Politiker und Bürokraten sowie die wirtschaftlichen Auswirkungen dieser Anreize betrachtet. Auch in der Neuen Politischen Ökonomik gab es in den vergangenen Jahrzehnten verschiedene Entwicklungen und Denkschulen, die in ihrer Vielfalt und Unterschiedlichkeit zu würdigen sind.

4.1 Politische Ökonomik

Thomas Apolte

Der Begriff „Politische Ökonomie" tauchte ab Mitte des 18. Jahrhunderts weitgehend unabhängig voneinander in verschiedenen Ländern wie Frankreich, England, Deutschland und den USA auf. Dabei dominierten zu unterschiedlichen Zeiten unterschiedliche begriffsbestimmende Elemente. Zunächst grenzte sich Politische Ökonomie als eine „Ökonomie des Politischen" von der Analyse einzelwirtschaftlichen Handelns ab, indem sie ökonomische Prozesse einer Gesellschaft insgesamt in den Blick nahm. So betrachtet war sie bis zum Ende des 19. Jahrhunderts eher als Synonym für die später üblich gewordenen Begriffe Nationalökonomie und Volkswirtschaftslehre zu verstehen. Heute bezeichnet der Begriff Politische Ökonomie dagegen eine Spezialisierung innerhalb der Volkswirtschaftslehre an deren Schnittstelle zur Politikwissenschaft, wobei es um die Erforschung von Wechselwirkungen zwischen Politik und Wirtschaft geht. Der Begriff Politische Ökonomie ist in seiner modernen Fassung insofern eng verbunden mit interdisziplinärer sozialwissenschaftlicher Forschung unter Einsatz solcher Forschungsmethoden, welche sich aus der Mikroökonomik und der Spieltheorie als der Verallgemeinerung der Mikroökonomik entwickelt haben (Persson & Tabellini, 2002).

Zwischen den zeitlichen Perioden der ursprünglichen und der modernen Verwendung erfuhr die Bedeutung des Begriffs Politische Ökonomie indes eine etwas eigentümliche Wandlung. Dies gilt vor allem für den deutschen Sprachraum. Ab der Mitte des 19. Jahrhunderts absorbierte die in den Sozialwissenschaften außerhalb der Volkswirtschaftslehre sehr einflussreiche marxistische Theorie den Begriff Politische Ökonomie weitgehend als Oberbegriff für die marxistische Wirtschaftstheorie (Mandel, 1967). Das hatte unter anderem zur Folge, dass entsprechende universitäre Lehrstühle in Westdeutschland weitgehend unter der Bezeichnung Volkswirtschaftslehre geführt wurden, während sie in der DDR als Politische Ökonomie firmierten. Daher wird der deutsche Begriff Politische Ökonomie bis heute oft mit der Marx'schen Kapitalismustheorie assoziiert, während das angelsächsische Pendant Political Economy – zumindest heute – eine davon weitgehend abweichende Konnotation entwickelt hat.

Ab den 1960er Jahren wurden in der internationalen Volkswirtschaftslehre zwei Entwicklungen ausgelöst, welche die in den Jahrzehnten davor dominierende wohlfahrtsökonomische Ausrichtung der Volkswirtschaftslehre zunehmend infrage stellten. Erstens waren viele akademische Politikberater zunehmend ernüchtert über die aus ihrer damaligen Sicht weitgehend beratungsresistent erscheinenden politischen Entscheidungsträger. Zwar hatte man mit der sehr technisch gewordenen Volkswirtschaftslehre ein inzwischen sehr stringentes Instrumentarium für die Herleitung effizienter Politikempfehlungen zur Hand. Doch musste man zugleich beobachten, dass sich Politiker diese Empfehlungen nicht oder nur sehr bedingt zu eigen machten. Zweitens wurde auch unter den Ökonomen selbst Kritik an der Wohlfahrtsökonomik formuliert.

Weil diese beiden Entwicklungen eng miteinander verzahnt waren, begannen Ökonomen – zunächst noch weit ab vom damaligen Mainstream – sich vermehrt mit dem Zusammenspiel von Wirtschaft und Politik zu beschäftigen. Mit der Zeit firmierten die anfangs noch sehr unterschiedlichen Ansätze hierzu unter dem Begriff der „Neuen Politischen Ökonomie". Deren zunächst wohl prominentester Ansatz geht auf die beiden US-Ökonomen James Buchanan und Gordon Tullock zurück. Mit deren 1962 erschienenem Werk „The Calculus of Consent" (Buchanan & Tullock, 1962) stellten sie die Wohlfahrtsökonomik von deren normativer Grundlegung heraus sprichwörtlich auf den Kopf. Buchanan (1959) hatte schon zuvor die Wohlfahrtsökonomik dafür kritisiert, dass sie ihre wirtschaftspolitischen Empfehlungen auf der Grundlage theoretisch konzipierter Gütekriterien für den Zustand einer Gesellschaft entwickelt – allen voran dem Pareto-Kriterium. Kern der Kritik war, dass man der Gesellschaft damit von außen Kriterien überstülpt, welche als normative Aussagen nicht wahrheitsfähig und damit wenig mehr als akademisch verpackte Werturteile sind. Als Alternative dazu demonstrierten Buchanan und Tullock, dass sich wirtschaftspolitische Empfehlungen theoretisch aus dem ausdrücklichen Konsens aller Mitglieder einer Bevölkerung heraus entwickeln lassen.

Während Buchanan dieses normative Forschungsprogramm Zeit seines Lebens unter dem Begriff der Constitutional Political Economy weiterverfolgte, verschob sich der Blickwinkel bei Tullock und vielen anderen Ökonomen aus der Neuen Politischen Ökonomie in Richtung einer positiven Analyse politischer Entscheidungsprozesse. Im Jahre 1966 gründete Gordon Tullock eine wissenschaftliche Zeitschrift, welche sich der Analyse politischer Entscheidungen mit den Methoden mikroökonomischer Theorie widmen sollte. Zunächst erschien diese unter dem Titel „Non-Market Decision Making", wurde aber sehr bald in „Public Choice" umbenannt. Die Bezeichnung Public Choice setzte sich in der Folge auch generell für die Analyse politischer Entscheidungen mit mikroökonomischen und spieltheoretischen Methoden durch und verdrängte zusammen mit dem Begriff der Constitutional Political Economy mehr und mehr den Begriff der Neuen Politischen Ökonomie, der inzwischen kaum noch Verwendung findet.

Die im Rahmen von Public Choice und Constitutional Political Economy entwickelten Forschungen gewannen mit der Zeit an Stringenz (Mueller, 2003), blieben aber eng mit den Gründervätern Buchanan und Tullock verbunden. Der Umstand, dass die normative Basis von Constitutional Political Economy ursprünglich – allerdings nicht notwendigerweise – tendenziell libertär und staatsfern war, färbte dabei auch auf die Public-Choice-Theorie ab, obwohl diese grundsätzlich einen rein erklärenden Charakter und damit Wertfreiheit für sich beanspruchte. Dadurch klebt bis heute am Begriff Public Choice das Image einer normativen marktwirtschaftlich-libertären Grundierung, wobei dies mit Blick auf amerikanische Public-Choice-Theoretiker in stärkerem Maße gilt als mit Blick auf jene in Europa.

Aus diesem Grunde hielt eine neue Generation von Ökonomen mit ausgeprägtem Forschungsinteresse an der Schnittstelle von Politik und Wirtschaft eine gewisse Distanz zur engeren Public-Choice-Szene. Zwar griffen sie deren Methodik auf und entwickelten diese rigoros mit modernem theoretischen und zunehmend auch empirischem Instrumentarium weiter, doch vermieden sie den Begriff Public Choice (Blankart & Köster, 2006). Stattdessen führten sie ihre Forschungsarbeit unter dem Label Political Economy und begründeten damit eine gewisse Renaissance des Begriffs Politische Ökonomie.

Letzteres blieb allerdings weitgehend auf den angelsächsischen Sprachraum beschränkt. Neben dem zeitgenössischen Hang zu Anglizismen dürfte es vor allem an der Verwechslungsgefahr des deutschen Begriffs Politische Ökonomie mit marxistischen Ansätzen liegen, dass die Bezeichnung Political Economy bisher kaum ins Deutsche rückübersetzt worden ist. Insofern bezeichnet der auch im deutschen Sprachraum weitgehend so verwendete Begriff Political Economy heute eine im ökonomischen Mainstream angekommene Forschungsrichtung, welche sich mit den Wechselwirkungen von Politik und Wirtschaft beschäftigt. Abgesehen vom – sich inzwischen abschwächenden – Image einer gewissen normativen Färbung bezeichnen die Begriffe Public Choice und Political Economy damit heute eine weitgehend identische Forschungsrichtung. Die historisch ursprüngliche Bedeutung der Politischen Ökonomie als Synonym zur Volkswirtschaftslehre im Allgemeinen ist dagegen bis heute mehr oder weniger vollständig verloren gegangen.

Literatur
Blankart, C. B., & Köster, W. (2006). Political economics versus public choice. *Kyklos, 59*, 171–200.
Buchanan, J. M. (1959). Positive economics, welfare economics, and political economy. *Journal of Law and Economics, 2*, 124–138.
Buchanan, J. M., & Tullock, G. (1962). *The calculus of consent.* University of Michigan Press, Ann Arbor.
Persson, T., & Tabellini, G. (2002). *Political economics: Explaining economic policy.* MIT Press, Cambridge.
Mandel, E. (1967). *Marxistische Wirtschaftstheorie*, Suhrkamp, Berlin.
Mueller, D. C. (2003). *Public choice III.* Cambridge University Press, Cambridge.

4.2 Public Choice

Thomas Apolte

Wörtlich übersetzt steht der Begriff Public Choice einfach nur für öffentliche Entscheidungen. Das lässt aber Interpretationsspielraum in zweierlei Richtungen. So kann sich Public Choice von „Individual Choice" danach abgrenzen, wer eine Entscheidung trifft: eine Öffentlichkeit oder ein individueller Entscheidungsträger. Alternativ kann Public Choice von Individual Choice nach dem Kriterium unterschieden werden, für wen eine Entscheidung getroffen wird, und zwar für eine Öffentlichkeit oder für Individuen.

4.2 Public Choice

In der Public-Choice-Theorie gilt im Wesentlichen letzteres. Es geht um Entscheidungen, die für mindestens eine Gruppe von Menschen oder eben für sämtliche Einwohner eines Landes bindenden Charakter haben, egal, von wem wie getroffen wurden. Daher gehört es durchaus in den Forschungsbereich der Public-Choice-Theorie, Entscheidungen eines Diktators zu analysieren. Denn sie werden im Extremfall zwar von einer einzelnen Person individuell getroffen, sind aber im Zweifel für ein ganzes Volk bindend.

Praktisch bezog sich Public-Choice-Theorie aber zunächst fast ausschließlich auf Demokratien (Mueller, 2003). Erst später wurde die Analyse autokratischer Systeme mit einbezogen (Wintrobe, 1998). In Demokratien werden idealerweise alle erwachsenen Bürger eines Landes an öffentlichen Entscheidungen beteiligt. Hierzu werden deren individuelle Entscheidungen zunächst gesammelt und dann nach festgelegten Regeln zu einer öffentlichen Entscheidung zusammengefasst (aggregiert). Die bekannteste und zugleich einfachste Aggregationsregel hierzu ist die Mehrheitsregel. Insoweit behandelt Public-Choice-Theorie das Zusammenspiel einer Vielzahl von individuellen Entscheidungen, die zu einer öffentlichen Entscheidung aggregiert werden. Dies gilt am Ende sogar für Diktaturen. Denn ein Diktator entscheidet in Wirklichkeit nicht allein, sondern muss den Willen aller jene einbeziehen, welche für seine Machtsicherung von Bedeutung sind (Svolik, 2012). Allerdings bleibt es regelmäßig intransparent, welche Personen dies sind und in welcher Weise sie ihren jeweiligen Willen in die Entscheidung des Diktators einfließen lassen.

Das konstituierende Element der Public-Choice-Theorie ist, dass jede Entscheidung einer Gruppe stets allein das Ergebnis des Verhaltens seiner individuellen Mitglieder ist. Die Idee einer Gruppe, welche oberhalb der individuellen Ebene eine eigenständige Wesenseinheit entwickelt und in dieser Eigenschaft kollektive Entscheidungen trifft, wird strikt zurückgewiesen. Public-Choice-Theorie wendet insoweit ausdrücklich das von Josef A. Schumpeter (1908/1970, S. 90) geprägte und von Karl Popper (1945/1992, S. 105–117) präzisierte Prinzip des „Methodologischen Individualismus" an, der alles Gruppenhandeln „reduktionistisch" auf das Verhalten der individuellen Gruppenmitglieder und deren Interaktionen zurückführt.

Für eine solche Analyse ist es grundsätzlich nicht zwingend, den individuellen Entscheidungsträgern eigennützige Motive zu unterstellen. Auch ist es nicht notwendig, rationales Verhalten der Individuen anzunehmen. Dennoch fußen die meisten Ansätze der Public-Choice-Theorie – ebenso wie jene der mikroökonomischen Theorie – auf diesen Annahmen. In beiden Bereichen zeichnen sich allerdings Änderungen ab, welche mit der Entwicklung der Verhaltensökonomik eng verbunden sind.

Auf der Basis rationalen Verhaltens identifiziert die Public-Choice-Theorie aber immer zunächst die Interessen der individuellen Gruppenmitglieder. Sodann leitet sie deren optimale Entscheidungen her und analysiert anschließend, welche Gruppenentscheidungen entstehen, nachdem alle Individuen die für sie optimale Wahl getroffen haben und nachdem die individuellen Entscheidungen zu einer Gruppenentscheidung aggregiert wurden.

Es überrascht nicht, dass die Spieltheorie zu den Standardwerkzeugen der Public-Choice-Theorie gehört. In jedem Falle widersprechen die Ergebnisse von Public-Choice-Analysen nicht selten der unmittelbaren Intuition und können daher mitunter recht überraschend ausfallen.

Vorläufer der Public-Choice-Theorie finden sich bereits im 18. Jahrhundert, vor allem bei den französischen Denkern Nicolas de Condorcet (1743–1794) sowie Jean-Charles de Borda (1733–1799). Deren Erkenntnisse wurden nach dem Zweiten Weltkrieg zunächst von dem schottischen Ökonomen Duncan Black (1908–1991), dem späteren Wirtschafts-Nobelpreisträger Kenneth Arrow (1921–2017) sowie dessen akademischem Schüler Anthony Downs (1930–2021) vertieft und verallgemeinert.

Der Begriff Public Choice selbst wurde aber erst von den beiden amerikanischen Ökonomen James Buchanan (1919–2013) und Gordon Tullock (1922–2014) geprägt, und zwar in deren grundlegendem Werk „The Calculus of Consent" von 1962. Das dort ausgebreitete Forschungsprogramm beschränkte sich allerdings nicht auf die formale Analyse öffentlicher Entscheidungen auf der Basis des Methodologischen Individualismus, sondern begründete darüber hinaus eine spezifische Staatstheorie, welche nicht allein erklärende, sondern auch weltanschaulich-wertende Elemente enthielt.

Buchanan (1959) hatte sich bereits vor Veröffentlichung des Calculus kritisch zur Wohlfahrtsökonomik geäußert, die seinerzeit vor allem durch Paul Samuelson (1915–2009) zur Grundlage ökonomischer Politikberatung entwickelt wurde (Samuelson, 1956). Einer von Buchanans Einwänden bestand darin, dass die Wohlfahrtsökonomik in steriler Weise optimale ökonomische Empfehlungen herleitet, ohne sie in den Kontext der hierzu notwendigen öffentlichen Entscheidungen zu stellen. Sein zweiter Einwand war mindestens so wichtig und setzte an dem Umstand an, dass sich eine optimale Entscheidung immer auf ein Kriterium beziehen muss, nach welchem zu urteilen ist, ob ein optimaler Zustand vorliegt oder nicht. Ein solches Kriterium ist seiner Natur nach aber immer normativ-wertend. Ob ein Individuum ein Kriterium für gut befindet oder nicht, liegt nämlich im subjektiven Auge des individuellen Betrachters und entzieht sich insofern intersubjektiv vergleichbarer objektiver Wahrheit. Buchanan kritisierte in diesem Sinne, dass die Wohlfahrtsökonomik solche subjektiven Kriterien einfach voraussetzt und sie den Individuen überstülpt, ohne zu wissen, ob sie diesen überhaupt zustimmen würden.

Diesem Gedanken folgend, entwarfen Buchanan und Tullock (1962) einen Gegenentwurf zur Wohlfahrtsökonomik, indem sie zeigten, wie sich konzeptionell alle Politikempfehlungen in letzter Konsequenz aus dem Konsens der Einwohner eines Landes herleiten lassen. Dies schien zumindest den Vorteil zu haben, dass man damit Politikempfehlungen ohne ein subjektives Gütekriterium entwickeln konnte, welches man den Einwohnern überstülpt. Solche Art konsensgebundener kollektiver Entscheidungsfindung nannten Buchanan und Tullock Public Choice. Buchanan entwickelte diesen Ansatz Zeit seines Lebens weiter und veröffentlichte vor allem mit den Büchern „The Limits of Liberty" (1975), „The Power to Tax" (1980) sowie „The Reason of Rules" (1985) weitere grundlegende Werke, wobei er die letzten beiden Bücher zusammen mit dem australischen

Ökonomen Geoffrey Brennan (1944–2022) verfasste. Hierfür wurde James Buchanan im Jahre 1986 mit dem Alfred-Nobel-Gedächtnispreis für Wirtschaftswissenschaften geehrt.

Zunächst noch unter dem Titel „Papers in Non-Market Decision Making" gründete Gordon Tullock im Jahre 1966 eine Fachzeitschrift für Public-Choice-Theorie, welche bald unter dem schlichteren Titel „Public Choice" weitergeführt wurde und heute zu den führenden internationalen und interdisziplinären Fachzeitschriften im Bereich öffentlicher Entscheidungen zählt. Weiterhin gründeten Buchanan und Tullock 1964 die „Public Choice Society", deren erster Präsident Buchanan war. Die Liste der seither amtierenden Präsidenten der Public Choice Society liest sich wie ein who is who prominenter Ökonomen, Philosophen und Politikwissenschaftler, welche sich mit öffentlichen Entscheidungen befassten – darunter allein drei Nobelpreisträger. Später wurden weitere Public-Choice-Gesellschaften in Europa, Australien und Japan gegründet.

In den 1970er und 1980er Jahren präsentierte sich die Public-Choice-Theorie zunächst weitgehend als Konkurrenzprodukt zur traditionellen Politikwissenschaft. Dies führte nicht zuletzt zu unnötigen Polarisierungen. Neben der Kritik am Methodologischen Individualismus sowie an der Annahme rationalen und eigennützigen Verhaltens empfanden manche Politikwissenschaftler es als anmaßend, dass Public-Choice-Theoretiker mit ihrem – allerdings nur scheinbar – ökonomischen Instrumentarium in den Kompetenzbereich angrenzender Fachdisziplinen eindringen. Umgekehrt empfanden manche Vertreter der Public-Choice-Theorie gerade dies als reizvoll, weil sie wiederum die traditionelle Politikwissenschaft als methodologisch unzureichend empfanden. So wundert es nicht, dass der in einem ganz anderen Zusammenhang von Lenin geprägte Begriff des „ökonomischen Imperialismus" die Runde machte (Nik-Khah & van Horn, 2012).

Von Beginn an waren aber auch Politikwissenschaftler, Soziologen und Philosophen prägend für die Entwicklung der Public-Choice-Theorie, etwa der amerikanische Politologe William Riker (1920–1993). Umgekehrt bemühten sich Public-Choice-Ökonomen zunehmend, den Ansatz als eine interdisziplinäre Ergänzung statt eines Konkurrenzprodukts zu anderen sozialwissenschaftlichen Forschungen zu betrachten. Daher sind die hohen Wellen des „ökonomischen Imperialismus" heute weitgehend verebbt, sodass Public-Choice-Theorie zu einer interdisziplinären Methodik zur Erforschung öffentlicher Entscheidungen geworden ist.

Auf diese Weise hat sich der methodische Ansatz der Public-Choice-Theorie auch außerhalb der Ökonomik in internationalen politikwissenschaftlichen Veröffentlichungen inzwischen weitgehend durchgesetzt. Hier wie dort wird Gruppenverhalten heute ganz überwiegend auf der Basis der individuellen Entscheidungen der Gruppenmitglieder analysiert. Dabei wurde allerdings der Geltungsanspruch formal-theoretischer Aussagen, vor allem vor dem Hintergrund der Entwicklung empirischer Methoden sowie experimenteller und verhaltenswissenschaftlicher Forschung, deutlich zurückgeschraubt. In diesem moderaten Sinne und in dieser Hinsicht ist die Methodik von Public Choice heute sowohl Teil des politikwissenschaftlichen wie auch des ökonomischen Mainstreams geworden.

Dies gilt allerdings nicht für deren ursprüngliche weltanschaulich-normative Grundierung, welche Buchanan und Tullock mit ihrem Grundlagenwerk The Calculus of Consent vorgenommen hatten. Ein zentraler Kritikpunkt daran lässt sich wie folgt zusammenfassen: Die im Calculus of Consent betriebene Herleitung gesellschaftlich und ökonomisch optimaler Zustände aus dem Konsens der Bevölkerung heraus suggeriert zu Unrecht, dass optimale Zustände und die daraus folgenden politischen Handlungsempfehlungen ohne Rückgriff auf subjektive Wertungen gewonnen werden könnten. So sehr man auch dem Konsenskriterium zustimmen mag, so gilt dennoch, dass es nicht anders als die Gütekriterien der Wohlfahrtsökonomik auf einer subjektiven Wertung beruht. Die Beurteilung gesellschaftlicher Zustände und wirtschaftspolitischer Handlungsempfehlungen ist ohne subjektive Wertungen nicht möglich. Daran ändert auch das Konsensprinzip nichts. Gleichwohl können normative Überlegungen für das Konsenskriterium sprechen, denn seine Nähe zu demokratischen Verfahren ist augenfällig. Einen objektiven Geltungsanspruch kann man daraus dennoch nicht ableiten, sodass es Ende immer im Auge des subjektiven Betrachters liegt, ob man diesem Kriterium folgen mag oder nicht.

In der Tat kam das Beharren von Buchanan, Tullock und anderen auf dem Konsensprinzip nicht von ungefähr. Denn vor allem Buchanan zeichnete sich durch eine durchaus markante marktwirtschaftlich-libertäre Grundhaltung in Verbindung mit einer gewissen Staatsferne aus. Diese Grundhaltung findet sich bis heute in der (amerikanischen) Public Choice Society wieder, nicht hingegen in deren Ablegern in anderen Regionen, vor allem in Europa. Ein Spötter merkte, während der European Public Choice Tagung von 2022 in Braga/Portugal an, dass manche Public-Choice-Theoretiker der ersten Stunde bis heute die Schlachten des Amerikanischen Bürgerkriegs schlügen. In jedem Falle mieden und meiden aus diesen Gründen viele jüngere Wissenschaftler den Begriff Public Choice für ihre Arbeit, auch wenn sie sich ganz selbstverständlich auf der Basis des Methodologischen Individualismus mit öffentlichen Entscheidungen beschäftigten und insofern den analytischen Teil der Public-Choice-Theorie verwenden. Statt unter dem Begriff Public Choice firmiert ein großer Teil jüngerer Analysen daher unter dem Begriff „Political Economy" (Persson & Tabellini, 2002). Praktisch hat das allerdings keine Bedeutung mehr.

Literatur
Buchanan, J. M. (1959). Positive economics, welfare economics, and political economy. *Journal of Law and Economics*, 2, 124–138.
Buchanan, J. M., & Tullock, G. (1962). *The calculus of consent*. University of Michigan Press, Ann Arbor.
Buchanan, J. M. (1975). *The limits of liberty. Between anarchy and leviathan*. Chicago University Press, Chicago.
Buchanan, J. M., & Brennan, G. (1980). *The power to tax. Analytical foundations of a fiscal constitution*. Cambridge University Press, Cambridge.
Buchanan, J. M., & Brennan, G. (1985). *The reason of rules*. Cambridge University Press, Cambridge.
Mueller, D. C. (2003). *Public choice III*. Cambridge University Press, Cambridge.

Nik-Khah, E., & van Horn, R. (2012). Inland empire: Economics imperialism as an imperative of Chicago neoliberalism. *Journal of Economic Methodology, 19,* 259–282.

Mueller, D. C. (2003). Public choice III. Cambridge University Press, Cambridge.

Persson, T., & Tabellini, G. (2002). *Political economics: Explaining economic policy.* MIT Press, Cambridge.

Popper, K. (1945/1992). *Die offene Gesellschaft und ihre Feinde,* Bd. 2 (8. Aufl.). Mohr Siebeck, Tübingen.

Samuelson, P. (1956). Social indifference curves. *Quartely Journal of Economics, 70,* 1–22.

Schumpeter, J. A. (1908/1970). *Das Wesen und der Hauptinhalt der theoretischen Nationalökonomie* (2. Aufl.). Duncker & Humblot, Berlin.

Svolik, M. W. (2012). *The politics of authoritarian rule.* Cambridge University Press, Cambridge.

Wintrobe, R. (1998). *The political economy of dictatorship.* Cambridge University Press, Cambridge.

4.3 Wählerstimmenmarkt

Thomas Apolte

Die Idee, dass der politische Wettbewerb um Wählerstimmen in einer Demokratie vergleichbar sei mit ökonomischen Märkten, geht wesentlich auf den amerikanischen Politikwissenschaftler und Ökonomen Anthony Downs (1930–2021) zurück. In seiner 1957 als Buch veröffentlichten Doktorarbeit mit dem Titel „An Economic Theory of Democracy" verglich Downs Parteien mit wirtschaftlichen Unternehmen und Wähler mit Kunden wirtschaftlicher Unternehmen. Jenseits dieser Einbettung in die Begrifflichkeit von Märkten blieb allerdings immer etwas unklar, was an der Analyse originär „ökonomisch" ist.

Gleichwohl wurde das Buch zu einem Klassiker, aber es hat auch dazu beigetragen, dass die formale Analyse demokratischer Entscheidungen seither oft in etwas irreführender Weise als „ökonomische" Analyse missverstanden wurde. Dies hat zu Abwehrreaktionen vieler Politikwissenschaftler geführt, welche in dem Buch den Beginn eines vermeintlichen „Ökonomischen Imperialismus" witterten (Aretz, 1997)/(Hunholz, 2020).

Tatsächlich steht der Inhalt des Buches in einer damals bereits längeren Tradition der formalen Analyse demokratischer Abstimmungsverfahren, welche sich zwar wie die Mikroökonomik mathematischer Instrumente bediente, ansonsten aber nichts aufwies, was man als spezifisch „ökonomisch" betrachten müsste. Zudem hat Downs weder die formale Analyse politischer Entscheidungsprozesse begründet, noch das ihm oft fälschlicherweise zugerechnete Medianwählermodell entwickelt. Denn alles dies lag seinerzeit längst vor.

Das bedeutet allerdings nicht, dass Downs mit seinem Buch keine wichtigen Impulse gegeben hätte. Allerdings liegen diese oft an anderen als an den viel zitierten Stellen.

Die formale Analyse politischer Entscheidungsprozesse wurde jedenfalls bereits im 18. Jahrhundert durch die französischen Autoren Nicolas Marquis de Condorcet (1743–1794) sowie Jean-Charles de Borda (1733–1799) begründet. Deren Analysen stehen in engem Zusammenhang mit den Ereignissen im Vorfeld der Französischen Revolution sowie der aufkeimenden republikanischen und demokratischen Ideen. Tragischerweise wurde Condorcet später zu einem Opfer des Jacobinischen Terrors. In seiner Analyse ging es um die Frage, ob demokratische Abstimmungsverfahren stabile Ergebnisse erzeugen könnten, und obwohl Condorcet der Demokratie zugeneigt war, kam er zunächst zu einem ernüchternden Ergebnis, welches bis heute ein grundlegendes Problem in der formalen Analyse demokratischer Abstimmungsprozesse darstellt.

Das Problem ist einfach nachvollziehbar: Angenommen, drei Personen P1, P2 und P3 stimmen über drei Alternativen A, B und C ab. Jede Person kann die drei Alternativen in eine „Präferenzordnung" bringen, die besagt, welche Alternative ihr am liebsten ist, welche an zweiter Stelle kommt und welche an letzter. Dann könnten beispielsweise folgende Präferenzordnungen vorliegen P1: A > B > C, P2: C > A > B und P3: B > C > A, wobei das Größer-Zeichen angibt, welche Alternative gegenüber welcher anderen vorgezogen wird. Stimmen die drei Personen nun paarweise über A, B und C ab, so lautet das Ergebnis je nach Abstimmungsreihenfolge entweder A > B > C > A oder B > C > A > B oder C > A > B > C. Das hat zwei Implikationen, die zunächst nicht einleuchten. Erstens gewinnt je nach Abstimmungsreihenfolge entweder A oder B oder C. Zweitens taucht die jeweils gewinnende Alternative am Ende auf – quasi als Verlierer.

Am Beispiel der ersten Reihenfolge beinhaltet diese Eigenschaft, dass Alternative A gegenüber B und B gegenüber C vorgezogen wird, dann aber wiederum C gegenüber A. Aus der Sicht einer einzelnen Person wäre eine solche Präferenzordnung widersprüchlich und damit irrational, als Abstimmungsergebnis ist sie „nur" das irrationale Ergebnis völlig rational abstimmender Personen.

Dieses Phänomen hatte Condorcet bereits erkannt, weshalb es bis heute, als Condorcet-Zyklus bezeichnet wird. Dieser wird unmittelbar sichtbar, wenn man die drei Ergebnisse aneinanderreiht, was zu A > B > C > A > B > C > A > B > C > A > B>C führt. Der Zyklus hat keinen Anfang und kein Ende, weshalb die obige Buchstabenfolge nur ein Ausschnitt ist, dem man aber nicht allein mit A, sondern beliebig auch mit B oder C beginnen lassen könnte.

Ein sinnvolles Abstimmungsergebnis lässt sich bei Vorliegen eines Condorcet-Zyklus jedenfalls nicht ermitteln. Das liegt aber nicht am Abstimmungsverfahren, sondern daran, dass eine kollektive Präferenzordnung der aus den drei Personen bestehenden Gruppe in dem vorliegenden Beispiel einfach nicht existiert; und was nicht existiert, kann man auch mit den raffiniertesten Abstimmungsverfahren nicht ans Tageslicht bringen. Das Problem liegt demnach tiefer. Im Jahre 1951 hat der amerikanische Ökonom und spätere Nobelpreisträger Kenneth Arrow (1921–2017), der übrigens Downs Doktorvater war, den formalen Nachweis dafür geliefert, dass sich aus einer Vielzahl von mindestens drei individuellen Präferenzordnungen bei mindestens drei Alternativen nicht generell eine widerspruchsfreie kollektive Präferenzordnung generieren lässt (Arrow, 1951). Dies ist heute als Arrow-Paradoxon oder als Arrows Unmöglichkeitstheorem bekannt.

Das steht nicht im Widerspruch dazu, dass Condorcet-Zyklen nicht immer auftreten. Bereits vor Arrows Veröffentlichung hatte der schottische Ökonom und Mathematiker Duncan Black (1908–1991) nachgewiesen, dass unter den folgenden beiden Bedingungen keine Condorcet-Zyklen auftreten: Erstens muss ein eindimensionales Abstimmungsproblem vorliegen, beispielsweise die Wahl eines Steuersatzes auf einer Skala von null bis 100 %; und zweitens muss jede abstimmende Person eine so genannte „eingipflige" Präferenzordnung haben. Dies bedeutet im Steuerbeispiel, dass jede Person einen „Lieblingssteuersatz" hat, den er gegenüber allen anderen bevorzugt, und dass er alle anderen Steuersätze umso weniger schätzt, je weiter sie nach oben oder unten von seinem Lieblingssteuersatz abweichen. In diesem Falle ist die Eingipfligkeit naheliegend, aber das muss nicht immer so sein. Wenn beispielsweis über die Alternativen „Bier, Wein, Gin-Tonic" abgestimmt werden soll, wächst mit zunehmender Zahl an Wählern die Wahrscheinlichkeit des Auftretens mehrgipfliger Präferenzordnungen.

Liegt demgegenüber sowohl Eindimensionalität als auch Eingipfligkeit vor, so kommt es zu einem stabilen Abstimmungsergebnis ohne Condorcet-Zyklen. Dabei wird dann jene Alternative ausgewählt, welche vom Medianwähler bevorzugt wird. Im Steuerbeispiel ist dies derjenige Wähler, für den gilt, dass es ebenso viele andere Wähler mit einem höheren wie mit einem niedrigeren Lieblingssteuersatz gibt. Derjenige des Medianwählers nennt man auch den Condorcet-Sieger.

Damit gebührt Duncan Black die Ehre, das Medianwählermodell begründet zu haben. Downs selbst konzediert in der Tat, dass sich der Anwendungsbereich seines Wählermarkts auf jene Fälle von Wahlen beschränkt, welche die von Duncan Black formulierten und recht engen Voraussetzungen für ein stabiles Medianwählerergebnis erfüllen.

Die weitere Entwicklung der Theorie öffentlicher Abstimmungen ist in zweierlei Richtung bedeutungsvoll. Erstens entwickelte man die formale Theorie in Richtung auf jene Fälle, in denen die Bedingungen für ein stabiles Medianwählerergebnis nicht vorliegen. Zusammen mit Condorcets und Blacks Analysen hat sich hieraus die sogenannte „Spatial-voting-Theorie" entwickelt, welche auf strikt formaler Basis unterschiedliche Formen von Abstimmungen analysiert. Diese können sich – wie im einfachen Fall des Medianwählermodells – in einem eindimensionalen Raum bewegen. Sie können sich aber auch in beliebigen Dimensionen bewegen und dabei sowohl eingipflige als auch mehrgipflige Präferenzen aufweisen. Es hängt immer davon ab, wie die zur Abstimmung stehende Materie beschaffen ist. Naturgemäß sind die Modelle der Spatial-voting-Theorie technisch ausgesprochen anspruchsvoll (Merrill & Grofman, 1999). Eine sehr fruchtbare Variante des Medianwählermodells ist in diesem Zusammenhang die Theorie des „probabilistic voting" (Lindbeck & Weibull, 1987).

Die zweite Richtung der weiteren Entwicklung wurde bereits von Anthony Downs (1957) vorgezeichnet, indem dieser auf einen grundlegenden Unterschied zwischen ökonomischen und Wählerstimmenmärkten aufmerksam machte: Während individuelle Konsumenten ihre Entscheidung für sich allein treffen, kommt es bei Wahlen immer auch auf die Entscheidung der jeweils anderen Wähler an. Es ist sogar sehr wahrscheinlich, dass die eigene Entscheidung für das Wahlergebnis völlig irrelevant ist. Stellen wir uns hierzu einer Wählergruppe von drei Personen vor, die zwischen zwei Alternativen A und B entscheiden. Dann gibt es aus der Sicht von jeder der drei Personen vier gleichwahrscheinliche Kombinationen von Stimmabgaben der übrigen beiden Personen, nämlich AA, BB, AB und BA. In den ersten beiden Kombinationen ist die Wahl der jeweils dritten Person völlig irrelevant, weil es ohnehin schon eine Mehrheit für entweder A oder B gibt. In den letzten beiden Kombinationen ist die jeweils dritte Person dagegen entscheidend. Sie ist der Medianwähler. Die Wahrscheinlichkeit, Medianwähler und damit überhaupt relevant zu sein, ist in dem Beispiel daher 0,5.

Es ist leicht vorstellbar, dass diese Wahrscheinlichkeit mit zunehmender Gruppengröße schrumpft. Tatsächlich erreicht sie schon sehr schnell einen Wert nahe null. In einer großen Wählergruppe ist jede individuelle Stimme deshalb mit allergrößter Wahrscheinlichkeit völlig irrelevant. Das hat Konsequenzen für die Anreize der Wähler, sich vor der Wahl zu informieren. Rein rationale Wähler würden sogar bewusst auf jeden Aufwand zur Informationsbeschaffung verzichten. Downs prägte dazu den Begriff der „rationalen Ignoranz." Allerdings wurde dem Problem lange zu wenig Achtung geschenkt. Doch handelt es sich dabei nicht um einen theoretischen Schönheitsfehler, sondern um ein praktisch bedeutsames Problem, was allein daran erkennbar ist, dass größere Wählergruppen offenbar bereitwillig auf Populisten hereinfallen, die das Blaue vom Himmel versprechen.

Der australische Ökonom Geoffrey Brennan (1944–2022) und der amerikanische Philosoph Loren Lomasky (*1944) haben darin aber sogar eine Chance gesehen, welche sie 1993 in dem bedeutenden Buch „Democracy and Decision. The Pure Theory of Electoral Preference" beschrieben. Darin prägten sie den seither gängigen Begriff des „expressive voting", womit sie zum Ausdruck bringen, dass Wähler im Wissen um die Irrelevanz ihrer Stimme mit ihrer Stimmabgabe nicht darauf zielen, die Wahl zu beeinflussen, sondern vielmehr ihre Meinung zum Ausdruck zu bringen. In diesem Zusammenhang lenken die Wähler ihre Aufmerksamkeit weg von ihren persönlichen Interessen und hin zu eher übergeordneten Problemen der Gesellschaft insgesamt.

Diese recht optimistische Sicht wird unter anderem von dem israelischen Ökonomen Arye Hillman (*1947) sowie dem amerikanischen Ökonomen Bryan Caplan (*1971) ausdrücklich nicht geteilt. Nach Hillman (2010) können es sich Wähler wegen der rationalen Ignoranz leisten, völlig irrationale Voreingenommenheit in Wahlentscheidungen einfließen zu lassen. Caplan (2007) ging in dem vielbeachteten Buch „The Myth of the Rational Voter" noch weiter und behauptete, dass Wähler irrationale Theorien in rationaler Weise „nachfragen", sofern diese bestimmten „Lieblingshypothesen" entsprechen. Ein Konsument, der sich bei seiner Kaufentscheidung von einer solchen Lieblingshypothese leiten lässt, wird dafür mit einem schlechten Produkt bestraft, weshalb er sich die Sache zweimal überlegen wird. Im Gegensatz dazu weiß einer von vielen Wählern, dass eine solche Entscheidung für ihn selbst und sogar für die Gesellschaft mit allergrößter Wahrscheinlichkeit folgenlos bleiben wird. Deshalb kann er seine Wahlentscheidung bedenkenlos aufgrund wirrer Theorien fällen.

Allerdings müssen sowohl Hillman (Hillman, 2010) als auch Caplan (2007) in ihren Theorien annehmen, dass sich die Wähler der Irrationalität ihrer Lieblingshypothesen bewusst sind und sich dennoch davon leiten lassen. Das ist aber nicht plausibel, denn es wirft die Frage auf, warum sie das tun sollten. Es ist wesentlich plausibler, dass (manche) Wähler von der Wahrheit ihrer objektiv irrationalen „Lieblingshypothesen" innerlich tatsächlich überzeugt sind. Dieser Annahme folgend, haben Apolte und Müller (2022) ein Model vorgestellt, welches zeigt, dass sich Individuen in der Kommunikation innerhalb ihrer Bezugsgruppen (peer groups) in durchaus rationaler Weise auf den Glauben an eine falsche oder gar sogar völlig skurrile Theorie koordinieren können – und zwar ohne sich dessen bewusst zu sein. Die Voraussetzung dazu ist ein Anreiz zu rationaler Ignoranz in Kombination mit einer intuitiven, aber irreführende Plausibilität der Theorie, an die sie glauben. Tatsächlich ist die Welt voll von intuitiv anziehenden Fehleinschätzungen, denen wir alle ausgesetzt sind.

Die Forschung um das Problem der rationalen Ignoranz zeigt, dass Wählerstimmenmärkte bei aller zunächst auffälligen Ähnlichkeit zu ökonomischen Märkten am Ende doch grundlegend anders funktionieren. Während die Theorie des „economic voting" (Aidt, 2000)/(Lewis-Beck & Stegmaier, 2017) annimmt, dass Wähler sich trotz all der diskutierten Probleme rational von ihren persönlichen ökonomischen Interessen leiten lassen, legt die Literatur rund um das Problem der rationalen Ignoranz ein eher erratisches Wählerverhalten und damit tendenziell dysfunktionale Wählerstimmenmärkte nahe.

Das passt durchaus zusammen, denn Situationen mit leicht erkennbaren ökonomischen Interessen können ein Wählerverhalten anregen, welches tendenziell dem Modell des economic voting entspricht. Demgegenüber können Situationen, welche von komplexeren Zusammenhängen und tendenziell irreführender Intuition geprägt sind, systematisch zu irrationalem Wählerverhalten führen. Am Ende ist die Frage, wie sich Akteure auf Wählerstimmenmärkten verhalten, ohne Empirie nicht zu klären. Nicht zuletzt aus diesem Grunde hat hier wie überall in den Wirtschafts- und Sozialwissenschaften die empirische Forschung eine immer wichtigere Rolle eingenommen.

Literatur
Aidt, T. S. (2000). Economic voting and information. *Electoral Studies, 19,* 349–362.
Apolte, T., & Müller, J. (2022). The persistence of political myths and ideologies. *European Journal of Political Economy, 71,* 102076.
Aretz, H.-J. (1997). Ökonomischer Imperialismus? Homo Oeconomicus und soziologische Theorie. *Zeitschrift für Soziologie, 26,* 79–95.
Arrow, K. J. (1951/2012). *Social choice and individual values.* Martino Publishing, Eastford.

Caplan, B. (2007). *The myth of the rational voter. Why democracies choose bad policies.* Princeton University Press, Princeton.
Downs, A. (1957). *An economic theory of democracy.* Harper & Brothers, New York.
Hillman, A. (2010). Expressive behavior in economics and politics. *European Journal of Political Economy, 26,* 403–418.
Hunholz, S. (2020). Die Zukunft der Politischen Theorie in der Deutungskonkurrenz mit der Ökonomik. *Zeitschrift für Politische Theorie, 11,* 79–100.
Lewis-Beck, M. S., & Stegmaier, M. (2017). Economic Voting. In R. D. Congleton, B. N. Grofman, & S. Voigt (Hrsg.), *The Oxford handbook of public choice* (Bd. 1, S. 247–265). Oxford University Press, Oxford.
Lindbeck, A., & Weibull, J. W. (1987). Balanced-budget redistribution as the outcome of political competition. *Public Choice, 52,* 273–297.
Merrill, S., & Grofman, B. (1999). *A unified theory of voting: Directional and proximity spatial models.* Cambridge University Press, Cambridge.

Weiterführende Literaturempfehlungen
Black, D. (1948). On the rationale of group decision-making. *Journal of Political Economy, 56,* 23–34.
Brennan, G., & Lomasky, L. (1993). *Democracy and decision. The pure theory of electoral preference.* Cambridge University Press, Cambridge.

4.4 Politischer Konjunkturzyklus

Thomas Apolte

Die Theorie politischer Konjunkturzyklen geht auf William D. Nordhaus (*1941) zurück, der 2018 mit dem Alfred-Nobel-Gedächtnispreis für Wirtschaftswissenschaften geehrt wurde und heute auch durch seine Idee der „Klimaclubs" bekannt ist. In einem 1975 erschienenen Artikel stellte er seine Theorie politische Konjunkturzyklen vor (Nordhaus, 1975). Die Makroökonomik war seinerzeit geprägt von der Diskussion um die Phillips-Kurve. Diese begann 1958 mit einer von Alban W. Phillips (1914–1974) gefundenen negativen Korrelation zwischen der Wachstumsrate der Nominallöhne und der Arbeitslosenquote (Phillips, 1958), welche die späteren Nobelpreisträger Paul A. Samuelson (1915–2009) und Robert M. Solow (*1924) analytisch in einen negativen Zusammenhang zwischen der Inflationsrate und der Arbeitslosenquote übersetzten (Samuelson & Solow, 1960). Die Phillips-Kurve begründete den prominenten, aber stets umstritten gebliebenen Zielkonflikt zwischen Preisniveaustabilität und Vollbeschäftigung.

Unabhängig voneinander lieferten zwei weitere künftige Nobelpreisträger, nämlich Milton Friedman (1912–2006) und Edmund S. Phelps (*1933), eine Erklärung für den

4.4 Politischer Konjunkturzyklus

bis dahin lediglich empirischen Zusammenhang der Phillips-Kurve, welche als Friedman-Phelps-Hypothese in die Geschichte der Makroökonomik einging (Friedman, 1968)/ (Phelps, 1968). Demnach erkennen die Wirtschaftsakteure eine aufkeimende Inflation nicht ursächlich und nehmen sie daher systematisch zeitverzögert wahr. Deshalb kann die Inflation in der Zwischenzeit den Realwert der Arbeitnehmerlöhne reduzieren. Die Arbeitgeber stellen dann aufgrund der gesunkenen Reallöhne mehr Personal ein, sodass die steigende Inflation die Arbeitslosigkeit senkt.

Allerdings bleibt dies ein vorübergehender Effekt, der sich in Luft auflöst, sobald die Arbeitnehmer und Gewerkschaften die Inflation erkannt und einen entsprechenden Lohnausgleich durchgesetzt haben. In der Folge unterschied man zwischen einer kurzfristigen und einer langfristigen Phillips-Kurve, wobei die kurzfristige Phillips-Kurve den ursprünglich negativen Zusammenhang zwischen Inflation und Arbeitslosigkeit aufweist, die langfristige dagegen nicht.

Genau an diesen Diskussionsstand knüpfte Nordhaus mit seinem Modell an, indem er die kurzfristige Phillips-Kurve mit den damals noch relativ neuen Theorien der Wählerstimmenmärkte in der Folge von Downs (1957) verband. Er entwickelte die Hypothese, dass amtierende Politiker ihre Wiederwahlchancen erhöhen, indem sie im Vorfeld einer Wahl die Inflationsrate in die Höhe treiben, um den Phillips-Kurven-Effekt zu nutzen, welcher die Arbeitslosenquote vorübergehend sinken lässt. Weil dieser Effekt nur kurzfristig anhält, wird sich – idealerweise nach der Wahl – wieder die ursprünglich höhere Arbeitslosenquote bei einer allerdings dauerhaft höheren Inflationsrate durchsetzen. Daher werden die Politiker die Zeit unmittelbar nach einer – auf diese Weise – gewonnenen Wahl nutzen, um die Inflationsrate wieder auf das Normalmaß zurückzuführen. Weil der Phillips-Kurven-Effekt auch bei sinkenden Inflationsraten – mit allerdings umgekehrten Vorzeichen – zum Tragen kommt, steigt in dieser Phase die Arbeitslosenquote vorübergehend an.

Führt man den Gedanken weiter aus, so wird um die Mitte einer Legislaturperiode wieder ein Normalmaß an Arbeitslosigkeit und Inflation erreicht, und im Zuge der dann wieder nahenden Wahl beginnen die amtierenden Politiker das Spiel von vorn, indem sie die Inflationsrate wieder in die Höhe treiben. Auf diese Weise entsteht ein Konjunktur- und Inflationszyklus, welcher synchron zu den Wahlperioden verläuft und sich im Prinzip auch empirisch beobachten lassen müsste. Erste Ansätze dazu lieferte Nordhaus (1975) in seinem Artikel bereits selbst.

Nordhaus' Artikel hat eine ungeheure Flut von empirischen und theoretischen Veröffentlichungen ausgelöst, welche bis heute anhält, wobei sich neuere Veröffentlichungen oft auf Tests in regionalen Zusammenhängen darüber beschränken, ob man politische Konjunkturzyklen beobachten kann. Mehrere in größeren Abständen erschienene Survey-Artikel haben den jeweiligen Stand der Diskussion zusammengefasst, zuletzt einer von Dubois (2016).

Die empirischen Herausforderungen sind für sich schon erheblich, aber bereits ab dem Jahre 1972 bahnte sich eine theoretische Entwicklung an, welche geeignet war, das Gebäude der Theorie politischer Konjunkturzyklen einstürzen zu lassen. Damals kritisierte der Ökonom und spätere Nobelpreisträger Robert Lucas (1937–2023) die Friedman-Phelps-Hypothese, weil sie darauf angewiesen ist, nicht-rationales Verhalten der Wirtschaftsakteure anzunehmen. Lucas (1972) wies darauf hin, dass sich rationale Wirtschaftsakteure zwar irren können, weil es immer unvorhersehbare Entwicklungen gibt, dass man sie aber nicht systematisch täuschen kann. Damit die Friedman-Phelps-Hypothese aber funktionieren soll, müsste man sie systematisch täuschen können. Dieser Einwand ist als „Lucas-Kritik" berühmt geworden.

Der springende Punkt der Lucas-Kritik ist, dass das einzige, worüber sich rationale Wirtschaftsakteure täuschen können, Zufallseffekte sind; aber sobald jemand bewusst versucht, Zufallseffekte einzusetzen, sind es keine Zufallseffekte mehr. Das lässt zwar Raum für zufällige Phillips-Kurven-Effekte, aber keinerlei Spielraum für Politiker, die solche Effekte im Wege einer bewusst herbeigeführten „Überraschungsinflation" systematisch zu nutzen trachten.

Die Lucas-Kritik war revolutionär („rational-expectations revolution") und hat weitere Veränderungen der makroökonomischen Theorieentwicklung ausgelöst. Die für die politischen Konjunkturzyklen relevanteste kam bereits zwei Jahre nach Nordhaus' Artikel. Im Jahre 1977 nämlich veröffentlichten der norwegische Ökonom Finn E. Kydland (*1943) und der amerikanische Ökonom Edward Prescott (1940–2022) einen bahnbrechenden Artikel (Kydland & Prescott, 1977), in dem sie Folgendes zeigten:

1. Rationale Wirtschaftsakteure erwarten die Strategien der Politiker im Mittel korrekt. 2. Rationale Politiker wissen das, und daher wissen sie auch, dass sie mithilfe einer Überraschungsinflation keinerlei positive Arbeitsmarkteffekte erzielen können. 3. Daher würden sie gern aufrichtig eine Anti-Inflationspolitik versprechen. 4. Würden die Wirtschaftsakteure ihnen dieses Versprechen abnehmen, so würden sie auf einen Inflationsausgleich in ihren Lohnforderungen verzichten. 5. Sobald das aber geschehen wäre, hätten die Politiker den Anreiz, ihr Versprechen zu brechen und eine höhere Inflationsrate zu erzeugen. 6. Diesen Anreiz kennen rationale Wirtschaftsakteure schon am Anfang, deshalb nehmen sie den Politikern die angekündigte Anti-Inflationspolitik nicht ab, sondern fordern von vornherein einen Ausgleich für eine hohe Inflationsrate. 7. Wenn sie den damit verbundenen Anstieg der Arbeitslosenquote neutralisieren wollen, müssen die Politiker genau die von den Wirtschaftsakteuren erwartete hohe Inflationsrate erzeugen.

Diese interaktive Entscheidungsstruktur stellte sich sehr schnell als sehr viel allgemeiner heraus, als es den ersten Anschein haben mag, denn sie ist prototypisch für eine große Anzahl ähnlicher und für alle Sozialwissenschaften relevanter Situationen, in denen Menschen miteinander interagieren. Sie ist heute als „Theorie der Zeitinkonsistenz" bekannt und brachte Kydland und Prescott im Jahre 2004 den Alfred-Nobel-Gedächtnispreis für Wirtschaftswissenschaften ein.

Die Lucas-Kritik, in Verbindung mit der Zeitinkonsistenztheorie, hat nicht weniger getan, als den Nordhaus'schen Konjunkturzyklen den theoretischen Boden zu entziehen.

Im Prinzip waren sie damit klinisch tot. Denn sie ruhten erstens auf der Friedman-Phelps-Hypothese und zweitens auf der Hypothese, dass Wirtschaftsakteure die Ankündigung einer Anti-Inflationspolitik nicht als leeres Versprechen erkennen. Mit der Lucas-Kritik und mit der Zeitinkonsistenztheorie war Beides nicht mehr zu halten. Denn die Lucas-Kritik zeigte, dass der Versuch, durch bewusst herbeigeführte Inflation die Arbeitslosigkeit zu senken, auch kurzfristig sinnlos ist; und die Zeitinkonsistenztheorie zeigte, dass die Wirtschaftsakteure die Ankündigung einer Anti-Inflationspolitik trotzdem nicht glauben und Politiker gerade deshalb gezwungen sind, darauf zu verzichten.

Das alles passte allerdings nur sehr bedingt zu den damals bereits vorliegenden empirischen Befunden. Zwar waren die Befunde insgesamt eher durchwachsen, doch gab es durchaus reichlich Hinweise darauf, dass Konjunkturzyklen und Inflationszyklen mit Wahlperioden korrelierten (Dubois, 2016). Die Lehre daraus durfte also nicht sein, dass die ganze Idee unsinnig sei, sondern dass die Theorie von Nordhaus in ihrer damals vorliegenden Form ebenso unzureichend war wie die Friedman-Phelps-Hypothese.

Für die weitere theoretische Entwicklung kam ein anderer und damals noch sehr junger Theoriezweig gerade recht. Mit einem bahnbrechenden Aufsatz löste der amerikanische Ökonom George A. Akerlof (1940*) eine stürmische Entwicklung der bis dahin noch sehr infantilen Informationsökonomik aus (Akerlof, 1970), wofür auch er später mit dem Wirtschaftsnobelpreis geehrt wurde. Der Kern seines Ansatzes war, dass rationale Wirtschaftsakteure zwar im Mittel korrekte Prognosen bilden, dass diese Prognosen aber immer nur vor dem Hintergrund des gegebenen Informationsstandes korrekt sein können; und der ist über verschiedene Akteure nicht gleichmäßig verteilt. Das gibt Raum für unterschiedliche Prognosen von gleichermaßen rationalen Akteuren, allerdings vor dem Hintergrund eines jeweils unterschiedlichen Informationsstandes.

Akerlof demonstrierte dies anhand von Anbietern und Nachfragern auf Gütermärkten, wobei Anbieter dort naturgemäß systematisch besser über die Beschaffenheit ihrer angebotenen Leistung informiert sind als Nachfrager. Akerlof zeigte, dass eine solchermaßen asymmetrische Informationsverteilung dazu führen kann, dass Konsumenten jedwede Zahlungsbereitschaft für höhere Produktqualitäten verweigern können; dann nämlich, wenn Anbieter von qualitativ höherwertigen Gütern die – nicht direkt beobachtbar – bessere Qualität ihrer Produkte nicht glaubhaft signalisieren können. Nur deshalb sind die Anbieter am Ende gezwungen, auf die Produktion hoher Qualität zu verzichten. So wird Qualität vom Markt verdrängt.

Im Prinzip haben Politiker, die aufrichtig an einer Anti-Inflationspolitik interessiert sind, genau das von Akerlof beschriebene Problem. Sie können nicht glaubhaft machen, dass sie eine Anti-Inflationspolitik wirklich wollen und sind gerade deshalb gezwungen, davon abzusehen.

Alles das setzt aber voraus, dass die Arbeitnehmer über alle Informationen verfügen, über die auch die Politiker verfügen, und das ist nicht realistisch. Über zwei wichtige Informationen verfügen die Arbeitnehmer nämlich nur begrenzt: solche über die Kompetenz der Politiker (Rogoff & Sibert, 1988) und solche über die Absichten der Politiker

(Lohmann, 1998). In beiden Fällen können die Politiker ihren Informationsvorsprung in dem Sinne nutzen, dass die Arbeitnehmer erst nach ihren Lohnverhandlungen herausfinden können, was die Politiker schon zuvor in die Wege geleitet hatten. Niemand verhält sich hier irrational – wie es für die Friedman-Phelps-Hypothese angenommen werden musste. Und doch eröffnet sich ein politischer Spielraum zur Nutzung des Phillips-Kurven-Zusammenhangs. So konnte man politische Konjunkturzyklen auch nach der rational-expectations revolution am Ende doch konsistent erklären.

Allerdings wirft dies alles die Frage auf, ob Politiker die Inflationsrate zeitlich und quantitativ präzise genug steuern können, noch dazu, ohne dabei bereits beim Instrumenteneinsatz von den Wirtschaftsakteuren beobachtet zu werden. Dem stehen gleich mehrere Gründe entgegen. Erstens ist für die Inflation in erster Linie die Zentralbank verantwortlich, und die wird regelmäßig nicht von gewählten Politikern bestellt. In vielen Fällen ist sie sogar weitgehend unabhängig. Zweitens reagiert die Inflationsrate auf geldpolitische Instrumenteneinsätze mit erheblicher Zeitverzögerung. Daraus folgt, dass die Politiker zum Wahltag den gewünschten Inflationsschub sehr lange im Voraus einleiten müssten, und das immer noch, ohne von den Wirtschaftsakteuren beobachtet zu werden.

Weil das alles nicht sehr plausibel ist, arbeiten Rogoff und Sibert (1988) auf der Basis eines breiteren makropolitischen Instrumentariums, zu dem Staatsausgaben, Transfers, Steuersätze und eben die Geldpolitik gehören. Das hat sich durchgesetzt, sodass man heute häufig allgemeiner von Budgetzyklen oder schlicht Wahlzyklen spricht. Aus der Sicht der empirischen Forschung hat das den zusätzlichen Vorteil, dass man nicht erst die Wirkung des Instrumenteneinsatzes – also die Inflation – messen muss, sondern gleich den Instrumenteneinsatz selbst messen und in Beziehung zu den Wahlperioden setzen kann.

Ob und unter welchen Bedingungen solche Zyklen vorliegen, ist am Ende freilich immer eine empirische Frage und hängt von vielerlei Umständen ab, die über verschiedene Länder und über die Zeit erheblich schwanken können. Hierzu gehören neben der schon angesprochenen Kompetenz sowie den ideologischen oder sonstigen Dispositionen und Absichten der Politiker vor allem auch die Geld- und Fiskalverfassung eines Landes. Daher ist es nicht erstaunlich, dass die empirischen Befunde über die Zeit und über verschiedene Regionen sehr unterschiedlich ausfallen. Dennoch bezweifelt eigentlich niemand mehr ernsthaft, dass es solche Zyklen gibt.

Literatur

Akerlof, G. (1970). The market for lemons: Quality, uncertainty and the market mechanism. *Quarterly Journal of Economics, 89,* 488–500.

Downs, A. (1957). *An economic theory of democracy.* Harper & Brothers, New York.

Dubois, E. (2016). Political business cycles 40 Years after Nordhaus. *Public Choice, 166,* 235–259.

Friedman, M. (1968). The role of monetary policy. *American Economic Review, 58,* 1–17.

Kydland, F. E., & Prescott, E. C. (1977). Rules rather than discretion: The inconsistency of optimal plans. *Journal of Political Economy, 85,* 473–491.

Lohmann, S. (1998). Rationalization the political business cycle: A workhorse model. *Economics and Politics, 10,* 1–17.

Lucas, R. E. (1972). Expectations and the Neutrality of Money. *Journal of Economic Theory, 4,* 103–124.

Nordhaus, W. D. (1975). The political business cycle. *Review of Economic Studies, 42*(2), 169–190.

Phelps, E. S. (1968). Phillips curves, expectations of inflation and optimal unemployment over time. *Economica, 34,* 254–281.

Phillips, A. W. (1958). The relation between unemployment and the rate of change of money wage rates in the United Kingdom. *Economica, 25,* 283–299.

Rogoff, K., & Sibert, A. (1988). Equilibrium political business cycles. *Review of Economic Studies, 55,* 1–16.

Samuelson, P. A., & Solow, R. M. (1960). Analytical aspects of anti-inflation policy. *American Economic Review: Papers and Proceedings, 50,* 177–194.

Wirtschaftssysteme 5

Inhaltsverzeichnis

5.1 Marktwirtschaften 130
5.2 Zentralverwaltungswirtschaft 139
5.3 Chinesischer Staatskapitalismus 145

Zusammenfassung

Die Grundformen der unterschiedlichen Wirtschaftsordnungen unterscheiden sich hinsichtlich der dominierenden Eigentumsform und der vorherrschenden Koordination über zentrale Pläne oder über dezentrale Märkte. Sowohl Marktwirtschaften als auch Zentralverwaltungswirtschaften kommen und kamen in unterschiedlichen Formen vor. Neben der freien Marktwirtschaft angelsächsischen Typs und der deutschen Sozialen Marktwirtschaft sind auch die frühere französische Planification und der skandinavische Wohlfahrtsstaat Realausprägungen. Man könnte noch eine Vielzahl weiterer realer Beispiele aufführen. Auch die Planwirtschaften unterschieden sich voneinander. Neben den fast prototypischen Zentralplanwirtschaften in der Sowjetunion und der DDR gab es stärker dezentral geprägte Modelle in Ungarn oder auch die Arbeiterselbstverwaltung im ehemaligen Jugoslawien. In den letzten Jahren hat sich der chinesische Staatskapitalismus als zusätzliche Wirtschaftsordnung etabliert, die eine stärkere Bedeutung von Privateigentum mit starker politischer Steuerung in einer nominell kommunistischen Einparteienherrschaft verbindet.

© Der/die Autor(en), exklusiv lizenziert an Springer Fachmedien Wiesbaden GmbH, ein Teil von Springer Nature 2024
H. Bardt und D. Wentzel, *Ordnungstheorie, Ordnungspolitik und Soziale Marktwirtschaft*, https://doi.org/10.1007/978-3-658-44951-3_5

5.1 Marktwirtschaften

Dirk Wentzel und Hubertus Bardt

Es gibt eine große Vielzahl von unterschiedlichen marktwirtschaftlichen Ordnungen (Tab. 5.1). Während in der Theorie der Wirtschaftssysteme „reine Typen" existieren, finden sich in der Realität größtenteils gemischte Wirtschaftsordnungen wieder – „Varieties of Capitalism" – wie Hall und Soskice (2001) es in ihrer Untersuchung bezeichnen.

Die freie Marktwirtschaft („Kapitalismus")

Aufbauend auf der Theorie des wirtschaftlichen Systemvergleichs (siehe „Systemvergleich") ist bei der Analyse der freien Markwirtschaft zunächst auf die wichtige Unterscheidung von Idealtypen und Realtypen zu verweisen. In der reinen Theorie ist eine freie Marktwirtschaft zunächst also etwas Anderes als das, was in vielen „kapitalistischen" Ländern weltweit empirisch vorzufinden ist. Die große Vielfalt von marktwirtschaftlichen Systemen ist beispielsweise Gegenstand der Untersuchung von Hall und Soskice (2001). Ferner ist darauf hinzuweisen, dass im angelsächsischen Sprachgebrauch sehr vorurteilsfrei

Tab. 5.1 Grundtypen der Wirtschaftsordnung: Schematische Darstellung

	Privatwirtschaftliche Marktwirtschaft	Zentralverwaltungs-wirtschaft	Staatskapitalismus/ Sozialistische Marktwirtschaft chinesischer Prägung
Planung der Wirtschaftsprozesse	Dezentral (Unternehmen)	Zentral (Staat)	Zentral und dezentral (Staat/ Partei und Unternehmen)
Eigentums-/ Verfügungsrechte an den Produktionsmitteln	Privateigentum	Staats- und Genossenschaftseigentum	Staats- und Privateigentum
Formen der Preisbildung	Marktpreisbildung	Staatliche Preissetzung	Marktpreisbildung unter staatlichem Einfluss
Außenwirtschaft	Freihandel	Außenhandelsmonopol, kein freier Kapitalverkehr	Staatliche Beschränkungen des Freihandels, kein freier Kapitalverkehr

Quelle: Bardt und Matthes (2021), in Anlehnung an und auf Basis von Schüller und Krüsselberg (2002, S. 10)

5.1 Marktwirtschaften

und neutral von „Capitalism" gesprochen wird, wenn von Transaktionen auf freien Märkten mithilfe des Privateigentums und freier Preise die Rede ist. „Varieties of Capitalism": So lautet der Titel des Buches von Hall und Soskice. Im deutschen Sprachgebrauch hingegen ist der Begriff des „Kapitalismus" – nicht zuletzt durch die Untersuchungen von Karl Marx über „Das Kapital" – eher negativ belegt, weshalb zumeist möglichst wertneutral von einem marktwirtschaftlichen Wirtschaftssystem gesprochen wird (siehe Leipold, 1979). Rein inhaltlich bestehen jedoch große Gemeinsamkeiten zwischen den beiden Sichtweisen.

Grundlegend für das konzeptionelle Verständnis der freien Marktwirtschaft ist auch heute noch das Buch von Adam Smith (siehe „Adam Smith") aus dem Jahre 1776 über die Gründe für den „Wohlstand der Nationen". In der Literatur gilt dieses Buch zu Recht als Begründung und Beginn der klassischen Nationalökonomie im eigentlichen Sinne und als wirtschaftsliberaler Gegenpunkt zum Merkantilismus, der zum damaligen Zeitpunkt vorherrschenden wirtschaftlichen Orientierung in Europa. Um dem Werk von Smith gerecht zu werden, ist aber auch auf sein zweites Buch, die „Theorie der Ethischen Gefühle", hinzuweisen, in dem Smith sich mit dem Mitgefühl und der Sympathie auseinandersetzt, die Menschen füreinander empfinden und die gesellschaftlichen Zusammenhalt ermöglichen. Der Moralphilosoph Adam Smith hat niemals einem blanken Egoismus das Wort geredet.

Adam Smith war in gewisser Hinsicht ein Revolutionär, der in der Verfolgung des Eigeninteresses durch die Menschen eine wichtige Voraussetzung für die Förderung des Gemeinwohls sah. Sein berühmtes Gleichnis, dass der Bäcker seine Brötchen nicht für das Gemeinwohl backt, sondern zur Verwirklichung seiner eigenen wirtschaftlichen Interessen, hat zu einem Paradigmenwechsel im wirtschaftlichen Denken geführt. Wohldefiniertes Eigeninteresse in Verbindung mit Arbeitsteilung ist der Schlüssel zu Produktivitätssteigerungen und wirtschaftlichem Wohlstand. Der Staat hingegen soll sich in der Sichtweise von Adam Smith weitgehend auf die Sicherung der inneren und äußeren Sicherheit sowie die Gewährleistung der Rechtssicherheit beschränken. In dieser Hinsicht wäre der Staat ein reiner „Nachtwächterstaat", wie es der Arbeiterführer Ferdinand Lassalle sehr viel später (1862) einmal formulierte, für den keine wirklich aktive Rolle in der Wirtschaft vorgesehen ist. Der Markt als Koordinationsmechanismus hingegen kann weitgehend autonom und selbstreguliert für die Verbesserung der wirtschaftlichen Verhältnisse sorgen.

Die wirtschaftliche Konzeption von Adam Smith ist in der Praxis, aber auch auf der Ebene der Theorie vielfältig kritisiert worden. Einerseits von Vertretern marxistischer Auffassungen, die die (vermeintliche) Ausbeutung der Menschen durch das Kapital kritisierten, andererseits aber auch von den Vertretern der Ordnungstheorie – etwa Walter Eucken – die ein blindes Vertrauen in die Selbstheilungskräfte des Marktes ablehnten und die Rolle eines starken Staates durchaus positiv bewerteten. So unterschätzte Adam Smith die Gefahr von Monopolen und Kartellen, die geradezu zwangsläufig in ungeregelten Märkten entstehen. Eine marktwirtschaftliche Ordnung bedarf aber grundlegend des Wettbewerbs (ausführlich Bardt, 2023), der sich jedoch nicht von allein einstellt und der auch grundsätzlich gefährdet, also schutzbedürftig ist. Es bedarf also einer „Wirtschaftsverfassung des Wettbewerbs" ohne

Monopole und Kartelle, damit sich die Effizienzvorteile des Marktes auch tatsächlich und dauerhaft realisieren lassen.

Als besonders markantes reales Beispiel für eine freie Marktwirtschaft gilt das Wirtschaftssystem der Vereinigten Staaten (ausführlich Leipold, 2000, S. 21–31). Leipold erkennt ein „amerikanisches Credo", dem sich die Mehrheit der Amerikaner unabhängig von ihrer ethnischen Herkunft, religiöser oder politischer Überzeugung zugehörig fühlen. Damit „verbindet sich das Bekenntnis zu amerikanischen Werten, also zur individuellen Freiheit, Chancengleichheit, konstitutioneller Demokratie sowie zum Privateigentum, Wettbewerb und Unternehmertum" (Leipold, 2000, S. 21). Man kann diese Werte geradezu als die typischen Strukturmerkmale für ein freies marktwirtschaftliches Wirtschaftssystem erkennen. In einem solchen System ist wenig Platz für umfangreiche Sozialleistungen, denn jeder hat ja grundsätzlich durch die Chancengleichheit die Möglichkeit, sich nach oben zu arbeiten: Der „amerikanische Traum" ermöglicht dem Tellerwäscher, irgendwann doch einmal Millionär zu werden. Freies Unternehmertum in Verbindung mit einer protestantischen Arbeitsethik bieten Aufstiegschancen und Perspektiven.

Gleichwohl zeigt sich auch in der Realität der amerikanischen, freien Marktwirtschaft zunehmend die Notwendigkeit zu begleitenden sozialpolitischen Maßnahmen. Nicht jeder erhält den Zugang zu bezahlbarer Bildung und damit die Möglichkeit, eine gut bezahlte Beschäftigung zu finden. Außerdem sind die Risiken des Erwerbslebens (Unfall, Krankheit, Pflegebedürftigkeit, Arbeitslosigkeit) in den USA kaum versichert. Während der Präsidentschaft von Barack Obama wurde deshalb erstmals ein Gesundheitssystem für die breite Bevölkerung eingeführt („Obama Care"), um gravierende soziale Härten für einkommensschwache Bevölkerungsschichten zu verhindern. Der reale Systemvergleich zeigt also, dass auch die freie Marktwirtschaft bestimmter sozialpolitischer Flankierung bedarf.

Die Soziale Marktwirtschaft: Konzeption und Zukunftsperspektiven
Die historische Entstehung und politische Dimension der Sozialen Marktwirtschaft ist eng mit den Namen Alfred Müller-Armack und Ludwig Erhard verbunden (siehe „Alfred Müller-Armack"). Die grundlegende Idee basiert auf der Aussöhnung von marktwirtschaftlicher Effizienz mit sozialer Gerechtigkeit. Die theoretische Konzeption ist vor allem mit der sog. „Freiburger Schule der Nationalökonomie" und den konstituierenden und regulierenden Prinzipien von Walter Eucken verbunden (ausführlich Wentzel, 2018, S. 15 ff.). Es ist in jeder Hinsicht bemerkenswert, wie aktuell die Euckenschen Prinzipien mehr als 70 Jahre nach dem Erscheinen der „Grundsätze der Wirtschaftspolitik" immer noch sind. Außerdem sind die Prinzipien offen und anschlussfähig für Weiterentwicklungen, denn die Ordnungsfragen von heute unterscheiden sich in mancher Hinsicht von Ordnungsfragen, mit denen Eucken und seine Zeitgenossen Anfang der 50 Jahre konfrontiert waren.

Zunächst hat Eucken zwei staatspolitische Grundsätze formuliert, die gleichsam den Ausgangspunkt seiner ordnungstheoretischen Überlegungen darstellen. Erstens soll der Staat eine ordnende Funktion und einen Ordnungsrahmen zur Verfügung stellen, innerhalb dessen sich wirtschaftliche Aktivitäten der Individuen abspielen. Objektiv und neutral wie ein

Schiedsrichter soll er die Einhaltung der Regeln überwachen und vor allem der Entstehung von monopolitischer Marktmacht entgegenwirken. Der Staat hat also – anders als in der Konzeption der freien Marktwirtschaft – sehr wohl eine wichtige Funktion im Wirtschaftsgeschehen (siehe Wentzel, 2018, S. 15). Zweitens verlangt Eucken, dass der Staat auf keinen Fall selbst am Wirtschaftsgeschehen teilnimmt. Als „objektiver Schiedsrichter" und Wettbewerbshüter käme der Staat automatisch in Interessenskonflikte, wenn er eigene wirtschaftliche Aktivitäten in Konkurrenz zu privaten Unternehmen entfalten würde. Eucken fordert einen „starken Staat", der in der Lage sein muss, sich gegen die Interessen und Aktivitäten von Monopolen und Kartellen durchzusetzen.

Die Euckenschen Prinzipien unterteilen sich in konstituierende und regulierende. Im Zentrum der konstituierenden Prinzipien steht die Funktionsfähigkeit des Preissystems, also ein System freier Preise: „Die Hauptsache ist es, den Preismechanismus funktionsfähig zu machen. Jede Wirtschaftspolitik scheitert, der dies nicht gelingt" (Eucken, 1952/90, S. 255). Hier verbindet sich die Theorie von Eucken mit der praktischen Wirtschaftspolitik von Ludwig Erhard, der 1948 wenige Tage nach der Währungsreform im sog. „Leitsätze-Gesetz" alle Preise im Nachkriegsdeutschland freigegeben hatte. Für Eucken sind die freien Preise der archimedische Punkt jeder Wirtschaftsordnung, denn sie zeigen objektiv die Knappheit von Gütern an wie ein Thermometer die Temperatur. Staatliche Eingriffe in das Preissystem – etwa bei Mietpreisbindungen, in der Landwirtschaft oder bei Strompreissubventionen – führen zumeist nur zu weiter folgenden Staatseingriffen.

Das zweite und vielleicht das bekannteste der konstituierenden Prinzipien von Eucken ist das Primat der Währungspolitik. Jede Form arbeitsteiligen Wirtschaftens wird zerstört, wenn Inflation den Geldwert reduziert. Damit wird die Signalfunktion des Preissystems ausgeschaltet und das Kapital kann nicht mehr allokationsoptimal eingesetzt werden. Inflation hat gravierende soziale Verteilungswirkungen, weil in erster Linie einkommensschwache Bevölkerungsgruppen quasi keine Möglichkeit haben, ihr zu entkommen. In der Bevölkerung gibt es ein grundsätzliches Vertrauen in die eigene Währung, das aber durch hohe Inflationsraten zerstört wird (ausführlich Wentzel & Marošević, 2023). Es gilt nach wie vor die alte Weisheit der Zentralbanker: „Stabiles Geld ist nicht alles, aber ohne stabiles Geld ist alles nichts".

Das dritte Prinzip bei Eucken behandelt das Privateigentum. Wie aus der Theorie der Wirtschaftssysteme bekannt (siehe „Wirtschaftssystem"), stellte die Frage nach dem Eigentum an den Produktionsmitteln ein entscheidendes Kriterium zur Klassifikation und Abgrenzung von Wirtschaftssystemen dar. Private Verfügung über Produktionsfaktoren sichert einen sorgfältigen und zugleich nachhaltigen Umgang mit knappen Gütern, ermöglicht Innovationen und unternehmerische Tätigkeit. Für die Wirtschaft in Deutschland spielen beispielsweise Familienunternehmen des Mittelstandes eine tragende Säule, weil diese Unternehmen nicht nur kurzfristige Gewinnmaximierung anstreben, sondern auch Werterhalt und einen möglichen Eigentumsübergang auf die nächste Generation. Allerdings ist zu berücksichtigen, dass Eigentum grundsätzlich zu sorgsamem Umgang verpflichtet, wie auch Artikel 14 des Deutschen Grundgesetzes betont. Zu keinem Zeitpunkt darf Eigentum zur Beschränkung der Freiheitsrechte Dritter missbraucht werden.

Das vierte konstituierende Prinzip bei Eucken ist die Vertragsfreiheit. Grundsätzlich darf jedes Individuum Verträge abschließen, mit wem es will. Verträge können kreativ und individuell gestaltet werden bezüglich Inhalt, zeitlicher Befristung sowie monetärer und nicht-monetärer Gegenleistung. Durch Vertragsfreiheit kann eine Wirtschaftsordnung auch sehr spontan auf exogene Schocks oder neue Rahmenbedingungen reagieren. Dies führt unmittelbar zum fünften Prinzip, nämlich der Haftung im positiven wie auch im negativen Fall. Ein erfolgreiches Unternehmen kann und soll durchaus Gewinn machen, während ein erfolgloses Unternehmen nach Möglichkeit aus dem Markt ausscheiden sollte. Hier zeigt sich eine große Herausforderung für reale Wirtschaftspolitik in entwickelten Marktwirtschaften, denn es besteht die Gefahr, dass zumindest in großen Unternehmen wirtschaftliche Erfolge privatisiert werden, wohingegen Verluste häufig sozialisiert und über den Steuerzahler finanziert werden. In kleinen und mittelständischen Unternehmen hingegen ist der Haftungszusammenhang meist deutlich ausgeprägter.

Das sechste Prinzip bei Eucken ist der Offenheit der Märkte gewidmet. Offene Märkte nach Innen ermöglichen Wettbewerb, wenn neue Anbieter auf Märkte drängen und etablierte Anbieter herausfordern können. Dies erfordert zwangsläufig eine aktive Wettbewerbspolitik – in Deutschland beispielsweise durch das Bundeskartellamt, in der Europäischen Union durch die EU-Kommission als Hüterin des Wettbewerbs und der Europäischen Verträge. Offene Märkte nach Außen begünstigen internationalen Handel und Arbeitsteilung, wie beispielsweise im Europäischen Binnenmarkt (siehe „Europäischer Binnenmarkt und Freizügigkeiten"). Gerade für ein rohstoffarmes Land wie Deutschland, in dem fast jeder vierte Arbeitsplatz direkt vom Export abhängt, ist die internationale Zusammenarbeit bei offenen Märkten die wichtigste Voraussetzung für wirtschaftlichen Wohlstand.

Das siebte Prinzip bei Eucken fordert eine Konstanz der Wirtschaftspolitik. Wirtschaftliche Aktivitäten werden auch zu einem großen Teil von Erwartungen der Menschen und Unternehmen geprägt. Eine Wirtschaftspolitik, die auf Zufälligkeiten und kurzfristigen Maßnahmen beruht oder gar eine „stop and go policy" führt zu Unsicherheit, Aufschiebung von Investitionsentscheidungen oder gar Produktionsverlagerungen ins Ausland. Die Qualität von nationaler Wirtschaftspolitik kann mit den sog. „good governance-Indikatoren" vergleichsweise objektiv geklärt und empirisch überprüft werden. Eine Politik der „ruhigen Hand" mit einer gewissen Kontinuität kann also durchaus als positiver Standortvorteil gewertet werden. Eine Politik wie beispielsweise während der Trump-Administration in den USA, bei der ein Regierungschef spezielle Vereinbarungen mit einzelnen Unternehmen („deals") aushandelt, ist nicht zielführend, denn kein Unternehmen kann genau planen oder abschätzen, ob es den Vorteil eines solchen politischen Geschenks erhalten wird.

Das achte und letzte Prinzip bei Eucken ist die Zusammengehörigkeit aller bereits erläuterten Prinzipien. Es leitet sich aus Euckens „Denken in Ordnungen" ab. Die Prinzipien sind wie ein System kommunizierender Röhren, die alle im höchsten Maße interdependent sind.

Gerät beispielsweise die Geldwertstabilität durch eine hohe Inflation aus dem Gleichgewicht, so sind alle anderen Prinzipien wie die Vertragsfreiheit oder die Haftung unmittelbar betroffen. Eucken formuliert dies folgendermaßen (1952/90, S. 291): „Die Zusammengehörigkeit der Prinzipien geht so weit, da einzelne von ihnen bei isolierter Anwendung ihren Zweck völlig verfehlen. Wir sehen dies bei der Eigentumsfrage. Privateigentum an den Produktionsmitteln zu verlangen, wenn der Staat zugleich durch sein Vertragsrecht, durch Beschränkungen der Haftung, durch seine Handelspolitik, durch Investitionsverbote, durch sein Markenschutz-, Patenrecht usw. die Konkurrenz zurückdrängt, ist problematisch. Aber in Verbindung mit der Anwendung der übrigen Prinzipien hat das Privateigentum einen wesentlichen, positiven Sinn."

Euckens Prinzipien werden durch vier regulierende Prinzipien ergänzt: Die Monopolkontrolle, die Einkommenspolitik, die Korrektur externer Effekte und die Vorkehrungen gegen anomale Angebotsreaktionen (siehe Wentzel, 2018, S. 16). Auch bei der Verwirklichung und Durchsetzung dieser Prinzipien ist ein handlungsfähiger Staat in jedem Punkt notwendig. Die Weiterentwicklung und Modernisierung der Prinzipien ist vor allem durch die Globalisierung sowie die Notwendigkeit zu einer nachhaltigeren Wirtschaftsweise bedingt. Umwelt- und Klimaschutz erhalten zunehmend einen konstituierenden Charakter. Aber auch hier zeigt sich – wie bei den offenen Märkten – die dringende Notwendigkeit zu internationaler Koordination, denn ein einzelnes Land kann mit isolierten Maßnahmen wenig tun, um den Klimawandel aufzuhalten.

Einen Überblick über die theoretische Konzeption Euckens, die letztlich der Sozialen Marktwirtschaft zugrunde liegt, bietet die Grafik 5.1.

Die französische „Planification"

Die französische „Planification" ist vor allem aus wirtschaftshistorischem und dogmengeschichtlichem Blickwinkel interessant. Sie wurde 1946 durch Jean Monnet gegründet mit dem Ziel, die französische Wirtschaft stärker unter die Kontrolle eines planenden und

Abb. 5.1 Die konstituierenden und regulierenden Prinzipien von Walter Eucken (1952/90) (Quelle: Schüller & Krüsselberg (2002), S. 54)

schützenden Staates zu stellen und mithilfe einer staatlichen Global- und Struktursteuerung strategische Ziele in einem grundsätzlich privatwirtschaftlichen Umfeld zu erreichen. Mit einem nach Branchen und Sektoren aufgegliederten Plan sollte auf die Entwicklung der Wirtschaftsstruktur Einfluss genommen werden (ausführlich Lutz, 1973). Jean Monnet ist auch bekannt für seine tragende Rolle bei der Gründung der Europäischen Gemeinschaft für Kohle und Stahl (EGKS), der ersten supranationalen Institution überhaupt in der europäischen Geschichte.

Bis in die 70er Jahre stellte die Planification das Leitbild der französischen Wirtschaftspolitik dar. Besonders im Außenhandel waren französische Unternehmen in der Vorkriegszeit – damals auch noch in den Kolonien – sehr stark auf die Unterstützung des Staates zur Risikoabsicherung angewiesen, beispielsweise im Energiesektor. Diese gemischten Unternehmen vereinten private wie auch staatliche Interessen. Sie waren in gewisser Hinsicht Vorbild oder Wegbereiter für eine Ordnungskonzeption, in der der Staat eine wichtige lenkende Funktion übernimmt. Die Planification steht damit in direkter Verbindung mit der Idee des Merkantilismus und sie ging ganz im Sinne des französischen Rationalismus von der Überlegenheit staatlicher Planung gegenüber „chaotischen" dezentralen Märkten aus. Allerdings bestand ein großer Unterschied zu den sozialistischen Zentralverwaltungswirtschaften (siehe „Zentralverwaltungswirtschaft"), wie sie beispielsweise in der DDR oder der UdSSR vorlagen. „Zentrale Planung für die Marktwirtschaft" – so lautete der Titel des Buches von Vera Lutz (1973) über die französische Planification. Das Privateigentum sowie die grundsätzliche wirtschaftliche, unternehmerische und politische Freiheit wurden in Frankreich niemals infrage gestellt.

Beim Konzept der Planification legte ein Generalkommissariat Plan einen Volkswirtschaftsplan vor, der mit der sog. Modernisierungskommission abgestimmt und dann dem Premier- und dem Finanzminister vorgelegt werden musste (ausführlich Tholl, 1964/65, S. 238 ff.). Die Grundidee beruhte auf einer indikativen Planung, bei der der Staat zentrale Entwicklungsziele vorgab und mit starken Eingriffen in den Markt umzusetzen versuchte. Zentrales Element der Planification war die Einbeziehung von allen gesellschaftlichen Gruppen in die Planung (sog. Action Concertée). Die volkswirtschaftlichen Pläne waren dabei nur für die öffentlichen Unternehmen und staatliche Stellen bindend: Ihnen wurde quasi eine Anschubfunktion oder eine Vorreiterrolle zugesprochen. Privaten Unternehmen wurden keine Planvorgaben gemacht. Heute spielt die Planification keine Rolle mehr in der aktiven französischen Wirtschaftspolitik. Allerdings finden sich einige Elemente noch in der französischen Industriepolitik und auch in der Energiepolitik wieder, in der die Regierung klare Zielvorgaben definiert – etwa die energiepolitische Unabhängigkeit, die primär durch die Nutzung der Kernenergie in einem monopolistischen Staatsunternehmen sichergestellt werden soll.

Die Gründung der Planification fand ungefähr zeitgleich mit der Entstehung der Sozialen Marktwirtschaft in Deutschland statt. Dies erklärt auch die intensive, teilweise hitzige ordnungspolitische Debatte über den Vergleich beider zum damaligen Zeitpunkt neuen Konzeptionen in beiden Ländern (siehe Tholl, 1964/65). Hier ging es nicht nur um die jeweils nationale Wirtschaftsordnung, sondern auch um die ordnungspolitische Orientierung der 1951 neu gegründeten Europäischen Gemeinschaft für Kohle und Stahl (EGKS) und der 1957 gegründeten Europäischen Wirtschaftsgemeinschaft (EWG), dem Vorläufer der heutigen Europäischen Union (EU). In der EU finden sich planerische Elemente wieder – etwa und vor allem in der Europäischen Kommission – und zugleich auch sehr viele marktwirtschaftliche Perspektiven – vor allem im Konzept des Binnenmarktes und der Schengener Freizügigkeit. Die Europäische Zentralbank (EZB) wiederum ist sehr stark an das Ordnungsmodell der Deutschen Bundesbank angelehnt.

Hall und Soskice (2001) unterscheiden die OECD-Staaten in liberale Marktwirtschaften („liberal market economies"), koordinierte Marktwirtschaften („coordinated market economies") und Staaten, die nicht eindeutig zu klassifizieren sind: Diese Länder sind Frankreich, Italien, Spanien, Portugal, Griechenland und die Türkei. Diese Länder werden von Hall und Soskice als „mediterrane Marktwirtschaften" bezeichnet, also Länder mit typischerweise großer Landwirtschaft und vielen staatlichen Eingriffen in die Wirtschaft – wie eben in Frankreich. Auch heute noch unterscheidet sich die deutsche von der französischen Wirtschaftsordnung durch einen deutlich höheren Einfluss des Staates (Staatsquote) westlich des Rheins.

Die Wohlfahrtsstaatliche Marktwirtschaft: Das skandinavische Modell
Schweden gilt als der „Prototyp des modernen Wohlfahrtsstaates" (Schmid, 2010, S. 222–240) und als koordinierte Marktwirtschaft im Verständnis von Hall und Soskice (2001). Das „schwedische Volksheim" begann als politisches Projekt in den 1930er Jahren und ist eng verbunden mit dem Namen des Ministerpräsidenten Per Albin Hannson. Auch vor dem Aufkommen starker sozialer Bewegungen in anderen europäischen Ländern hatte das schwedische Modell den Anspruch, alle seine Bürger umfassend zu fördern und abzusichern – vom Kindergarten über den Arbeitsmarkt bis hin zum Rentnerdasein. Zur Gewährleistung dieses sozialen Systems wurden Geldtransfers, Sozialleistungen und Infrastruktur bereitgestellt.

Seinen Höhepunkt hatte das schwedische System in der 70er Jahren, wo sich dann allerdings auch die Schattenseiten und Absurditäten deutlich zeigten. Finanziert wurde das System über exorbitant hohe Steuern: Topsportler wie der Tennisspieler Björn Borg oder der Skirennläufer Ingemar Stenmark oder die Mitglieder der Popgruppe ABBA zahlten Grenzsteuersätze von über 100 % – was diese Sportler und Künstlerinnen und Künstler zur Verlegung ihrer Wohnsitze ins Ausland zwang. Die berühmte Kinderbuchautorin Astrid Lindgren wurde ebenfalls nahezu 100 % besteuert, was sie quasi trotz hoher Verkaufserlöse ihrer Bücher in die Armut zwang und deshalb auch dazu bewegte, eine inzwischen weltberühmte Satire über Schweden zu schreiben: „Pomperipossa in Monismanien". Letztlich brach das schwedische Modell an seiner Übertreibung zu Beginn der 90er Jahre zusammen und musste umfassend reformiert werden, um eine dauerhafte Finanzierung sicherzustellen.

Generell kann man aber sagen, dass alle skandinavischen Staaten (Dänemark, Norwegen, Finnland und Schweden) heute einen „aufgeklärten", realistischen Wohlfahrtsstaat repräsentieren, also eine marktwirtschaftliche Ordnung mit einem sehr umfassend ausgebauten

Sozialstaat und frei zugänglicher Bildung, finanziert über vergleichsweise hohe Steuern, die aber eine erstaunlich hohe Akzeptanz in der Bevölkerung erfahren – anders als in Schweden zu Zeiten von Pomperipossa. Die skandinavischen Staaten gelten generell als sehr fortschrittlich: In allen Rankings über Staaten – etwa dem Best Country Index, dem Anti-Korruptions-Index von Transparency International, dem Doing Business-Index oder auch dem Good Governance-Index sind die Skandinavischen Länder unter den besten Zehn vertreten. Schweden, Finnland und Dänemark sind Mitglied der EU und des Schengenraums, Norwegen gehört dem Europäischen Wirtschaftsraum (EWR) an und akzeptiert alle Regeln der EU. Das Land zahlt sogar Beiträge zur EU, nimmt am Erasmus-Programm teil und ist ebenfalls Mitglied von Schengen. Nur Finnland hat den Euro eingeführt – allerdings sind die Währungen der drei anderen Länder direkt in enger Kooperation an den Euro gebunden. Finnland, Schweden und Dänemark gehören innerhalb der EU zur Gruppe der sog. „Sparsamen Vier", die sich für Ausgabendisziplin und für die Einhaltung des Stabiltäts- und Wachstumspaktes einsetzen.

Eine ordnungspolitische Besonderheit ist in Norwegen anzutreffen. Das Land ist einer der größten Exporteure von Öl und Gas, wobei die Erlöse in den 1996 gegründeten „Government Pension Fund Global" eingespeist werden – einen der zwei größten Staatsfonds der Welt. Sein Wert beträgt derzeit ca. eine Billion Euro. Die Regierung darf allerdings pro Jahr nur maximal drei Prozent des Kapitalstocks entnehmen und in den allgemeinen Haushalt einspeisen. Norwegen gilt ordnungspolitisch als Musterschüler: Ein finanziell absolut gesundes Land ohne Schulden mit Haushaltsüberschüssen, politisch stabil und fest in die internationale Ordnung und in Europa integriert.

Literatur
Bardt, H. (2023). *Wettbewerb! Ein Plädoyer für die wettbewerbliche Marktwirtschaft.* Springer, Wiesbaden.
Eucken, W. (1952/90). *Grundsätze der Wirtschaftspolitik.* 1990. utb, Stuttgart.
Hall, P. A., & Soskice, D. (2001). *Varieties of capitalism. The institutional foundation of comparative advantage,* Oxford University Press, Oxford.
Leipold, H. (1979). *Wirtschafts- und Gesellschaftssysteme im Vergleich* (2. Aufl.). UTB-Taschenbuch, Fischer, Stuttgart.
Leipold, H. (2000). Die kulturelle Einbettung der Wirtschaftsordnungen: Bürgergesellschaft versus Sozialstaatsgesellschaft. In B. Wentzel & D. Wentzel (Hrsg.), *Wirtschaftlicher Systemvergleich Deutschland/USA* (S. 1–52). Lucius & Lucius, Stuttgart.
Lutz, V. C. (1973). *Zentrale Planung für die Marktwirtschaft. Eine Untersuchung der französischen Theorie und Erfahrung.* J. C. B. Mohr (Paul Siebeck), Tübingen.
Schmid, J. (2010). *Wohlfahrtsstaaten im Vergleich. Soziale Sicherung in Europa: Organisation, Finanzierung, Leistungen und Probleme* (3. Aufl.). VS Verlag für Sozialwissenschaften, Wiesbaden.
Schüller, A., & Krüsselberg, H.-G. (2002). *Grundbegriffe zur Ordnungstheorie und Politischen Ökonomik* (5. überarbeitete Aufl.). Forschungsstelle zum Vergleich wirtschaftlicher Lenkungssysteme, Marburg.

Tholl, G. (1964/65). *Die französische Planification: Ein Vorbild?*. ORDO, Doppelband XV und XVI, 197–274, De Gruyter Oldenbourg.

Wentzel, D. (2018). Soziale Marktwirtschaft: Ordnungspolitik im Wandel – Perspektiven für die Zukunft. *Deutschland und Europa*, Heft 79, 14–21, (Hrsg.), *Von der Landeszentrale für politische Bildung Baden-Württemberg*, Stuttgart.

Wentzel, D., & Marošević, K. (2023). Inflation und Geldwertvertrauen in der „Zeitenwende". In *Wirtschaft und Ethik. Das Magazin zur Förderung von Wirtschaftswissenschaften und Ethik e. V.*, 33. Jahrg., 2/2023. Münster.

Weiterführende Literaturempfehlungen

Goldschmidt, N., & Kolev, S. (2023). *75 Jahre Soziale Marktwirtschaft in 7,5 Kapiteln*. Verlag Herder, Freiburg im Breisgau.

Haucap, J., & Heimeshoff, U. (2018). Ordnungspolitik in der digitalen Welt. In J. Haucap & H. J. Thieme (Hrsg.), *Wirtschaftspolitik im Wandel. Ordnungsdefizite und Lösungsansätze. In: Schriften zu Ordnungsfragen der Wirtschaft*, Bd. 105. De Gruyter Oldenbourg, Berlin.

Horn, K. (2010). *Die Soziale Marktwirtschaft. Alles, was Sie über den Neoliberalismus wissen sollten*. Frankfurter Allgemeine Buch, Frankfurt am Main.

Leipold, H. (2006). *Kulturvergleichende Institutionenökonomik, UTB-Taschenbuch*. Lucius & Lucius, Stuttgart.

Leipold, H., & Wentzel, D. (Hrsg.) (2005). Ordnungsökonomik als Aufgabe. In *Schriften zu Ordnungsfragen der Wirtschaft*, Bd. 78. Lucius & Lucius, Stuttgart.

Wentzel, B., & Wentzel, D. (Hrsg.). (2000). *Wirtschaftlicher Systemvergleich Deutschland – USA, UTB-Taschenbuch*. Lucius & Lucius, Stuttgart.

5.2 Zentralverwaltungswirtschaft

Dirk Wentzel

Die Theorie der Zentralverwaltungswirtschaft: Sozialistisches Wirtschaftssystem

Das Ende des 2. Weltkriegs markierte den Beginn der großen Systemfrage in Europa, aber auch in anderen Teilen der Welt: Sollte man eine Volkswirtschaft dezentral über Märkte und freie Preise organisieren, oder wäre es theoretisch und auch praktisch möglich, eine komplette Volkswirtschaft mithilfe eines einzigen zentralen Plans zu steuern. Rein politisch war die Frage emotional sehr aufgeladen unter der Konfrontation „Marktwirtschaft versus Sozialismus". Aber für Volkswirte, die sich mit theoretischen Grundfragen beschäftigen, war die Systemfrage akademisch hochgradig spannend und anspruchsvoll.

Rein definitorisch ist die Zentralverwaltungswirtschaft ein Wirtschaftssystem, in dem Staatseigentum an den Produktionsmitteln sowie ein zentraler Wirtschaftsplan vorliegen. Es existiert ein politisch beschlossener Produktionsplan, der über einen hierarchischen und in der Regel autoritären Lenkungsapparat an die produzierenden Betriebe weitergeleitet und überwacht wird. Es wird also ganz genau vorgegeben, wie viele Schuhe, Kleidungsstücke, Autos oder Möbel in einem Jahr produziert werden und welche Produktionsfaktoren (Materialien, Rohstoffe, menschliche Arbeitskraft) nötig sein werden, um die Produktion zu realisieren. In Kombination mit staatlichen Betrieben (Kombinaten) gelangt man zu einer staatssozialistischen Zentralverwaltungswirtschaft. Der Erfolgsmaßstab für die Betriebe ist das Planerfüllungsprinzip (ausführlich Leipold, 1979).

Im deutschen Sprach- und Wissenschaftsraum war es vor allem der Schüler Walter Euckens, K. Paul Hensel, der die Systemfrage zu seinem lebenslangen Forschungsprogramm erhob und an der von ihm gegründeten „Forschungsstelle zum Vergleich wirtschaftlicher Lenkungssysteme" in Freiburg und später in Marburg mit vielen seiner Schüler diskutierte. Seine an der Universität Freiburg eingereichte Habilitationsschrift „Einführung in die Theorie der Zentralverwaltungswirtschaft" begründete 1954 zugleich den ersten Band der Schriften zum Vergleich von Wirtschaften, die noch heute unter neuem Namen als Schriftenreihe zu Ordnungsfragen der Wirtschaft existiert.

Für Hensel war die Frage, ob es eine rationale Wirtschaftsrechnung in einer Zentralverwaltungswirtschaft geben könnte, eine Frage reiner Theorie. Er vertrat die Auffassung, dass es in einer reinen Naturalplanung möglich sein müsste, Plansalden zu ermitteln und Knappheit rational zu erkennen. Gleichwohl benötigen die Betriebe auch in einem solchen sozialistischen System eine Wert- oder Geldrechnung. Sowohl auf der Ebene der Betriebe wie auch beim Konsumenten kann auf die Tausch- und Wertaufbewahrungsfunktion des Geldes nicht verzichtet werden (siehe Wentzel, 1995). Das Nebeneinander von naturaler Wirtschaftsplanung und einer gleichzeitigen Rechnung in Geld- und Wertgrößen führt jedoch nach Hensel zu einem „Bruch in der Wirtschaftsrechnung", der nicht zu lösen ist und der in der Praxis dann zu den vielerorts zu beobachtenden Ineffizienzen führte. Janos Kornai (1980) hat hierfür den viel beachteten Begriff „the economics of shortage" geprägt.

Die Frage, ob eine Zentralverwaltungswirtschaft funktionieren könnte, beschäftige in der Nachkriegszeit noch eine Vielzahl weiterer Ökonomen. Der Gründer der österreichischen Schule der Nationalökonomie (siehe „Österreichische Schule"), Ludwig von Mises, verneinte grundsätzlich die Möglichkeit einer zentralen Wirtschaftsrechnung ohne knappheitsgerechte Marktpreise. Ein anderer renommierter Österreicher hingegen, Friedrich August von Hayek, sah die theoretische Möglichkeit zu einer rationalen Wirtschaftsrechnung, aber er verneinte die Fähigkeit, dass man sie auch tatsächlich würde umsetzen können. In einem bahnbrechenden Aufsatz über „The Use of Knowledge in Society" (1945) wies Hayek nach, dass keine Planungsbehörde in der Lage wäre, das bei den Menschen verstreute Wissen einzusammeln und einer zentralen Behörde zuzuleiten. Hayek sah die „Nicht-Zentralisierbarkeit von Wissen" als zentrale Ursache für das Scheitern sozialistischer, zentral geplanter Wirtschaftssysteme an.

In der Rückschau auf die Zeit der Zentralverwaltungswirtschaft wird häufig nur auf den eklatanten Mangel an Konsumgütern (etwa modische Kleidung oder Südfrüchte) oder auf die langen Wartezeiten für begehrte Produkte – etwa Autos – hingewiesen. Für junge Leute ist es heute aber besonders wichtig zu wissen, dass es in einer Zentralverwaltungswirtschaft

5.2 Zentralverwaltungswirtschaft

rein logisch keine freie Berufswahl geben kann. Eine Produktion kann nur funktionieren, wenn auch eine bestimmte Anzahl von Arbeitern vorhanden ist. Damit ist klar, dass auch die Ausbildung von jungen Menschen gemäß dem Bedarf an Arbeitern und Bauern angepasst werden muss.

Ob die Systemfrage auch heute noch ähnlich diskutiert werden würde, ist zu bezweifeln. Zwar ist die Anzahl verfügbarer Güter damals und heute nicht vergleichbar – aber das ist eher ein logisches oder mathematisches Problem. Entscheidender Unterschied zu heute ist das hohe Ausmaß an internationaler Arbeitsteilung und Verflechtung, welches unter dem Schlagwort der Globalisierung analysiert wird. Im Prinzip ist eine zentrale naturale Wirtschaftsplanung nur in einer geschlossenen Volkswirtschaft möglich. Sobald grenzüberschreitende Güterströme existieren – wie im sog. Warschauer Pakt der sozialistischen Staaten – werden die Planungsunsicherheiten und Verzögerungen noch einmal erheblich ansteigen. Eine Zentralverwaltungswirtschaft sowjetischen Typs ist ungeeignet, um wirtschaftlichen Wohlstand für breite Bevölkerungsschichten zu schaffen. Sie ist ebenso nicht geeignet, in ein System internationaler Arbeits- und Wissensteilung integriert zu werden.

Aus historischer Perspektive ist es bemerkenswert und erwähnenswert zugleich, dass der Zusammenbruch der Zentralverwaltungswirtschaft sowjetischen Typs quasi von innen heraus geschah. Der sowjetische Staats- und Parteichef Michail Gorbatschow versuchte, bestimmte Freiheitsgrade in die zentrale Wirtschaftsplanung einzubauen: Perestrojka und Glasnost. Der wirtschaftliche Rückstand zu den Staaten der Europäischen Gemeinschaften war so groß geworden, dass er selbst mit massiver staatlicher Propaganda und Fehlinformation nicht vertuscht werden konnte. Letztlich implodierte das System am 9. November 1989, als in Berlin die Mauer fiel und auch in den anderen osteuropäischen Staaten die sowjetische Herrschaft beendet wurde. Das „wirtschaftspolitische Experiment" einer Zentralverwaltungswirtschaft sowjetischen Typs war damit beendet.

UdSSR, DDR und andere Staaten des Warschauer Paktes

Nach der russischen Oktoberrevolution 1917 wurde die Union der Sozialistischen Sowjetrepubliken (UdSSR) gegründet. Der Staatsgründer Lenin versuchte dabei, die Theorien von Karl Marx über einen kommunistischen Arbeiter- und Bauernstaat in die Praxis umzusetzen. Marx ging von einem Absterben der Ware-Geld-Beziehung im Sozialismus aus, weshalb die ersten Maßnahmen von Lenin auf die Abschaffung des Geldes zielten. Doch innerhalb kürzester Zeit erkannte auch Lenin, dass eine zentrale Wirtschaftsplanung ohne Wertrechnung und ohne Geld nicht funktionieren konnte. Er wich vom „Weg der Entmonetarisierung der Wirtschaft ab und versuchte, bestimmte Wertkategorien (wie z. B. Preise, Löhne, Zinsen) zu nutzen, um die „Ware-Geld-Beziehung" bewusst zum Aufbau des Sozialismus einzusetzen" (Wentzel, 1995, S. 6–7). Die frühen Lenin-Jahre werden auch als Kriegs-Kommunismus bezeichnet.

Sein Nachfolger Stalin formte dann in den Zwischenkriegsjahren die Zentralverwaltungswirtschaft sowjetischen Typs unter Verwendung massiver Gewalt und Repression. Die komplette Volkswirtschaft wurde verstaatlicht, die Agrarwirtschaft wurde zwangskollektiviert und in riesigen Sowchosen (staatlich organisierte und von der Regierung überwachte Landwirtschaft nach sowjetischem Vorbild) und Kolchosen (genossenschaftlich organisierte Landwirtschaft durch die Mitglieder des Kollektivs) zusammengefasst. Die Außenwirtschaft wurde monopolisiert, der sowjetische Wirtschaftsraum quasi abgeschlossen, um den einen zentralen Plan verwirklichen zu können. Neben den Jahresplänen wurden Fünfjahrespläne als Lenkungsinstrumente entwickelt und jede private Wirtschaftsinitiative wurde verboten. Allein die kommunistische Partei KPdSU bestimmte über die Pläne im Parlament, dem Obersten Sowjet. Das tragende Ziel der politischen und wirtschaftlichen Ordnung war der Aufbau der kommunistischen Gesellschaft.

Nach dem Ende des 2. Weltkrieges gerieten die Staaten in Ost-Europa unter die Herrschaft der UdSSR. Alle besetzten Staaten – etwa Polen, Ungarn, die Tschechoslowakei, Bulgarien u. v. m. wurden politisch und militärisch gezwungen, die Einparteienherrschaft in Verbindung mit einer Zentralverwaltungswirtschaft einzuführen. Verschiedene Versuche, das sowjetische System abzuschütteln, etwa der Arbeiteraufstand in Ost-Berlin am 17. Juni 1953, der Ungarn-Aufstand 1957 oder nicht zuletzt der sog. „Prager Frühling" 1968, wurden mit brutaler sowjetischer Gewalt niedergeschlagen. Der wirtschaftliche Rückstand, der sich in diesen Ländern seit der sowjetischen Okkupation 1945 bis hin zum Fall der Mauer 1989 aufgestaut hat, ist noch heute in diesen Ländern nachzuweisen. Die Transformation von Wirtschaftsordnungen ist ein extrem komplexer, vielschichtiger und zeitaufwendiger Prozess (siehe Wentzel, 1995).

In Deutschland nahm die politische und wirtschaftliche Teilung ihren Lauf mit der Gründung der Bundesrepublik Deutschland im Mai 1949 in den drei Westzonen und der Gründung der Deutschen Demokratischen Republik (DDR) im Oktober des gleichen Jahres. Für viele Westdeutsche liegt der eigentliche Gründungsmythos der Bundesrepublik allerdings in der Währungsreform, mit der 1948 die Deutsche Mark als harte Währung eingeführt wurde. In Verbindung mit der völligen Freigabe der Preise und der Einführung der Sozialen Marktwirtschaft begann in Westdeutschland das sog. Wirtschaftswunder, das in scharfem Kontrast zur wirtschaftlichen Entwicklung in der DDR stand.

Von Beginn an wurde in der DDR eine Zentralverwaltungswirtschaft sowjetischen Typs aufgebaut. Analog zur UdSSR wurden alle Teile der Volkswirtschaft verstaatlicht und auch die Landwirtschaft wurde kollektiviert und in den gesamten zentralen Planungsprozess integriert. Die zentrale Plankommission erarbeitete die Fünfjahrespläne sowie langfristige 15–20 Jahrespläne mit dem erklärten Ziel, die Bundesrepublik Deutschland wirtschaftlich und politisch zu überholen. Insgesamt wurden in der DDR 11 Industrieministerien in den zentralen Planungsprozess integriert. Politisch hatte der Ausbau der Industrie klaren Vorrang vor der Konsumgüterproduktion. Allerdings litten die DDR und die zentrale Planung massiv unter der Abwanderung von Fachkräften, die sich bei noch offenen Grenzen in den westlichen Teil Deutschlands absetzten. Die Abstimmung mit den Füßen wurde Teil der Systemfrage. Zwischen 1949 und 1960 verließen ca. 2,5 Mio. Menschen die DDR, deren Bevölkerung während der ganzen Zeit ihrer Existenz schrumpfte. Die DDR reagierte im August 1961 drastisch

5.2 Zentralverwaltungswirtschaft

mit dem Bau der Mauer in Berlin und innerhalb Deutschlands. Wie in der Theorie vorhergesagt, kann zentrale Wirtschaftsplanung letztlich nur in einer hermetisch abgeschlossenen Volkswirtschaft halbwegs durchgeführt werden – und auch da nur zeitlich befristet.

Nach dem Bau der Mauer 1961 erlebte die DDR eine kurze Phase relativer Stabilität, wenngleich der wirtschaftliche Rückstand zum Westen von Jahr zu Jahr größer wurde. Ab den 70er Jahren stieg dann die Verschuldung der DDR gegenüber dem nicht-sozialistischen Ausland drastisch an (ausführlich Wentzel, 1996). Mit den westlichen Zahlungsmitteln konnte sich die DDR knappe Produktionsgüter im Westen einkaufen, um Planungsfehler und Engpässe auszugleichen. Die Nähe zum Westen hatte Vorteile und Nachteile zugleich: Einerseits konnte sich die DDR – sofern sie Devisen hatte – im Westen bedienen. Andererseits war die eigene Bevölkerung stets der Information ausgesetzt, was ein Wirtschaftssystem leisten kann, wenn es von planerischen Fesseln befreit ist.

Ab Beginn der 80er Jahre nahm die Auslandsverschuldung der DDR bedrohliche Ausmaße an. Ein Milliardenkredit unter Vermittlung des bayerischen Ministerpräsidenten Franz-Josef Strauß rettete die DDR 1984 vor der Zahlungsunfähigkeit (Wentzel, 1996, S. 198 ff.). Die DDR erzielte auch beträchtliche Deviseneinnahmen aus dem Freikauf von inhaftierten DDR-Bürgern durch die Bundesrepublik: Im letzten Jahr ihrer Existenz 1989 wurden allein auf diesem Wege ca. 270 Mio. DM erwirtschaftet, die zur Überwindung von Produktionsengpässen verwendet wurden. An den grundsätzlichen Systemmängeln zentraler Wirtschaftsplanung konnten sie jedoch nichts ändern. Ab 1989 geriet das DDR-System endgültig aus den Fugen. Die Botschaftsflüchtlinge in Prag und Budapest, die militärische und politische Zurückhaltung Gorbatschows und der immer höher werdende Ausreisedruck endeten am 9. November 1989 mit dem Zusammenbruch der DDR und einem Jahr später der Vereinigung mit der Bundesrepublik Deutschland.

Der Systemwettbewerb im Brennglas: Das geteilte Berlin

Die Systemkonfrontation der Nachkriegsphase führte zur Teilung zweier Länder: Deutschland und Korea. Während Südkorea unter amerikanischer Obhut ein marktwirtschaftliches System mit einer demokratischen Regierung einführen konnte und heute zu den sehr erfolgreichen „asiatischen Tigern" zählt, wählte Nordkorea den anderen Weg: Zentralplanung und die Herrschaft einer (kommunistischen) Partei. Noch heute kann das militärisch und atomar hochgerüstete Nordkorea als das letzte verbliebene Praxisbeispiel für diesen wirtschaftlich nicht erfolgreichen Wirtschaftstyp gelten. Nur wenige Wissenschaftler haben sich mit Nordkorea auseinandergesetzt oder es sogar – trotz der widrigen und schwierigen Umstände – selbst bereist (etwa Knorr, 2020).

Die Einführung der zentralen Wirtschaftsplanung in der DDR hatte einen besonderen Engpass: Die geteilte Hauptstadt Berlin. In Berlin fand ein einzigartiges historisches Experiment statt, nämlich die Systemkonfrontation inmitten einer Weltstadt. Eine besonders interessante Note liegt auch in dem Umstand begründet, dass in Ostberlin die Mark der DDR als sozialistische Währung verwendet werden musste, während in Westberlin die Deutsche Mark (DM) Zahlungsmittel war (siehe Wentzel, 1988). In den zahlreichen Wechselstuben der Stadt und auf den Schwarzmärkten konnten die Währungen frei getauscht werden und es ergab sich ein Wechselkurs von 1:4. Dieser Wechselkurs wurde natürlich von der Regierung der DDR sehr kritisch gesehen, widersprach er doch dem Selbstbild von einer wirtschaftlich ebenbürtigen DDR. Ab Mitte der 80er Jahre verschlechtere sich der Wechselkurs der Mark der DDR jedoch merklich: 1987 erhielt man schon 6,22 Mark der DDR für eine DM. Der wirtschaftliche Rückstand gegenüber dem Westen wurde auch im Wechselkurs zwischen beiden deutschen Währungen immer deutlicher (ausführlich Wentzel, 1988).

Das ordnungspolitische „Brennglas Berlin" legte die Schwächen einer zentral geplanten Wirtschaft im direkten Wettbewerb zu einer marktwirtschaftlichen Ordnung schonungslos offen. Diese Erfahrung in einer einzigen, geteilten (Welt-) Stadt geht noch über die koreanische Erfahrung eines geteilten Landes hinaus. Viele Ostberliner wanderten zum Arbeiten in den Westen – sie fehlten in der zentral geplanten Arbeit im Osten und verschärften die Produktionsengpässe umso mehr. Der Bau der Mauer am 13. August 1961 war die wirtschaftspolitische Notbremse für die Regierung der DDR, um die zentrale Wirtschaftsplanung und damit den Staat kurzfristig zu retten. Zumindest in Berlin hatte der Systemwettbewerb einen eindeutigen Gewinner, wenngleich es vom Bau der Mauer bis zum Fall der Mauer 28 Jahre dauern sollte.

Literatur
Hayek, F. A. (1945). The use of knowledge in society. *The American Economic Review, 35*(4), 519–530.
Hensel, K. P. (1954/79). Einführung in die Theorie der Zentralverwaltungswirtschaft. In *Schriften zum Vergleich von Wirtschaftsordnungen,* Heft 1, (3. Aufl.). Gustav Fischer Verlag, Stuttgart/New York.
Knorr, A. (2020). Wirtschaftssystem und Wirtschaftsentwicklung Nordkoreas. In M. Leschke & N. Otter (Hrsg.), *Wachstum, Entwicklung, Stabilität. Governanceprobleme und Lösungen.* In *Schriften zu Ordnungsfragen der Wirtschaft, Bd. 106.* De Gruyter, Berlin.
Kornai, J. (1980). *Economics of shortage.* North-Holland Pub. Co., Amsterdam/New York.
Leipold, H. (1979). *Wirtschafts- und Gesellschaftssysteme im Vergleich* (2. Aufl.). UTB-Taschenbuch, Fischer, Stuttgart.
Wentzel, D. (1988). *Die Austauschbarkeit von Deutscher Mark und Mark der DDR: Entwicklung, Stand.* Diplomarbeit Rheinische Friedrich-Wilhelms-Universität Bonn, Bonn.
Wentzel, D. (1995). *Geldordnung und Systemtransformation: Ein Beitrag zur ökonomischen Theorie der Geldverfassung. Schriften zum Vergleich von Wirtschaftsordnungen,* Bd. 50. Fischer, Stuttgart/Jena/New York.
Wentzel, D. (1996). *Finanzierung des Systems.* In R. Eppelmann, H. Möller, G. Nooke, & D. Wilms (Hrsg.), *Lexikon des DDR-Sozialismus. Das Staats- und Gesellschaftssystem der Deutschen Demokratischen Republik* (S. 196–200). Ferdinand Schöningh Verlag, Paderborn.

Weiterführende Literaturempfehlungen
Hensel, K. P. (1972/1992). *Grundformen der Wirtschaftsordnung. Marktwirtschaft. Zentralverwaltungswirtschaft* (4. unveränderte Aufl.). Lit-Verlag. Münster.

5.3 Chinesischer Staatskapitalismus

Hubertus Bardt und Dirk Wentzel

Entwicklung
Das chinesische Modell des Staatskapitalismus hat sich in den letzten Dekaden als eigene Ordnungsform mit marktwirtschaftlichen und planwirtschaftlichen Elementen etabliert (Bardt & Matthes, 2021). Gleichzeitig ist diese Volkswirtschaft mit seinen besonderen Ordnungsmerkmalen immer bedeutsamer geworden. China ist zu einem der wichtigsten Produktionsstandorte, Lieferanten und Absatzmarkt geworden. Durch den stark gewachsenen Handel mit China sind diese spezifischen Eigenschaften auch für westliche Marktwirtschaften bedeutsam geworden, da wesentliche Teile der Weltwirtschaft und des internationalen Handels von der chinesischen Wirtschaftsordnung beeinflusst oder sogar geprägt werden.

Der chinesische Staatskapitalismus wurde aus der bestehenden Planwirtschaft entwickelt. Die Kollektivierung und erzwungene Industrialisierung unter Mao Zedong war mit katastrophalen Ergebnissen gescheitert, dennoch bestand die Zentralverwaltungswirtschaft fort. Die Wirtschaftsweise hatte sich wie jede Planwirtschaft durch die Kombination aus Staatseigentum an den Unternehmen und zentraler Koordination über Pläne ausgezeichnet. Preise wurden zentral gesetzt, der Außenhandel war staatlich monopolisiert, freier Kapitalverkehr war nicht existent.

Unter Deng Xiaoping wurde die teilweise Öffnung der Zentralverwaltungswirtschaft und die Etablierung marktwirtschaftlicher Elemente eingeleitet. Daraus entwickelte sich der chinesische Staatskapitalismus. Dieser wird auch als Sozialistische Marktwirtschaft chinesischer Prägung bezeichnet und kann entsprechend als zusätzliches Modell neben den früheren jugoslawischen und ungarischen Ausprägungen der Mischsysteme eingeordnet werden.

Mit der wirtschaftlichen Öffnung wurde das Ziel verfolgt, die wirtschaftliche Situation Chinas zu verbessern und damit das gesellschaftlich-politische System zu stützen. Der Zusammenbruch der Sowjetunion und weiterer mittel- und osteuropäischer kommunistischer Regimes war nicht zuletzt auf die katastrophale wirtschaftliche Mangellage in den Zentralverwaltungswirtschaften zurückzuführen. Die wirtschaftliche Öffnung Chinas war kein Prozess der Demokratisierung. Spätestens nach den Studentendemonstrationen und dem Massaker auf dem Platz des himmlischen Friedens im Jahr 1989 sind Ansätze gesellschaftlicher Öffnung wieder zurückgenommen worden. Die wirtschaftliche Öffnung war vielmehr ein Instrument zur Sicherung der Diktatur der kommunistischen Partei.

Der chinesische Weg hat insbesondere seit dem Beitritt zur WTO 2001 und der damit verbundenen tiefen Integration in die Weltwirtschaft eindrucksvolle Ergebnisse gebracht. Der Wohlstand ist stark gestiegen, absolute Armut wurde weitgehend beseitigt. Die industrielle Leistungsfähigkeit ist hoch, China ist einer der wichtigsten Märkte und wichtigsten Produktionsstandorte der Welt. Die wirtschaftliche Kraft hat die Parteidiktatur stabilisiert und damit China als außenpolitischen Machtfaktor gestärkt. Die erhoffte gesellschaftliche Öffnung – inklusive freier Meinungsäußerung – hat es hingegen nicht gegeben. Die bisherigen (nicht nur aufholenden) Innovationserfolge sind auch ohne eine Kultur des offenen und kritischen Austauschs möglich gewesen. Auch hat die Integration in die Weltwirtschaft nicht dazu geführt, dass sich die Wirtschaftsordnung stärker in Richtung eines marktwirtschaftlichen Regelsystems entwickelt hätte. Im Gegenteil hat unter Xi Jinping die staatliche Kontrolle von Wirtschaft und Gesellschaft wieder zugenommen.

Der wirtschaftliche Aufstieg Chinas lässt sich auch an der Zunahme der internationalen Patente ablesen. Noch zum Zeitpunkt des Eintritts in die WTO war die chinesische Strategie primär auf das Kopieren westlicher Produkte ausgelegt – häufig auch in Verbindung mit Joint Ventures mit westlichen Unternehmen. Aber mit der Weile ist China neben den USA, Japan und Deutschland der größte Anmelder von Patenten weltweit. Kein anderes Land der Welt bildet an seinen Universitäten so viele Ingenieure aus wie China: Aus dem Imitator ist ein sehr dynamischer Innovator geworden.

Mit internationalen wirtschaftlichen Projekten wie insbesondere der „neuen Seidenstraße" (One Belt One Road, OBOR) erweitert China seinen politischen Einfluss. Drittstaaten werden durch Investitionen und Kredite an China gebunden. Auch auf dem afrikanischen Kontinent hat es zahlreiche chinesische Projekte gegeben, mit denen beispielsweise der exklusive Zugriff auf natürliche Rohstoffe gesichert werden sollte. Auch mit dem Aufbau weiterer internationaler Institutionen unter chinesischer Führung wird angestrebt, eine konkurrierende internationale Ordnung im Wettbewerb zum westlichen, durch Demokratie und Marktwirtschaft geprägten mulilateralen Ordnungsrahmen zu etablieren.

Merkmale
Der chinesische Staatskapitalismus ist kein einfacher Kompromiss von Markt- und Zentralverwaltungswirtschaft. Insbesondere bei den Planungsprozessen und Eigentumsrechten sind Merkmale beider Grundformen der Wirtschaftsordnungen anzutreffen:

- Ein wesentlicher Unterschied zwischen Markt- und Zentralverwaltungswirtschaft ist, dass in ersterer die Planungen der Unternehmen dezentral über Märkte koordiniert werden, während in letzterer eine zentrale Planung von oben nach unten durchgeführt wird (Schüller & Krüsselberg, 2002a). China hat die zentrale Planung abgebaut und durch unternehmerische Initiative ergänzt, aber weiterhin einen hohen staatlichen Einfluss aufrechterhalten. In regelmäßigen Fünf-Jahres-Plänen werden strategische Ziele für ganze Branchen definiert, die für die jeweiligen Unternehmen verbindlich sind (Zenglein & Holzmann, 2019). Gleichzeitig wird, insbesondere auf regionaler oder lokaler Ebene,

5.3 Chinesischer Staatskapitalismus

in unternehmerische Entscheidungen interveniert. Der Marktaustritt unwirtschaftlicher Unternehmen wird teilweise verhindert, wenn politische Gründe vorliegen. Auch nimmt die Partei bei Personalentscheidungen großen Einfluss.

- Das andere strukturelle Unterscheidungsmerkmal ist die Eigentumsordnung, die in Marktwirtschaften durch Privateigentum charakterisiert ist, während in Zentralverwaltungswirtschaften Staatseigentum dominiert. In China ist Privateigentum an den Produktionsmitteln neben das Staatseigentum getreten, allerdings in sehr eingeschränkter Form. In einer Reihe von Branchen dominieren weiterhin Staatsunternehmen. Vielfach sind private Unternehmen aus Staatsbetrieben entstanden, um die etablierten Organisationen dem Wettbewerb auszusetzen. Andere Branchen sind durch Privatunternehmen geprägt. Die Möglichkeiten, dieses Eigentum zu nutzen und zu übertragen sind jedoch begrenzt. Entscheidend ist bei ehemaligen Staatsunternehmen und großen Privatunternehmen die politische Rückendeckung durch die Partei. Formal privates Eigentum steht damit unter einer faktischen Kontrolle durch Staat und Partei und unterliegt jederzeit dem Risiko der Enteignung.

Eine Reihe von weiteren Eigenheiten charakterisieren die chinesische Wirtschaftsordnung (Kroeber, 2016):

- Das Recht zur unternehmerischen Tätigkeit wird von der Partei (oder entsprechend privilegierten Personen aus dem Umfeld der Parteiführung) vergeben. Dies können Monopol-rechte oder andere sehr lukrative Geschäftsmöglichkeiten sein, die nicht frei zugänglich sind, sondern als Privilegien vergeben werden – und damit auch wieder entzogen werden können. Damit verbunden ist die faktische Verpflichtung, die Macht und Politik der kommunistischen Partei nicht infrage zu stellen und die Unternehmen in den Dienst der Politik zu stellen – beispielsweise durch die Schaffung von Überwachungsmöglichkeiten durch IT-Dienste. In mehreren Fällen sind hochrangige und erfolgreiche Unternehmer nach kritischen Äußerungen um ihr Vermögen gebracht oder inhaftiert worden. Auch westliche Unternehmen sind sehr zurückhaltend mit möglicherweise kritischen Äußerungen, um weiterhin geschäftlich in China tätig sein zu können.
- Gesetze sind oftmals sehr interpretationsfähig formuliert. Damit ist es nicht möglich, Rechtssicherheit zu erlangen. Eine Neuinterpretation der Rechtslage macht eine Verweigerung von Ansprüchen, Enteignungen oder eine gezielte Bestrafung jederzeit möglich und stärkt damit die Macht der Partei.
- Die Unternehmen – auch westliche – sind verpflichtet, Organisationen der kommunistischen Partei in den Betrieben einzurichten. Über diese Parteizellen wird die Kontrollmöglichkeit und der direkte Einfluss der Partei auf unternehmerische Entscheidungen gestärkt.
- Lange Zeit durften westliche Unternehmen nur in Form von Joint Ventures in China investieren, die mehrheitlich einheimischen Partnern gehörten. Dies wurde genutzt, um technologische Kompetenzen zu kopieren und eine eigene Industrie aufzubauen.

- Forcierter Technologietransfer und fehlender Rechtsschutz ist insbesondere bei westlichen Investitionen in China weiterhin problematisch.
- Weit verbreitet sind versteckte Subventionen, die beispielsweise über das Finanzsystem verteilt werden, wenn Kredite vergeben werden sollen, auch wenn die notwendigen Sicherheiten nicht verfügbar sind. Gerade bei chinesischen Investitionen im Ausland, bei denen gezielt und staatlich gewollt oder zumindest unterstützt technologische Kompetenzen eingekauft werden sollen, sind hohe Gebote durch staatliche Finanzierung möglich.

Der chinesische Staatskapitalismus hat mit seiner Mischung aus starker staatlicher Steuerung und eingeschränktem Privateigentum Ähnlichkeiten mit kriegswirtschaftlichen Konzepten. Eine Kriegswirtschaft ist dadurch gekennzeichnet, dass privates Eigentum an den Produktionsmitteln fortbesteht, dieses aber einer zentralplanerischen und damit politischen Kontrolle unterworfen wird.

In der Kriegswirtschaft kann beispielsweise die Umstellung der Produktion auf Rüstungsgüter angewiesen werden. Die Produktionseinschränkungen für Konsumgüter, die durch Handelsrestriktionen und Devisenbewirtschaftung noch verschärft werden kann, führt oftmals zu Mangelsituationen. Neben den zu produzierenden Gütern kann auch die Ressourcenversorgung, also die Allokationen von Rohstoffen, Zwischenprodukten und Arbeitskräften, zentral geplant werden. Dies war beispielsweise in Deutschland während der nationalsozialistischen Diktatur der Fall. Das Eigentum war damit ausgehöhlt, aber faktisch und formal nicht abgeschafft. Wettbewerb unter den Unternehmen war mit der staatlichen Planung ebenfalls stark geschwächt.

Der Systemwettbewerb zwischen marktwirtschaftlich und zentral geplanten Wirtschaftssystemen ist 1989 mit dem Fall der Mauer de facto entschieden worden. Der Aufstieg Chinas zur wirtschaftlichen Weltmacht mit seinem Mischsystem gibt der Diskussion allerdings neue Dynamik und eine neue Dimension.

Literatur

Bardt, H., & Matthes, J. (2020). Europäische Ordnungspolitik im Wettbewerb mit China. ORDO – Jahrbuch für die Ordnung von Wirtschaft und Gesellschaft, 71, 1/2020, 300–328. De Gruyter Oldenbourg, Berlin, Boston.

Kroeber, A. R. (2016). *China's economy: What everyone needs to know.* Oxford University Press, New York.

Schüller, A., & Krüsselberg, H.-G. (2002). *Grundbegriffe zur Ordnungstheorie und Politischen Ökonomik* (5. überarbeitete Aufl.). Forschungsstelle zum Vergleich wirtschaftlicher Lenkungssysteme, Marburg.

Zenglein, M. J., & Holzmann, A. (2019). *Evolving made in China 2025 – China's industrial policy in the quest for global tech leadership.* Merics Papers on China, No. 8, Berlin.

Soziale Marktwirtschaft 6

Inhaltsverzeichnis

6.1 Gründungsphase unter Ludwig Erhard 150
6.2 Ordnungspolitik und Prozesspolitik 153
6.3 Wettbewerbspolitik 156
6.4 Subventionskontrolle 160
6.5 Globalisierung 165
6.6 Systemkonflikt 168
6.7 Wirtschaftliche Abhängigkeiten 171
6.8 Rohstoffversorgung 174
6.9 Europäischer Binnenmarkt und Freizügigkeiten 178
6.10 Föderalismus 184
6.11 Soziale Sicherungssysteme 187
6.12 Steuer- und Transfersystem 190
6.13 Öffentliche Haushalte und Schuldenregeln 193
6.14 Duale Berufsausbildung 197
6.15 Tarifautonomie 202
6.16 Nachhaltigkeit und Umweltschutz 205
6.17 Energiewende und Dekarbonisierung 208
6.18 Industrie- und Standortpolitik 212
6.19 Konjunktur und Krise 216
6.20 Geldpolitik und Währungsunion 219
6.21 Ethik und Marktwirtschaft 226
6.22 Bildung für Soziale Marktwirtschaft 231
6.23 Wissenschaftliche Politikberatung in der Sozialen Marktwirtschaft 236

© Der/die Autor(en), exklusiv lizenziert an Springer Fachmedien Wiesbaden GmbH, ein Teil von Springer Nature 2024
H. Bardt und D. Wentzel, *Ordnungstheorie, Ordnungspolitik und Soziale Marktwirtschaft*, https://doi.org/10.1007/978-3-658-44951-3_6

> **Zusammenfassung**
>
> Die Soziale Marktwirtschaft ist die Wirtschaftsordnung der Bundesrepublik Deutschland. Sie verbindet marktwirtschaftliche Grundprinzipien mit einem sozialen Ausgleich und basiert damit auf einer gleichermaßen freiheitlichen und sozialen Wertebasis. Konzeptionelle Basis der Sozialen Marktwirtschaft sind die ordoliberalen Überlegungen einer Wettbewerbsordnung, wie sie beispielsweise in den konstituierenden und regulierenden Prinzipien Walter Euckens Ausdruck finden. Die Sicherung des Wettbewerbs gilt daher als Kernaufgabe der Wirtschaftspolitik. Zugleich baut die Wirtschaft in Deutschland und mithin die Wirtschaftsordnung auf bestehenden Institutionen auf, beispielsweise der Tarifautonomie, der dualen Berufsausbildung oder der föderalen Struktur von Staat und Wirtschaft. Im Laufe der Jahrzehnte hat sich die Soziale Marktwirtschaft immer wieder verändert und erneuert. Insbesondere ökologische Fragen sind zuletzt bedeutender geworden und mit der erfolgreichen, freiheitlichen Wirtschaftsordnung in Deutschland zu vereinbaren. Soziale Marktwirtschaft ist kein starres Konzept, sondern kann und muss sich den gesellschaftlichen, technologischen und wirtschaftlichen Veränderungsprozessen anpassen.

6.1 Gründungsphase unter Ludwig Erhard

Dirk Wentzel

Wirtschaftspolitische Konzeption und Markenzeichen für Deutschland
Die Soziale Markwirtschaft ist einerseits eine wirtschaftspolitische Konzeption, die auf bestimmten ordnungstheoretischen Erkenntnissen beruht, also eine wissenschaftliche Fundierung besitzt (vgl. Leipold & Wentzel, 2005). Andererseits ist sie ein weltweit bekanntes und anerkanntes Markenzeichen für Deutschland geworden, das auch innerhalb Europas viele Nachahmer gefunden hat. Der Begriff selbst stammt aus dem Jahr 1947 und geht auf den Kölner Ökonomen und Staatssekretär im Bundesministerium für Wirtschaft, Alfred Müller-Armack, zurück. Er hatte die Vision eines Wirtschaftssystems, das soziale Gerechtigkeit und marktwirtschaftliche Effizienz miteinander verbinden und versöhnen könnte. Er sprach sogar von der „friedensstiftenden Funktion" der Sozialen Marktwirtschaft oder auch der „sozialen Irenik" (ausführlich Wentzel, 2018). Als Irenik wurde die theologische Aufarbeitung von Konfessionskonflikten bezeichnet und in einer ähnlichen, beinahe religiösen Konfliktstellung sahen sich die Anhänger von Markt oder staatlicher Wirtschaftslenkung in der Weimarer Republik und in der Zwischenkriegszeit.

Die Debatte um die Soziale Marktwirtschaft im Nachkriegsdeutschland war durch kontroverse Ordnungsvorstellungen bei den politischen Entscheidungsträgern und vor allem den alliierten Besatzungsmächten geprägt. In der sowjetischen Besatzungszone (SZB), der

6.1 Gründungsphase unter Ludwig Erhard

späteren DDR, wurde eine sowjetische Zentralverwaltungswirtschaft eingeführt (siehe „Zentralverwaltungswirtschaft"). In den westlichen Besatzungszonen herrschten andere, mehr liberale Ordnungsvorstellungen vor, wobei sich die Ideen der USA, Frankreichs und Großbritanniens aber auch deutlich voneinander unterschieden (siehe „Marktwirtschaften"). Die zum Teil neu gegründeten Parteien in Deutschland strebten alle eine starke Rolle des Staates an, beispielsweise einen christlichen Sozialismus in der CDU oder mehr oder minder starke sozialistische Vorstellungen in der SPD mit weitgehenden Verstaatlichungen der Industrie. Diese Lenkungsvorstellungen wurden in der SPD erst im sog. „Godesberger Programm" 1959 verändert. Vertrauen in eine marktwirtschaftlich-wettbewerbliche Ordnung war also in der Bevölkerung kaum vorhanden. Im November 1948 protestierten 9 Mio. Menschen gegen die Einführung der Sozialen Marktwirtschaft und für die Wiedereinführung von Preiskontrollen. Die chaotischen wirtschaftlichen Erfahrungen in der Zwischenkriegszeit sowie die Kriegswirtschaft der Nationalsozialisten wirkten also noch in den Köpfen der Menschen nach.

Das deutsche Wirtschaftswunder der Nachkriegszeit war und ist dann vor allem mit dem Namen von Ludwig Erhard verbunden, der in der Bevölkerung gemeinhin als „Vater des Wirtschaftswunders" galt und bis heute noch gilt (ausführlich Hentschel, 1996). Erhard war ein Professor für Wirtschaftswissenschaften, der die Zeit des Nationalsozialismus politisch weitestgehend unbeschadet überstanden hatte. Als parteiloser Experte für Wirtschaft und Handel wurde er schon 1945 von der amerikanischen Militärregierung zum Wirtschaftsminister in Bayern eingesetzt. Nur drei Jahre später wurde er im März 1948 zum Direktor der Verwaltung für Wirtschaft in den westlichen Besatzungszonen berufen. Erhard hatte seine Lebensrolle gefunden, in der er maximalen Einfluss gewinnen konnte und für die er schon zu Lebzeiten Berühmtheit erlangen sollte, obwohl er im Anschluss an seine Zeit als Wirtschaftsminister noch für drei Jahre Nachfolger von Konrad Adenauer als Bundeskanzler wurde. Aber in der historischen Bewertung wird Ludwig Erhard vor allem als Ordnungspolitiker und als Wirtschaftsminister wahrgenommen.

Die Währungsreform und das „Wirtschaftswunder" der Nachkriegszeit
Die beiden entscheidenden ordnungspolitischen Weichenstellungen, die dauerhaft mit dem Namen von Erhard verbunden sein werden, sind die Währungsreform vom 20. Juni 1948 sowie die Freigabe aller Preise mithilfe des sog. „Leitsätze-Gesetzes" vom 24. Juni 1948. Obwohl Erhard geradezu sinnbildlich für die neue Deutsche Mark stand und in vielen Bildern und Karikaturen dargestellt wurde, waren die Vorbereitungen für die Währungsreform primär von der amerikanischen Militärregierung unter Lucius D. Clay geführt worden (siehe Smith, 1990, S. 485 ff.). Erhard, der ebenfalls an Plänen für eine neue Wirtschafts- und Währungspolitik im Nachkriegs-Deutschland arbeitete, wurde von Clay am 18. Juni 1948 über die bevorstehende Währungsreform informiert. Mit der Währungsreform verbunden war auch erstmalig die Einführung einer politisch unabhängigen Zentralbank, was sich in der historischen Rückschau als großer Glücksfall für Deutschland und für die Stabilität der

neuen Währung erweisen sollte. Diese Bank Deutscher Länder war Vorläufer für die Deutsche Bundesbank, die wiederum ein Vorbild für die heutige Europäische Zentralbank in Frankfurt darstellt.

Das sehr vertrauensvolle und freundschaftliche Verhältnis von Lucius D. Clay und Ludwig Erhard war dann auch dafür verantwortlich, dass Erhard mit der Rückendeckung des amerikanischen Hohen Kommissars quasi über Nacht alle Preise freigeben konnte. In der deutschen Bevölkerung, bei den politischen Parteien und selbst innerhalb der eigenen Partei hätte er für einen solchen Schritt keinen Rückhalt gehabt. Als Konsequenz der Preisfreigabe waren aber quasi über Nacht die Regale wieder gefüllt. Der sog. „Schaufenster-Effekt" erstaunte und überraschte die „ausgehungerte" Bevölkerung und stärkte den Rückhalt für die Wirtschaftspolitik Erhards. Für viele ältere Mitbürger gilt die Währungsreform in Verbindung mit der Preisfreigabe von 1948 immer noch als die eigentliche Geburtsstunde der Bundesrepublik Deutschland. Der „Mythos DM" war geboren.

Ein besonderer Verdienst von Erhard waren die Glaubwürdigkeit und der Optimismus, mit denen er seine Ordnungsvorstellungen vertrat. Sein populärwissenschaftliches Buch „Wohlstand für Alle" wurde zu einem großen Erfolg und war sehr beliebt bei der Bevölkerung. Im elften Kapitel mit der Überschrift „Psychologie um Mark und Pfennig" schreibt Erhard (1957, S. 235): „Gelingt es, mit psychologischen Mitteln ein verändertes wirtschaftliches Verhalten der Bevölkerung zu bewirken, dann werden diese psychologischen Einwirkungen zu einer ökonomischen Realität und erfüllen den gleichen Zweck wie andere Maßnahmen der hergebrachten Konjunkturpolitik" (kursive Herausstellungen im Original). Erhard verkörperte wie kein anderer die Idee eines wirtschaftlich starken Landes, das aus eigener Kraft einen hohen Wohlstand für die eigene Bevölkerung schaffen konnte. Zugleich erkannte er die große Gefahr, die mit steigendem Wohlstand einhergeht. Im zwölften Kapitel seines Buches mit der Überschrift „Versorgungsstaat – Der moderne Wahn", warnte er ausdrücklich vor einem Verteilungsstaat, der die wirtschaftlichen Möglichkeiten überzieht: „Eine freiheitliche Wirtschaftsordnung kann auf die Dauer nur dann bestehen, wenn und solange auch im sozialen Leben der Nation ein Höchstmaß an Freiheit, an privater Initiative und Selbstvorsorge gegeben ist" (Erhard, 1957, S. 246).

Für das deutsche Wirtschaftswunder waren aber noch weitere Faktoren verantwortlich, die einmal mehr das enge Verhältnis von Wirtschaft und Politik unterstreichen. 1949 wurde die Nato als westliches Verteidigungsbündnis gegründet, das die Sicherheit und Stabilität der westeuropäischen Staaten gegenüber der expansiven Sowjetunion sicherstellen sollte. Obwohl es bis zum Eintritt Deutschlands in die Nato 1955 noch fast sechs Jahre dauern sollte, stand Deutschland quasi von Beginn an unter dem Schutzschild der US-Amerikaner und konnte sich voll und ganz auf den wirtschaftlichen Wiederaufbau konzentrieren, der zwischen 1948 und 1952 auch noch materiell und ideell durch den sog. „Marshall-Plan" unterstützt wurde. Die Strategie von Bundeskanzler Konrad Adenauer der sog. „West-Anbindung" Deutschlands fand auf allen Ebenen statt.

Ein weiterer ordnungspolitischer Meilenstein war die Gründung der Europäischen Gemeinschaft für Kohle und Stahl (EGKS) aus dem Jahr 1951, mit dem Deutschland,

Frankreich, Italien, die Niederlande, Belgien und Luxemburg eine enge wirtschaftliche Zusammenarbeit starteten. Mit der EGKS wurden erstmalig supranationale Institutionen auf europäischer Ebene geschaffen: Aus den Kriegsgegnern wurden wirtschaftliche und politische Partner. Nur sechs Jahre später wurde 1957 die Europäische Wirtschaftsgemeinschaft mit den sog. „Römischen Verträgen" aus der Taufe gehoben und die Europäische Integration führte zur zunehmenden Öffnung der Märkte bis hin zum gemeinsamen europäischen Binnenmarkt (siehe „Europäischer Binnenmarkt und Freizügigkeiten").

Die Soziale Marktwirtschaft, wie sie von Müller-Armack getauft und von Erhard politisch populär gemacht wurde, konnte innerhalb kürzester Zeit einen festen Rückhalt innerhalb der Bevölkerung erzielen: Die wirtschaftlichen Erfolge waren das beste Wahlprogramm für die Regierung Adenauer und Erhard. Erst mit den ersten Konjunkturkrisen in den 60er Jahren gewannen alternative ordnungspolitische Vorstellungen an Bedeutung.

Literatur
Erhard, L. (1957/90). *Wohlstand für Alle*. Aktualisierte Neuausgabe 1990, ECON, Berlin.
Hentschel, V. (1996). *Ludwig Erhard. Ein Politikerleben*. Olzog, München.
Leipold, H., & Wentzel, D. (Hrsg.). (2005). Ordnungsökonomik als aktuelle Herausforderung. In *Schriften zu Ordnungsfragen der Wirtschaft* (Bd. 78). Lucius & Lucius, Stuttgart, Jena und New York.
Smith, J. E. (1990). *Lucius D. Clay. An American life*, Henry Holt, New York.
Wentzel, D. (2018). Soziale Marktwirtschaft: Ordnungspolitik im Wandel – Perspektiven für die Zukunft. In *Deutschland und Europa* (Heft 79, S. 14–21). Hrsg. von der Landeszentrale für politische Bildung Baden-Württemberg, Stuttgart.

Weiterführende Literaturempfehlungen
Goldschmidt, N. & Kolev, S. (2023). *75 Jahre Soziale Marktwirtschaft in 7,5 Kapiteln*. Verlag Herder, Freiburg im Breisgau.
Müller-Armack, A. (1947). Wirtschaftslenkung und Marktwirtschaft. Verlag für Wirtschaft und Sozialpolitik, Hamburg.

6.2 Ordnungspolitik und Prozesspolitik

Hubertus Bardt und Dirk Wentzel

Die Wirtschaftspolitik kann im Rahmen einer marktwirtschaftlichen Ordnung auf zwei Ebenen agieren, die grundsätzlich zu unterscheiden sind. Ordnungspolitik setzt an der Gestaltung der Wirtschaftsordnung an, während Prozesspolitik die konkreten Wirtschaftsprozesse im Sinne bestimmter angestrebter Ergebnisse steuern will. Beide Ansätze werden in der realen politischen Wirklichkeit angewandt. Die Gestaltung eines Ordnungsrahmens ist in jeder Wirtschaftsordnung notwendig. Unterschiedlich ist jedoch das Ausmaß, in dem mit Prozesspolitik in die konkreten dezentralen Entscheidungen eingegriffen wird oder in dem sich die Politik auf die Gestaltung und Durchsetzung des definierten ordnungspolitischen Rahmens beschränkt. Während in interventionistischen Systemen andauernde prozesspolitische Initiativen die Wirtschaftspolitik prägen, sind dies in freieren Marktwirtschaften eher Ausnahmen. Aber sowohl in den angelsächsischen Marktwirtschaften wie in den USA als auch in der Sozialen Marktwirtschaft gibt es direkte, politisch motivierte Interventionen in wirtschaftliche Prozesse – häufig in Verbindung mit anstehenden Wahlterminen.

Unter Ordnungspolitik ist eine zielgerichtete Politik zur Gestaltung des allgemeingültigen Ordnungsrahmens einer Volkswirtschaft zu verstehen. Dabei werden generelle Regeln aufgestellt, die für alle wirtschaftlich handelnden Akteure gleichermaßen gültig sind. Dies können beispielsweise Steuersätze, Abschreibungsregeln, Vertragsrecht, Patenschutz und Innovationsförderung oder Umwelt- und Sozialstandards sein. Mit ihnen wird der Rahmen abgesteckt, innerhalb dessen wirtschaftliches Handeln möglich ist. Es ist zu unterscheiden zwischen einer durch politische Vorgaben gesetzten Ordnung und spontanen Ordnungen, die häufig im Sinne Hayeks das Ergebnis menschlichen Handelns, aber nicht menschlichen Entwurfs sind.

Bei der Definition der Ordnungsbedingungen ist zu berücksichtigen, dass die gewünschten Regelungsziele unter Beibehaltung wirtschaftlicher Entfaltungsmöglichkeiten zu einem möglichst großen gesellschaftlichen Wohlstand beitragen. Die konkreten Marktergebnisse können aber nicht vorab festgelegt werden. Auch wenn in jeder Wirtschaftsordnung der Ordnungsrahmen definiert werden muss, ist der Begriff der Ordnungspolitik doch mit einer bestimmten Ausrichtung verbunden. In einer stark interventionistischen Wirtschaftsordnung gehört ein vielfacher Einsatz von prozesspolitischen Maßnahmen zur konzeptionellen Grundlage. Jede Art von Sozialismus ist geprägt durch politisch festgelegte Marktergebnisse. Der chinesische Staatskapitalismus etwa greift vielfach in Wirtschaftsprozesse ein. Die Betonung der Ordnungspolitik ist damit zugleich ein Plädoyer für eine marktwirtschaftliche, nicht-interventionistische Wirtschaftspolitik.

Das Gegenstück zur Ordnungspolitik ist die Prozesspolitik. Sie beschränkt sich nicht auf die Definition des Ordnungsrahmens und einer weitgehend passiven Rolle hinsichtlich der wirtschaftlichen Prozesse, die von den dezentral handelnden Akteuren innerhalb dieses Rahmens gestaltet werden. Prozesspolitik basiert darauf, dass die tatsächlichen oder erwarteten Marktergebnisse nicht akzeptiert und durch politische Interventionen korrigiert werden sollen. Die Regelbasierung der Ordnungspolitik wird durch politisch begründete Einzelfallentscheidungen ergänzt oder ersetzt. Anstelle eines offenen wettbewerblichen Prozesses mit Auswahlentscheidungen durch die Marktakteure tritt die politische Entscheidung. Dies kann beispielsweise die Auswahl bestimmter Technologien, die Förderung einzelner Branchen, der Zusammenschluss ausgewählter Unternehmen oder die Abwendung der Insolvenz mithilfe staatlicher Unterstützung oder staatlicher Übernahme sein. Mit der Definition nationaler oder europäischer „Champions" wird die Marktstruktur politisch definiert. Staatliche Privilegien drohen den Wettbewerb zu verzerren oder einzuschränken, um andere Ziele zu erreichen.

Die Abgrenzung zwischen Ordnungs- und Prozesspolitik ist jedoch nicht immer eindeutig. Je detaillierter die allgemeine Gesetzgebung formuliert ist, desto stärker kann sie in ihrer Wirkung unterschiedliche Marktakteure in unterschiedlichem Maße betreffen. Auch mit einer ordnungspolitischen Maßnahme können prozesspolitische Ziele verfolgt werden, wenn die erwarteten Marktergebnisse hinreichend absehbar sind. Auch Instrumente der Prozesspolitik können allgemeingültig formuliert werden und damit eine ordnungspolitische Fassade erhalten. Wenn beispielsweise die Reduktion von Treibhausgasemissionen über einen einheitlichen Preis für Emissionen erreicht wird, ist dies ein ordnungspolitischer Ansatz. Wenn für einzelne Bereiche wie den Autoverkehr spezielle technologische Vorgaben wie das Verbot von Verbrennermotoren erlassen werden, ist das eine prozesspolitische Maßnahme – schließlich wird das technologische Marktergebnis politisch vorgegeben. Auch eine vermeintlich ordnungspolitische Herangehensweise wie die dramatische Senkung der zulässigen Emissionen am Fahrzeug kann letztlich einer Technologievorgabe gleichkommen und damit prozesspolitischen Charakter haben.

Die Soziale Marktwirtschaft ist geprägt durch eine liberale Ordnungspolitik, die den Wettbewerb für Innovation und Prosperität stärkt. Dieser Ordnungsrahmen ist in einem stetigen Wandel. Ordnungspolitische Maßnahmen der 1960er Jahre können damals angemessen gewesen sein, heute aber ihre Rechtfertigung verloren haben: Ordnungspolitik muss sich stets neuen Anforderungen stellen (Leipold & Wentzel, 2005). Regeln zur Klimapolitik hat es früher noch nicht gegeben, sind aber heute unabdingbar und können sowohl ordnungs- als auch prozesspolitischen Charakter haben. Auch in der bundesdeutschen Wirtschaftsordnung gab es trotz der Grundausrichtung keinen ordnungspolitischen Purismus, sondern immer wieder starke prozesspolitische Interventionen. Auch die andauernde politische Auseinandersetzung über den Charakter der wirtschaftspolitischen Ausrichtung gehört zur Realität der sich immer wieder verändernden Sozialen Marktwirtschaft mit ihrer ordnungspolitischen Grundorientierung.

Ordnungspolitik findet heute zunehmend in einem internationalen und europäischen Umfeld statt. Der Nationalstaat in einem engen Verständnis hat nur noch begrenzte Bedeutung und Gestaltungskraft. Deutschland beispielsweise ist heute Teil des Europäischen Binnenmarktes mit einheitlicher Wettbewerbspolitik und Währungspolitik sowie des Schengen-Raums mit offenen Grenzen. Durch offene Grenzen zu neun unmittelbaren Nachbarstaaten gibt es vielfältige Austauschmöglichkeiten über Ordnungsfragen zwischen den Nachbarn. Da die meisten wirtschaftspolitischen Herausforderungen unserer Zeit grenzüberschreitend sind (Klimawandel, Migration, Energiefragen, Internet und Digitalisierung), muss auch die moderne Ordnungspolitik einen internationalen Anspruch haben.

Literatur
Leipold, H., & Wentzel, D. (Hrsg.). (2005). Ordnungsökonomik als aktuelle Herausforderung. In *Schriften zu Ordnungsfragen der Wirtschaft* (Bd. 78). Lucius & Lucius, Stuttgart, Jena und New York.

Weiterführende Literaturempfehlungen
Eucken, W. (1940/1989). *Die Grundlagen der Nationalökonomie*. Springer Verlag, Berlin/Heidelberg/New York.
Leipold, H. (2006). Kulturvergleichende Institutionenökonomik. Lucius & Lucius, Stuttgart.

6.3 Wettbewerbspolitik

Justus Haucap

Unter Wettbewerb wird regelmäßig das Streben von zwei oder mehr Individuen oder Organisationen nach einem Ziel verstanden, wobei der höhere Zielerreichungsgrad der einen Partei einen geringeren Zielerreichungsgrad der anderen Partei(en) bedingt (vgl. Schmidt & Haucap, 2013, S. 3). Wettbewerb bezieht sich daher nicht nur auf Märkte, sondern er findet auch jenseits von Märkten statt wie etwa innerhalb von Unternehmen, im Sport, in der Politik (etwa zwischen Parteien oder zwischen Kandidaten innerhalb von Parteien), in Kultur und Wissenschaft und selbst im zwischenmenschlichen Bereich (etwa um die Gunst eines Partners). Auf Märkten ist Wettbewerb zwar oftmals besonders stark ausgeprägt, aber dies impliziert weder, dass jenseits von Märkten kein Wettbewerb bestünde, noch bedeutet dies, dass auf Märkten stets Wettbewerb herrschte. Besteht etwa ein Kartell oder die Marktform des Monopols, so existiert zwar ein Markt, aber kein Wettbewerb.

Als generelles Ordnungsprinzip bietet Wettbewerb oftmals Vorteile. Wettbewerb treibt Anbieter auf Märkten an darüber nachzudenken, wie durch attraktive Angebote Kunden gewonnen bzw. behalten werden können. Dies kann durch attraktive Preise geschehen, durch Qualitätsversprechen, durch innovative Produkte, durch einen guten Service, lange Öffnungszeiten, attraktive Standorte, überzeugende Werbung und durch viele andere Dinge, die Kunden potenziell schätzen. Die Anzahl der potenziellen Wettbewerbsparameter ist im wirtschaftlichen Wettbewerb auf vielen – wenn auch nicht allen – Märkten sehr groß.

In Monopolen hingegen muss sich ein Monopolist nicht in demselben Maße um Kunden bemühen wie auf Wettbewerbsmärkten, seine Kunden sind vielmehr abhängig von der Gunst des Monopolisten, sie haben keine Ausweichmöglichkeiten. „Der beste Gewinn am Monopol ist das ruhige Leben" – so hat der britische Ökonom und Nobelpreisträger Sir

John Hicks (1935, S. 8) diese Situation aus Anbietersicht zusammengefasst. Ein Monopolist muss weder besonders kundenfreundlich noch besonders effizient oder innovativ sein, um Gewinne zu erwirtschaften. Er muss nicht mit attraktiven Angeboten um Kunden werben.

Die Sicherung wirksamen Wettbewerbs auf Märkten durch eine Wettbewerbsordnung, die künstliche Beschränkungen des Wettbewerbs möglichst unterbindet, ist aufgrund der Vorteile des Wettbewerbs als Ordnungsprinzip ein konstituierendes Element jeder Marktwirtschaft. Die Wettbewerbspolitik geht dabei über das Kartellrecht im engeren Sinne, also in Deutschland das Gesetz gegen Wettbewerbsbeschränkungen (GWB) und in der Europäischen Union die Artikel 101 und 102 AEUV sowie die Fusionskontrollverordnung, hinaus. Vielmehr umfasst Wettbewerbspolitik im weiteren Sinne auch spezialgesetzliche Vorschriften, die den Wettbewerb auf Märkten sichern, wie etwa das Telekommunikationsgesetz (TKG), das Energiewirtschaftsgesetz (EnWG), das Postgesetz (PostG) oder das Eisenbahnregulierungsgesetz (ERegG), welche allesamt sektorspezifische Regeln zur Öffnung von Märkten und zur Sicherung oder Förderung des Wettbewerbs durch den Abbau von Marktzutrittsschranken beinhalten.

Leitbild der Wettbewerbspolitik ist heute das Konzept des wirksamen Wettbewerbs, welches durch Merkmale der Marktstruktur, des Marktverhaltens der Marktteilnehmer und des Marktergebnisses beschrieben wird. Diese Gruppierung entspricht dem unterstellten Kausalzusammenhang: Die Marktstruktur induziert ein bestimmtes Marktverhalten der Unternehmen, welches wiederum ein Marktergebnis zur Folge hat. Allerdings besteht im dynamischen Prozess eine zirkulare Verknüpfung der drei Merkmale: zumindest langfristig gibt es eine Interdependenz von Marktstruktur, Marktverhalten und Marktergebnis, d. h. die Marktstruktur beeinflusst nicht nur das Marktverhalten und dieses wiederum das Marktergebnis, sondern die Marktergebnisse wie etwa die Höhe der Preise und Gewinne beeinflussen auch das Verhalten der Unternehmen – etwa ihre Innovationsanreize – und auch die Marktstruktur, etwa in dem Markteintritt angereizt oder abgeschreckt wird. Die einfache Kausalkette von Marktstruktur hin zu Marktverhalten und Marktergebnis gilt damit heute bestenfalls als kurzfristig valide.

Unter Merkmalen der Marktstruktur werden nicht nur die Zahl der Unternehmen und ihre jeweiligen Marktanteile verstanden, sondern alle Charakteristika, die sich nur mittel- bis langfristig ändern und den Wettbewerb auf einem Markt merklich beeinflussen. Die Marktstrukturmerkmale umfassen insbesondere folgende Faktoren:

- die Zahl der Anbieter und Nachfrager sowie ihre Marktanteile, die im Rahmen der Abgrenzung des relevanten Marktes ermittelt werden,
- personelle und finanzielle Verflechtungen zwischen Marktteilnehmern,
- die Höhe von Marktzutrittsschranken,
- der Grad der Produktdifferenzierung,
- die Markttransparenz zwischen den Marktteilnehmern,
- die Innovationsdynamik der Branche.

Unter Marktverhalten ist die Wahl der Wettbewerbsparameter durch Anbieter und gegebenenfalls Nachfrager zu verstehen. Das Marktverhalten umfasst also diejenigen Faktoren, die Resultat unternehmerischer Entscheidungen und die damit – im Gegensatz zur Marktstruktur – relativ kurzfristig veränderbar sind. Dabei handelt es sich allerdings nicht um eine glasklare Unterscheidung; die Grenzen zwischen Marktstruktur und Marktverhalten, also zwischen kurz- und langfristig beeinflussbaren Faktoren, sind oft nicht einfach zu ziehen. Beim Marktverhalten wird insbesondere untersucht, wie häufig und zu welchen Zeitpunkten verschiedene Wettbewerbsparameter wie Preise, Rabatte und Konditionen, Mengen, Qualität, Service und andere Parameter, beim Werben um Kundschaft eingesetzt werden. Dabei wird auch untersucht, ob die einzelnen Aktionsparameter zu verschiedenen Zeitpunkten oder kollektiv aufgrund von Gruppendisziplin oder Preis- bzw. Marktführerschaft eingesetzt werden und welche Reaktionsmuster bestehen.

Die Marktergebnisse können im Hinblick auf verschiedene Dimensionen betrachtet und analysiert werden, z. B. die absolute und relative Höhe von Preisen und Gewinnen und ihre Veränderungen im Zeitverlauf, das Ausmaß der Preisdifferenzierung, die Marktkonzentration, Qualitätsausprägungen, die Produktvielfalt, Mengenentwicklungen und Marktabdeckung, Produktions- und Vertriebskosten, die Innovationsdynamik und anderes.

Die Intensität des Wettbewerbs und damit die Marktergebnisse hängen kurzfristig stark von der Anzahl und den Eigenschaften der aktiven Anbieter und Nachfrager ab. Zumindest mittelfristig spielt jedoch auch der potenzielle Wettbewerb eine bedeutende Rolle für die Marktergebnisse. Das wettbewerbliche Verhalten der Marktteilnehmer wird nämlich auch durch einen möglichen Markteintritt potenzieller Konkurrenten beeinflusst, die aktuell auf einem Markt zwar (noch) nicht aktiv sind, diesen Markt aber betreten könnten. Ein solcher Markteintritt kann erfolgen durch:

- eine räumliche Erweiterung des Angebots (wie z. B. durch Export)
- eine produktmäßige Erweiterung des Angebots durch etablierte Unternehmen, sofern das Angebot hinreichend flexibel umgestellt oder erweitert werden kann oder
- die vollständige Neugründung von Unternehmen.

Von Neugründungen geht dabei oftmals der geringste Wettbewerbsdruck auf etablierte Unternehmen aus. Wahrscheinlicher ist oft der Markteintritt durch Unternehmen, die bereits auf benachbarten geographischen oder sachlichen Märkten aktiv sind. Der Markteintritt potenzieller Konkurrenten hängt von deren Erwartungen über Preise, Kosten, Nachfrageentwicklungen und letztlich erzielbare Gewinn nach einem etwaigen Marktzutritt ab. Diese möglichen Gewinne werden stark durch die Höhe der vorhandenen Marktzutrittsschranken oder Wettbewerbsbeschränkungen bestimmt.

Marktzutrittsschranken sind aus der Sicht der bereits etablierten Unternehmen alle Faktoren, die es diesen Unternehmen erlauben, sich dem Wettbewerbsdruck von neuen Anbietern zu entziehen, und aus der Sicht der potenziellen Konkurrenten alle Kosten, die von neuen Anbietern noch aufgebracht werden müssen, während die bereits etablierten Anbieter diese nicht mehr zu tragen haben (vgl. von Weizsäcker, 1980). Entscheidend ist also, dass zwischen etablierten und neuen Anbietern eine Kostenasymmetrie besteht, sodass der neue Anbieter höhere Kosten zu tragen hat als der etablierte Anbieter.

Um den Wettbewerb auf Märkten zu schützen, stützt sich das Kartellrecht weltweit auf drei Säulen: 1) das Kartellverbot, 2) die Kontrolle des Verhaltens von mächtigen Marktteilnehmern sowie 3) die Fusionskontrolle. Das Kartellverbot umfasst dabei nicht nur das Verbot von Absprachen unter Wettbewerbern im Horizontalverhältnis, sondern auch das Verbot von Absprachen zwischen Unternehmen in sog. Vertikalbeziehungen entlang einer Wertschöpfungskette, wenn diese Absprachen den Wettbewerb auf einem Markt erheblich behindern, wie etwa Preisbindungen. Die Kontrolle des Verhaltens von mächtigen Marktteilnehmern erfolgt entweder ex post durch das Kartellrecht oder in einigen regulierten Bereichen, wie etwa einigen Versorgungsbranchen, auch ex ante durch sektorspezifische Regulierung. Ob etwa bestimmte Preise eine Verdrängungswirkung entfalten und somit ein sogenannter Behinderungsmissbrauch besteht, wird in aller Regel erst untersucht, wenn es diesbezüglich Vorwürfe gibt. In einigen regulierten Branchen jedoch müssen die Unternehmen ihre Preise vorab von Regulierungsbehörden genehmigen lassen. Die Fusionskontrolle schließlich dient der Gefahrenabwehr, damit es gar nicht erst durch Konzentrationsprozesse zu einer erheblichen Behinderung wirksamen Wettbewerbs kommt (vgl. Schmidt & Haucap, 2013).

Um auch bei digitalen Plattformen den Wettbewerb zu sichern, ist der kartellrechtliche Rahmen in Deutschland und Europa ganz erheblich überarbeitet und angepasst worden. In Deutschland ist im Zuge der 10. GWB-Novelle die kartellrechtliche Missbrauchsaufsicht erheblich verschärft worden. So kann das Bundeskartellamt etwa denjenigen Plattformen, die eine überragende marktübergreifende Bedeutung für den Wettbewerb haben, nach dem neu eingeführten § 19a GWB leichter bestimmte Verpflichtungen zu wettbewerbskonformem Verhalten auferlegen (für Details siehe Haucap, 2020).

In der EU geht der Digital Markets Act (DMA) sogar noch darüber hinaus. Großen digitalen Plattformen, die eine sogenannte Gatekeeper-Funktion innehaben, wird automatisch ein umfangreicher Katalog von Verpflichtungen zu wettbewerbskonformen Verhaltensweisen auferlegt. Ausnahmen von diesen Verpflichtungen sind äußerst eng begrenzt.

Literatur
Haucap, J. (2020a). Plattformökonomie: Neue Wettbewerbsregeln – Renaissance der Missbrauchsaufsicht, Wirtschaftsdienst 100. *Sonderheft, 2020*(13), 20–29.
Haucap, J. (2020b). Wirtschaftswissenschaftliche Politikberatung in Deutschland: Stärken, Schwächen, Optimierungspotenzial. In D. Loerwald (Hrsg.), *Ökonomische Erkenntnisse verständlich vermitteln: Herausforderungen für Wirtschaftswissenschaften und ökonomische Bildung* (S. 45–78). Springer, Berlin.
Hicks, J. (1935). Annual survey of economic theory: The theory of monopoly. *Econometrica, 3*, 1–20.

Schmidt, I. & Haucap, J. (2013). *Wettbewerbspolitik und Kartellrecht: Eine interdisziplinäre Einführung* (10., überarbeitete und aktualisierte Aufl.). Oldenbourg Wissenschaftsverlag, München.

von Weizsäcker, Ch. C. (1980). *Barriers to entry: a theoretical treatment.* Springer, Berlin/Heidelberg.

6.4 Subventionskontrolle

Justus Haucap

Gegenstand der Wettbewerbspolitik sind in aller Regel private Beschränkungen des Wettbewerbs, d. h. es geht um mögliche Beschränkungen des Wettbewerbs durch Unternehmen z. B. durch Kartelle, durch den Missbrauch von Marktmacht sowie horizontale und vertikale Unternehmenszusammenschlüsse. Ein spezifisches Charakteristikum der europäischen Wettbewerbspolitik ist die sogenannte Beihilfenkontrolle nach Artikel 107 AEUV. Hier geht es um mögliche Verzerrungen des Wettbewerbs durch staatliche Subventionen an private oder auch öffentliche Unternehmen, die ihrerseits im aktiven oder potenziellen Wettbewerb mit anderen Unternehmen stehen.

Offiziell begründet wird die Beihilfenkontrolle als Teil der Wettbewerbspolitik damit, dass es durch Subventionen zu Verzerrungen des Wettbewerbs auf den betroffenen Produktmärkten kommt. Es geht also zunächst einmal nicht um mögliche Auswirkungen auf den Standortwettbewerb oder eine Kontrolle der Sinnhaftigkeit und Effizienz staatlicher Ausgaben. Gleichwohl ist der mögliche Wettbewerb von Jurisdiktionen um Unternehmensansiedlungen, Steuereinnahmequellen und Arbeitsplätze natürlich von einem Verbot bzw. einer Restriktion der Beihilfenvergabe betroffen. Die Beihilfenkontrolle beeinflusst somit nicht nur den Wettbewerb auf Produktmärkten, sondern – selbst wenn dies zunächst kein explizites Ziel der Beihilfenkontrolle ist – ebenso den Wettbewerb zwischen den EU-Mitgliedstaaten als Produktionsstandorte. Somit ist die Beihilfenkontrolle auch ein wichtiges Element einer „Wettbewerbsordnung für den Standortwettbewerb" (vgl. Gröteke & Heine, 2003; Kerber, 1998; Haucap & Hartwich, 2006).

Art. 107 Abs. 1 AEUV spricht ein generelles Verbot von Beihilfen aus. Im Wortlaut heißt es dort: „Soweit in den Verträgen nicht etwas anderes bestimmt ist, sind staatliche oder aus staatlichen Mitteln gewährte Beihilfen gleich welcher Art, die durch die Begünstigung bestimmter Unternehmen oder Produktionszweige den Wettbewerb verfälschen oder zu verfälschen drohen, mit dem Binnenmarkt unvereinbar, soweit sie den Handel zwischen Mitgliedstaaten beeinträchtigen." Von der Europäischen Kommission und der europäischen Rechtsprechung wurden aus Art. 107 Abs. 1 AEUV vier Kriterien entwickelt, die kumulativ erfüllt sein müssen, um aus juristischer Sicht das Vorliegen einer Beihilfe zu bestätigen.

6.4 Subventionskontrolle

Erstens muss es sich bei einer Beihilfe um einen Transfer staatlicher Mittel handeln. Dabei ist es unerheblich, ob es sich um einen direkten monetären Transfer oder eine indirekte Zuweisung staatlicher Mittel handelt. Das bedeutet, dass der Transfer staatlicher Mittel auch in dem Sinne erfolgen kann, dass der Staat auf Einnahmen verzichtet, wie es beispielsweise bei einer Steuersenkung oder bei einem Verzicht auf bestimmte Gebühren der Fall wäre. Dies kann als indirekter Transfer interpretiert werden, welcher für den Staat mit Opportunitätskosten verbunden ist.

Zweitens muss dem Empfänger durch die staatliche Maßnahme ein wirtschaftlicher Vorteil entstanden sein, den er nicht im Zuge eines „normalen" Geschäftes erlangt hätte. Dies schließt somit Fälle aus, in denen der Staat beispielsweise nach erfolgter Ausschreibung einen Auftrag an einen Anbieter vergibt, solange die Leistung des Anbieters durch den Staat angemessen und nicht übermäßig vergütet wird.

Drittens muss der staatliche Transfer selektiv erfolgen, also einige Unternehmen stärker begünstigen als andere. Dieses Kriterium schließt grundsätzliche oder generelle Maßnahmen des Staates aus, welche Unternehmen allgemein begünstigen. Eine selektive Maßnahme wäre z. B. die Änderung von Abschreibungsmodalitäten für nur ein Unternehmen; eine generelle Maßnahme hingegen könnte der von einer Regierung veranlasste Ausbau der Infrastruktur einer Region sein, welcher die Attraktivität eines Standorts für Investitionen erhöht und somit nach der Ansiedlung von Unternehmen Arbeitsplätze entstehen lassen soll.

Viertens müssen Wettbewerb und Handel zwischen zwei oder mehr Mitgliedstaaten durch die Vergabe der staatlichen Mittel zumindest potenziell beeinträchtigt werden. Dabei genügt es für die Erfüllung dieses Kriteriums, wenn gezeigt werden kann, dass das begünstigte Unternehmen sich in einem Markt befindet, in dem auch Unternehmen aus anderen Mitgliedstaaten aktiv sind.

Eine Beeinflussung des Handels wird vermutet, wenn Unternehmen innerhalb eines Zeitraums von drei Jahren Beihilfen von mehr als 200.000 € erhalten. Beträge unterhalb dieser Grenze fallen unter die sogenannte. „de minimis"-Regel und unterliegen nicht dem grundsätzlichen Beihilfenverbot.

Sind die vier oben genannten Kriterien kumulativ erfüllt, so liegt eine Beihilfe vor. Abb. 6.1 veranschaulicht das Prüfungsschema:

Gemäß Art. 107 Abs. 1 AEUV werden sämtliche Beihilfen, welche die vier genannten Kriterien erfüllen, als mit dem gemeinsamen Markt unvereinbar angesehen. Jedoch führt dies nicht zu einem vollständigen Verbot von Beihilfen, da Art. 107 Abs. 3 AEUV Ausnahmetatbestände auflistet, die das grundsätzliche Beihilfenverbot aufheben. Zusätzlich ermächtigt Art. 108b Abs. 2 AEUV den Europäischen Rat, auf Antrag eines Mitgliedstaates Beihilfen der Art nachzubestimmen, welche mit den europäischen Verträgen vereinbar sind.

In der Praxis hat die Europäische Kommission drei verschiedene Ausnahmekategorien entwickelt, welche das generelle Beihilfenverbot aufheben. Diese Ausnahmekategorien bestehen in den sogenannten regionalen, horizontalen und sektoralen Beihilfen (vgl. Abb.

Abb. 6.1 Kumulative Kriterien zur Bestimmung einer Beihilfe (Quelle: eigene Darstellung)

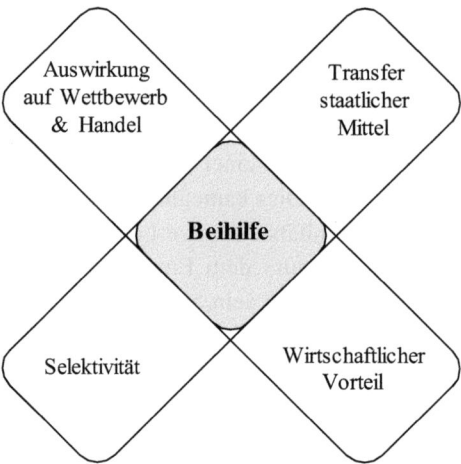

6.2). Daneben existieren weitere Kategorien, welche die Vergabe einer Beihilfe als mit europäischem Recht vereinbar deklarieren. Dabei handelt es sich um

- Beihilfen mit sozialem Charakter an einzelne Verbraucher (Art. 107 Abs. 2 lit. a AEUV),
- Beihilfen für die Linderung von Schäden, die durch Naturkatastrophen oder sonstige außergewöhnliche Ereignisse verursacht worden sind (Art. 107 Abs. 2 lit. b AEUV),
- Beihilfen für die Förderung von Projekten von europäischem Interesse (Art. 107 Abs. 3 lit. b AEUV) und
- Beihilfen zur Förderung der Kultur und für die Bewahrung kulturellen Erbes (Art. 107 Abs. 3 lit. d AEUV).

Zusätzlich besteht mit Art. 107 Abs. 2 lit. c AEUV die sogenannte „Deutschlandklausel", eine explizite Erlaubnis für die Beihilfen, die vor der Wiedervereinigung 1990 für die Linderung der negativen Folgen gedacht waren, welche westdeutschen Regionen (z. B. den sogenannten Zonenrandgebieten) aus der Teilung Deutschlands entstanden sind. Seit der Wiedervereinigung Deutschlands 1990 ist somit zumindest fraglich, inwieweit diese negativen Folgen der deutschen Teilung heute noch Beihilfen in den alten Bundesländern rechtfertigen können. In der Praxis hat Deutschlandklausel jedoch kaum Anwendung zur Rechtfertigung von Beihilfen gefunden.

In Art. 107 Abs. 3 lit. a und c AEUV werden staatliche Transfers vom Beihilfenverbot ausgenommen,

- welche die Förderung von Gebieten unterstützen sollen, „in denen die Lebenshaltung außergewöhnlich niedrig ist oder eine erhebliche Unterbeschäftigung herrscht" (Art. 107 Abs. 3 lit. a AEUV) bzw.

Abb. 6.2 Vom Beihilfenverbot ausgenommene Beihilfen (Quelle: eigene Darstellung)

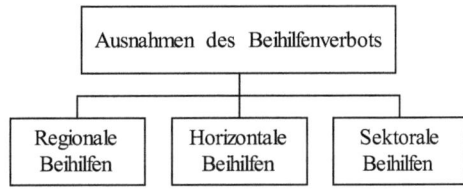

- welche Wirtschaftszweige oder -gebiete unterstützen sollen, soweit diese Unterstützung nicht die Handelsbedingungen in einem solchen Maße beeinflusst, dass dies dem gemeinsamen Interesse entgegenläuft (Art. 107 Abs. 3 lit. c AEUV).

Der erste Teil der erlaubten regionalen Beihilfen bezieht sich auf Gebiete, die verglichen mit dem EU-Durchschnitt in ökonomischer Hinsicht benachteiligt sind. Daher werden bei der Überprüfung, ob Beihilfen gemäß Art. 107 Abs. 3 lit. a AEUV gerechtfertigt sein können, europäische Durchschnittswerte wie Arbeitslosenquoten oder Pro-Kopf-Bruttoinlandsprodukt als Benchmark von der EU-Kommission herangezogen. Der zweite Teil der erlaubten Regionalbeihilfen zielt dagegen auf Regionen ab, welche im Vergleich mit dem Durchschnitt des jeweiligen Mitgliedsstaates als benachteiligt angesehen werden. Somit ist es den Mitgliedstaaten selbst überlassen, Anträge bei der Kommission einzureichen, um eine Erlaubnis für eine geplante Beihilfenvergabe zu erhalten.

Zudem gibt es grundsätzliche ökonomische Problemkonstellationen, die zusätzlich zu den bereits genannten Ausnahmetatbeständen des Art. 107 Abs. 3 AEUV die Vergabe von Beihilfen rechtfertigen können. Daher wurden von der EU-Kommission sogenannte „horizontale Regelungen" für generelle Beihilfen ausgearbeitet, welche grundsätzlich jedem die notwendigen Kriterien erfüllenden Unternehmen in einem jeden Sektor und in jeder Region gewährt werden können. Unter den Begriff der horizontalen Regelungen fallen etwa Beihilfen für kleine und mittlere Unternehmen, für Forschung und Entwicklung, für Umweltschutz, für die Rettung und Umstrukturierung von Unternehmen, für Beschäftigung und für Fortbildungsmaßnahmen.

Schließlich hat die Kommission bestimmte Wirtschaftssektoren wie die Landwirtschaft, die Fischerei und verschiedene weitere Sektoren – wie etwa das Finanz- und Kreditwesen in Folge der globalen Finanzkrise des Jahres 2009 – ausgemacht, welche als „sensibel" gelten und bei denen daher die Vergabe von Beihilfen ebenfalls nicht unter das generelle Beihilfenverbot fällt. Die Regeln für sektorale Beihilfen sind insgesamt äußerst heterogen und unterliegen zudem einem stetigen Wandel.

Die Vergabe einer Beihilfe durch einen EU-Mitgliedstaat unterliegt, mit wenigen Ausnahmen, einer Ex-Ante-Aufsicht, bei der ein Mitgliedstaat, der eine Beihilfe zu vergeben plant, diese grundsätzlich bei der Kommission anmelden muss. Gemäß Art. 108 Abs. 2 AEUV ist es dabei Aufgabe der Kommission, über die Vereinbarkeit der Beihilfe mit dem gemeinsamen Markt zu entscheiden und, wenn diese nicht gegeben ist, die Vergabe zu untersagen oder Auflagen für ihre Vergabe zu erteilen. Erst wenn sowohl die Anmeldung durch den Mitgliedstaat als auch die Genehmigung durch die Kommission erfolgt sind, darf die Beihilfe vergeben werden. Eine Umgehung der Anmeldepflicht führt automatisch dazu, dass die Beihilfe als nicht mit dem gemeinsamen Markt vereinbar eingestuft wird.

Die Kommission nutzt bei der Kontrolle von Beihilfen prinzipiell ein Prüfraster, nach dem Beihilfen als vereinbar mit Binnenmarkt angesehen werden können, wenn folgende Kriterien kumulativ erfüllt werden: Erstens muss die Beihilfe einem genau definierten Ziel von gemeinsamem Interesse dienen und zweitens für die Zielerreichung zwingend erforderlich sein, weil der Markt selbst keine Lösung hervorbringen kann. Drittens muss die Beihilfemaßnahme zur Verwirklichung des Ziels von gemeinsamem Interesse nicht nur prinzipiell geeignet sein, sondern einen sogenannten Anreizeffekt haben. Das bedeutet, dass die Beihilfenempfänger eine Maßnahme durchführen, die ansonsten nicht oder nur in geringerem Umfang erfolgt wäre. Viertens muss die Beihilfe der Höhe nach angemessen sein. Viertens schließlich müssen die positiven Auswirkungen der Beihilfe ihre negativen Auswirkungen auf Wettbewerb und Handel überwiegen. Letzteres wird auch als Abwägungstest, Drei-Stufen-Test oder Balancing-Test bezeichnet (vgl. Paha, 2013).

Literatur
Gröteke, F., & Heine, K. (2003). Beihilfenkontrolle und Standortwettbewerb: „Institutionelle Rigiditäten" als Rechtfertigung für die Vergabe einer Beihilfe. *Wirtschaft und Wettbewerb., 53*, 257–265.
Haucap, J. & Hartwich T. (2006). Fördert oder behindert die Beihilfenkontrolle der Europäischen Union den (System-)Wettbewerb?. In W. Schäfer (Hrsg.), *Wirtschaftspolitik im Systemwettbewerb* (S. 93–144). Duncker & Humblot, Berlin.
Kerber, W. (1998). Die EU-Beihilfenkontrolle als Wettbewerbsordnung: Probleme aus der Perspektive des Wettbewerbs zwischen Jurisdiktionen. In D. Cassel (Hrsg.), *Europäische Integration als ordnungspolitische Gestaltungsaufgabe* (S. 37–74). Duncker & Humblot, Berlin.
Paha, J. (2013). Die neuen Leitlinien für EU-Regionalbeihilfen 2014 bis 2020 aus ökonomischer Sicht. *Wirtschaftsdienst, 93*(11), 771–777.

Weiterführende Literaturempfehlungen
Götz, V., Thiele A. & Ludwigs M. (2023). Staatliche Beihilfen. In M. A. Dauses & M. Ludwigs (Hrsg.), *Handbuch des EU-Wirtschaftsrechts* (S. 1–404). C. H. Beck, München.
Monopolkommission (2008). *17. Hauptgutachten: Weniger Staat, mehr Wettbewerb – Gesundheitsmärkte und staatliche Beihilfen in der Wettbewerbsordnung.* Nomos, Baden-Baden.

6.5 Globalisierung

Hubertus Bardt

Jede marktwirtschaftliche Ordnung basiert auf dem Prinzip des freiwilligen Tauschs. Dieser findet dann statt, wenn er vorteilhaft für beide Tauschpartner ist. Nur dadurch wird Arbeitsteilung und Spezialisierung möglich, die Basis für wirtschaftliche Prosperität sind. Arbeitsteilung und Handel sind aber nicht nur innerhalb einer begrenzten Region vorteilhaft, sondern können auch über Ländergrenzen organisiert sein. Bestimmte natürliche Vorteile wie Rohstoffvorkommen oder klimatische Bedingungen sowie andere absolute Kostenvorteile eines Landes machen es vorteilhaft, bestimmte Produktionen an bestimmten Standorten anzusiedeln und die Güter entsprechend international zu handeln. Bereits David Ricardo0 wies darauf hin, dass Handel auch dann zum wechselseitigen Vorteil ist, wenn nicht ein Land zwar bei der Produktion aller Güter effizienter ist, diese Vorteile aber bei bestimmten Gütern besonders ausgeprägt ist (komparativer Kostenvorteil).

Die Wiedereingliederung Deutschlands in die internationalen Wertschöpfungsketten war eine der Grundvoraussetzungen für den wachsenden Wohlstand in der Sozialen Marktwirtschaft. Wie wenige andere ist die deutsche Volkswirtschaft auf die Interaktion mit anderen Märkten angewiesen. Arbeitsintensive Prozesse finden typischerweise an Standorten mit niedrigeren Lohnkosten statt, um in Kombination mit teureren Produktionsschritten im Inland zu wettbewerbsfähigen Kosten produzieren zu können. Zudem sind viele mittelständischen Unternehmen in Deutschland in kleinen Nischen hochspezialisiert. Nur durch diese Spezialisierung lassen sich innovationsbasierte Wettbewerbsvorteile erreichen. Dies bedeutet jedoch auch, dass die Nische so klein ist, dass sie weltweit bedient werden muss, um wirtschaftlich tragfähig zu sein. Gerade die Hidden Champions in vielen Regionen sind auf offene Weltmärkte anwiesen. Nicht zufällig weist Deutschland unter den Industrieländern einen besonders hohen Offenheitsgrad auf (siehe Abb. 6.3).

Mit dem Eintritt Chinas in die weltweite Arbeitsteilung insbesondere ab 2001 (Eintritt in die Welthandelsorganisation WTO), der Öffnung der ehemaligen Planwirtschaften Mittel- und Osteuropas, der deutlichen Senkung von Kommunikations- und Transportkosten und dem Abbau der Handelsbeschränkungen durch bi- und insbesondere mulilaterale Abkommen und Institutionen wie dem GATT (General Agreement on Tariffs and Trade) und der WTO ist der Welthandel deutlich schneller gewachsen als die Weltwirtschaft. Dies bedeutet, dass die Handelsintensität positiv war (siehe Abb. 6.4) und somit die Vernetzung der Volkswirtschaften immer weiter zugenommen hat. Diese Entwicklung wird als Globalisierung bezeichnet. Sie hat insbesondere in den Ländern, die sich neu in die Weltwirtschaft integriert haben, zu hohem Wachstum des Wohlstands geführt. Aber auch etablierte Industrieländer konnten profitieren. Innerhalb der Europäischen Union hat der Binnenmarkt den Handel zwischen den Ländern gestärkt. Mit der Aufnahme der mittel- und osteuropäischen Länder konnte auch hier der wirtschaftliche Rückstand nach der langen Zeit der Planwirtschaft verringert werden.

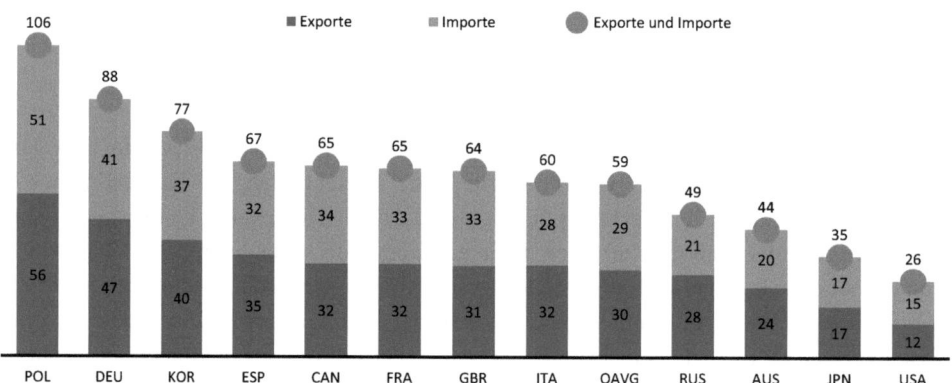

Abb. 6.3 Offenheitsgrad im Handel, Handel mit Waren und Dienstleistungen in Prozent des BIP (Quelle: OECD; eigene Berechnungen)

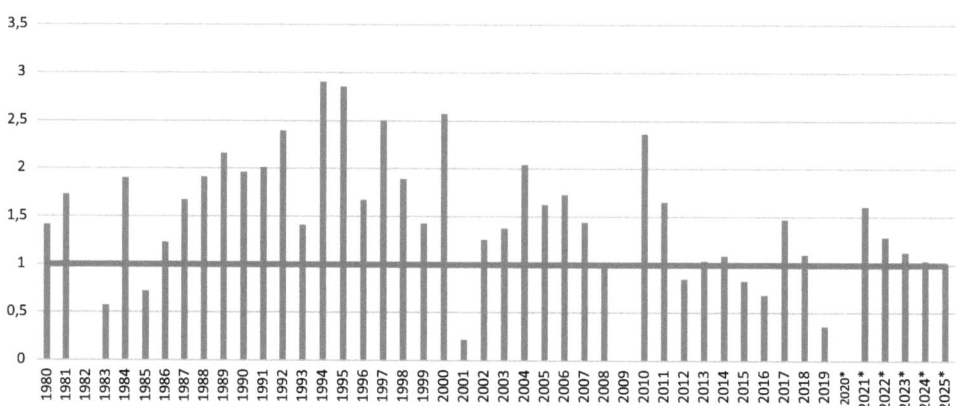

Abb. 6.4 Das Ende des langen Handelsbooms, Elastizität des globalen Handels (Wachstum Welthandel im Verhältnis zur Weltproduktion) – *Prognose (Quelle: Internationaler Währungsfonds)

Globalisierung führt aber nicht nur zu Wohlstand und einer besseren Verfügbarkeit von Gütern, sondern wird auch von negativen Konsequenzen begleitet. Dies gilt insbesondere für die Mitarbeiter, Unternehmen und Regionen, deren Produktionsstrukturen gegenüber den aufstrebenden Wettbewerbern nicht mehr konkurrenzfähig sind. Werksschließungen oder Verlagerungen von Produktion ins Ausland haben zu Härten geführt, die nicht immer für die Betroffenen ausgeglichen wurden oder werden konnten. Globalisierung ist wegen dieser Verschlechterungen, auch wenn sie gesamtwirtschaftlich überkompensiert wurden, aber auch wegen unterschiedlicher Produktstandards und Schutzvorstellungen in die Kritik geraten. Massive Proteste wurden gegen freien Handel organisiert. Gleichzeitig stiegen die Anforderungen der Gesellschaft an Umwelt- und Sozialstandards in internationalen

Wertschöpfungsketten und an entsprechende Vorkehrungen in internationalen Regelwerken. Neue Handelsabkommen (beispielsweise zwischen der EU und den USA) wurden damit immer schwieriger, sodass weitere Liberalisierungsschübe ausblieben. Vielmehr prägten Handelskonflikte und die zunehmende Zahl neuer protektionistischer Maßnahmen das Bild. Der Welthandel ist daher seit längerem nicht mehr schneller gewachsen als die Weltwirtschaft, die Globalisierung stagniert.

Mit der Corona-Krise sind die Gefahren zusammenbrechender internationaler Wertschöpfungsketten und möglicher Abhängigkeiten von einzelnen Ländern verstärkt in den Blick geraten. Sowohl durch Unfälle und Naturereignisse als auch durch politische Willensentscheidungen können Schäden verursacht werden. Diese können durch unternehmerische Maßnahmen adressiert werden, beispielsweise durch Diversifizierung von Lieferketten, indem mehrere Lieferanten aus unterschiedlichen Ländern und Regionen genutzt werden. Auch auf der Absatzseite kann ein Mehr an Diversifizierung die Gefahren einseitiger Abhängigkeiten begrenzen. Große Marktchancen in einem Markt wie China führen jedoch fast automatisch zu einem hohen Gewicht dieses Landes. Diversifizierung von Lieferanten kann auch eine partielle Produktionsverlagerung in andere Länder und damit Entwicklungschancen für diese mit sich bringen. Eine Rückführung von Produktionsstufen ins Inland (Reshoring) würde hingegen die Vorteile der internationalen Arbeitsteilung in viel stärkerem Umfang infrage stellen.

Mit dem Wachstum Chinas und dessen hoher Bedeutung für die Weltwirtschaft stellen sich neue Herausforderungen. Die wirtschaftliche Aktivität Chinas im Ausland ist viel häufiger politisch bestimmt, verfolgt strategischen Interessen der Kommunistischen Partei beziehungsweise des Staates und verzerrt den Wettbewerb durch Subventionen, Investitionslenkung und forcierten Technologietransfer. Damit wird in einem relevanten Anteil vom Bild des unverfälschten Wettbewerbs abgewichen, mit dem sich Unternehmen auf Märkten dezentral koordinieren. Statt der Unternehmen werden vermehrt die Staaten zum Akteur des Wettbewerbs. Wenn die Globalisierung hingegen ist ein Konzept des Freihandels basierend auf marktwirtschaftlichen Ordnungen ist, werden die Regelwerke sich zukünftig anpassen, Liberalisierungsfortschritte und Regulierungsvereinheitlichungen sind vor allem zwischen marktwirtschaftlichen Ländern zu erwarten.

Weiterführende Literaturempfehlungen
Apolte, T. (2006). *Wohlstand durch Globalisierung Warum wir offene Grenzen brauchen*, Beck im dtv, München.
Hüther, M., Diermeier, M., & Goecke, H. (2018). *Die erschöpfte Globalisierung: Zwischen transatlantischer Orientierung und chinesischem Weg*. Springer Fachmedien, Wiesbaden.
Ricardo, D. (1817). *On the principles of political economy and taxation*, London.

6.6 Systemkonflikt

Hubertus Bardt

Soziale Marktwirtschaft im Systemkonflikt mit der Planwirtschaft

Da verschiedene Länder unterschiedliche Werteprioritäten und Kulturen und unterschiedliche Gesellschaftsformen entwickelt haben, stehen auch unterschiedliche Wirtschaftssysteme nebeneinander (Leipold, 1979). In der stark vernetzten Weltwirtschaft sind Interaktionen zwischen Akteuren aus unterschiedlichen Wirtschaftsordnungen viel häufiger geworden, als dies beispielsweise zu Zeiten des Kalten Kriegs der Fall war. Damit stellt sich die Frage, wie diese Interaktionen gestaltet werden müssen, welche Regeln für sie gelten und wie konfliktgeladen oder aber harmonisch das Nebeneinander verschiedener wirtschaftlicher und politisch-gesellschaftlicher Systeme sein kann.

Die Soziale Marktwirtschaft ist aus einem fundamentalen Konflikt heraus entstanden. Die Sicherung freiheitlicher Werte im Angesicht der gescheiterten Weimarer Republik und der beiden großen Diktaturen des Kommunismus und des Faschismus war die Wertebasis, auf der die neue Wirtschafts- und Sozialordnung in der Bundesrepublik aufgebaut wurde. Dabei mussten die Prinzipien der Ordnung in dem jungen westdeutschen Staat gegen starke Befürworter planwirtschaftlicher Konzeptionen durchgesetzt werden. In keinem anderen Land der Welt war dieser Konflikt so offensichtlich wie in Deutschland und erst recht in der 40 Jahre geteilten Stadt Berlin.

In den darauffolgenden Dekaden stand die marktwirtschaftliche Ordnung des Westens im direkten Konflikt zu den sozialistischen Planwirtschaften. Der Wettbewerb der Wirtschaftsordnungen war aber nur Teil des viel umfassenderen politischen Gegensatzes des Kalten Krieges. Der damalige ökonomische Systemkonflikt war geprägt durch eine dominante Überlegenheit der prosperierenden Marktwirtschaften sowie durch eine weitestgehende Nicht-Existenz des Handels zwischen den politischen Blöcken. Viele Produkte durften nicht exportiert werden, die Währungen der Planwirtschaften waren nicht konvertierbar und damit nicht international handelbar. Lediglich Rohstoffe und in geringem Maße Industrieprodukte wurden zwischen den Blöcken gehandelt. Die Überlegenheit der Marktwirtschaften bei der Sicherung von Wohlstand war ebenso offenkundig wie die Freiheiten im liberalen Westen. Das Scheitern des Kommunismus war nicht zuletzt auf den wirtschaftlichen Niedergang der Planwirtschaften zurückzuführen.

Nach dem Ende der Sowjetunion und des Kommunismus in Mittel- und Osteuropa schien die globale Ordnung zu einem marktwirtschaftlichen Austausch, basierend auf freien Märkten und freiem Handel, zu konvergieren. Die Schaffung einer regelbasierten Welthandelsordnung war ein wichtiger Schritt, der diese Entwicklung der Globalisierung unterstützte. Die meisten früheren Planwirtschaften Mittel- und Osteuropas entschieden sich für Demokratie und Marktwirtschaft und wurden Teil der Europäischen Union und damit des Binnenmarkts. Auch China öffnete sich, übernahm marktwirtschaftliche Strukturen, errichtete „kapitalistische" Sonderwirtschaftszonen und integrierte sich in die Weltwirtschaft bis hin zum Beitritt zur Welthandelsorganisation WTO im Jahr 2001. Der internationale Austausch sollte durch freien, regelbasierten Handel organisiert sein. Der Konflikt der ideologischen, politischen und wirtschaftlichen Systeme schien von einer Konvergenz zu westlich geprägten Wirtschafts- und Gesellschaftsordnungen abgelöst worden zu sein.

Die Hoffnung auf eine globale Entwicklung hin zu marktwirtschaftlichen Demokratien hat sich hingegen nicht bewahrheitet. In zahlreichen Nachfolgestaaten der UdSSR haben sich autoritäre oder diktatorische Systeme etabliert. Russland hat sich ebenso zur Autokratie entwickelt, bei der wirtschaftliche Entscheidungen in hohem Maße einem politischen Kalkül unterliegen. Wirtschaftliche Macht wurde mithilfe der Staatsführung in der Hand von Oligarchen konzentriert und als politisches Machtinstrument eingesetzt.

Der Moderne Systemkonflikt mit China

Auch China hat sich nicht in Richtung einer freieren Marktwirtschaft mit größerer gesellschaftlicher Offenheit entwickelt. Ganz im Gegenteil sind die Marktverzerrungen im internationalen Handel Subventionen, staatlich gestützte strategische Investitionen oder auch forcierter Technologietransfer ein dauerhaftes Problem geblieben. Auch hat sich in China die Macht der Kommunistischen Partei wieder konsolidiert, die Machtfülle des Staats- und Parteichefs ist so groß wie seit Jahrzehnten nicht mehr. Bürgerliche Freiheiten wurden nicht aus-, sondern wieder zurückgebaut. Auch wirtschaftlich ist der Einfluss von Staat und Partei wieder deutlich größer geworden (Zenglein & Gunter, 2023). Wirtschaftlicher Aufschwung dient nicht nur im Inneren zur Stabilisierung der Parteidiktatur, sondern vergrößert auch die außenpolitische Machtstellung. Durch den Kauf von Rohstoffvorkommen, den Kauf und Bau von Infrastrukturen in zahlreichen Ländern und die zunehmende Bedeutung des chinesischen Markts als Produktionsstätte und Absatzort für westliche Unternehmen ist der politische Einfluss Chinas deutlich gestiegen. Die sogenannte „Neue Seidenstraße" (One Belt One Road, Belt and Road Initiative) etabliert mit den Investitionsprojekten eine enge und oftmals einseitige Bindung der Zielländer an China. Gleichzeitig wird mit den Fünfjahresplänen versucht, bestehende Technologierückstände in den Bereichen abzubauen, wo eine Abhängigkeit von westlichem Know-How besteht. Das Prinzip der Arbeitsteilung wird hier der politischen Unabhängigkeit untergeordnet. Mit dem durch moderne Informationstechnologien gestärkten Überwachungsstaat hat China weitere Werkzeuge an der Hand, andere autoritäre Systeme zu stützen und damit die Einflusssphäre und mithin die Macht der Kommunistischen Partei weiter auszubauen.

Im Gegensatz zum Systemkonflikt des Kalten Krieges, bei dem die wirtschaftliche Überlegenheit eindeutig war und demokratische Marktwirtschaften ein einzigartiges Wohlfahrtsversprechen abgeben konnten, gibt es mit dem staatskapitalistischen China heute eine kommunistische Diktatur mit steigendem, für einige Personen exorbitant hohem Wohlstandsniveau. Damit ist eine unfreiheitliche Wirtschafts- und Gesellschaftsordnung relativ attraktiver geworden. Demokratie und Marktwirtschaft haben Konkurrenz mit eigenen glaubwürdigen Wohlstandsversprechen bekommen. Im Wettbewerb der Systeme ist aber nicht nur wirtschaftliche Attraktivität relevant, vielmehr wird er zunehmend auch durch wirtschaftliche, politische und militärische Macht bestimmt.

Wie kann der Westen reagieren?
Während die westlichen Demokratien im Kalten Krieg politisch und militärisch herausgefordert waren, war die wirtschaftliche Leistungsfähigkeit der Planwirtschaften äußerst gering. Der Wohlstand, der in Marktwirtschaften entstanden ist, war für die Menschen in den kommunistischen Ländern attraktiv, auch konnte der Rüstungswettlauf durch die größeren wirtschaftlichen Ressourcen durchgehalten werden. Diesen Vorteil haben demokratische Marktwirtschaften gegenüber China heute nicht mehr. Damit stellen sich grundlegende Fragen, die den Umgang mit dem Systemkonkurrenten bestimmen:

- Nützen die Marktverzerrungen tatsächlich dem chinesischen Verursacher und schaden sie den entwickelten Marktwirtschaften? Wenn dies nicht so wäre, spräche nichts dagegen, die Selbstschädigung Chinas hinzunehmen und beispielsweise von Angeboten unter Produktionskosten zu profitieren. Es gibt hingegen gute Gründe, warum derartige Marktverzerrungen innerhalb Europas als unakzeptabel gelten und teilweise auch durch die WTO-Regeln sanktioniert werden. Der erzwungene Technologietransfer und die strategisch-punktuelle Fokussierung des chinesischen Staates auf bestimmte westlich dominierte Technologien sprechen für die Annahme, dass der Wettbewerb durch den Staatskapitalismus eines wirtschaftlich sehr großen Marktteilnehmers verzerrt wird und damit auch Wohlstandseinbußen in den marktwirtschaftlichen Staaten entstehen. Damit stellt sich die Frage, wie auf die Wettbewerbsverzerrungen reagiert werden kann, ohne selbst die chinesischen Methoden zu kopieren.
- Wie weit muss die Unabhängigkeit von China gehen? Um Lieferrisiken oder Absatzrisiken zu beschränken, kann eine Diversifizierung auf der Einkaufs- oder Absatzseite angemessen sein. Im Fall einer politischen Krise könnte entsprechend umgestellt und wirtschaftliche Schäden begrenzt werden. Dies ist insbesondere dort schwierig, wo alternative Bezugsquellen nicht kurzfristig erschlossen werden können, sondern langfristige und hohe Investitionen notwendig sind, die sich betriebswirtschaftlich nicht rechnen. Ähnlich, aber weitergehend, ist die politische Vorgabe, bestimmte Technologien nicht in China einzukaufen oder nicht zu liefern. Damit sollen Sicherheitsbedenken und militärischen Erwägungen Rechnung getragen werden. Ein völlig anderer Grad der Unabhängigkeit liegt dann vor, wenn damit die Möglichkeit der wirtschaftlichen Sanktionierung ohne gleichartige Reaktionsmöglichkeit gemeint ist. In diesem Fall ist – zumindest in bestimmten Bereichen – eine technologische Überlegenheit notwendig, die in einem freien Wettbewerb nicht garantiert werden kann.
- Ist hoher Wohlstand in einer großen Diktatur gefährlich für die Freiheitsrechte westlicher Demokratien? Wenn diese Frage mit „ja" beantwortet wird, weil der politische, wirtschaftliche und militärische Einfluss der kommunistischen Diktatur mit wachsendem Wohlstand immer größer wird und damit Demokratien destabilisiert und autokratische

Systeme stabilisiert werden können, ist dies mit einem wettbewerblichen Austausch kaum zu vereinbaren. Wenn es hingegen gelingt, die westlichen Werte auch gegen ein wirtschaftlich starkes China zu verteidigen, ist ökonomische Überlegenheit nicht notwendig. Die Integration der Wirtschaftsräume und die wachstumswirkende Funktion der Globalisierung kann dann besser wirken, als wenn es zu einer fundamentaleren Trennung kommen würde.

Literatur
Leipold, H. (1979). *Wirtschafts- und Gesellschaftssysteme im Vergleich* (2. Aufl.). UTB-Taschenbuch Gustav Fischer, Stuttgart.

Weiterführende Literaturempfehlungen
Bardt, H., Busch, B., Rusche, C, & Sultan, S. (2022). *Single Market Emergency Instrument. Ein Instrument mit Tücken* (IW-Policy Paper, Nr. 7). Institut der deutschen Wirtschaft Köln e. V., Köln.
Bardt, H., & Matthes, J. (2020). Europäische Ordnungspolitik im Wettbewerb mit China. *ORDO – Jahrbuch für die Ordnung von Wirtschaft und Gesellschaft*, 71, 1/2020, 300–328. De Gruyter Oldenbourg, Berlin, Boston.
Matthes, J. (2020). *Die europäische Handelspolitik und China* (Nr. 138). Schritte zu einer neuen Balance mit fairem Wettbewerb, IW-Analyse. Institut der deutschen Wirtschaft Köln e. V., Köln.
Zenglein, M., & Gunter, J. (2023). *The party knows best- aligning economic actors with China's strategic goals.* MERICS-Report, Berlin.

6.7 Wirtschaftliche Abhängigkeiten

Hubertus Bardt

Eine marktwirtschaftliche Ordnung basiert auf der dezentralen Koordination freier Entscheidungen der handelnden Personen oder Wirtschaftssubjekte. Dabei wird angenommen, dass diese Entscheidungen frei entsprechend den individuellen Präferenzen unter den möglichen Optionen vorgenommen werden. Bestehende Abhängigkeiten schränken den Entscheidungsspielraum ein. Besonders augenfällig ist dies, wenn staatliche Vorgaben oder Monopolsituationen vorliegen. Im ersten Fall wird durch Rechtsetzung eine konkrete Abhängigkeit festgelegt, da die denkbaren Alternativen definitorisch ausgeschlossen sind. Im zweiten Fall wäre es zwar zulässig, einen anderen Austauschpartner auszuwählen, faktisch ist dieses Recht mangels realer Alternativen jedoch leer und wertlos. Dezentrale Koordination und freie Entscheidung bedeutet aber nicht, dass jederzeit alle Geschäftskontakte neu geschlossen werden. Wirtschaften findet nicht in einem zeitlosen Modell statt; jede freie Entscheidung basiert auf früheren Entscheidungen und wirkt über einen bestimmten Zeitraum. Damit sind Entscheidungen immer in gewissem Maße eingeschränkt, nie völlig frei von Bindungen und völlig unabhängig. Allein in der möglichen Reaktion Dritter auf eine eigene Entscheidung liegt eine Beeinflussung, die in einer unabhängigen Entscheidung einkalkuliert werden muss.

Jede Kooperation, zu der auch ökonomischer Austausch zählt, basiert auf Bindungen und schafft Bindungen. Unabhängigkeit darf daher nicht mit Anonymität oder Bindungslosigkeit gleichgesetzt werden. Jeder freiwillige Vertrag beinhaltet eine Einschränkung beider Vertragsseiten, die zukünftige Handlungsmöglichkeiten begrenzt. Ein Verkäufer kann dasselbe Produkt beispielsweise nicht einfach an einen Dritten verkaufen, wenn es bereits vertraglich einem Käufer zugesagt ist. Der autonome Entscheidungsspielraum für eigene Handlungen ist damit reduziert und gegen andere Vorteile eingetauscht (wie den fest zugesagten Kaufpreis). Ohne eine vertragliche Bindung gäbe es keine Kooperation. Auch langfristige, nicht-vertragliche Bindungen werden aufgebaut, um damit dauerhafte Kooperation zu erleichtern. Damit unterscheidet sich eine atomistische Marktvorstellung mit punktuellen Transaktionen von längerfristig stabilisierten und institutionalisierten Beziehungen, durch die die zeitliche Entwicklung und damit auch erst später auftretende Kooperationsvorteile realisiert werden können.

Wenn die eigenen Entscheidungsmöglichkeiten über die akzeptierten und freiwillig eingegangen Einschränkungen hinausgehen, kann von einer unfreiwilligen Einschränkung gesprochen werden. Dies gilt auch dann, wenn das Ausmaß der Konsequenzen einer früheren Bindung weit über den eigentlich intendierten und angenommenen Umfang hinausgeht. Die Abgrenzung ist naturgemäß nicht immer eindeutig.

Eingeschränkte Handlungs- und Wahlmöglichkeiten des einen Partners können Abhängigkeiten vom anderen Austauschpartner schaffen. Dies liegt beispielsweise dann vor, wenn langfristige Verträge bei einer einseitigen Preisanpassungsmöglichkeit gelten, oder wenn die Wechselkosten prohibitiv hoch sind, sodass alternative Anbieter faktisch ausfallen. Langfristige Bindungen an einen Lieferanten können dazu führen, dass Alternativen vom Markt verschwinden und somit Abhängigkeiten entstehen. Auf nationaler bzw. europäischer und einzelwirtschaftlicher Ebene sind hier das Wettbewerbsrecht, das Recht zur einseitigen Ausgestaltung der komplexen Allgemeinen Geschäftsbedingungen und diverse Regelungen zum Verbraucherschutz in Kraft, mit denen Abhängigkeiten und der Missbrauch einer starken Marktposition verhindert werden sollen. Zudem können Unternehmen das Ausmaß ihrer Abhängigkeit durch unternehmerisches Handeln begrenzen. Diversifizierung von Lieferketten durch die Aufnahme mehrere Lieferanten steigert zwar Koordinationskosten und reduziert Skaleneffekte, senkt jedoch die Gefahr von Störungen, wenn ein Lieferant komplett ausfällt oder seine Marktmacht zur einseitigen Durchsetzung hoher Preise missbraucht.

Politisch bedeutsam sind mögliche wirtschaftliche Abhängigkeiten auf internationaler Ebene. Dabei ist zwischen unterschiedlichen Formen der Abhängigkeit zu unterscheiden, insbesondere zwischen einseitigen und wechselseitigen Abhängigkeiten.

Bei einseitigen Abhängigkeiten gilt es für das abhängige Land, in einem akzeptablen Zeitraum alternative Liefer- oder Absatzstrukturen aufzubauen. Wenn beispielsweise eine bestimmte Technologie, natürliche Rohstoffe oder medizinische Grundstoffe in einem dominierenden Ausmaß aus einem Land kommen, ist ein kurzfristiger Wechsel zu Anbietern aus anderen Ländern unmöglich. Damit entstehen Verwundbarkeiten bei Lieferunterbrechungen, die beispielsweise durch Logistikengpässe oder punktuelle Produktionsstörungen entstehen können. Aber auch politisch motivierte Unterbrechungen sind bei einseitigen Abhängigkeiten möglich. So könnte ein Land versuchen, seine starke Angebotsposition einzusetzen, um damit politische Zugeständnisse zu verlangen oder zumindest außenpolitisches Wohlverhalten zu erreichen. Durch zu hohe wirtschaftliche Abhängigkeiten werden politische Machtverschiebungen und Erpressungspotenziale möglich, insbesondere wenn dies Technologien oder Vorprodukte betrifft, die in sicherheitsrelevanten Wertschöpfungsketten eingesetzt werden oder Querschnittsfunktionen haben und damit die gesamtwirtschaftliche Produktion empfindlich treffen könnten. Die Europäische Union hat sich zum Ziel gesetzt, solche einseitigen Abhängigkeiten zu verringern und die eigene autonome Handlungsfähigkeit zu stärken, ohne die Volkswirtschaft gegen internationalen Handel abzuschotten („Open Strategic Autonomy").

Wechselseitige Abhängigkeit will diese einseitige Machtverteilung aufheben, indem beide Partner gleichermaßen voneinander abhängig sind. Ein prominentes Beispiel dafür waren die russischen Gaslieferungen nach Europa. Ebenso wie Europa und insbesondere Deutschland auf russisches Gas angewiesen war, war Russland auf die damit verbundenen Einnahmen angewiesen. Kein Partner konnte sich einen Abbruch dieser Beziehungen leisten, die zudem durch die langfristig angelegten Pipeline-Investitionen gestützt war. Eine solche auf langfristige Zusammenarbeit angelegte Bindung ist stabil, weil ein Aufkündigen der Beziehung mit erheblichen Kosten verbunden ist. Damit können auch die politischen Beziehungen der Länder stabilisiert werden („kapitalistischer Frieden"; Weede, 2005). Von Bundeskanzler Schmidt ist das Zitat anlässlich des Beginns der Gaslieferungen aus Russland nach Deutschland überliefert: „Wer Handel miteinander treibt, schießt nicht aufeinander". Die wechselseitige Abhängigkeit ist jedoch nur so lange stabil, wie sie nicht trotz gegenteiliger ökonomischer Logik von einer Partei aufgelöst wird. Damit entstehen auf beiden Seiten mangels Alternativen erhebliche Anpassungskosten – auch hier ist das Ende der Gaslieferungen Russlands nach Europa ein gut sichtbares Beispiel. Aber auch dieser Bruch der Handelsbeziehungen widerspricht nicht der Tatsache, dass die internationale Arbeitsteilung aus vielfältigen wirtschaftlichen Beziehungen und Bindungen besteht.

Der Wunsch nach Unabhängigkeit von politischer Einflussnahme anderer Länder kann aber auch so weit interpretiert werden, dass es keinerlei Abhängigkeit geben soll, also weder eine einseitige noch eine wechselseitige. Dies würde bedeuten, dass insbesondere politische Entscheidungen ohne schmerzhafte wirtschaftliche Reaktionsmöglichkeiten anderer Länder durchführbar wären. Besonders weitreichend wäre auch eine umfassende Sanktionsmöglichkeit in politischen Konflikten, ohne dass dies durch ebenso kostspielige

Reaktionen beantwortet werden kann. Eine derartige Unabhängigkeit würde jedoch entweder eine umgekehrte Abhängigkeit oder zumindest eine weitgehende Entkoppelung der wirtschaftlichen Beziehungen bedeuten.

Reaktionsmöglichkeiten auf als zu groß empfundene Abhängigkeiten und damit verbundene Risiken sind zunächst einmal auf einzelwirtschaftlicher Ebene zu verorten. Dazu zählen neben vermehrter Lagerhaltung zur kurzfristigen Überbrückung von Ausfällen auch die Diversifizierung von Lieferketten und Absatzwegen, um mögliche Risiken besser zu verteilen. Die teilweise Verlagerung in politisch stabilere, befreundete und näherliegende Partnerländer wird auch als Friendshoring oder Nearshoring bezeichnet. Das Re-Shoring mit Produktionsverlagerung ins Inland ist hingegen eher ein Ausnahmefall. Gesamtwirtschaftlich wird zudem auf Fördermaßnahmen zur Ansiedlung von Schlüsseltechnologien (wie z. B. Halbleiter oder Batterien) zurückgegriffen. Zur Abwendung von außen- und sicherheitspolitischen Risiken hat die Politik Instrumente der Ausfuhr- und der Investitionskontrolle zur Hand. Eine weitgehende Entkoppelung würde jedoch zugleich die Vorteile von Globalisierung und internationaler Arbeitsteilung gefährden – und gegenseitige politische Rücksichtnahme aufgrund wirtschaftlicher Schadenspotenziale unwahrscheinlicher machen.

Literatur
Weede, E. (2005). *Frieden durch Kapitalismus. Eine Ergänzung und Alternative zum demokratischen Frieden* (Nr. 7/2005). In Internationale Politik.

Weiterführende Literaturempfehlungen
European Commission. (2020). *Europe's moment: Repair and prepare for the next generation.* COM (2020) 456 final, Brüssel.

6.8 Rohstoffversorgung

Hubertus Bardt

Heimische Rohstoffwirtschaft
Jede Form der industriellen Wertschöpfung basiert auf dem Abbau natürlicher Ressourcen. Alle Materialen, aus denen die unterschiedlichsten Produkte hergestellt werden, sind Weiterverarbeitungen natürlicher Rohstoffe. Die entsprechenden Mineralien müssen ebenso wie die fossilen Energierohstoffe, die in den Produktionsprozessen eingesetzt werden, gewonnen und aufbereitet werde. Auch wenn in vergangenen Jahrhunderten zahlreiche Bodenschätze innerhalb Deutschlands gewonnen wurden, ist die deutsche Volkswirtschaft heute weitgehend auf die Einfuhr von natürlichen Rohstoffen und damit auf stabile Lieferbeziehungen

6.8 Rohstoffversorgung

angewiesen. Während Baumaterialen wie Sand und verschiedene Formen von Steinen inländisch abgebaut werden, gibt es derzeit praktisch keinen Metallbergbau in Deutschland. Hier ist eine vollständige Importabhängigkeit gegeben. Dies ist eine kaum zu verändernde Grundlage der deutschen Rolle in der internationalen Arbeitsteilung. Sie ist mit Anforderungen zur Sicherung der Rohstoffversorgung verbunden, die für Förderländer in dieser Form natürlich erfüllt sind.

Auch bei fossilen Energierohstoffen ist Deutschland weitestgehend auf Importe angewiesen. Die Öl- und Gasproduktion beschränkt sich auf wenige Prozentpunkte des Verbrauchs. Je höher die Transportkosten sind, desto größer ist der Wettbewerbsnachteil des weit von der Quelle gelegenen importierenden Landes. So kann die USA Gas fast an der Quelle verbrauchen, während für europäische Kunden langfristig die hohen Transportkosten inklusive Verflüssigung hinzukommen und einen dauerhaften Wettbewerbsnachteil gasintensiver Produktion gegenüber nordamerikanischen Wettbewerbern verursachen. Während Braunkohle zur Verstromung im Inland abgebaut und bedingt durch die hohen spezifischen Transportkosten nicht über große Strecken transportiert, sondern in räumlicher Nähe zu den Tagebauen genutzt wird, ist der Steinkohlebergbau in Deutschland vollständig eingestellt und durch Importe ersetzt worden. Da die Gewinnung von Kohle im Ruhrgebiet und den anderen heimischen Standorten mit Kosten verbunden war, die international nicht wettbewerbsfähig waren, wurden über viele Jahrzehnte Subventionen für die Steinkohle gezahlt. Mit dem Ende der finanziellen Förderung endete der Bergbau und der Bedarf wurde über verschiedene internationale Angebote gedeckt.

Zur deutschen Rohstoffwirtschaft gehören (neben landwirtschaftlichen Rohstoffen) auch der Abbau heimischer Ressourcen. Hohe Transportkosten und geringe Werte der abgebauten Stoffe machen einen Import beispielsweise von Bausand oftmals unwirtschaftlich. Der Bergbau steht jedoch im Konflikt zu anderen Flächennutzungen und insbesondere naturschutzrechtlichen Vorschriften. Die Entwicklung neuer inländischer Fördervorhaben für Importrohstoffe ist – neben der Verfügbarkeit und den Abbaukosten – auch in dieser Hinsicht nur begrenzt möglich.

Risiken der Rohstoffversorgung

Die unterschiedliche Ausstattung mit natürlichen Ressourcen ist eine Ursache der konkreten internationalen Arbeitsteilung. Deutschland produziert auf Basis importierter Rohstoffe – als Rohstoff oder weiterverarbeitete Zwischenprodukte – und muss diese Einfuhren sicherstellen. Damit werden die unterschiedlichen Risiken relevant, die mit der Versorgung verbunden sind (siehe Abb. 6.5). Dazu gehören insbesondere:

- Verschiedene Rohstoffe werden für zukünftige Technologien bedeutender, sodass die Nachfrage schneller steigen wird als das Angebot. Dies gilt beispielsweise im Falle von Lithium, für das sich die Nachfrage aufgrund der Zunahme batteriebetriebener Fahrzeuge vervielfachen wird.

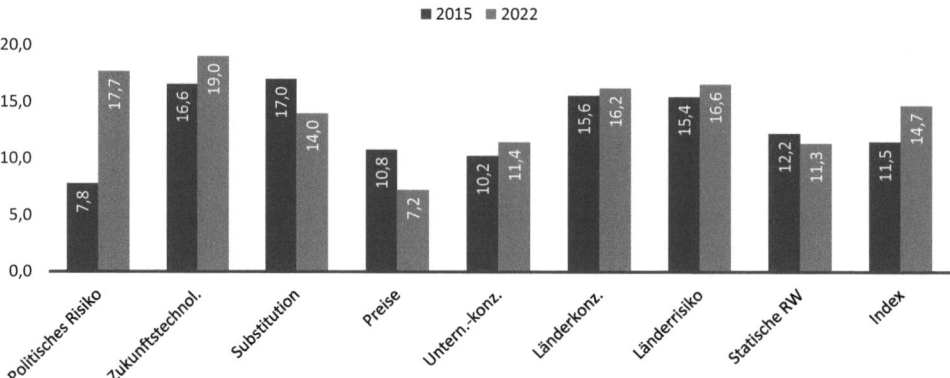

Abb. 6.5 Rohstoffrisiken, Risiken gemessen am Rohstoffrisikoindex, max. Risiko bei 25 Punkten (Quelle: Bähr, Okus & Richter (2022))

- Politische Risiken und Länderrisiken sind stark gestiegen. Viele rohstoffreiche Länder verfügen über eine schlechte Governance, hohe Korruption und niedrige Umwelt- und Sozialstandards. Als „Ressourcenfluch" wird eine Situation bezeichnet, in der die Rohstofffunde die Entwicklung eines Landes behindern, statt sie zu befördern. Politische Risiken entstehen insbesondere dann, wenn Rohstofflieferungen an politische Zugeständnisse gebunden werden können. Insbesondere China als größter Rohstoffproduzent der Welt stellt hier ein wachsendes Risiko dar.
- Viele Rohstoffe sind in den konkreten technologischen Anwendungen schwer oder nicht ohne Funktionseinbußen ersetzbar. Dies gilt beispielsweise für Seltene Erden bei der Produktion von Permanentmagneten.
- Preisrisiken in Form von Steigerungen und Schwankungen sind nach den großen Ausschlägen nach der Wirtschafts- und Finanzkrise insgesamt tendenziell gesunken, bevor es durch die Nachfrageschwankungen und Angebotsengpässen seit dem Beginn der Corona-Pandemie wieder zu starken Veränderungen kam.
- In zahlreichen Fällen sind hohe Konzentrationsraten bei den Förderunternehmen oder den Förderländern vorhanden. Bei der ersten Verarbeitung der Erze in handelbare Produkte und bei bestimmten Darreichungsformen ist die Marktmacht noch höher.
- Die bisher gefundenen, wirtschaftlich abbaubaren Vorkommen reichen nur für einen begrenzten Zeitraum. Während in der Diskussion nach dem Bericht des Club of Rome „Die Grenzen des Wachstums" ein Ende der verfügbaren Ressourcen befürchtet wurde, haben neue Fördermöglichkeiten, höhere Rohstoffpreise und Recycling das Angebot laufend erhöht. Bei kürzer werdenden Zeiträumen, in denen die aktuell wirtschaftlich abbaubaren Fördermengen ausreichen, ist nicht mit einem Ende der Rohstoffförderung zu rechnen. Wahrscheinlich sind hingegen spürbare Preissteigerungen, wenn Anstrengungen der Exploration und der Erschließung neuer Vorkommen oder der besseren Ausbeutung bestehender Förderstätten nicht hinreichend erfolgreich sind. Höhere Preise schaffen

6.8 Rohstoffversorgung

neue Anreize für den Bergbau und die Reduktion des Verbrauchs und sind daher auch bei Rohstoffen ein unverzichtbares Steuerungsinstrument.

Umgang mit Rohstoffrisiken

Die Risiken sind nicht gleich verteilt, vielmehr hat jeder Rohstoff sein eigenes Risikoprofil. Daraus ergibt sich, dass die unterschiedlichen Herausforderungen zur Sicherung der notwendigen Importe auch mit einem unterschiedlichen Mix aus Instrumenten der verschiedenen Akteure adressiert werden muss (siehe Abb. 6.6). Dabei sind die Unternehmen selbst gefordert, ihre Lieferketten zu organisieren und zu sichern. In einer marktwirtschaftlichen Ordnung ist dies ein Teil der dezentralen Koordinationsaufgabe, die am besten über Märkte und Verträge organisiert werden kann. Die Optionen reichen von Lagerhaltung und langfristigen Lieferverträgen bis hin zur Beteiligung an Bergbauunternehmen. Aber auch bei der Nutzung kann unternehmerische Kreativität ansetzen. Innovationen können dazu beitragen, kritischere durch weniger kritische Rohstoffe zu ersetzen oder den Verbrauch von wertvollen Ressourcen zu ersetzen.

Zu einem effizienten Verbrauch von Rohstoffen gehört auch die mehrfache Nutzung der natürlichen Vorkommen. Gerade beim Aufbau neuer Produktionsweisen mit neuen Rohstoffbedarfen ist die Kreislaufführung von Beginn an mitzudenken. So wächst beispielsweise mit dem Aufbau der Elektromobilität die Nachfrage nach Lithium, die zunächst nur durch Primärrohstoffe gedeckt werden kann. Wenn die Batterien jedoch das Ende ihres Lebenszyklus erreicht haben, kann der Bergbaubedarf durch Recycling reduziert werden – sofern die Kosten der Kreislaufführung die Kosten des Bergbaus inklusive der damit verbundenen Umweltschäden nicht überschreiten.

Staatliche Aufgaben liegen insbesondere in der Öffnung der Märkte und der Unterstützung der wirtschaftlichen und politischen Entwicklung der Rohstoffländer. Mit stabilen

Abb. 6.6 Handlungsoptionen zur Rohstoffsicherung, verschiedene Akteure einzeln und in Kooperation (Quelle: Bähr, Okus & Richter (2022))

Staaten, die hohe Transparenzansprüche und adäquate Umwelt- und Arbeitssicherheitsstandards aufweisen, können stabile Lieferbeziehungen auf Märkten aufgebaut werden. Länder mit autoritären Systemen und Korruption sind hingegen für chinesische Investitionen und den staatlich gesteuerten Aufbau von Marktmacht offener. Zu den öffentlichen Aufgaben gehört aber auch, auf das politische Druckpotenzial zu reagieren, das mit den hohen Marktanteilen beim Rohstoffangebot verbunden ist. Diese öffentliche Aufgabe kann, sofern sie notwendig ist, durch Kooperation marktwirtschaftlicher und demokratischer Länder, aber auch bei der Unterstützung des Aufbaus alternativer Abbauprojekte erfüllt werden.

Literatur
Bähr, C., Okos, T., & Richter, I. (2022). *Rohstoffsituation der bayerischen Wirtschaft*. Gutachten im Auftrag der Vereinigung der Bayerischen Wirtschaft e. V. (vbw), Köln(München.

Weiterführende Literaturempfehlungen
Bardt, H. (2005). Rohstoffreichtum – Fluch oder Segen?. In *IW-Trends – Vierteljahresschrift zur empirischen Wirtschaftsforschung* (32. Jahrg., Heft 1). Deutscher Instituts-Verlag, Köln.
Deutsche Rohstoffagentur. (2021). *Rohstoffe für Zukunftstechnologien 2021*. DERA Rohstoffinformationen 51, Berlin.
Meadows, D., Meadows, D., Zahn, E., & Milling, P. (1972). *Die Grenzen des Wachstums*. Bericht des Club of Rome zur Lage der Menschheit. Deutsche Verlags-Anstalt, München.

6.9 Europäischer Binnenmarkt und Freizügigkeiten

Dirk Wentzel

Der Binnenmarkt als das Herzstück der Europäischen Union
Im Jahr 2023 feierte der europäische Binnenmarkt sein 30-jähriges Jubiläum. Mit 27 Teilnehmerstaaten, fast 500 Mio. Teilnehmern und einem gemeinsamen BIP von ca. 15 Billionen Euro ist er ein sehr großer und wirkungsmächtiger wirtschaftlicher Block. Zusammen mit den EFTA-Staaten Island, Liechtenstein und Norwegen bilden die Staaten des Binnenmarkts den sog. Europäischen Wirtschaftsraum (EWR). Die Schweiz ist zwar nicht offiziell Mitglied des EWR: Gleichwohl nimmt die Schweiz am Binnenmarktprogramm ebenso teil wie am sog. „Schengener Abkommen", dem Dublin-System zur Bewältigung von Flüchtlings- und Asylfragen sowie dem gemeinsamen europäischen Forschungs- und Mobilitätprogramm. Der Austritt Großbritanniens aus der EU und aus dem Binnenmarkt hat diesen nicht geschwächt – eher im Gegenteil. Die negativen Folgen des Brexit – gerade auch

6.9 Europäischer Binnenmarkt und Freizügigkeiten

für Großbritannien – haben vielen Mitgliedern noch einmal die wechselseitigen Vorteile des gemeinsamen Marktes verdeutlicht.

Der europäische Binnenmarkt ist ohne Zweifel das Herzstück der europäischen Integration (siehe Wentzel, 2014). Er ist ein gemeinsamer Markt ohne Grenzen, der als Magnet für neue Mitglieder und als Quelle des Zusammenhalts für die alten Mitglieder dient. Schon in den Gründungsdokumenten der Römischen Verträge 1957 war die Idee des Binnenmarktes angelegt. Bis zur tatsächlichen Realisierung im Anschluss an den Maastricht-Vertrag 1992 war es allerdings noch ein sehr weiter und langer Weg. Zwar wurden die Warenzölle schon ab 1957 abgeschafft, gleichwohl gab es eine große Vielzahl von Handelshemmnissen innerhalb der europäischen Gründerstaaten, sodass von einem gemeinsamen Markt im Verständnis der Handelstheorie nicht gesprochen werden konnte.

Ein Urteil des Europäischen Gerichtshofs (EuGH) aus dem Jahr 1979 verlieh der europäischen Integration jedoch eine völlig neue Dynamik. Der deutsche Supermarkt REWE wollte den französischen Likör Cassis-de-Dijon, der in Kombination mit Sekt oder Champagner zum Modegetränk der 70er Jahre, dem sog. „Kir Royal", gemixt wurde, nach Deutschland importieren. Dem stand aber das deutsche Branntweingesetz gegenüber. Der EuGH urteilte, dass ein Produkt, welches in einem Land der Europäischen Gemeinschaft legal sei, auch in anderen Ländern vertrieben werden dürfte. So unspektakulär der Fall und auch das Urteil klingen mögen, so weitreichend waren und sind die Folgen bis heute. Das sog. „Ursprungsland-Prinzip" ist Grundvoraussetzung für jede grenzüberschreitende wirtschaftliche Transaktion: Einfache Handhabe und große Wirkung zugleich. Es war die wichtigste Unterstützung, die das Binnenmarktprojekt überhaupt erhalten konnte.

Gleichwohl gab es auch nach dem Cassis-de-Dijon-Urteil weiterhin eine Vielzahl von Hindernissen und Hemmnissen, die einem voll funktionsfähigen Binnenmarkt entgegenstanden. Aus diesem Grund starteten die deutschen und italienischen Außenminister 1981 die sog. „Genscher-Colombo-Initiative", in der 300 kritische Sachverhalte aufgeführt wurden, die es zur Verbesserung der Handelsintensität zu vereinfachen galt. Diese Initiative wurde letztlich zur Grundlage der sog. Einheitlichen Europäischen Akte, die 1986 von allen damals noch zwölf Mitgliedsstaaten ratifiziert wurde und zum 1. Januar 1987 in Kraft trat. In ihr sollten ein Markt ohne Binnengrenzen bis zum 31.12.1992 geschaffen werden. Zum damaligen Zeitpunkt hatten wohl nur sehr wenige Menschen eine Vorstellung davon, welche Dynamik dieser Markt nach der Öffnung und Befreiung Mittel- und Osteuropas aus der sowjetischen Herrschaft und der Eingliederung dieser Staaten nach 1993 erhalten würde.

Ein wichtiges Mosaik-Stück für den Binnenmarkt lieferte das Schengener Abkommen, das 1985 in dem kleinen Ort Schengen in Luxemburg unterzeichnet wurde. Dass wiederum das kleine Luxemburg Ausgangspunkt einer wichtigen EU-Initiative wurde – ähnlich wie der Vorschlag einer Währungsunion durch Pierre Werner 1970 –, ist aufgrund der geografischen und wirtschaftlichen Besonderheiten des Landes und seiner Nähe zu Deutschland, Frankreich und Belgien nicht wirklich überraschend. Grenzkontrollen ergeben für ein solches Land, in dem täglich mehr als 200.000 Pendler zur Arbeit kommen, ebenso wenig Sinn wie eine eigene Währung. Bis auf wenige Ausnahmen sind alle EU-Länder Teil des

Schengener Abkommens ebenso wie die Schweiz, Liechtenstein, Norwegen und Island. Bei der Einreise nach Europa sieht jeder Besucher die Unterscheidung von Schengen-Raum und Nicht-Schengen-Raum: Dem kleinen Ort in Luxemburg wurde somit quasi ein Denkmal der Freizügigkeit gesetzt.

Als letzter wichtiger Baustein für den Binnenmarkt ist auf das am meisten zitierte Urteil des EuGH hinzuweisen: Der Fall des Jean-Marc Bosman, der gewissermaßen als der einflussreichste Fußballer der Geschichte gelten dürfte. Bosman – ein relativ normaler Fußball-Profi des belgischen Erstligisten RC Lüttich, hatte 1990 seinen Vertrag mit dem Verein ordnungsgemäß erfüllt. Nach Vertragsende bot der RCL ihm einen wesentlich schlechter bezahlten Vertrag an, den er aber ablehnte. Stattdessen wollte Bosman zum französischen Zweitligisten US Dünkirchen wechseln, was aber daran scheiterte, dass Lüttich eine vergleichsweise hohe Ablösesumme forderte. Ein Wechsel kam nicht zustande und Bosman wurde quasi arbeitslos. Bosman klagte gegen die Behinderung seiner Arbeitnehmerfreizügigkeit und er verklagte seinen ehemaligen Lütticher Club sowie die UEFA auf 750.000 € Schadensersatz. Nach mehreren Instanzen landete der Fall beim EuGH, der im Dezember 1995 spektakulär entschied: Ein Spieler, der seinen Vertrag ordnungsgemäß bis zum Ende erfüllt, darf seinen Club danach ablösefrei verlassen. Außerdem hat jeder EU-Bürger das Recht, in jedem anderen Club der EU spielen zu dürfen. Ausländerregeln, wie sie etwa auch für deutsche Clubs bin 1995 üblich waren, wurden als Verstoß gegen die EU-Freizügigkeit für nichtig erklärt.

Die vier Grundfreiheiten (für Güter, Dienstleistungen, Kapital und Arbeitnehmer) gelten in gewisser Hinsicht als das Grundgerüst des gemeinsamen Marktes (vgl. Wagener & Eger, 2014). Man könnte aber auch noch zusätzlich die Medien- und Informationsfreiheit und auch den freien Datenfluss (sog. „Digital Market Initiative") als weitere Grundfreiheiten aufführen (siehe Wentzel, 2006). Ob diese dann als eigenständige Grundfreiheiten Nr. 5 und Nr. 6 gezählt werden sollten oder aber als Spezialfälle der Güter- und Dienstleistungsfreiheit, ist letztlich eher eine akademische Frage. Fakt ist, dass auch für Informationen, für Medienerzeugnisse, für digitale Dienstleistungen sowie für akademische Abschlüsse ein gemeinsamer europäischer Raum entsteht. Wagener und Eger (2014) unterscheiden die Freizügigkeit von Gütern und Dienstleistungen einerseits und die Freizügigkeit der Produktionsfaktoren andererseits. Durch diese Methodik wird deutlich, wie sehr sich die EU und der gemeinsame Markt von einer reinen Freihandelszone unterscheidet.

Der freie Güterverkehr
Grundsätzlich gilt seit dem Cassis-de-Dijon-Urteil des EuGH aus dem Jahr 1979 der freie und unbeschränkte Güterverkehr gemäß dem Ursprungslandprinzip (Artikel 28–44 AEUV). Ein Land darf nur unter sehr spezifischen und genau zu rechtfertigenden Gründen den Warenverkehr beschränken. Beim Genuss von Likör – wie im Fall von Cassis-de-Dijon – sind solche Begründungen aber kaum glaubwürdig und zweckmäßig. Rein quantitativ gilt für Millionen von Gütern: Was in einem Land der EU – etwa Litauen oder Zypern – legal verkauft werden darf, das darf auch in keinem anderen EU-Land – etwa Spanien oder Schweden – beschränkt werden. Das Ursprungslandprinzip ist in seiner ordnungspolitischen

Einfachheit genial: Es ermöglicht den Zugang zu einem riesigen Markt, in dem grundsätzlich die Marktzutrittsschranken angesichts von 24 offiziellen Amtssprachen durchaus hoch sind.

Der freie Dienstleistungsverkehr

Zu Beginn der Europäischen Wirtschaftsgemeinschaft 1957 spielten die Dienstleistungen sowohl in Europa wie auch weltweit eine deutlich untergeordnete Rolle. Dienstleistungen waren zum damaligen Zeitpunkt meistens regional oder lokal gebunden, Tourismus existierte noch nicht, die Informationsmöglichkeiten über Dienstleistungen in anderen Ländern waren sehr begrenzt. Während das Allgemeine Zoll- und Handelsabkommen (GATT) für den Warenverkehr schon 1947 aus der Taufe gehoben wurde, dauerte es bis 1995, bis ein vergleichbares Abkommen (GATS) für weltweite Dienstleistungen unterzeichnet werden konnte. Dienstleistungen haben teilweise sehr spezielle landesspezifische Regulierungen – man denke etwa an die deutsche Handwerks- und Meisterordnung. Solche Branchen einem offenen europäischen Dienstleistungswettbewerb auszusetzen, trifft häufig auf politische Widerstände.

Durch die welt- und europaweite Öffnung der Märkte, den Massentourismus, die Digitalisierung und nicht zuletzt das Internet hat der Austausch von Dienstleistungen drastisch zugenommen. Heute wird der Anteil am BIP der EU auf fast 75 % geschätzt. Die Zahl der geschützten Bereiche nimmt stark ab. Auf der Ratstagung der EU in Lissabon 2000 wurde das ehrgeizige Ziel ausgegeben, zum wettbewerbsfähigsten und dynamischsten wissensbasierten Wirtschaftsraum der Welt zu werden. Daraufhin legte die EU-Kommission 2004 unter Führung des Wettbewerbskommissars Fritz Boltkestein einen Vorschlag für eine Richtlinie über Dienstleistungen im Binnenmarkt auf (sog. „Boltkestein-Richtlinie"), durch den Hindernisse in der Niederlassungs- und Dienstleistungsfreiheit beseitigt werden sollten. Das Ziel dieses Vorschlags war es, durch mehr Wettbewerb und höhere Niederlassungsfreiheit zu mehr Beschäftigung zu gelangen. Vor allem die Gewerkschaften, aber auch Vertreter der Handwerker, die spezifische Qualitätskriterien der Ausbildung nachweisen müssen – etwa den Handwerksmeister, kritisierten den Boltkestein-Entwurf. Dieser wurde dann 2006 in deutlich abgeschwächter Form angenommen.

Der freie Kapitalverkehr

Die Unterscheidung von Wagener und Eger (2014) aufgreifend, geht es bei der Kapitalverkehrsfreiheit um den ungehinderten Fluss eines Produktionsfaktors. Mit dem Vertrag von Maastricht 1992 und dem Ziel einer einheitlichen Währung mit einheitlicher Geldpolitik war klar, dass auch Beschränkungen im Kapitalverkehr aufgehoben werden mussten. Heute ist es jedem Bürger und jedem Unternehmen möglich, in jedem Land innerhalb der EU ein Konto zu eröffnen und finanzielle Transaktionen durchzuführen. Über Sepa-Mandate (Single European Payment Area) können kostenfreie Überweisungen innerhalb der EU durchgeführt werden. Anders als bei den Dienstleistungen, bei denen einzelne Gruppen den Verlust von Privilegien befürchteten und mit Protest reagierten, war die Kapitalverkehrsliberalisierung von einem großen Konsens in der Politik, in der Bevölkerung und bei den Unternehmen getragen.

Nach dem Vertrag von Maastricht 1992 begann ein dreistufiger Prozess, an dessen Ende die Einführung des Euro stand. Die vollständige Aufhebung aller Kapitalverkehrskontrollen war der erste wichtige Schritt, der ordnungspolitisch hervorzuheben ist und der in Ländern wie Frankreich oder Italien – die niemals Kapitalverkehrsfreiheit erlebt hatten – geradezu historische Bedeutung hatte.

Freier Kapitalverkehr ermöglicht es den Bürgern und den Unternehmen, überall in Europa zu investieren. Hierzu ist eine technische, institutionelle und finanzielle Infrastruktur bereitzustellen. Für Banken und Finanzdienstleister müssen vergleichbare Ordnungsbedingungen und Haftungsgrundlagen vorliegen, um zu einem Leistungswettbewerb zu gelangen. Ein Großteil dieser Ordnungsbedingungen sind in den Rechtsgrundlagen für eine Bankenunion gelegt worden, die auch eine Reaktion auf die Finanzkrise 2008 und die Staatsschuldenkrise 2010 war (ausführlich Wentzel, 2014).

Der freie Personenverkehr

Der zweite Produktionsfaktor, den es hervorzuheben gilt, ist der Faktor Arbeit. Wie auch im Bosman-Urteil durch den **EuGH** bestätigt, gilt die Arbeitnehmerfreizügigkeit uneingeschränkt. Grundsätzlich darf jeder EU-Bürger in jedem anderen EU-Land seiner Wahl leben und arbeiten. Allerdings ist die Niederlassungsfreiheit an Voraussetzungen gebunden – im Regelfall die Erwerbstätigkeit – um eine Wanderung in die großzügigsten Sozialsysteme zu verhindern.

Natürlich sind in einigen Berufen besondere Zusatzvoraussetzungen nachzuweisen – etwa bei Medizinern oder Rechtsanwälten. Auch sind in speziellen Berufen besondere Sprachkenntnisse als Qualifikation nachzuweisen, was in manchen Bereichen sinnvoll und zweckmäßig ist. Aber grundsätzlich gilt, dass der grenzüberschreitende europäische Arbeitsmarkt keine diskriminierenden Beschränkungen aufweist.

Durch das Schengener Abkommen sind Grenzkontrollen innerhalb Europas weitestgehend hinfällig geworden. Auch das Bosman-Urteil hat die Bedeutung der Arbeitnehmerfreizügigkeit besonders gestärkt. Die Brexit-Befürworter in Großbritannien wollten gerade diesen Aspekt der vier Grundfreiheiten aushebeln, obwohl Großbritannien zu keinem Zeitpunkt Mitglied im Schengen-Raum war.

Für neue Mitglieder der EU und des Binnenmarktes – etwa Rumänien – wurden Übergangsfristen eingeführt bis zur vollen Geltung der Arbeitnehmerfreizügigkeit. Damit sollte einerseits eine übermäßig schnelle Migration in die Hochlohnländer der EU vermieden werden. Andererseits dienten diese Übergangsfristen auch dem Schutz der neuen Mitglieder, um eine zu schnelle Abwanderung von Fachkräften (sog. „Brain Drain") zu verhindern.

Freier Austausch von Ideen, Medienerzeugnissen und Hochschuldiplomen
Die Europäische Union hat im Bereich der Liberalisierung der Medien einen entscheidenden Beitrag geleistet, um sämtliche Hemmnisse im europäischen Medienraum zu beseitigen

und letztlich auch in Deutschland das öffentlich-rechtliche Rundfunkmonopol aufzubrechen (ausführlich Wentzel, 2006). Europäische Sender werden in sämtliche Kabelnetze eingespeist, was die informationelle Vielfalt stärkt. In den meisten Netzen sind mehr als 1000 internationale und europäische Sender eingespeist. Es kommt zu einem Austausch von Sichtweisen, politischen Ansichten und Unterhaltungsformaten.

Ebenfalls zu erwähnen sind die europäischen Austauschprogramme – allen voran Erasmus, das gerade sein 30-jähriges Jubiläum feiert. Seit der Gründung haben ca. 2 Mio. Studierende an Erasmus-Programmen teilgenommen. Dies ist in Zusammenhang mit der wechselseitigen Anerkennung von Studienleistungen durch die sog. ECTS-Punkte eine wichtige Voraussetzung, um im europäischen Ausland Erfahrungen sammeln zu können.

Freier Austausch und Fluss von Daten und eine unabhängige europäische Dateninfrastruktur

Der zukünftige Erfolg des Binnenmarktes hängt entscheidend von der Generierung und vom Austausch von Informationen und Daten ab. Außerdem ist bei sog. „Cloud-Diensten", also bei der Speicherung von Daten auf externen Rechnern (Server), auf eine gewisse Unabhängigkeit gegenüber großen Unternehmen – etwa den US-amerikanischen Tech-Giganten oder aber chinesischen Anbietern – zu achten. Die Europäische Union hat deshalb im Februar 2022 die Initiative für einen einheitlichen digitalen Markt gestartet (Digital Single Market Initiative, DSM), einen „Binnenmarkt für Daten" also, um alle Hindernisse für Datenaustausch und Transfer zu beseitigen und europäische Cloud-Dienste zu starten. Hierdurch sollen die ordnungspolitischen Grundlagen geschaffen werden, um beispielsweise auf künstlicher Intelligenz beruhende Produkte und Verfahren innerhalb des Binnenmarktes entwickeln zu können.

Der europäische Binnenmarkt für Daten beruht auf drei zentralen Säulen: Erstens soll ein freier Zugang zu Daten für alle Bürger sichergestellt werden. Hier sollen beispielsweise ungerechtfertigtes „Geo-Blocking" von Medieninhalten beseitigt und die Rechtsgrundlagen für E-Commerce – etwa bei der Mehrwertsteuer – vereinheitlicht werden. Zweitens sollen die richtigen Umweltbedingungen geschaffen werden für digitale Innovationen, für Hochgeschwindigkeitsnetze, für offene Standards und auch – ganz entscheidend – für die Interoperabilität der Netze. Drittens ist auf das wirtschaftliche Potenzial des europäischen Binnenmarktes für Daten zu verweisen – etwa bei Zahlungsdiensten, beim autonomen Fahren oder beim sog. „Internet der Dinge".

Das Kernstück für eine europäische Dateninfrastruktur ist das Projekt „Gaja-X", mit dem eine europäische Daten-Cloud geschaffen werden soll. Neben den rein technischen Sachverhalten ist auch auf ethische Fragen im Umgang mit Daten (Datenschutz und Persönlichkeitsrechte) und auf Fragen des Schutzes geistigen Eigentums zu verweisen. Die DSM-Initiative schafft hierfür einen geeigneten und wettbewerbsfördernden Ordnungsrahmen.

Literatur
Wagener, H.-J., & Eger, T. (Hrsg.). (2014). *Europäische Integration*. Franz Vahlen, München.
Wentzel, D. (2006). Die ordnungspolitischen Grundlagen des europäischen Medienmarktes: „In dubio pro libertate". In D. Wentzel (Hrsg.), *Europäische Integration – Ordnungspolitische Chancen und Defizite. Schriften zu Ordnungsfragen der Wirtschaft* (Bd. 82, S. 225–271). Lucius & Lucius, Stuttgart. Jena, New York.
Wentzel, D. (2014). Fortschritte bei der Bankenregulierung: Auf dem Weg zu einer Bankenunion. In *Deutschland und Europa* (Heft 67, S. 34–43). Hrsg. von der Landeszentrale für politische Bildung Baden-Württemberg, Stuttgart.

6.10 Föderalismus

Hubertus Bardt und Dirk Wentzel

Zu den Charakteristika des Staatsaufbaus in Deutschland gehört seine föderale Struktur, also die Existenz einer politischen Entscheidungsebene zwischen dem Zentralstaat und den Kommunen. Mit den Bundesländern wurden Entwicklungslinien der Teilstaatlichkeiten vor der Reichsgründung 1871 aufgegriffen. Diese findet sich auch in der wirtschaftlichen Struktur des Landes wieder, die von starker Dezentralität geprägt ist. Im Gegensatz zu früher gegründeten Zentralstaaten in Europa – etwa Frankreich – gibt es in Deutschland nicht nur ein starkes Zentrum, auf das sich die öffentliche Wahrnehmung und die politische Macht fokussiert und das über dominierende wirtschaftliche, kulturelle und wissenschaftliche Schwerpunkte verfügt. Deutschland hat neben Berlin viele bedeutende Wirtschaftsstandorte – etwa Hamburg, München, Köln oder das Ruhrgebiet – und darüber hinaus zahlreiche kleinere Industriestandorte abseits der Metropolen.

Föderaler Staatsaufbau
Der deutsche Föderalismus hat sich aus der Vielfalt größerer, kleinerer und kleinster Staaten entwickelt, die als selbständige Staaten auf dem Gebiet der heutigen Bundesrepublik existierten. Das Kaiserreich hatte eine starke föderale Struktur unter preußischer Führung, auch die Weimarer Republik war föderal organisiert. Nach dem Zweiten Weltkrieg wurden zunächst die Bundesländer der Westzonen gegründet, bevor das Grundgesetz ausgearbeitet und von den Landtagen angenommen wurde.

In einem föderalen Staat muss geklärt werden, welche Kompetenzen die zentralstaatliche und welche die dezentrale Ebene bekommen soll. Dabei sind zwei Überlegungen anzustellen:

6.10 Föderalismus

- Je unterschiedlicher die regionalen Präferenzen oder Anforderungen sind, desto eher sollte eine regionale Entscheidungshoheit gelten, weil so präferenzgerechtere politische Entscheidungen gefällt werden können. Wenn es deutliche Spillover-Effekte gibt, begrenzen diese die Vorteilhaftigkeit der Entscheidung auf der niedrigeren Ebene.
- Je stärker die Größenvorteile bei der Leistungserstellung und je größer die regionalen Spillover-Effekte sind, desto zentraler müssen Regelungen getroffen werden. Auch Umverteilung muss zentral organisiert werden, wenn sie gesamtgesellschaftlichen Gerechtigkeitsvorstellungen folgen soll.

Neben diesen statischen Argumenten müssen auch dynamische Perspektiven des Wettbewerbsföderalismus berücksichtigt werden. Aus dieser Sichtweise hat der Wettbewerb zwei weitere Vorteile: Zum einen ermöglicht er Lernprozesse. Einzelne Regionen können neue Regelungen oder öffentliche Güter früher austesten, andere Regionen können von diesen Erfahrungen lernen. Zudem kann der Wettbewerb zwischen den Regionen – beispielsweise um ansiedlungswillige Investoren – dazu führen, dass bessere Lösungen gefunden werden müssen und gefunden werden. Auch der Vergleich des Zustands öffentlicher Angebote kann ein wettbewerbliches Element im Föderalismus darstellen, wenn Wähler die anderen Regionen als Referenz nehmen können, um die Leistung der eigenen Regierung daran zu messen.

Der deutsche Föderalismus ist kein Wettbewerbsföderalismus, sondern kann als kooperativer Föderalismus klassifiziert werden. Die Bundesländer haben begrenzte Gesetzgebungskompetenzen, sind aber vielfach in die Umsetzung eingebunden. Mit der Föderalismusreform 1969 wurde die Verflechtung zwischen den Ebenen verstärkt, insbesondere durch die Schaffung gemeinsamer Verantwortungen, bei der der Bund beispielsweise Rahmengesetze erlassen konnte. Analog zur engen Verflechtung der Kompetenzen ist in vielen Fällen auch eine Zustimmung der Länder über den Bundesrat erforderlich. Die Länder sind damit praktisch Co-Gesetzgeber und zugleich die primären Interessenvertreter ihrer jeweiligen Heimatregion. Die Föderalismusreform 2006 hatte das Ziel, die Verantwortlichkeiten wieder klar zu differenzieren und den Ebenen zuzuordnen.

Die finanzielle Dimension des Föderalismus ist ein immerwährendes Konfliktfeld. Die wichtigsten Steuern werden zwischen Bund und Ländern (und Kommunen) nach einem festen Schlüssel aufgeteilt. Um die Unterschiede in der Finanzausstattung gemessen an den standardisierten Bedarfen zu verringern, wurde der Länderfinanzausgleich etabliert. Der Ausgleich findet in Form von Zahlungen der Länder untereinander sowie durch weitere asymmetrisch verteilte Mittelzuwendungen des Bundes an die Länder statt. Auch die Ausgaben sind nicht konsequent getrennt und entsprechend dem Prinzip der fiskalischen Äquivalenz dem Nutznießer und Entscheider zugeordnet. Vielmehr gibt es vielfach Co-Finanzierungen und zentralstaatliche Finanzierung mit unterschiedlicher regionaler Auswirkung.

Regionalstruktur

Die föderale Struktur und die kleinstaatliche Historie Deutschlands haben auch Konsequenzen für die regionale Wirtschaftsstruktur der Sozialen Marktwirtschaft. Statt eines Zentrums gab es immer zahlreiche Städte, die politisch und gesellschaftlich bedeutsam waren. Manufakturen wurden daher an vielfältigen Orten angesiedelt. Viele Flüsse wurden genutzt, um Wasserkraft für den Antrieb der Produktionsanlagen zu verwenden. Die Industrialisierung erfolgte in Deutschland vor dem Hintergrund der starken Bedeutung der regionalen Zentren, sodass sich damals junge Unternehmen an vielen Stellen im Land ansiedelten. Durch die typischerweise lange Lebensdauer der erfolgreichen Unternehmen in Deutschland sind noch heute wichtige Industriebetriebe regional breit verteilt. Dies gilt auch für mittelgroße und international erfolgreiche Familienunternehmen, die als „hidden Champions" bezeichnet werden können. Dies gilt weniger für die neuen Bundesländer, nachdem in der Planwirtschaft diese Unternehmen sozialisiert oder geschlossen wurden. Die Schwäche an Hauptquartieren und Forschungs- und Entwicklungsaktivitäten in den neuen Ländern ist auch auf das Fehlen dieser Familienunternehmen außerhalb der Zentren zurückzuführen.

Die recht ausgeglichene Regionalstruktur mit erfolgreichen Industrieunternehmen führt dazu, dass Beschäftigungs- und Einkommenschancen nicht auf einzelne Regionen konzentriert sind, sondern dass selbst im Fall des Niedergangs eines Unternehmens alternative Chancen gefunden werden können, ohne weiträumig umziehen und damit die bestehende Sozialstruktur verlassen zu müssen. Der Abstand des Wohlstandsniveaus zwischen den verschiedenen Regionen ist damit geringer als in zentralisierteren Volkswirtschaften. Damit verringert sich auch das Risiko gesellschaftlicher Konflikte. Auch im Strukturwandel entstehen weniger deindustrialisierte Gebiete, falls ein zentrales Unternehmen wegfällt. Die Erfahrung des regionalen Niedergangs durch wirtschaftliche Entwicklungen, wie dies beispielsweise in den Gegenden des „rust belts" in den USA entstanden ist, ist damit deutlich unwahrscheinlicher. Gerade die vermeintlich aussichtslosen Situationen abgehängter Regionen sind ein Nährboden von Unzufriedenheit und populistischen Bewegungen. Die vergleichsweise gute Industriestruktur in vielen Regionen sowie eine adäquate Infrastruktur und öffentliche Dienstleistungen auch außerhalb der Metropolen unterstützen die konfliktmindernde Zielsetzung der Sozialen Marktwirtschaft. Der langsame Aufholprozess der Wirtschaft der neuen Länder nach dem Niedergang unter planwirtschaftlichen Bedingungen bleibt weiterhin eine zentrale regionalökonomische Herausforderung.

Weiterführende Literaturempfehlungen

Hüther, M., Südekum, J., & Voigtländer, M. (Hrsg.). (2019). *Die Zukunft der Regionen in Deutschland. Zwischen Vielfalt und Gleichwertigkeit IW-Studie.* Institut der deutschen Wirtschaft Köln e. V., Köln.

Institut der deutschen Wirtschaft (Hrsg.). (2007). *Föderalismus in Deutschland.* IW-Studie. Institut der deutschen Wirtschaft Köln e. V., Köln.

Oates, W. (1972). *Fiscal federalism.*

Tiebout, C. (1956). A pure theory of local expenditures. *Journal of Political Economy, 64,* 416–424. The University of Chicago Press.

Zimmermann, H., Henke, K.-D., & Broer, M. (2017). *Finanzwissenschaft* (12. Aufl.). Vahlen, München

6.11 Soziale Sicherungssysteme

Hubertus Bardt

Das Attribut „sozial" im Begriff der Sozialen Marktwirtschaft basiert auf zwei unterschiedlichen Begründungen. Die eine liegt in der wohlstandssteigernden Wirkung der Wirtschaftsordnung. Die Kreativität und Leistungsfähigkeit einer dezentral organisierten Privatwirtschaft schafft Einkommensmöglichkeiten für weite Teile der Bevölkerung. Gleichzeitig entstehen damit die finanziellen Ressourcen, um die notwendigen öffentlichen Aufgaben und Hilfeleistungen für Bedürftige zu finanzieren. Die zweite Begründung liegt darin, dass denjenigen, die aus unterschiedlichen Gründen nicht von dieser Entwicklung profitieren können, die Möglichkeit gegeben wird, ebenfalls an dem wachsenden Wohlstand teilzuhaben. Eintretende Lebensrisiken sollen nicht zu inakzeptablen Lebensverhältnissen führen. Diese Absicherung wird als staatliche Aufgabe verstanden. Die sozialen Sicherungssysteme sind der institutionelle Rahmen, mit dem dieser Schutz sichergestellt werden soll.

Die sozialen Sicherungssysteme sind ein Differenzierungsmerkmal zu anderen marktwirtschaftlichen Ordnungen. Zwar werden Lebensrisiken wie Rente, Krankheit und Arbeitslosigkeit auch in anderen Staaten abgesichert im Ausmaß und der Ausgestaltung sind die Unterschiede aber erheblich. So ist das Absicherungsniveau in den USA als Prototyp einer Marktwirtschaft angelsächsischer Prägung geringer, lückenhafter und stärker privat organisiert, während Wohlfahrtsstaaten wie Schweden eine umfassende staatliche Absicherung gegen zahlreiche Lebensrisiken entwickelt hatten. In der Sozialen Marktwirtschaft wird nach einer Balance zwischen Eigenverantwortung mit privater Vorsorge auf der einen und Absicherung durch staatliche und halb-staatliche Sicherungssysteme auf der anderen Seite gesucht.

Die sozialen Sicherungssysteme in Deutschland sind ebenfalls keine Neuerung, die mit der Einführung der Sozialen Marktwirtschaft begründet wurden. Die Wurzeln der kollektiven Risikoübernahme durch staatlich geschaffene Institutionen liegen im späten 19. Jahrhundert. Mit der Sozialgesetzgebung Bismarcks wurden zwischen 1883 und 1891 die Unfall-, Kranken- und Rentenversicherung eingeführt. Allerdings waren die damaligen Strukturen kaum mit den heutigen Leistungen zu vergleichen. So lag das Renteneintrittsalter bei 71 Jahren, was bei deutlich geringerer Lebenserwartung als heute nur selten erreicht wurde. Zwei weitere Versicherungen wurden später eingeführt: Die Arbeitslosenversicherung folgte 1927, die gesetzliche Pflegeversicherung 1995.

Neben der Erweiterung kam es auch zu einem stetigen Ausbau der Leistungen. Prägend war vor allem die Einführung der dynamischen Rente im Jahr 1957, mit der sich das Rentenniveau an der Lohnentwicklung orientiert. Frühverrentungsprogramme und eine rentensteigernde Berücksichtigung von Familienzeiten sind Beispiele für die Ausweitung von Leistungen. In der Krankenversicherung wird der Übergang in die privatwirtschaftliche Versicherung immer schwieriger. Zahlreiche neue steuerfinanzierte Sozialleistungen haben über die Jahre hinweg das staatliche Sicherungsnetz ergänzt und damit eine Verschiebung von privater zu kollektiver Absicherung von Risiken bewirkt. Kritiker sehen darin eine weitgehend vollzogene Entwicklung zum Wohlfahrtsstaat. Das Subsidiaritätsprinzip, wonach zunächst private und familiäre Vorsorge und Unterstützung greifen sollen, bevor staatliche Strukturen eingreifen, findet sich in der Praxis der Sozialversicherungen nicht mehr.

Die Sozialsysteme stehen unter zunehmendem Reformdruck. Dies ist sichtbar an den drohenden Beitragssteigerungen. Inzwischen machen diese fast 40 % des Bruttoeinkommens aus, eine weitere Erhöhung würde eine zunehmende Kostenbelastung für Arbeitnehmer und Unternehmen darstellen. Der Druck auf die Systeme wird vor allem durch die demographische Entwicklung ausgelöst. In einer älter und potenziell kleiner werdenden Bevölkerung steigen die Ausgaben für Rente und andere Leistungen, während eine schrumpfende Anzahl von Arbeitnehmern die damit verbundenen Kosten aufbringen können. Die Umlagesysteme, in denen die Beitragseinnahmen direkt für die Leistungsausgaben aufgebracht werden und es zu keinem Sparvorgang kommt, sind gegen den demographischen Wandel anfällig. Eine längere Lebensarbeitszeit, womit ein Teil der gewonnen gesunden Lebensjahre für Erwerbsarbeit aufgewendet wird, kann dem entgegenwirken. Mit der Einführung des Renteneintritts ab dem 67. Lebensjahr sind erste Schritte in diese Richtung gemacht worden.

Die gesetzlichen Versicherungen sind beitragsfinanziert und in Selbstverwaltung organisiert. Damit sind sie keine rein staatliche Organisation. Da mit den Beitragszahlungen auch immer eine individuelle Gegenleistung verbunden ist (bei der Rente sogar in Abhängigkeit von der Beitragshöhe), können die Beiträge auch nicht zu den Steuern gerechnet werden, die der allgemeinen Staatsfinanzierung dienen. Zu den wichtigsten Elementen der sozialen Sicherungssysteme gehören in Deutschland (siehe Abb. 6.7):

Abb. 6.7 Soziale Sicherungssysteme, Überblick (Quelle: eigene Zusammenstellung)

- **Gesetzliche Rentenversicherung:** Die Rentenversicherung sieht gleich hohe Beiträge von Arbeitnehmern und Arbeitgebern vor. Die Arbeitnehmer erwerben damit einen Anspruch auf spätere Leistungen. Damit findet sich ein Element der Äquivalenz zwischen Beiträgen und Leistungen. Die Beitragszahlung ist mit Erreichen der Beitragsbemessungsgrenze gedeckt, daraus ergibt sich auch eine Begrenzung der Rentenzahlungen. Die Rentenauszahlung erfolgt monatlich, eine einmalige Kapitalisierung ist nicht möglich. Hinterbliebene erhalten ebenfalls reduzierte Leistungen. Zahlreiche versicherungsfremde Leistungen wie die Anrechnung von Erziehungszeiten werden durch Zuschüsse aus dem Bundeshaushalt ausgeglichen. Mit der schrittweisen Anhebung des Rentenzutrittsalters und der Berücksichtigung demographischer Lasten beim Rentenniveau wurden erste Schritte unternommen, Alterung und spätere Schrumpfung der Gesellschaft zu berücksichtigen, die jedoch nicht ausreichen, um die Belastungen zukünftiger Beitragszahler zu begrenzen. Mit der Rente mit 63 sind im Gegenteil neue Anreize zur Frühverrentung gesetzt worden. Die Gesetzliche Rentenversicherung ist zwar die wichtigste Säule der Alterssicherung, die aber durch die betriebliche und private Altersvorsorge nicht-staatlich ergänzt werden muss.
- **Gesetzliche Krankenversicherung:** Die Krankenversicherung wird zu gleichen Teilen von Arbeitnehmern und Arbeitgebern über Beiträge bis zu einer Bemessungsgrenze finanziert. Die Beiträge sind unabhängig von individuellen Risiken und differenzieren nur leicht von Krankenkasse zu Krankenkasse. Mit der Zahlung wird ein Anspruch auf medizinische Versorgung erworben. Nicht arbeitende Ehepartner und Kinder sind kostenfrei mitversichert. Darin liegt eine erhebliche Umverteilung aus familienpolitischen Motiven. Für die Arbeitsaufnahme des Partners entstehen aber erhebliche Fehlanreize, da dann ein zweiter Beitrag ohne zusätzliche Leistung fällig wird. Ab der Bemessungsgrenze ist eine Mitgliedschaft in einer privaten Krankenversicherung möglich, hier sind für jeden Versicherten risikoadäquate Beiträge zu zahlen. Eine kostenfreie Mitversicherung von Familienangehörigen gibt es nicht. Mit der Erhöhung der Grenze wurde der Übergang in die private Versicherung erheblich erschwert. Zusatzversicherungen zur Gesetzlichen Krankenversicherung sind ebenfalls möglich.
- **Gesetzliche Pflegeversicherung:** Die Gesetzliche Pflegeversicherung wurde eingeführt, um den Rückgriff auf das Vermögen der Pflegebedürftigen, ihrer Angehörigen und auf die kommunalen Haushalte zu beschränken, die zuvor für die hohen Pflegekosten aufkommen mussten. Analog zur Krankenversicherung sind Ehepartner mitversichert. Die Leistung ist aber keine vollständige Abdeckung der Pflegekosten, sondern entspricht nur einer teilweisen Kostenübernahme. Die Beiträge werden von Arbeitnehmern und Arbeitgebern getragen, kinderlose Versicherte müssen einen kleinen Zusatzbeitrag leisten. Darin ist eine Anerkennung zu sehen, dass in der Regel die eigenen Kinder die Hauptlast der Pflege tragen. Mit einer privaten Zusatzversicherung können weitere Risiken abgedeckt werden. Für privat Krankenversicherte gibt es eine analoge private Pflegeversicherung.

- **Arbeitslosenversicherung:** Die Arbeitslosenversicherung ersetzt Teile des Einkommens in Phasen der vorübergehenden Arbeitslosigkeit. Die Beiträge sind von Arbeitnehmern und Arbeitgebern gleichermaßen zu tragen.
- **Arbeitslosengeld 2/Bürgergeld:** Mit dem Arbeitslosengeld 2 (oder seit 2022 Bürgergeld) werden über die Versicherungsleistungen hinausgehende Notlagen adressiert. Dies gilt beispielsweise bei Langzeitarbeitslosigkeit nach dem Auslaufen der Leistungen aus der Sozialversicherung. Hier ist ein höherer Anspruch an Initiative zur Arbeitsaufnahme und zur Nutzung eigenen Vermögens zur Finanzierung des Lebensunterhalts vorgesehen, eine Bedürftigkeitsprüfung findet statt. Weitere Leistungen wie das Wohngeld adressieren spezifische Problemlagen. Diese Maßnahmen werden aus dem allgemeinen Steueraufkommen finanziert.

Weiterführende Literaturempfehlungen
Deutsche Rentenversicherung Bund. (2022). *Unsere Sozialversicherung.*

6.12 Steuer- und Transfersystem

Hubertus Bardt

In der Sozialen Marktwirtschaft übernimmt der Staat Aufgaben, die primär durch Steuern, aber auch durch andere Einnahmen finanziert werden müssen. Dazu gehören auch Umverteilungsmaßnahmen, die entweder durch Steuereinnahmen aufgebracht werden müssen oder direkt durch die abschöpfende Wirkung von Steuerpflichten wirken sollen. Im Gegensatz zu Sozialversicherungsbeiträgen sind mit der Zahlung von Steuern keine individuellen Ansprüche auf Gegenleistungen verbunden.

Bei der Gestaltung eines Steuersystems zur Staatsfinanzierung geht zunächst es nicht darum, weitere Ziele zu erreichen, sondern die dezentrale Koordination der Wirtschaftssubjekte auf Märkten möglichst wenig zu beeinflussen. Ein neutrales Steuersystem verzerrt keine Preissignale und führt nicht zu veränderten Entscheidungen von Unternehmen und Haushalten. Die Wirkung reduziert sich auf den Kaufkraftentzug der besteuerten Akteure. Das Ziel der Neutralität wird am besten durch eine Kopfsteuer erreicht, also mit einem gleichen Steuerbetrag für jeden Bürger, da es keine Möglichkeit gibt, die Steuerlast durch Verhaltensanpassung zu reduzieren. Offensichtlich widerspricht dieser Ansatz jedoch allen normativen Überlegungen zur Lastenverteilung und anderen Zielen der Besteuerung und wird lediglich als analytischer Referenzrahmen zur Beurteilung der Verzerrungen einer Steuer verwendet.

Ein aus den Prinzipien der Sozialen Marktwirtschaft eindeutig abgeleitetes Steuersystem gibt es nicht. Auch innerhalb der EU sind die nationalen Steuersysteme sehr unterschiedlich. Das Steuer- und Transfersystem hat neben der Generierung von

6.12 Steuer- und Transfersystem

Steuereinnahmen und damit der Finanzierung des Staates, beziehungsweise der Bereitstellung von finanziellen Mitteln für unterschiedlichste öffentlich übernommene Aufgaben, verschiedene Ziele. Daneben hat es die drei von Richard Musgrave beschriebenen Zieldimensionen zu erfüllen: Allokation, Distribution und Stabilisierung. Das Steuersystem soll dazu beitragen, eine möglichst effiziente Ressourcenallokation zu ermöglichen, soll gemeinsam mit dem Transfersystem normativ bestimmte Verteilungsziele erreichen und zur Stabilisierung der wirtschaftlichen Entwicklung beitragen.

Die wesentlichen Steuerarten in Deutschland sind die Lohn- und Einkommensteuer sowie die Umsatzsteuer. Die Besteuerung setzt also am Einkommen sowie am Konsum der Bürger, beziehungsweise an der in den Konsumgütern enthaltenen Wertschöpfung der Unternehmen an. Zusätzlich wird das Arbeitseinkommen noch durch Sozialversicherungsbeiträge belastet. Unternehmen zahlen als Personengesellschaften die Einkommensteuer, als Kapitalgesellschaften die Körperschaftssteuer. Auf kommunaler Ebene kommt noch die Gewerbesteuer hinzu. Unter den speziellen Verbrauchssteuern haben die Energiesteuern noch einen nennenswerten Anteil, mit Abstand folgen Versicherungs- und Tabaksteuer. Andere Steuern auf vermeintliche Luxusprodukte (wie die Schaumweinsteuer) oder mit Lenkungsabsicht eingeführte Steuern (wie die Alkopopsteuer), sind fiskalisch weit weniger relevant. Die Vielfalt der Steuern geht teilweise – wie die im Kaiserreich eingeführte Schaumweinsteuer – auf eine über die gegenwärtige Wirtschaftsordnung hinausgehende Tradition und historische Begründung zurück.

Die Höhe der Staatseinnahmen und Ausgaben kann als Indikator für die Bedeutung des Staates angesehen werden, auch wenn nicht-finanzielle Eingriffe des Staates in dezentrale Entscheidungen auf Märkten, also Regulierungen und andere Formen des Ordnungsrechts, damit nicht erfasst werden. Die Staatsquote, gemessen am Verhältnis der Staatsausgaben (Ausgaben der Gebietskörperschaften und der Sozialversicherungen) zum Bruttoinlandsprodukt ist über die letzten Jahrzehnte deutlich angestiegen. Lag die Staatsquote 1960 noch bei 33 %, ist sie bis 1975 auf 49 % angestiegen. Seitdem schwankt sie zwischen knapp unter 45 und knapp unter 50 % und ist in den Krisenjahren 2020 und 2021 über die 50 %-Marke gestiegen. Damit geht die Hälfte des Bruttoinlandsprodukts durch staatliche Kassen und wird durch kollektive Entscheidungen und nicht dezentrale Abstimmungsprozesse verwaltet. Die Soziale Marktwirtschaft hat sich damit mehr und mehr von ihren Wurzeln entfernt, die einen effizienten, starken und wirkmächtigen Staat vorsieht, der sich aber auf seine zentralen Aufgaben fokussiert und damit in seinem Umfang begrenzt ist.

Unter den Zielen dient die Unterstützung einer bestmöglichen Faktorallokation dem Wachstums der Volkswirtschaft, das Voraussetzung für Wohlstandsmehrung und angemessene Verteilung der Konsummöglichkeiten ist. Kritisch können dabei beispielsweise hohe Grenzsteuersätze sein, die Arbeits- oder Investitionsanreize zerstören. Unter den Industrieländern gehört Deutschland zu dem Land mit den höchsten Steuersätzen. Nach der Steuerreform in der Regierung Schröder, bei der die Steuersätze gesenkt und die Ausnahmetatbestände erheblich verringert wurden, hat sich die Position Deutschlands im Steuerwettbewerb dadurch wieder verschlechtert, dass andere Länder ihre Konditionen zwischenzeitlich verbessert haben. Auch ohne Steuererhöhungen kam es dazu, weil andere Länder ihre Sätze für Unternehmen teils deutlich reduziert haben. Hinzu kommen in Deutschland die teilweise hohen, aber sehr unterschiedlichen Gewerbesteuersätze auf kommunaler Ebene. Die hohe Besteuerung ist eines der wichtigsten Investitionshemmnisse in Deutschland. Bei der Einkommensteuer spiegelt sich der höhere Staatsanteil darin, dass der Bereich, in dem die Spitzensteuersätze (also der höchste Steuersatz diesseits der sogenannten Reichensteuer) zu zahlen ist, immer schneller erreicht wird und damit immer mehr Personen in den Bereich höchster Grenzsteuersätze kommen.

Zur Allokationsfunktion gehört auch, dass bestimmte externe Effekte durch eine Bepreisung in Form von handelbaren Emissionsrechten oder Steuern internalisiert werden sollen. Diese Weiterentwicklung der Sozialen Marktwirtschaft war in den letzten Jahrzenten vor allem hinsichtlich des Energieverbrauchs relevant. Die Erhöhung der Mineralölsteuer sowie die Einführung der Stromsteuer mit der sogenannten Ökologischen Steuerreform ab 1999 diente diesem Zweck und damit einer besseren Allokation der knappen Ressourcen. Die Parallelität unterschiedlicher Steuern und zusätzlicher Emissionsrechte führt jedoch dazu, dass dieser Ansatz unvollständig und vor allem unsystematisch realisiert worden ist.

Hinsichtlich der Verteilungswirkungen des Steuersystems zeigen sich deutliche Unterschiede zwischen dem deutschen Steuer- und Transfersystem und anderen marktwirtschaftlichen Wirtschaftsordnungen, insbesondere im Vergleich mit angelsächsischen kapitalistischen Systemen. So ist die Ungleichheit der Verteilung der Markteinkommen in Deutschland, den USA und dem Vereinigten Königreich sehr ähnlich. Durch die Wirkung von Steuern und Transferleistungen (inklusive Renten) wird die Ungleichheit in der deutschen Sozialen Marktwirtschaft um gut 40 % (gemessen am GINI-Koeffizienten) reduziert. Die gleichmachende Wirkung der staatlichen Systeme ist damit etwa doppelt so groß wir in den USA und Großbritannien. Die verbleibende Ungleichheit in Deutschland ist damit etwa so groß wie im für seine Gleichheitsansprüche berühmten Schweden mit seiner wohlfahrtsstaatlicher Tradition.

Die Umverteilungs- oder Gleichheitspräferenz in Deutschland wird sowohl durch die Besteuerung als auch durch Transferzahlungen für einkommensschwächere Haushalte realisiert. Die Einkommensteuer ist entsprechend dem Leistungsfähigkeitsprinzip progressiv gestaltet. Das Existenzminimum ist steuerfrei, danach steigen Grenz- und Durchschnittsteuersatz an. Die Tarifgestaltung führt dazu, dass einkommensstärkere Haushalte einen größeren Teil ihres Bruttoeinkommens abgeben und damit das Einkommen nach Steuern angeglichen wird. So sind die 10 % einkommensstärksten Haushalte verantwortlich für gut die Hälfte des Einkommensteueraufkommens, die oberen 30 % zahlen fast 90 %. Der Solidarzuschlag verschärft diese Progression, durch die die wohlhabenden Haushalte für den größten Teil der Einkommensteuer verantwortlich sind. Die Umsatzsteuer wirkt hingegen aufgrund der höheren Konsumquote ärmerer Haushalte regressiv. Insgesamt verringern die Steuerzahlungen aber die Ungleichheit.

Ergänzend wirken die Transferleistungen inklusive Renten, die die Ungleichheit durch Zahlungen an die einkommensschwächeren Haushalte reduzieren. Dazu gehören die Altersrenten, die anstelle der ausbleibenden Erwerbseinkommen treten. Gezielt auf die Haushalte mit den geringsten Einkommen ausgerichtet sind die steuerfinanzierten Sozialleistungen wie Arbeitslosengeld 2 und andere Elemente der Grundsicherung oder auch das Wohngeld.

Das hohe Absicherungsniveau hat unter Allokationsgesichtspunkten zwei divergierende Wirkungen. Auf der einen Seite werden Arbeitsanreize abgesenkt, wenn die das zusätzlich erzielbare Nettoarbeitseinkommen im Vergleich zu den bestehenden Sozialtransfers zu gering ist. Gerade bei niedrigen Einkommen ist durch die Anrechnungsregeln der Einkommen auf Transferzahlungen nur ein geringer Anreiz gegeben. Auf der anderen Seite bedeutet das hohe Absicherungsniveau, dass der Strukturwandel mit möglichen Arbeitsplatzverlusten ein geringeres Armutsrisiko mit sich bringt und damit gesellschaftliche Akzeptanz für solche Veränderungen höher ist.

Deutlich weniger ausgeprägt ist der Einsatz des Steuersystems für die kurzfristige Stabilisierung im Falle einer konjunkturellen Krise. In schweren Krisen wie der Corona-Krise oder der Energiepreiskrise nach dem russischen Überfall auf die Ukraine wurden temporäre Mehrwertsteuer- oder Mineralölsteuersenkungen eingesetzt. Auch steuerfreie Einmalzahlungen wurden möglich gemacht. Die steuerpolitischen Maßnahmen sind jedoch oftmals nicht schnell genug einsetzbar oder wirksam, sodass die Anpassungen zur Konjunkturstabilisierung eher Ausnahmen von der Regel sind.

Weiterführende Literaturempfehlungen
Niehues, J., & Stockhausen, M. (2021). *Inequality revisited* (Nr. 18). An international comparison with a special focus on the case of Germany, IW-Report. Institut der deutschen Wirtschaft Köln e. V., Köln.
Zimmermann, H., Henke, K.-D., & Broer, M. (2021). *Finanzwissenschaft – Eine Einführung in die Staatsfinanzen* (13. Aufl.). Vahlen, München.

6.13 Öffentliche Haushalte und Schuldenregeln

Hubertus Bardt

Der Haushalt stellt das zentrale politische Dokument einer Regierung dar, da hierin alle Ausgabenprioritäten und damit die umzusetzenden Programme planerisch festgehalten werden. Ein politisches Vorhaben, das sich nicht im Haushaltsplan wiederfindet, kann weder mit finanziellen noch mit zusätzlichen personellen Ressourcen umgesetzt werden. Mit der Kombination aus Ausgaben- und Einnahmenstruktur wird implizit auch die realisierte Umverteilungspräferenz festgelegt. Ein Haushalt, dessen Beratung auch immer

Anlass für die Grundsatz- oder Generaldebatten im Parlament ist, wird daher auch als „in Zahlen gegossene Politik" bezeichnet. Ihn vorab zu beraten und zu beschließen, stellt ein zentrales Recht des Parlaments als Gesetzgeber und zugleich eine entscheidende Kontrollmöglichkeit dar.

Das föderale System in Deutschland führt dazu, dass es nicht nur einen relevanten öffentlichen Haushalt gibt, sondern dass neben dem Bundeshaushalt auch die Länderhaushalte in ihrer Gesamtheit eine relevante Größe darstellen. Sie sind sogar größer als der Bundeshaushalt. Zusätzlich besteht der Haushalt der Europäischen Union. Dieser ist aber weniger relevant, da die EU ihre politische Gestaltungsmacht stärker durch regulatorische Kompetenz entwickelt anstatt durch Ausgabenprogramme – auf der Einnahmenseite sind die Kompetenzen der EU ohnehin äußerst beschränkt. Es gibt derzeit weder eine eigene EU-Steuer noch eine eigene Verschuldungsmöglichkeit.

Die Prioritätensetzung, die in den öffentlichen Haushalten und insbesondere im Bundeshaushalt Ausdruck findet, hat sich in den letzten Dekaden erheblich verändert. Für Sozialausgaben wurden 2022 gut 50 % des Haushalts ausgegeben, hinzu kommen noch die Ausgaben in den Sozialversicherungen. Unspezifische „allgemeine Dienste" sowie die Verteidigungsausgaben folgen mit deutlichem Abstand mit 11,7 beziehungsweise 10,5 %. Die Umverteilungsausgaben ohne Länderfinanzausgleich sind allein zwischen 2000 und 2022 von 46 % des Bundeshaushalts auf 55,5 % und damit um fast 10 Prozentpunkte angestiegen. Insgesamt ist der Anteil monetärer Sozialleistungen und sozialer Sachleistungen am Gesamthaushalt deutlich gewachsen – von 42 % Anfang der 1970er Jahre auf 54 % vor der Corona-Krise, bevor die Quote aufgrund der gestiegenen Gesamtbudgets wieder leicht zurückgegangen ist. Die Sozialleistungsquote, also alle Sozialleistungen gemessen am Bruttoinlandsprodukt – stieg zwischen 1960 und 2020 von 18 auf 33 %. Eine Verschiebung hin zu Zahlungen, die Distributionszielen dienen sollen, ist unverkennbar.

Erhebliche Mehrausgaben sind auch für Konjunkturprogramme und den Umgang mit kurzfristigen schweren Krisen getätigt worden. In der Entstehungsphase der Sozialen Marktwirtschaft spielte die Konjunkturpolitik keine Rolle. Zum einen herrschte in den Wirtschaftswunderjahren ein dynamischer Aufschwung. Die erste Konjunkturkrise 1966/67 stellte den Endpunkt der Kanzlerschaft Ludwig Erhards dar. Zum anderen wird in der Sozialen Marktwirtschaft konzeptionell Zurückhaltung bei kurzfristigen Eingriffen in wirtschaftliche Prozesse geübt: die Chancen einer Konjunktursteuerung werden im Regelfall als eher gering angesehen.

Die ersten Konjunkturprogramme der Bundesrepublik aus dem Jahr 1967 summierten sich auf gerade einmal 8 Mrd. D-Mark. Die beiden Konjunkturpakete der Wirtschafts- und Finanzkrise 2008/09 hatten ein Volumen von 65 Mrd. €. 2020 wurden Konjunktur- und Hilfsprogramme in Höhe von 130 Mrd. € aufgelegt, in der Energiekostenkrise nach dem russischen Überfall auf die Ukraine wurden 2022 sogar 200 Mrd. € bereitgestellt, die aber nicht vollständig benötigt wurden.

Zurückgegangen sind hingegen in den letzten Jahren vor allem zwei Ausgabenkategorien: Im Zuge der Niedrigzinsphase nach der Finanzkrise sind, trotz anhaltend hoher nomineller Staatsverschuldung, die Zinslasten deutlich zurückgegangen. Mit dem Ende der Laufzeit bestehender Bundesanleihen konnte die Refinanzierung zu günstigeren Konditionen realisiert werden. Damit konnte ohne politische Prioritätensetzung und ohne die Kürzung anderer Ausgaben ein zusätzlicher Handlungsspielraum gewonnen werden, der mit zu den zwischenzeitlich ausgeglichenen öffentlichen Haushalten beigetragen hat.

Deutlich verändert haben sich auch die Ausgaben für Verteidigung. Die Soziale Marktwirtschaft ist in der Zeit des Kalten Krieges entstanden, sodass – insbesondere nach der Aufstellung der Bundeswehr und der Integration in die transatlantische Allianz der NATO – erhebliche Haushaltsmittel für die äußere Sicherheit zur Verfügung gestellt werden mussten. In den 1960er Jahren lagen die Ausgaben deutlich über 4 % des Bruttoinlandsprodukts, in den 1980er Jahren waren es immer noch bis zu 3 %. Nach der Wiedervereinigung wurden diese Budgetpositionen auf nur noch gut 1 % des Bruttoinlandsprodukts zurückgeführt. Gemessen am Ausgabenniveau in der letzten Dekade des Kalten Krieges konnte Deutschland eine Friedensdividende in Form verringerter Verteidigungsausgaben in Höhe von 400 Mrd. € realisieren.

Mit der Entwicklung der Sozialen Marktwirtschaft gab es auf der Ausgabenseite der öffentlichen Haushalte erhebliche Prioritätsverschiebungen. Trotz des stark gewachsenen Wohlstandsniveaus kam es zu einer deutlichen Schwerpunktverlagerung hin zu Umverteilung und Absicherung vor sozialen Risiken. Auch die Zahl der Mitarbeiter im öffentlichen Dienst ist deutlich angestiegen, was eine Ausweitung der Ansprüche an Leistungen des Staates widerspiegelt. Auch das zunehmende Volumen von Konjunktur- und Rettungsprogrammen macht deutlich, dass der Staat eine größere Rolle in der Stabilisierung und in der Abmilderung von unerwünschten Schäden, die durch externe Ereignisse verursacht werden, übernommen hat. Finanziert wird dies durch eine gewachsene Steuerquote und niedrigere Ausgaben, insbesondere für Schuldzinsen und äußere Sicherheit.

Chronisch in der Kritik ist hingegen das Investitionsvolumen der öffentlichen Hand. Im politischen Prozess besteht immer die Gefahr, dass Investitionen als verschiebbare Ausgaben angesehen werden, deren Kürzung weniger Widerstand hervorruft. Die Schäden der unterbliebenen Investitionen zeigen sich erst spät, kommen dann aber mit hoher Ausgabendringlichkeit. Die notwendigen Reinvestitionen in Infrastrukturen, die in den 1970er Jahren entstanden sind, der Ausbau der digitalen Infrastruktur und die Dekarbonisierung führen zu einem steigenden Investitionsbedarf in der Zukunft. Schwerpunktverlagerungen sind schon in den Bundeshaushalten nach 2020 zu beobachten.

Zur Ausgabenseite des öffentlichen Haushalts gehört nicht nur die Planung, sondern auch die Durchführung des Haushalts. Gerade bei Investitionen, aber auch bei Ausgaben für Digitalisierung und Dekarbonisierung besteht eine Diskrepanz zwischen bereitgestellten und abgeflossenen Mitteln. Zwar ist die erfolgreiche Verausgabung von Budgetansätzen kein Erfolgskriterium, aber die Unterschreitung der Ansätze deutet auf Umsetzungsprobleme hin. So sind beispielsweise beim Straßenbau aufgrund fehlender

Planung oder bei der energetischen Gebäudesanierung aufgrund begrenzter Kapazitäten Grenzen jenseits der finanziellen Mittel gesetzt. Lange Genehmigungsverfahren sind weitere Hindernisse.

Auf der Einnahmenseite der öffentlichen Haushalte sind zwei Entwicklungen hervorzuheben: Zum einen ist die Abgabenquote in der langen Frist deutlich angestiegen. 1965 lagen Steuern und Sozialabgaben in der damaligen Bundesrepublik bei 31,7 % des Bruttoinlandsprodukts. 2010 lag sie bei 35,5 %, bis 2019 – also vor der Corona-Krise – ist sie auf 38,8 % angestiegen. Sie ist damit deutlich höher als in der angelsächsischen Marktwirtschaft. In den USA liegt der Wert bei 24,5 %, im Vereinigten Königreich bei 33,0 %. Die Länder mit wohlfahrtsstaatlicher Tradition hingegen weisen deutlich höhere Abgabenquoten auf: In Schweden liegt sie bei 42,9 %.

Zum anderen hat auch die öffentliche Verschuldung eine steigende Bedeutung bekommen. In der Frühphase der Sozialen Marktwirtschaft spielte die Kreditfinanzierung keine wesentliche Rolle. Bis 1970 lag die Verschuldung des öffentlichen Gesamthaushalts bei unter 20 % des Bruttoinlandsprodukts. Bis Mitte der achtziger Jahre kam es zu einer Verdoppelung. Mit der deutschen Einheit kamen zusätzliche Finanzierungsbedarfe, sodass zur Jahrtausendwende eine Verschuldungsquote von 60 % zu verzeichnen war. Mit der Wirtschafts- und Finanzkrise kam es zum bisherigen Höhepunkt von rund 80 % im Jahr 2010. In den darauffolgenden Wachstumsjahren konnte der relative Schuldenstand abgesenkt werden, vor der Corona-Krise konnte ein ausgeglichener Haushalt realisiert werden.

Eine der grundgesetzlich verankerten Vorgaben für die öffentlichen Haushalte ist die Begrenzung der öffentlichen Verschuldung. Damit soll verhindert werden, dass kurzfristige Ausgaben beschlossen werden, für deren Finanzierung Dritte aufkommen müssen. Die Begrenzung einer öffentlichen Verschuldung schützt zukünftige politische Entscheidungsträger davor, dass ihre Handlungsspielräume durch heutige Entscheidungen übermäßig eingeschränkt werden. Gleichzeitig sollen zukünftige Steuerzahler davor geschützt werden, für heutige Konsumausgaben verantwortlich gemacht zu werden. Umgekehrt können öffentliche Schulden aber angemessen sein, wenn beispielsweise Investitionen getätigt werden, von denen auch zukünftige Steuerzahler profitieren, die dann auch zur ex ante-Finanzierung herangezogen werden können.

Das Grundgesetz sah bis 2011 vor, dass eine Verschuldung auf die Höhe der Investitionstätigkeit begrenzt ist, sofern keine Störung des gesamtwirtschaftlichen Gleichgewichts festgestellt wird. Tatsächlich wurde diese Ausnahme geradezu zur Regel, sodass die einschränkende Funktion der Regel außer Kraft gesetzt wurde. Zudem hat der Bezug auf die Bruttoinvestitionen keine Rücksicht darauf genommen, dass der durch die Investitionen gebildete Kapitalstock durch Abnutzung wieder schrumpft, was in der Verschuldungsregel nicht berücksichtigt wurde.

Die Schuldenbremse, die seit 2011 gilt, ist deutlich restriktiver. Sie sieht eine Obergrenze der Verschuldung von 0,35 % des Bruttoinlandsprodukts vor. In Rezessionsjahren ist eine höhere Verschuldung möglich, die in Aufschwungjahren entsprechend durch niedrigere Verschuldungsspielräume kompensiert werden muss. In Ausnahmesituationen, wie der Corona-Krise, wird eine höhere Verschuldung ermöglicht. Die aktuelle Regelung wird als zu restriktiv kritisiert. Insbesondere wird bezweifelt, ob die geringe Verschuldungsgrenze angesichts der steigenden Investitionsbedarfe und der langfristigen Nutzung dieser Investitionen wirklich angemessen und angesichts der relativ moderaten Staatsverschuldung auch notwendig ist.

Weiterführende Literaturempfehlungen
Bardt, H., Dullien, S., Rietzler, K., & Hüther, M. (2019). *Für eine solide Finanzpolitik. Investitionen ermöglichen!* (IW-Policy Paper, Nr. 10). Institut der deutschen Wirtschaft Köln e. V., Köln.
Beznoska, M., Hentze, T., Kauder, B., & Leiß, J. (2022). *Wirtschaftspolitisches Monitoring des Bundeshaushalts.* Gutachten im Auftrag der Vereinigung der Bayerischen Wirtschaft e. V. (vbw), Köln/München.
Laaser, C.-F., & Rosenschon, A. (2022). *Die Bundesausgaben in Zeiten von Corona im Fokus des Kieler Bundesausgabenmonitors – Eine Strukturanalyse. Kiel Institut für Weltwirtschaft, Kiel.*
Wentzel, D. (2016). Ordnungspolitische Überlegungen zu einer Insolvenzordnung für Staaten. *Juristische Studiengesellschaft Karlsruhe, Jahresband, 2015,* 127–168. De Gruyter Oldenbourg, Berlin.

6.14 Duale Berufsausbildung

Sebastian Panreck und Christian Müller

Die duale Berufsausbildung innerhalb der beruflichen Bildung
Zu den besonderen Markenzeichen der Sozialen Marktwirtschaft gehört die duale Berufsausbildung, sie trägt wesentlich zu einem qualifizierten und bedarfsgerechten Arbeitsangebot bei. Innerhalb der beruflichen Bildung ist die duale Berufsausbildung abzugrenzen von der beruflichen Fortbildung, der beruflichen Umschulung sowie der Berufsbildung für besondere Personengruppen, wozu die Berufsbildung behinderter Menschen und die Berufsausbildungsvorbereitung zählen. Die duale Berufsausbildung zielt laut Berufsbildungsgesetz (BBiG) im Rahmen eines geordneten Ausbildungsgangs auf die Vermittlung beruflicher Fertigkeiten, Kenntnisse und Fähigkeiten zur Erlangung qualifizierter beruflicher Handlungsfähigkeit. Darüber hinaus soll sie den Erwerb der erforderlichen Berufserfahrung ermöglichen, vor allem im Hinblick „einer sich wandelnden Arbeitswelt" (BBiG, § 1). Zu den strukturellen Veränderungen zählen gegenwärtig die „großen übergeordneten Trends Digitalisierung, Dekarbonisierung und Demografie" sowie „aktuelle Ereignisse wie die Nachwirkungen der Corona-Pandemie und […] die wirtschaftlichen Auswirkungen des russischen Angriffskriegs auf die Ukraine" (Berufsbildungsbericht, 2023, S. 7). Zum einen

verändern sich dadurch die Ausbildungsinhalte selbst, man denke nur an die Digitalisierung im Bereich Kundenservice einer Geschäftsbank; zum anderen können auch ehemals etablierte Ausbildungsberufe nahezu oder gänzlich verschwinden, wie teilweise im Bergbau geschehen, oder neu entstehen: So gibt es seit 2023 den Ausbildungsberuf „Gestalter/in für immersive Medien", der zur „professionellen Kreation und Umsetzung virtueller Welten" befähigen soll (siehe Homepage des Bundesinstituts für Berufsbildung, BIBB, 2023).

Die Dualität der Berufsausbildung zeigt sich vor allem in der Kooperation zweier Lernorte: Typischerweise findet die duale Berufsausbildung einerseits in den Betrieben statt (betriebliche Berufsausbildung) und andererseits in berufsbildenden Schulen (schulische Berufsausbildung), wodurch theoretisches und praktisches Lernen integriert werden. Der wesentliche Teil der Ausbildung – im Normalfall drei bis vier Tage in der Woche oder blockweise – findet im Betrieb statt (BBiG, § 2). Die Berufsfreiheit aus Artikel 12 des Grundgesetzes (GG) gilt selbstverständlich auch für die Wahl eines Ausbildungsplatzes. Grundlage für die meist dreijährige Ausbildung ist ein Ausbildungsvertrag zwischen dem Ausbildungsbetrieb und dem Auszubildenden, der in der Regel zum Besuch der Berufsschule verpflichtet ist. Aktuell zählen zu den beliebtesten Ausbildungsberufen in Deutschland laut BIBB „Kraftfahrzeugmechatroniker/-in" (64.530 Auszubildende in 2021), gefolgt von „Kaufmann/Kauffrau für Büromanagement" (60.432) und „Kaufmann/Kauffrau im Einzelhandel" (49.602). Wenn ein Bewerber oder eine Bewerberin keinen Platz in der betrieblichen Berufsausbildung findet, gibt es seitens der Bundesagentur für Arbeit die Möglichkeit einer außerbetrieblichen Berufsausbildung.

Rahmenbedingungen und Akteure

Dual ist auch die „korporatistische Steuerung" (Ebner & Uhly, 2016), also die gleichberechtigte Stellung von Wirtschaft und Staat im Ausbildungsprozess (Abb. 6.8). Die gesetzlichen Rahmenbedingungen für den Teil der betrieblichen Berufsausbildung erfolgen im Wesentlichen durch das Berufsbildungsgesetz (BBiG) und die Handwerksordnung (HwO). Das BBiG regelt in Kap. 1 die Berufsausbildung: die Ordnung der Berufsausbildung und die Anerkennung von Ausbildungsberufen (Kap. 1), das Berufsausbildungsverhältnis (Kap. 2), die Eignung von Ausbildungsstätte und Ausbildungspersonal (Kap. 3), das Verzeichnis der Berufsausbildungsverhältnisse (Kap. 4) und das Prüfungswesen (Kap. 5). Die HwO regelt die Ausübung eines Handwerks und handwerksähnlichen Gewerbes (Erster Teil), die Berufsbildung im Handwerk (Zweiter Teil), die Meisterprüfung und den Meistertitel (Dritter Teil) sowie die Organisation des Handwerks (Vierter Teil). Die Handwerkskammer ist dazu befugt, (Meister-)Prüfungen abzunehmen, die notwendig sind, um Personen für zulassungspflichtige Handwerke die sogenannte Handwerksrolle zu übertragen.

Ähnliche Funktionen wie die Handwerkskammern übernehmen auch andere Kammern, beispielsweise die Industrie- und Handelskammern (IHK) oder die Landwirtschaftskammern (LWK). Als öffentlich-rechtliche Körperschaft sind die Kammern eigenverantwortlich und agieren gegenüber staatlichen Organen unabhängig. Sie vertreten die Interessen ihrer

6.14 Duale Berufsausbildung

Abb. 6.8 Rahmenbedingungen und Akteure in der dualen Berufsausbildung (Quelle: eigene Darstellung)

Mitglieder und übernehmen wichtige Aufgaben in der dualen Berufsausbildung. Die Kammer regelt, berät und überwacht das Ausbildungsverhältnis und ist für die Abschlussprüfung zuständig. Dieser hohe Grad an Selbstorganisation entspricht dem Subsidiaritätsprinzip der Sozialen Marktwirtschaft, wonach in einem mehrstufigen Staatsgebilde eine höhere Einheit erst dann regelnd eingreifen soll, wenn die untergeordnete Einheit eine Angelegenheit nicht selbst lösen kann. So stehen auf der untersten Ebene die einzelnen Betriebe, die sich auf der nächsthöheren Ebene in Kammern organisieren, ehe eine staatliche Unterstützung erfolgt. Die Kammern sind folglich ein wesentlicher Akteur der dualen Berufsausbildung und ein wichtiger Träger der Sozialen Marktwirtschaft.

Den rechtlichen Rahmen für den Teil der schulischen Berufsausbildung bilden landesrechtliche Regelungen wie die Schulgesetze der Länder und bei Schulpflichtigen die allgemeine Schulpflicht. Der Ort der schulischen Berufsausbildung im dualen Ausbildungssystem ist typischerweise die Berufsschule. Der Unterricht orientiert sich am jeweiligen Rahmenlehrplan und an der Ausbildungsordnung. Während sich die Ausbildungsordnung (AO) auf den Lernort Betrieb fokussiert und durch das Bundeswirtschaftsministerium geregelt wird, ist für den Rahmenlehrplan die Kultusministerkonferenz (KMK) zuständig. Für die konkrete Umsetzung des Rahmenlehrplans ist der Handlungsspielraum der Länder und Berufsschulen vergleichsweise groß, um den unterschiedlichen Bildungshintergründen der Schülerinnen und Schüler in einer Berufsschulklasse gerecht zu werden.

In einigen Berufen findet das duale Lernen ausschließlich an einer berufsbildenden Schule statt, vor allem im Gesundheits-, Bildungs- und Sozialwesen. Diese Ausbildungsgänge erfolgen an eigenen Berufsfachschulen oder Schulen des Gesundheitswesens und werden nicht nach dem Berufsbildungsgesetz oder der Handwerksordnung geregelt, sondern nach speziellen bundes- oder landesrechtlichen Bestimmungen. Anders als in den klassischen

Berufsausbildungsbereichen hat die Anzahl der Auszubildenden hier deutlich zugenommen, unter anderem wegen konzertierter Kampagnen wie der „Ausbildungsoffensive Pflege" (2019–2023), die den steigenden Bedarf an Pflegekräften aufgrund der demographischen Alterung decken soll.

Reformen in der Berufsbildung
Über aktuelle Entwicklungen in der dualen Berufsausbildung informiert der Berufsbildungsbericht, der jährlich vom Bundesministerium für Bildung und Forschung herausgegeben wird. Im Jahr 2022 ist das Ausbildungsangebot auf 544.000 Ausbildungsstellen weiter angewachsen; die Ausbildungsnachfrage (nach traditioneller Definition) sank dagegen auf 497.800. Folglich lag die Angebots-Nachfrage-Relation (ANR) bei 109,3: Pro 100 ausbildungsplatznachfragender Personen wurden also etwa 109 Ausbildungsstellen angeboten, Tendenz steigend. Selbst wenn Bewerberinnen und Bewerber mit Alternative (z. B. solche, die bereits über einen Studienplatz verfügen) hinzugerechnet werden (dann 535.500 Personen), ergibt sich eine erweiterte ANR von 101,6 und somit immer noch ein Bewerbermarkt mit weniger Bewerberinnen und Bewerbern als offenen Ausbildungsstellen – und dies seit Beginn der Erfassung im Jahr 2009 zum ersten Mal! Dennoch fanden 22.700 Bewerberinnen und Bewerber keine Stelle. Dieses sogenannte Matching-Problem – die fehlende Effizienz bei der Zuteilung von Angebot und Nachfrage – ergibt sich vor allem durch regionale und sektorale Unterschiede innerhalb des Arbeitsmarkts für Ausbildungsstellen. Zudem entsprechen auch die Berufsvorstellungen junger Menschen immer weniger dem Angebot der Ausbildungsbetriebe (Schuß, 2023).

Betriebe können bei fehlenden Arbeitskräften ihr Wertschöpfungspotenzial nicht mehr ausschöpfen; in nicht wenigen Fällen steht sogar die Betriebsexistenz auf dem Spiel. Auch volkswirtschaftlich ergeben sich Nachteile, wenn Deutschland als Produktions- und Investitionsstandort aufgrund des Fachkräftemangels an Attraktivität und Wettbewerbsfähigkeit verliert. Während sich einige Ursachen des Fachkräftemangels wie die demographische Entwicklung durch gesteuerte Migration beheben lassen, gilt es vor allem, die Positionierung der dualen Berufsausbildung im Vergleich zu anderen (volkswirtschaftlich weniger effizienten) Bildungsmöglichkeiten zu verbessern, damit das Fachkräftepotenzial effizient ausgeschöpft wird. Mit der BBiG-Novelle von 2020 sollte die Attraktivität für den Beginn einer dualen Berufsausbildung steigen. Zu den wesentlichen Inhalten zählen:

- **Mindestvergütung:** Für Auszubildende, deren Beschäftigung keiner Tarifbindung unterliegt, gibt es eine Vergütungsangleichung in allen anerkannten Ausbildungsberufen; für das Jahr 2023 liegt sie bei 620 € im ersten Ausbildungsjahr.
- **Aufbauende Fortbildungsstufen mit einheitlichen Abschlussbezeichnungen:** Die Vereinheitlichung soll die internationale Vergleichbarkeit, Wettbewerbsfähigkeit und Transparenz erhöhen und so zu einer besseren Wertschätzung für die duale Berufsausbildung im Vergleich zu akademischen Biografien beitragen. Auf der ersten Stufe steht

der Abschluss „geprüfte/r Berufsspezialist/in", gefolgt vom „Bachelor Professional", der dem Meister-Titel entspricht, bis hin zur dritten Stufe, dem „Master Professional".
- **Höhere Flexibilität:** Beispielsweise sollen Teilzeitmodelle in der Berufsausbildung vereinfacht werden.

Bislang konnte die BBiG-Novelle den Trend zulasten der dualen Berufsausbildung (gemessen an den Bewerberzahlen, s. o.) nicht stoppen. Daher bedarf es weiterer Anstrengungen, um die Attraktivität der dualen Ausbildung innerhalb der Berufsbildung zu erhöhen und den Fachkräftemangel zu bekämpfen.

Literatur
Berufsbildungsbericht. (2023), Berlin. https://www.bmbf.de/SharedDocs/Downloads/de/2023/berufsbildungsbericht-2023-kabinettfassung.pdf.
Bundesinstitut für Berufsbildung (BIBB). (2023). Im Internet: https://www.bibb.de/ sowie https://www.bibb.de/dokumente/pdf/bibb_datenreport_2023.pdf.
Ebner, C., & Uhly, A. (2016). *Entstehung und Merkmale des dualen Ausbildungssystems.* Bundeszentrale für politische Bildung, Bonn, https://www.bpb.de/themen/bildung/dossier-bildung/228394/entstehung-und-merkmale-des-dualen-ausbildungssystems/.
Schuß, E. (2023). Die schwierige Lage auf dem deutschen Ausbildungsmarkt. *Wirtschaftsdienst, 103*(8), 553–559.

Weiterführende Literaturempfehlungen
Blaß, K., & Himmelrath, A. (2016). *Berufsschulen auf dem Abstellgleis: Was wird aus unserem Ausbildungssystem?* (Bd. 1784) bpb Schriftenreihe, Bonn.
Berufsbildungsgesetz (BBiG). https://www.gesetze-im-internet.de/bbig_2005/BBiG.pdf. Zugegriffen: 20. Juli 2022.
Die Bundesregierung. (2019). *Ausbildungsoffensive Pflege (2019–2023).* Vereinbarungstext: Ergebnis der Konzertierten Aktion Pflege/AG 1, Berlin. https://www.pflegeausbildung.net/fileadmin/de.altenpflegeausbildung/content.de/user_upload/ausbildungsoffensive-pflege-2019-2023.pdf.
(HwO). https://www.gesetze-im-internet.de/hwo/HwO.pdf (zuletzt geändert am Handwerksordnung 20. Juli 2022).

6.15 Tarifautonomie

Hubertus Bardt

Die Soziale Marktwirtschaft verbindet individuelle, dezentrale und freiwillige kollektive Koordination auf den Arbeitsmärkten. Die Tarifautonomie ist grundgesetzlich garantiert und damit besser geschützt als die marktwirtschaftliche Ordnung selbst. Sie ist die Basis für kollektive und zugleich freiwillige Tarifverhandlungen zwischen Arbeitgebern oder ihren Verbandsvertretern auf der einen und Gewerkschaften auf der anderen Seite, in denen insbesondere über Entlohnungen und Arbeitszeiten gesprochen wird.

Die Tarifautonomie geht zurück auf die Entwicklung der Gewerkschaften und ihrer Anerkennung als legitimer Verhandlungspartner im Namen der Arbeitnehmer. Die Gewerkschaften bildeten sich im 19. Jahrhundert im Zuge der Industrialisierung und der Entwicklung einer industriellen Arbeiterschaft. Den Arbeiterorganisationen wurde jedoch die Legitimität abgesprochen, Arbeitsbedingungen und Gehälter wurden direkt zwischen Arbeitgebern und Arbeitnehmern vereinbart. Kollektive Maßnahmen wie Streiks wurden ebenfalls nicht als legitime Instrumente angesehen.

Mit dem Stinnes-Legien-Abkommen von 1918 wurde nicht einmal eine Woche nach Abdankung des Kaisers und Ausrufung der Republik und wenige Tage nach Ende des ersten Weltkriegs der Grundstein der Tarifautonomie gelegt. Erstmals wurde ein Abkommen zwischen mehreren Arbeitgeberverbänden und Gewerkschaften abgeschlossen und die Gewerkschaften damit als Vertragspartner legitimiert. Später wurden die rechtlichen Grundlagen für freie Vereinbarungen zwischen Gewerkschaften und Arbeitgebern in der Weimarer Republik und später auch in der Bundesrepublik geschaffen.

Die Tarifautonomie ist durch Artikel 9 (Absatz 3) des Grundgesetzes garantiert, in der die Bildung von Vereinigungen zur Wahrung und Förderung der Arbeits- und Wirtschaftsbedingungen für alle Berufe garantiert ist, ebenso das Streikrecht. Damit ist die Zulassung von Gewerkschaften genauso sichergestellt, wie das Recht zum Abschluss von Tarifverträgen und zum Einsatz dafür notwendiger Maßnahmen. Die kollektive Interessenwahrnehmung und die nicht-staatliche Regelung von Arbeitslöhnen, Arbeitszeiten und vergleichbaren Fragen gehört damit zu den unveräußerlichen Bestandteilen der deutschen Wirtschafts- und Gesellschaftsordnung.

Es gilt sowohl die positive als auch die negative Koalitionsfreiheit. Positive Koalitionsfreiheit ist das Recht, sich einer Vereinigung anzuschließen und damit verbunden kollektive Vereinbarung auszuhandeln und sich diesen Ergebnissen zu unterwerfen. Negative Koalitionsfreiheit bedeutet umgekehrt auch, dass es ebenfalls das Recht gibt, sich keiner solchen Vereinigung anzuschließen, sondern individuelle Vereinbarungen zu treffen. Gewerkschaften und Arbeitgeberverbände sind fest etablierte und in ihrer Existenzberechtigung unbestrittene Institutionen in der Sozialen Marktwirtschaft. Es gibt umgekehrt aber keine Pflichtgewerkschaften – weder direkt noch indirekt durch die Organisation von Sozialleistungen über die Gewerkschaften. Auch Arbeitgeber müssen sich keinem Verband anschließen, der kollektive Tarifverträge abschließt. Wer jedoch als Mitglied Teil der kollektiven Verhandlungen ist, beispielsweise um die damit verbundenen Konflikte aus dem Betrieb herauszunehmen, ist dann auch zur Einhaltung der Vereinbarungen verpflichtet.

Die großen Gewerkschaften sind in Deutschland nach Branchen und teilweise nach Berufsgruppen, nicht aber nach politischen Ideologien organisiert. Damit gibt es keinen primär politisch-ideologischen Konflikt zwischen den Arbeitnehmervertretern. Zwar stehen diese aus der Arbeiterbewegung kommend traditionell dem linken Parteienspektrum nah, aber auch im christlich-konservativen Lager gibt es eine gewerkschaftliche Verankerung. Christliche Gewerkschaften als Wettbewerber zu den Industriegewerkschaften des Deutschen Gewerkschaftsbunds spielen jedoch nur eine untergeordnete Rolle.

Die Branchenorganisation auf Arbeitgeber- und Arbeitnehmerseite bedeutet, dass auch die Tarifverträge für die ganze Branche geschlossen werden – zumindest für die tarifgebundenen Arbeitgeber mit Mitgliedschaft im Verband. Damit wird der Arbeitslohn nicht mehr zu einem Faktor im Konkurrenzkampf zwischen den Unternehmen eines Wirtschaftszweiges. Auch die Kosten der Arbeitskämpfe werden auf die Mitglieder verteilt. Gewerkschaftsmitglieder erhalten von ihrer Organisation im Streikfall Teile des ausfallenden Gehalts ersetzt, auf der Arbeitgeberseite stehen aus Mitgliedsbeiträgen gespeiste Fonds zur Verfügung, um besonders von Streiks betroffene Unternehmen zu entlasten. Aussperrungen als paralleles Instrument der Arbeitgeber sind zuletzt kaum noch eingesetzt worden. Die potenziellen Kosten der Tarifauseinandersetzung sind damit kleiner als bei einzelbetrieblichen Streiks.

Mit dem stärkeren, eigenständigen Auftreten der Berufsgewerkschaften nach 2010 traten in betroffenen Unternehmen neue Konfliktlinien auf. Dies gilt insbesondere für die Deutsche Lufthansa und die Deutsche Bahn. Hier stehen Berufsgewerkschaften im Konflikt mit Branchengewerkschaften. Vertretungen bestimmter Berufsgruppen haben die Möglichkeit, den Geschäftsbetrieb weitgehend lahmzulegen, wenn beispielsweise Piloten, Flugbeleiter oder Mitarbeiter am Boden streiken. Damit haben diese Gruppen eine besondere Möglichkeit, ihre Interessen durchzusetzen. Das Unternehmen ist von Arbeitskämpfen stärker betroffen, wenn jede Berufsgruppe einzeln ihr Streikpotenzial einsetzt und damit häufige Betriebsunterbrechungen die Folge sind. Gerade im Flugverkehr, wo auch noch komplementäre Berufsgruppen in anderen Unternehmen (z. B. Sicherheitspersonal oder Mitarbeiter in der Abfertigung der Flugzeuge am Boden) den Betrieb lahmlegen können, ist dies vermehrt zu beobachten. Der Ansatz, mithilfe eines Tarifvertrags die gehaltsrelevanten Konflikte eines Unternehmens zu konzentrieren und damit die potenziellen Kosten des Verhandlungsprozesses zu reduzieren, wird damit konterkariert.

Die wirtschaftliche Bedeutung der Tarifverträge und des Tarifsystems wird anhand der Tarifbindung gemessen. Dabei ist relevant, wie viele Unternehmen, beziehungsweise ein wie großer Anteil der Beschäftigten, entweder direkt einem Tarifvertrag unterliegen oder in Unternehmen beschäftigt sind, die sich auch ohne die rechtliche Verpflichtung an den ausgehandelten Tarifverträgen orientieren. Insgesamt ist die Bindung an kollektive Vereinbarungen seit der Frühphase der Sozialen Marktwirtschaft deutlich rückläufig. Dies hat unterschiedliche Gründe. Die traditionelle starke Organisation von Unternehmen und Beschäftigten in klassischen Industriebranchen wie der Metallerzeugung, der Automobilindustrie und anderen Bereichen der Metall- und Elektroindustrie oder auch dem Bergbau verlieren in dem Maße an Bedeutung, wie diese Wirtschaftszweige an gesamtwirtschaftlichem Gewicht verlieren. Der Strukturwandel, der über die letzten Jahrzehnte stattgefunden hat, hat einen Rückgang der Tarifbindung mit sich gebracht. Zudem sind einzelne traditionell tarifgebundene Unternehmen durch Konkurs aus dem Markt ausgeschieden, andere sind nach als zu teuer bewerteten Tarifabschlüssen aus den Arbeitgeberverbänden ausgetreten. Neu gegründete Unternehmen sowie Betriebe aus den Dienstleistungsbereichen sind viel weniger häufig zu einer Verbandsmitgliedschaft zu bewegen.

Auch auf der Gewerkschaftsseite kam es über die Jahrzehnte zu einem erheblichen Mitgliederschwund. Dies ist zum einen auf den genannten Strukturwandel zurückzuführen, zum anderen aber auch an der generell verringerten Anziehungskraft von Großorganisationen wie auch Kirchen oder politische Parteien. Dies zeigt sich nicht nur im Rückgang der Mitgliederzahlen, sondern auch in einem erhöhten Anteil von Mitgliedern im Rentenalter, die in Tarifkonflikten nicht mehr betroffen sind, aber auch keine eigene Rolle als Teilnehmer in Arbeitskampfmaßnahmen führen können. Die freiwillige Orientierung an Tarifverträgen oder zumindest an Teilen der Flächentarifverträge, ist nur ein eingeschränktes Substitut zur direkten Tarifbindung. Sie schafft den Unternehmen und ihren Belegschaften aber auch mehr Optionen, auf die konkreten Anforderungen und Bedürfnisse reagieren zu können.

Gerade bei sinkender Tarifbindung sieht die Tarifautonomie im Wettbewerb mit drohenden staatlichen Regelungen. Die Einführung des Mindestlohns und die politisch motivierte Erhöhung ist eine staatliche Regelung, die an bestimmten Stellen fehlende Tarifbindung ersetzt, gleichzeitig aber auch Vereinbarung in zahlreichen von beiden Seiten unterzeichneten Tarifverträgen außer Kraft setzt.

Die Höhe der Abschlüsse ist naturgemäß immer umstritten – sowohl in den Verhandlungen als auch in der späteren Bewertung. Während die Gewerkschaften um hohe Tarifsteigerungen kämpfen und mit hohen Forderungen ihre Mitglieder motivieren, gilt dies für die Arbeitgeber umgekehrt. Anschließend müssen beide Seiten Erwartungen moderieren, um Kompromissfähigkeit herzustellen. In den letzten beiden Jahrzehnten war die Tarifpolitik insgesamt geprägt von verantwortlichen Abschlüssen, auch wenn hohe Forderungen aus Gründen der Mitgliederwerbung ausgerufen wurden und insofern aus Organisationsinteresse konfliktverschärfend wirkten. Hervorzuheben ist die Phase der beschäftigungsorientierten Lohnpolitik Anfang der 2000er Jahre, als auf die im internationalen Wettbewerb zu hohe Lohnstückkostenbelastung reagiert wurde – bevor es wieder zu einer schleichenden Verschlechterung dieser Position kam. Gleichzeitig sind verschiedene Flexibilitätsinstrumente entwickelt worden, um die Abschlüsse an die betrieblichen Erfordernisse anpassen zu können. In der Energiepreiskrise 2022/23 ist eine drohende

Preis-Lohn-Preis-Spirale vermieden worden. Hier ist aus den negativen Erfahrungen überhöhter Abschlüsse in der Ölkrise der 1970er Jahre gelernt worden.

Weiterführende Literaturempfehlungen

Höpfner, C., Lesch, H., Schneider, H., & Vogel, S. (2021). *Tarifautonomie und Tarifgeltung. Die Legitimation und Legitimität der Tarifautonomie im Wandel der Zeit.* Duncke & Humblot, Berlin.

Lesch, H., & Schröder, C. (2022). *Gesetz zur Erhöhung des Schutzes durch den gesetzlichen Mindestlohn und zu Änderungen im Bereich der geringfügigen Beschäftigung* (Nr. 23). Schriftliche Stellungnahme im Rahmen der öffentlichen Anhörung des Ausschusses für Arbeit und Soziales am 16. Mai 2022, IW-Report. Institut der deutschen Wirtschaft Köln e. V., Köln.

6.16 Nachhaltigkeit und Umweltschutz

Hubertus Bardt

Im Verlauf der letzten Jahrzehnte ist in Deutschland und international das Prinzip der Nachhaltigkeit immer bedeutsamer und schließlich wegweisend für politisch-gesellschaftliche Entscheidungen geworden. Während die Soziale Marktwirtschaft in ihrer Gründungsphase, wie es auch der Name der Wirtschaftsordnung ausdrückt, vor allem die dynamische wirtschaftliche Entwicklung und den erwünschten sozialen Ausgleich adressierte, ist die ökologische Dimension in der Werteordnung der Bevölkerung erst im Laufe der Zeit mit wachsender Prosperität nach oben gerückt. Was zu Beginn die Forderung einer kleinen Umweltbewegung war, ist vielfach zur gesellschaftlichen Mehrheitsmeinung geworden.

Der Gedanke der Nachhaltigkeit wird oftmals auf den sächsischen Oberberghauptmann Carl von Carlowitz zurückgeführt, der 1713 die Anforderung beschrieb, dass nur so viel Holz geschlagen werden solle, wie im gleichen Zeitraum kontrolliert nachwächst. Hintergrund dieser Überlegungen war aber keine ökologische Zielsetzung im Sinne eines Erhalts der Natur. Vielmehr ging es darum, den Silberbergbau im Erzgebirge zu erhalten, der durch fehlendes Bau- und Brennholz existenziell gefährdet war, und damit wirtschaftliche Ziele zu erreichen. Der Lösungsansatz sah zur Sicherung der Holzversorgung eine Bewirtschaftung des Waldes und die Begrenzung der Holzentnahme auf die Regenerationsfähigkeit dieser Ressource vor.

Wegweisend in der Entwicklung der internationalen Nachhaltigkeits-Konzeption war der 1987 erschienene Abschlussbericht der von den Vereinten Nationen eingesetzten Weltkommission für Umwelt und Entwicklung, der unter dem Namen „Brundlandt-Bericht" bekannt wurde. Die Kommission definierte nachhaltige Entwicklung als „Entwicklung, die die Bedürfnisse der Gegenwart befriedigt, ohne zu riskieren, dass künftige Generationen ihre eigenen Bedürfnisse nicht befriedigen können.". Hier steht die dauerhafte Sicherung der Möglichkeiten der Bedürfnisbefriedigung im Mittelpunkt.

In ihrem 1995 veröffentlichten Endbericht beschreibt die Enquete-Kommission des Deutschen Bundestags „Schutz des Menschen und der Umwelt" das sogenannte Drei-Säulen-Modell. Darauf Bezug nehmend, wird Nachhaltigkeit als Kombination von ökonomischen, ökologischen und sozialen Zielen verstanden. Die Ziele werden als prinzipiell gleichwertig angesehen. Diskutiert werden aber auch andere Konzeptionen, die der ökologischen Dimension eine Priorität über die anderen Ziele geben. Die in dem Zielbündel enthaltenen Zielkonflikte sind nicht eindeutig und dauerhaft zu gewichten, sondern müssen immer wieder neu im gesellschaftlichen Diskurs ausgehandelt werden. Nachhaltigkeit ist insofern als ein Prozess beziehungsweise eine Entwicklung zu sehen, die nicht an ein definiertes Ende kommen kann, sondern eine schrittweise Verbesserung in den verschiedenen Dimensionen beschreiben soll.

Von den Vereinten Nationen wurde im Jahr 2015 mit der Agenda 2030 ein Bündel von 17 Zielen einer nachhaltigen Entwicklung definiert (siehe Abb. 6.9), zu der sich eine Mehrheit der Länder bekannt hat. Mit diesen Sustainable Development Goals (SDGs) wird der Versuch gemacht, die abstrakten Nachhaltigkeitsdimensionen für die internationale Politik und nationale Politiken zu konkretisieren. Die vielfältigen Ziele und ihre weitergehenden Konkretisierungen sind bestimmend für globale Politikprozesse geworden. Dabei können unterschiedliche Länder die Einzelziele je nach eigener Situation und Zielrelevanz unterschiedlich gewichten.

Abb. 6.9 Die 17 Sustainable Development Goals, Ziele der UN Agenda 2030 (Quelle: Vereinte Nationen, https://www.un.org/sustainabledevelopment/ The content of this publication has not been approved by the United Nations and does not reflect the views of the United Nations or its officials or Member States)

6.16 Nachhaltigkeit und Umweltschutz

Auch wenn die ökologische Dimension der Nachhaltigkeit in der Konzeptions- und Frühphase der Sozialen Marktwirtschaft keine gleichgewichtete Rolle spielte, ist die Vermeidung von unerwünschten Drittwirkungen des wirtschaftlichen Handelns auf die Umwelt konzeptionell angelegt. Walter Eucken postulierte die Vollständigkeit der Wirtschaftsrechnung als regulierendes Prinzip, also die umfassende Berücksichtigung aller Kosten- und Nutzenfolgen in der Entscheidungsfindung. Die Internalisierung externer Effekte ist damit integraler Bestandteil der Sozialen Marktwirtschaft, auch wenn die Bedeutung erst in späteren Jahrzehnten gesellschaftlich bedeutsam geworden ist.

In der tatsächlichen Politik kann der Startpunkt der Umweltpolitik in Deutschland im ersten Umweltprogramm der sozial-liberalen Bundesregierung (Deutscher Bundestag, 1971) verortet werden. In dem Programm von 1971 sind drei grundlegende Politikprinzipien formuliert worden, die noch heute relevant sind: Das Vorsorgeprinzip beschreibt eine vorbeugende Umweltpolitik, das Verursacherprinzip stärkt die Haftung für Umweltschäden, das Kooperationsprinzip baut auf die Zusammenarbeit unterschiedlicher gesellschaftlicher Gruppen und staatlichen Stellen. Die Umsetzung der umweltpolitischen Zielsetzungen wurde in weiten Teilen als Regulierungsaufgabe angesehen und war organisatorisch im Innenministerium angesiedelt. Erst nach der Reaktorkatastrophe von Tschernobyl und Unfällen in schweizer Chemiewerken, die zu katastrophalen Schadstoffbelastungen des Rheins führten, wurde 1986 ein eigenes Bundesministerium für Umwelt, Naturschutz und Reaktorsicherheit etabliert.

Für eine adäquate Umweltpolitik gibt es eine Vielzahl von Instrumenten, die je nach konkretem Umweltproblem angemessen sein können. Diese Instrumentengruppen können anhand der Freiheitsgrade sortiert werden, die den Marktakteuren verbleiben (siehe Abb. 6.10):

- Aufklärung über Umweltfolgen, Beratung zu umweltgerechterem Verhalten und der Diskurs über normative Fragen der Umweltethik lassen den Akteuren hohe Freiheitsgrade und können durch veränderte Wertvorstellungen grundlegende und freiwillige

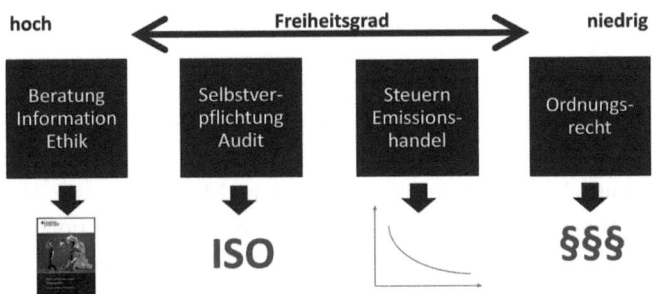

Abb. 6.10 Instrumente der Umweltpolitik nach Freiheitsgraden für die handelnden Akteure (Quelle: eigene Darstellung)

Verhaltensänderungen bewirken – ein hohes Maß an Sicherheit der umweltpolitischen Zielerreichung besteht jedoch nicht. Dieser Ansatz war bereits im ersten Umweltprogramm der Bundesregierung verankert.
- Individuelle und kollektive Selbstverpflichtungen, Auditierungen und andere strukturierte Prozesse lassen ebenfalls hohe Freiheitsgrade, schaffen aber einen engeren Handlungsrahmen für die Unternehmen.
- Ökonomische Instrumente wie Steuern, Subventionen und der Emissionshandel sind erst seit den 1990er Jahren Teil der umweltpolitischen Praxis. Hier ist das Prinzip der dezentralen Kosten-Nutzen-Abwägung inklusive der externen Effekte direkt adressiert.
- Das Ordnungsrecht aus Ge- und Verboten stellt die stärksten Eingriffe in die Handlungsfreiheit der regulierten Akteure dar. Es schafft die größte Sicherheit zur gesetzlich vorgegebenen Zielerreichung, bietet aber keine Anreize für weitergehende oder freiwillige Verbesserungen. Dennoch stellt es seit dem Beginn der Umweltpolitik das vielfach dominierende Instrument dar.

Literatur
Deutscher Bundestag. (1971), *Umweltprogramm der Bundesregierung.* Drucksache VI/2710, Bonn.

Weiterführende Literaturempfehlungen
Deutscher Bundestag. (1995). *Konzept Nachhaltigkeit: Vom Leitbild zur Umsetzung, Abschlussbericht der Enquete-Kommission „Schutz des Menschen und der Umwelt – Ziele und Rahmenbedingungen einer nachhaltig zukunftsverträglichen Entwicklung".* Drucksache 13/11200, Bonn.
Hauff, V. (Hrsg.). (1987). *Unsere gemeinsame Zukunft: Der Brundtland-Bericht der Weltkommission für Umwelt und Entwicklung.* Greven, Eggenkamp.

6.17 Energiewende und Dekarbonisierung

Hubertus Bardt

Die Energieversorgung ist eine Voraussetzung für wirtschaftliche und gesellschaftliche Dynamik. Die Umwandlung und Verteilung von Energie in Form von Strom und Brennstoffen ist der Antrieb für industrielle Produktion, Mobilität sowie Hausheizung und andere private Verbräuche. Ohne Energie kann keine dieser Funktionen erfüllt werden. Dabei kommt der Verteilung eine ebenso wichtige Rolle zu wie der Umwandlung von Energierohstoffen in nutzbare Energieformen. Rohöl beispielsweise muss Raffinerieprozesse durchlaufen, bevor es in Form von Diesel, Kerosin, Otto-Treibstoff und anderen Stoffen verwendet werden kann. Kohle wird zu Strom und Wärme umgewandelt, um genutzt werden zu können. Auch Wind- und Sonnenenergie erfordern eine Umwandlung.

6.17 Energiewende und Dekarbonisierung

Die Energieversorgung wird üblicherweise an drei Zielen gemessen. Dieses energiepolitische Zieldreieck besteht aus Versorgungssicherheit, Bezahlbarkeit und Umweltverträglichkeit. Der Ausgleich dieser divergierenden Interessen und der wiederholte gesellschaftliche Diskurs über die Neupriorisierung der Ziele entspricht dem Ansatz des Interessenausgleichs, der der Sozialen Marktwirtschaft inhärent ist.

Der Energiebedarf von Unternehmen und privaten Haushalten muss also sicher gewährleistet sein. Dies gilt sowohl für feste, flüssige und gasförmige Energieträger als auch für Strom. Strom hat die Besonderheit, dass er nur sehr eingeschränkt speicherbar ist. Damit muss in jeder Sekunde genau die Strommenge in Kraftwerken und anderen Erzeugungsanlagen produziert werden, die im gleichen Moment verbraucht wird. Versorgungssicherheit wird üblicherweise so verstanden, dass der jeweilige Bedarf zu aktuellen Preisen gedeckt werden soll und sich insbesondere das Stromangebot den schwankenden Nachfragemengen anpasst.

Bezahlbarkeit als zweite Ecke des Zieldreiecks bezieht sich auf private Haushalte ebenso wie auf Unternehmen. Hier kommen soziale Ziele zum Tragen, da eine ausreichende Wärme und Nutzenergieversorgung als essentiell anzusehen ist. Zum anderen werden aber auch die Wettbewerbsfähigkeit und damit die Potenziale zur Wohlstandssicherung und -mehrung berührt. Im internationalen Wettbewerb vergleichsweise hohe Energiekosten stellen die Wettbewerbsfähigkeit von Unternehmen und ganzen Branchen infrage. Dies ist aufgrund unterschiedlicher natürlicher Bedingungen und damit zusammenhängender Förder- und Transportkosten unumgänglich, kann aber auch auf politische Rahmenbedingungen und steuerliche Regelungen zurückzuführen sein.

Der Fokus der Umweltverträglichkeit der Energieversorgung als dritte Zieldimension hat sich weg von Rauchgas und anderen Luftschadstoffen zunehmend hin zu den Treibhausgasemissionen entwickelt. Die Dekarbonisierung der Energieversorgung gilt als zentrales Element zur Einsparung von Treibhausgasemissionen auch in anderen Sektoren. Dazu gehört die Umstellung zahlreicher Energieverbräuche von fossilen – flüssigen und gasförmigen – Primärenergieträgern auf den Sekundärenergieträger Strom. Wenn bisherige fossil betriebene Prozesse durch klimaneutralen Strom ersetzt werden können, lassen sich wichtige Schritte für mehr Klimaschutz realisieren und in erheblichem Umfang Treibhausgasemissionen reduzieren. Ein Beispiel hierfür ist der Individualverkehr als Teil des Sektors Mobilität. Batterieelektrische Autos nutzen Strom – idealtypisch emissionsfrei produzierten Strom – anstelle von Diesel oder Ottokraftstoffen. Auch wasserstoffbasierte Personen- oder Lastkraftwerke kommen ohne Emissionen in der Nutzung aus und können klimafreundlich produzierte Energieträger nutzen. Für diese Verwendungen sind jedoch zusätzliche Mengen (Strom beziehungsweise Wasserstoff) notwendig, was im Widerspruch zu anderen Zielen stehen kann. Mit der Dekarbonisierung des Energiesystems ist diese energiepolitische Zieldimension zum wichtigsten Treiber politischer Intervention geworden, die insbesondere die sogenannte Energiewende begründet.

Die Entwicklung der Energieversorgung – insbesondere der Stromversorgung – und der Energiepolitik in der Sozialen Marktwirtschaft ist sehr vielfältig. Galt in den Wirtschaftswunderjahren die heimische Kohle als wichtiger Treiber des Aufschwungs, verlor die Steinkohle schon Ende der 1950er Jahre an Wettbewerbsfähigkeit und wurde in den folgenden Jahrzehnten bis 2018 mit Subventionen unterstützt. Mit der Kernenergie kam eine neue Stromerzeugungstechnologie hinzu, die vor allem in den sechziger und siebziger Jahren ausgebaut und politisch unterstützt wurde. Damit sollte eine sichere, kostengünstige und umweltfreundliche Stromerzeugung ermöglicht werden. Die Strommärkte waren zu der Zeit streng reguliert. Gebietsmonopole und staatliche Erzeugungsgesellschaften waren prägend und erleichterten den massiven politischen Einfluss auf den Energiemix. Zu einer Marktöffnung kam es durch Entscheidungen auf europäischer Ebene erst 1998. Seitdem stehen Anbieter im Wettbewerb zueinander und Kunden können ihre Versorger auswählen. Die Übertragungsnetze werden durch die Bundesnetzagentur reguliert.

Die jüngste politische Intervention in Grundstrukturen des Energiesystems ist die sogenannte Energiewende, mit der das Ziel einer treibhausgasfreien Energieversorgung und eines Ausstiegs aus der Kernenergie angestrebt wird. Seit 1991 wurden mit dem Stromeinspeisungsgesetz erneuerbare Energien gefördert. Ein massiver Ausbau folgte dem Erneuerbare-Energien-Gesetz (EEG) aus dem Jahr 2000. Gleichzeitig wurde der Atomausstieg beschlossen. Nach dem Reaktorunglück im japanischen Fukushima wurde der zwischenzeitlich gestreckte Ausstieg wieder beschleunigt und auf Ende 2022 festgelegt, bevor es Anfang 2023 zur endgültigen Abschaltung der verbliebenen deutschen Kernkraftwerke kam. Zu den politischen Vorgaben gehört weiterhin das gesetzliche Ende der Kohleverstromung in den 2030er Jahren. Zusätzlich zum Ausbau erneuerbarer Erzeugungskapazitäten gehören zur Energiewende auch ein erheblicher Ausbau der Leitungsnetze, um Strom von windreichen Erzeugerregionen in industrieintensive Verbraucherregionen zu führen, sowie die Errichtung eines Speicher- oder Back-up-Systems für Zeiten mit geringer Einspeisung von Sonnen- und Windstrom. Auch die Flexibilisierung der Nachfrage kann hier einen marktpreisbasierten Beitrag leisten. Mit den umfangreichen regulatorischen Vorgaben, politisch durchgesetzten Einsatz oder Außerbetriebnahme von Produktionskapazitäten und Subventionsprogrammen für Erzeugung von erneuerbaren Energien und Verbrauch (z. B. Wärmepumpen, Elektroautos), hat staatliche Planung eine sehr prägende Rolle in der Elektrizitätsversorgung eingenommen.

Die angestrebte Dekarbonisierung geht noch über die Ziele der Energiewende hinaus. Das deutsche Klimaschutzgesetz sieht eine Klimaneutralität für 2045 vor. Die noch verbleibenden Emissionen müssen durch Entnahmen von Kohlendioxid aus der Atmosphäre oder anderen Maßnahmen kompensiert werden. Dies betrifft nicht nur die Stromerzeugung, sondern alle Sektoren: Landwirtschaft, Industrie, Mobilität und Wärmeversorgung müssen so umgebaut werden, dass sie praktisch ohne den Ausstoß von Treibhausgasen auskommen. Im Bereich der Mobilität liegt der Fokus auf batteriebetriebenen Fahrzeugen, im Gebäudebereich auf energieeffizienteren Gebäuden und erneuerbaren Wärmequellen.

6.17 Energiewende und Dekarbonisierung

Besonders herausfordernd ist die Dekarbonisierung für die Industrie, zumal ähnlich hohe Klimaschutzansprüche bei wichtigen Wettbewerbern nicht durchgesetzt werden. So muss die Automobilindustrie ihr Produktportfolio vollständig umbauen und – ganz oder weitestgehend – auf Elektrofahrzeuge umstellen. Damit werden bestehende Stärken im internationalen Wettbewerb auf politischem Druck entwertet. Andere Branchen müssen nicht ihr Produkt, sondern ihren Produktionsprozess umstellen. Dies gilt besonders für die Stahlerzeugung, wenn diese durch den Einsatz von Wasserstoff klimaneutralen Stahl anbieten soll. An anderer Stelle müssten fossile Brennstoffe durch Strom oder konventioneller Strom durch Grünstrom ersetzt werden, was zu erheblichen Kostenproblemen und einer weiteren Belastung des Elektrizitätserzeugungs- und Verteilungssystems führen kann.

In den meisten Fällen gibt es keine ausreichende Nachfrage, die die Mehrkosten der klimafreundlichen Produktion und Produkte decken kann. Eine einfache Marktlösung ohne staatliches Handeln ist damit nicht zu erwarten. Neben regulatorischen Ansätzen und der Förderung von Innovationen stehen den Regierungen auch unterschiedliche ökonomische Instrumente zur Verfügung. In Europa hat sich der Emissionshandel als Möglichkeit der knappheitsgemäßen Bepreisung von Treibhausgasemissionen bewährt. Mit dem Preissignal entstehen Anreize zur Emissionssenkung und zur Identifikation der günstigsten Vermeidungsoptionen. Daneben werden Steuern als Bepreisungsinstrument eingesetzt. In den USA hingegen wird stärker auf die Förderung klimafreundlicher Prozesse gesetzt.

Unternehmen in Deutschland müssen damit Innovationen hervorbringen, die nicht nachfragegetrieben sind und die sich im internationalen Wettbewerb aufgrund der verschlechterten Kostensituation nur schwer durchsetzen lassen. Dennoch werden diese Innovationsprozesse als notwendig erachtet, um auch international die Voraussetzungen für besseren Klimaschutz zu schaffen. Selbst wenn langfristig vergleichbare regulierte Preise für Emissionen zu finden sind und die Klimaschutztechnologien soweit günstiger geworden sind, dass sie sich auch ohne begleitende Unterstützung am Markt behaupten können, müssen die Unternehmen den Übergang dahin bewältigen. Wenn die notwendigen Investitionsbedingungen nicht gegeben sind, wird es zu einem weiteren Rückgang des Kapitalstocks und einer relativen Verlagerung von industrieller Produktion in andere Wirtschaftsräume kommen. Diese wäre aber weder klimapolitisch geboten, noch würde sie auf wirtschaftlichen Vorteilen beruhen, die auch ohne die Regulierungsunterschiede bestehen würden.

Diese unilateralen deutschen oder europäischen Mehrbelastungen können auf unterschiedliche Weise gemildert werden. Dazu gehört auch die Förderung von Investitionen und Betrieb von teuren, aber klimafreundlichen Technologien, wie beispielsweise der wasserstoffbasierten Stahlproduktion. Umgekehrt droht damit aber auch eine interventionistische Industriepolitik, zumal der Ausstieg aus den Förderungen erfahrungsgemäß schwer zu gestaltet ist. Hier die angemessenen Umfänge und Grenzen zu gestalten, gehört zu den Kernaufgaben einer Klimaschutzpolitik in der Sozialen Marktwirtschaft.

Weiterführende Literaturempfehlungen
Bardt, H. (2017). Von der Techniktransformation zur Ordnungstransformation – die deutsche Energiewende. In R. Schomaker (Hrsg.), *Die europäische Energiewende* (Bd. 104, S. 15–35). Schriften zu Ordnungsfragen der Wirtschaft. De Gruyter Oldenbourg, Berlin.
Boston Consulting Group. (2021). *Klimapfade 2.0 – Ein Wirtschaftsprogramm für Klima und Zukunft.* Gutachten für den BDI, Berlin.

6.18 Industrie- und Standortpolitik

Hubertus Bardt

Der Begriff der Industriepolitik ist kontrovers und in der ordnungsökonomischen Tradition typischerweise eher negativ besetzt. Er wird verbunden mit dem Versuch der Politik, in konkrete Marktprozesse einzugreifen und bestimmte Industriebranchen oder -unternehmen zu fördern. Damit widerspricht dies dem Gedanken, dass der Staat sich auf die Gestaltung des Ordnungsrahmens fokussiert und Marktprozesse ergebnisoffen sein sollten. Industriepolitik ist nach dieser Lesart eine Form der staatlichen Lenkung, insbesondere der Wirtschaftsstruktur nach politischen Opportunitätserwägungen, die einem dezentralen Innovations- und Effizienzwettbewerb im Wege steht.

Auch wenn die Förderung und Gestaltung industrieller Strukturen nicht im Fokus stehen, haben viele Politikbereiche eine industriepolitische Dimension. Umweltpolitische Regulierungen können beispielsweise bestimmte Industrien fördern und die Wettbewerbsbedingungen für andere verschlechtern. An anderer Stelle werden bewusst Schwerpunkte gesetzt. Wenn beispielsweise anwendungsorientierte technologische Forschungseinrichtungen oder Lehrstühle staatlich etabliert werden, hat dies positive Wirkungen für die mit diesen Technologien verbundenen Unternehmen. Während die Umweltpolitik nach anderen Kriterien bestimmt werden kann, kann Forschungspolitik autonom zwischen verschiedenen Optionen mit unterschiedlichen Vorteilen für einzelne Branchen entscheiden. Die Förderung von Forschung kann auf bestehende oder aussichtsreiche Industrien fokussiert werden und Infrastrukturen können entsprechend angepasst werden. In Verhandlungen über Handelsabkommen wird typischerweise auf die eigenen wirtschaftlichen Stärken geachtet, Regulierungen können die Situation bestehender Branchen berücksichtigen. Gewollt oder ungewollt findet eine durchaus nachvollziehbare und legitime Industriepolitik statt.

Allgemein und neutral formuliert kann Industriepolitik verstanden werden als eine Politik zur Förderung der Industrie (oder anderer Branchen). Diese Förderung kann als in Form der bewussten Ausgestaltung anderer politischer Maßnahmen erfolgen, aber auch in Maßnahmen, die die wirtschaftliche Entwicklung der Industrie insgesamt oder einzelner Branchen zum Hauptziel hat. Industriepolitik kann als breit aufgestellte Politik zur

6.18 Industrie- und Standortpolitik

Verbesserung der allgemeinen Wachstumsbedingungen für alle Branchen verstanden werden. Sie kann sich aber auch auf einzelne Wirtschaftszweige fokussieren. Diese können aus dem verarbeitenden Gewerbe oder den Dienstleistungen stammen – beispielsweise dem Tourismus oder der Software-Branche. Industriepolitik wird aber auch als Politik zur Verlangsamung des Strukturwandels hin zu sinkenden Industrie- und steigenden Dienstleistungsanteilen und insofern als Politik für das verarbeitende Gewerbe und gegen die Dienstleistungsbranchen verstanden.

Zwei grundlegende industriepolitische Ansätze können unterschieden werden:

- Horizontale Industriepolitik verbessert die Standortbedingungen für alle Unternehmen bzw. Industrieunternehmen, unabhängig von der Branche oder dem jeweiligen Markt. Die Instrumente unterscheiden nicht, auch wenn unterschiedliche Firmen natürlich von der konkreten Ausgestaltung bestimmter Rahmenbedingungen unterschiedlich stark profitieren können.
- Vertikale Industriepolitik fokussiert auf die Situation einzelner Branchen und gestaltet damit die wirtschaftlichen Entwicklungsmöglichkeiten der Wirtschaftszweige unterschiedlich. Der Wettbewerb wird damit zugunsten der präferierten Akteure verzerrt. Dieser Differenzierung liegen nicht Marktbewertungen von Investoren, sondern administrative oder politische Einschätzungen der Erfolgsaussichten oder des Nutzens und der Bedeutung bestimmter Technologien für die Zukunft zugrunde. Vertikale Industriepolitik kann auch eine Politik zur Verlangsamung des Strukturwandels sein, indem Unternehmen in Anpassungskrisen gerettet und somit trotz bestehender Unwirtschaftlichkeit im Markt gehalten werden.

Die vertikale Industriepolitik wird besonders kritisch diskutiert. Ein besonderer Vorteil für eine Branche, der durch den entsprechenden Zuschnitt der Rahmenbedingungen entsteht, kann zu einem absoluten, zumindest aber zu einem relativen Nachteil für andere werden. Dies gilt insbesondere dann, wenn mit industriepolitischer Begründung einzelne Branchen oder Unternehmen als besonders zukunftsträchtig herausgesucht und bevorzugt behandelt werden. Dieses „Picking the Winners" kann bis zur staatlich geleiteten Bildung von „Nationalen Champions" oder „Europäischen Champions" führen, die zur Erlangung starker Weltmarktpositionen gefördert werden. Fusionsprozesse und Privilegien zu Lasten des Wettbewerbs und damit zu Lasten der Kunden sind dabei nicht untypisch. Damit wird der marktwirtschaftliche Wettbewerb als Suchprozess nach immer besseren Lösungen und als Anreiz für Innovation und Effizienz geschwächt und durch politische Zielsetzung und Durchsetzung verdrängt.

Zentrale planerische Entscheidungen und entsprechend tiefe Eingriffe in dezentrale Suchprozesse auf Märkten bergen zudem ein hohes Risiko, dass Ansätze – aus plausiblen Gründen – für vielversprechend gehalten werden, die sich später als unvorteilhaft herausstellen. Das Risiko des Scheiterns ist durch die Fokussierung vergleichsweise hoch. Für eine erfolgreiche selektive Industriepolitik ist Voraussetzung, die Potenziale der unterschiedlichen Branchen richtig einschätzen und die vielversprechendsten auswählen zu können. Dieses Wissen ist aber nicht vorhanden, weder in den beteiligten Unternehmen noch in Politik, Verwaltung oder Wissenschaft. Der unternehmerische Prozess aus Versuch und Irrtum kann diesen Selektionsprozess leisten. Durch gut gemeinte Verzerrungen des Wettbewerbs wird er jedoch behindert.

Selektive vertikale Industriepolitik gibt dem Staat einen größeren Einflussbereich auf die wirtschaftliche Strukturentwicklung, wie es für eine dezentral organisierte Marktwirtschaft üblich ist. Sie bringt wirtschaftlichen Erfolg in Abhängigkeit von politischer Willkür; politischer Einfluss droht wichtiger zu werden als Innovation und Effizienz am Markt. Dies gilt auch für die Rettung einzelner, nicht mehr wirtschaftlicher Unternehmen, mit denen notwendige Anpassungsprozesse verzögert werden. Vertikale Industriepolitik ist ein Instrument der sog. „Planification" französischer Tradition, aber nur in Ausnahmefällen passend zu den Grundsätzen der Sozialen Marktwirtschaft. Diese sieht den Staat als Regelsetzer und Regeldurchsetzer vor, aber nicht als Entscheider über bestimmte Marktergebnisse.

Horizontale Industriepolitik kann auch als Standortpolitik oder Angebotspolitik bezeichnet werden. Sie versucht, die allgemeinen Bedingungen für Investitionen und wirtschaftliche Aktivität, und somit die Aussichten auf zunehmende Prosperität zu verbessern. Zu den Bedingungen gehören kostenseitige Faktoren wie Steuer- und Abgabenlasten, Energiekosten und Arbeitskosten, aber auch grundlegende Governance-Qualitäten wie Rechtssicherheit, freier und fairer Wettbewerb, Korruptionsfreiheit und Schnelligkeit von Genehmigungsverfahren. Auch Angebote wie Infrastrukturen, Forschungs- und Entwicklungseinrichtungen und die Ausbildungsqualität spielen eine wichtige Rolle. Bedeutsam für die wirtschaftliche Dynamik und Innovationskraft ist auch das Gründungsumfeld, in dem neue Wettbewerber und Innovatoren entstehen können.

Die Ansätze der horizontalen Industriepolitik sollen ökonomische Aktivität erleichtern, den Wettbewerb und die Wettbewerbsfähigkeit stärken. Sie stellen den Staat nicht in die Rolle des Akteurs und Entscheiders, sondern fokussieren ihn auf seine Auflage als Rahmensetzer und sind damit genuin passend zur Sozialen Marktwirtschaft.

Es darf aber nicht übersehen werden, dass auch horizontale Instrumente vertikale Wirkungen entfalten. Niedrige Energiesteuern gelten für alle Unternehmen, betreffen aber energieintensive Betriebe stärker. Niedrige Sozialversicherungsabgaben sind insbesondere für arbeitsintensive Wirtschaftszweige vorteilhaft. Normen und Standards sind nicht für jedermann gleich passend. Bildungs- und Forschungsschwerpunkte müssen aktiv ausgewählt werden und schaffen damit selektive Vorteile. Wenn – naheliegenderweise – die Schwerpunkte passend zu bisherigen Clustern gesetzt werden, stärkt das diese Branchen, andere haben damit aber zumindest relativ weniger Entwicklungsmöglichkeiten.

Eine neue Perspektive auf die Industriepolitik hat sich vor allem mit der Dekarbonisierung und dem Systemkonflikt zwischen China und den marktwirtschaftlichen

Demokratien entwickelt. Durch die anspruchsvollen Vorgaben in Europa zur Dekarbonisierung werden für die betroffenen Unternehmen erhebliche Reorganisations- und Technologie-Anforderungen gestellt, die aufgrund der fehlenden internationalen Einheitlichkeit der Klimapolitik in vielen anderen Ländern nicht gelten. Für klimafreundlich hergestellte Produkte gibt es vielfach bisher keinen Weltmarkt mit einer entsprechenden Zahlungsbereitschaft, die ausreicht, um die Mehrkosten zu decken. Damit werden Förderprogramme für Investitionen und höhere Produktionskosten beispielsweise für wasserstoffbasierten Stahl notwendig, wenn die Produktion nicht in anderen Ländern mit konventioneller Technologie stattfinden soll. Ein europäischer Preis für Emissionen reicht nicht aus, um die internationalen Wettbewerbsungleichheiten aufzuheben, die durch die unterschiedlichen Anspruchsniveaus entstehen. Neben Förderprogrammen sind auch Infrastrukturen im Inland sowie internationale Kooperationen für den Wasserstoffbezug notwendig. Hier ist also eine stärker steuernde Rolle des Staates erforderlich, weil der internationale Wettbewerb politisch verzerrt ist.

Politische Ursachen liegen auch dem Systemwettbewerb oder Systemkonflikt zugrunde, der eine Verringerung von Abhängigkeiten von chinesischen Vorprodukten notwendig erscheinen lässt. Während ökonomische Risiken in den Wertschöpfungsketten von den handelnden Unternehmen eingeschätzt und begrenzt oder akzeptiert werden müssen, ist das bei politischen Risiken schwieriger. Hier ist ein Klumpenrisiko zu sehen, dass im schlecht prognostizierbaren Schadensfall zu Auswirkungen an vielen Stellen führen kann. Wenn diese Auswirkungen so groß, so langwierig und so schlecht beherrschbar sind, dass sie politisches Erpressungspotenzial und erhebliche Sicherheitsrisiken mit sich bringen, kommt dem Staat eine aktivere Rolle zu.

Die entscheidende Schwierigkeit bei dieser Art von staatlichem Eingriff ist, neben der konkreten ökonomischen Begründung, die Frage, wo die Grenzen der Intervention sein sollen und wie es gelingt, diese nicht zu einer dauerhaften Verzerrung des Wettbewerbs werden zu lassen.

Weiterführende Literaturempfehlungen
Bardt, H., & Lichtblau, K. (2020). *Industriepolitische Herausforderungen*. Horizontale Ansätze und neue Aufgaben für den Staat (IW-Analyse, Nr. 139). Institut der deutschen Wirtschaft Köln Medien GmbH, Köln
Demary, V., Matthes, J., Plünnecke, A., & Schaefer, T. (Hrsg.). (2021). *Gleichzeitig: Wie vier Disruptionen die deutsche Wirtschaft verändern*. Herausforderungen und Lösungen IW-Studie. Institut der deutschen Wirtschaft Köln e. V., Köln.

6.19 Konjunktur und Krise

Hubertus Bardt

Auch wenn die Frühphase der Sozialen Marktwirtschaft nach 1948 mit dem „Wirtschaftswunder" verbunden wird und die Wirtschaftsordnung mit einer langen Phase des steigenden Wohlstands einher ging, ist dies keine kontinuierliche Entwicklung gewesen. Konjunkturelle Hochphasen und Zeiten der Wachstumsschwäche und der Rezession wechselten sich ab. Es kam immer wieder zu tiefgreifenden Wirtschaftskrisen, die nicht ohne wirtschaftpolitische Reaktion bleiben konnten. Eine Wirtschaftsordnung, in der die Politik vor allem die Setzung der Rahmenbedingungen zur Aufgabe hat, tendiert zu stabilen und berechenbaren Umfeldbedingungen. Kurzfristige staatliche Eingriffe in ökonomische Prozesse als Reaktion auf aktuell beobachtete Entwicklungen stehen hierzu im Widerspruch. Gleichwohl muss eine Wirtschaftsordnung auch flexibel und angemessen auf weltwirtschaftliche Herausforderungen reagieren können, wie sie in er jüngeren Vergangenheit häufiger vorkamen (Finanzkrise, Migrationskrise, Pandemie, Energiekrise, militärischer Konflikt in Europa).

Konzeptionell ist die Soziale Marktwirtschaft als Reaktion auf die ökonomischen und politischen Krisen der ersten Hälfte des 20. Jahrhunderts und als freiheitlicher Gegenentwurf zu den großen diktatorischen Systemen entstanden. Die Begrenzung politischer willkürlicher Intervention gehörte zu den gesellschaftlichen und wirtschaftlichen Vorstellungen. Gleichzeitig wurden aber auch Lehren aus den gescheiterten Versuchen einer liberalen Wirtschaftspolitik gezogen, die zu einer angemessenen staatlichen Reaktion auf ökonomische Krisen nicht fähig war.

Mit der Gestaltung guter Angebotsbedingungen soll das Wachstumspotenzial der Volkswirtschaft gestärkt werden. Kontinuität der Wirtschaftspolitik, stabile Rahmenbedingungen und der Verzicht auf vermeidbare Eingriffe in die wirtschaftlichen Prozesse gehören zur Grundausrichtung der Sozialen Marktwirtschaft. Die Krisenerfahrung der 1930er Jahre lehrte aber auch, dass ausfallende gesamtwirtschaftliche Nachfrage zu Schrumpfungsprozessen führt, die durch eine kontraktive Fiskalpolitik noch weiter verstärkt werden können.

Ein starker Einbruch der wirtschaftlichen Aktivität mit einem erheblichen Rückgang der Nachfrage kann einen möglichst unmittelbaren Eingriff des Staates in die laufenden wirtschaftlichen Prozesse erfordern. Durch zusätzliche öffentliche Ausgaben soll die aggregierte Nachfrage stabilisiert und ein weiterer Rückgang der wirtschaftlichen Aktivität verhindert werden. In Zeiten schwerer Schrumpfung und sinkender Steuereinnahmen bedeutet dies eine konjunkturpolitisch motivierte Defizitfinanzierung, die zur Stabilisierung beitragen kann.

Davon zu unterscheiden sind Wachstumsschwankungen rund um den Potentialpfad – die bei geringen durchschnittlichen Wachstumsraten auch zu temporärer Stagnation führen

6.19 Konjunktur und Krise

können. Hier können zunächst die automatischen Stabilisatoren wirken: In Boomphasen wirkt die höhere steuerliche Belastung tendenziell dämpfend, zugleich sind weniger Sozialausgaben notwendig. Umgekehrt wirken in Abschwungsituationen die zusätzlichen Ausgaben expansiv, die Steuereinnahmen gehen zurück.

Zu beachten ist weiterhin, dass nicht jede Abschwungphase oder Wachstumsschwäche durch in erheblichem Umfang ausfallende Nachfrage verursacht ist. Konjunkturkrisen können ebenfalls durch Angebotsschocks verursacht werden, wie beispielsweise die Rezession nach der Ölkrise in den 1970er Jahren. Auch dauerhafte Störungen auf der Angebotsseite können verantwortlich für ausbleibendes Wirtschaftswachstum sein. Wirtschaftspolitische Reaktionen auf Schrumpfungen oder Wachstumseintrübungen erfordern immer zunächst eine klare Analyse der Ursachen, um angemessen reagieren zu können. In der Sozialen Marktwirtschaft gibt es zwar eine Tendenz zur Angebotspolitik, es werden jedoch Handlungsoptionen auf der Angebots- und der Nachfrageseite eingesetzt.

In der Frühphase nach Gründung der Bundesrepublik kannte die reale Soziale Marktwirtschaft keinen Abschwung. Das sogenannte Wirtschaftswunder war geprägt durch hohe Wachstumsraten bis 1966. Damit gab es auch keine Notwendigkeit für eine kurzfristige Stabilisierung durch konjunkturpolitische Maßnahmen. Auch in späteren Dekaden kam es immer wieder zu Phasen langanhaltenden Wachstums, beispielsweise während des New Economy Booms am Ende der 1990er Jahre, in denen das Ender der konjunkturellen Schwankungen erwartet wurde.

Im Zeitablauf von 1948 bis heute gab es ausgeprägte wirtschaftliche Schrumpfungen. Die erste Rezession ereignete sich mit minimalen Schrumpfungszahlen und einem Anstieg der Arbeitslosigkeit von unter 1 auf über 2 % im Jahr 1967. Spätere Rückgänge des Bruttoinlandsprodukts traten beispielsweise nach den Ölpreisschocks, nach dem Boom der Wiedervereinigung, nach dem Platzen der New Economy-Blase, in der Finanzmarktkrise und in der Corona-Krise auf. Damit war es unumgänglich, einen Umgang mit dem Phänomen Konjunktur zu finden.

Die späten 1960er und 1970er Jahre waren stark von der Überzeugung geprägt, durch eine umfassende makroökonomische Globalsteuerung durch den Staat könnten konjunkturelle Schwankungen eingedämmt und beherrscht werden. Orientierung sollte dafür das sogenannte magische Viereck aus stabilen Preisen, niedriger Arbeitslosigkeit, wirtschaftlichem Wachstum und ausgeglichenen Handelsbilanzen geben, wie es im Jahr 1967 in Kraft getretenen Stabilitätsgesetz verankert ist. Damit war eine Fokusverschiebung auf konkrete Ergebnisse der wirtschaftlichen Aktivitäten und damit auf die Prozesspolitik gelegt.

Die Versuche einer Konjunkturpolitik zur Dämpfung von Aufschwung und Rezession brachten keinen durchschlagenden Erfolg. Sie waren asymmetrisch und stärker auf die Bekämpfung des Abschwungs als auf die Begrenzung des Aufschwungs ausgelegt. Die Wirkung von Maßnahmen, insbesondere im Bau von Infrastrukturen, trifft oft erst nach der Krise ein und kann den anschließenden Boom verstärken und prozyklisch wirken. Und schließlich war der politisch opportune Ruf nach einem Konjunkturprogramm bei Wachstumsschwächen zu hören, die keine derartigen Maßnahmen erforderten. Statt

Arbeitslosigkeit und Wachstumsschwäche unter Inkaufnahme höherer Inflationsraten zu bekämpfen, entstand in den 1970er Jahren die Stagflation als Kombination aus Inflation und Stagnation.

Als Antwort auf die Probleme der Nachfragesteuerung wurde seit Mitte der 1970er Jahre eine angebotsorientiere Wirtschaftspolitik diskutiert, die Probleme auf der Angebotsseite der Volkswirtschaft als Ursache für wirtschaftliche Krisenphasen und mangelndes Wachstum ausmachten. Dies kann auch als Rückkehr der Ordnungspolitik und als Abkehr von der Vorstellung der umfassenden Steuerbarkeit einer Volkswirtschaft durch staatliche Intervention zur Erreichung bestimmter Ergebnisse verstanden werden. Der ständige Eingriff zur Stützung der Konjunktur sollte durch eine kontinuierliche und berechenbare Wirtschaftspolitik zur Stärkung der Investitionsbedingungen ersetzt werden. Nachfragestützende Konjunkturpolitik wird damit auf die Bekämpfung schwerer, durch den Wegfall von Nachfrage ausgelöster oder verstärkter Schrumpfungskrisen beschränkt.

Zu einer schweren wirtschaftlichen und gesellschaftlichen Krise kam es mit der weltweiten Verbreitung des Corona-Virus 2020/2021. Die drohenden Schrumpfungen wurden mit nachfragestützenden Maßnahmen bekämpft, ebenso in der Energiekostenkrise 2022. Gleichzeitig wurde versucht, angebotsseitige Probleme, die die Krise versuracht haben – wie die Schließung von Handel und Dienstleistungen, die Schließung von Grenzen zur Virusbekämpfung oder die preistreibende Knappheit von Erdgas – durch Maßnahmen zur Verbesserung des Angebots zu mildern.

Neben der konjunkturellen Kompetenten zur Abmilderung (oder Vermeidung) einer schweren Rezession, stellte sich auch die Frage nach weiteren notwendigen Maßnahmen zur Krisenreaktion. Hier ging es insbesondere um die Rettung von Unternehmen, die durch die Krise in ihrer Existenz oder zumindest in ihrer Wettbewerbsfähigkeit bedroht wurden. Als Reaktion wurden umfassende Rettungspakete beschlossen, mit denen Unternehmen unterstützt wurden, deren Existenz sonst gefährdet gewesen sein könnte. Nennenswerte Teile der krisenbedingten Schäden wie die Folgen von pandemiebedingten Schließungen oder besonders stark gestiegener Energiepreise wurden vom Staat getragen. Mit der Aussetzung der Insolvenzanmeldepflicht wurde der Marktaustritt verhindert. Selbst teilweise oder vollständige Übernahmen durch den Staat wurden in der Finanzkrise, der Corona-Krise und der Energiekostenkrise durchgeführt, um den Fortbestand der betroffenen Unternehmen zu sichern.

Zusätzlich zu breiter angelegten horizontalen Unterstützungen zur Minderung der Krisenfolgen gab es sehr punktuelle Eingriffe und umfangreiche Subventionen, um unerwünschte Marktergebnisse zu vermeiden. Dies scheint mit den Grundsätzen der Sozialen Marktwirtschaft kaum vereinbar, ist jedoch auch in diesem Sinne gerechtfertigt, wenn festzustellen ist, dass der verhinderte Marktaustritt nicht durch die schlechte Performance der Unternehmen verursacht worden wäre. Wenn es zu behördlich angeordneten Betriebsschließungen kommt oder zu einem fast vollständigen Wegfall der Nachfrage in Folge einer plötzlich auftretenden Pandemie, ist die folgende Schieflage keine angemessene

Marktbewertung des Unternehmens. Wenn sich aufgrund eines Kriegsausbruchs die Energiekosten vervielfachen und dies Unternehmen abhängig davon trifft, wann die letzten Laufzeitverträge abgeschlossen wurden, ist das ein nahezu zufälliges Selektionskriterium, das auch Unternehmen mit sehr erfolgreichem Geschäftsmodell trifft. Hier ist eine staatliche Krisenunterstützung zu rechtfertigen.

Die Gefahr solcher Krisenreaktionen für die Soziale Marktwirtschaft ist eher eine längerfristige. So kann sich die Wirtschaftspolitik an den Reiz des Eingriffs in konkrete Prozesse gewöhnen. Eine Tendenz zum Interventionismus kann am Ende einer solchen Rettungspolitik stehen, in der mit leichterer Hand in Märkte und unternehmerische Entscheidungen eingegriffen wird. Dass dies nicht zwangsläufig ist, zeigt die Finanzmarktkrise 2008 und die daran anschließende Gründung der Europäischen Bankenunion 2014. Als Teil der Maßnahmen zur Verhinderung solcher Krisen wurde das Haftungsprinzip wieder stärker in den Blick genommen, sodass Banken, die aus Gründen der Systemstabilität notfalls gerettet werden müssen, einer strengeren Regulierung unterworfen werden und durch Stresstests ihre Stabilität auch in Krisensituationen nachweisen müssen.

Weiterführende Literaturempfehlungen
Müller-Armack, A. (1967). Die konjunkturelle Lage, das Stabilisierungsgesetz und die nächsten wirtschaftspolitischen Aufgaben. *Wirtschaftspolitische Chronik, Heft, 1,* 7–22. Lucius & Lucius, Stuttgart.
Müller-Armack, A. (1975). *Thesen zur Konjunkturpolitik 1975* (24. Jg., S. 7–16). In Wirtschaftspolitische Chronik.
Sachverständigenrat zur Begutachtung der gesamtwirtschaftlichen Entwicklung. (1976). *Zeit zum Investieren.* Jahresgutachten 1976/77, Wiesbaden.
Sachverständigenrat zur Begutachtung der gesamtwirtschaftlichen Entwicklung. (2020). *Corona-Krise gemeinsam bewältigen, Resilienz und Wachstum stärken.* Jahresgutachten 2020/21, Wiesbaden.

6.20 Geldpolitik und Währungsunion

Dirk Wentzel

Geldwertstabilität als Voraussetzung wirtschaftlicher Entwicklung
„Alle Bemühungen, eine Wettbewerbsordnung zu verwirklichen, sind umsonst, solange eine gewisse Stabilität des Geldwertes nicht gesichert ist. Die Währungspolitik besitzt daher für die Wettbewerbsordnung ein Primat" (Eucken, 2004). Dieses vermutlich bekannteste Zitat vom Begründer der Ordnungstheorie, Walter Eucken, könnte auch heute, mehr als 70 Jahre nach dem Erscheinen seiner „Grundsätze der Wirtschaftspolitik", nicht aktueller

sein. Bundesbankpräsident Joachim Nagel (2023) fordert eine „Stabilitätskultur in den Köpfen der Menschen zu verankern". Sowohl aus der Perspektive der Geldtheorie wie auch aus wirtschaftshistorischer Erfahrung ist klar: Ein stabiler Geldwert ist die wichtigste Voraussetzung für eine erfolgreiche und leistungsstarke Volkswirtschaft. Ein geflügeltes Wort der Geldpolitik sagt: „Stabiles Geld ist nicht alles, aber ohne stabiles Geld ist alles nichts".

Der langjährige Chef-Volkswirt der Deutschen Bundesbank und der Europäischen Zentralbank, Ottmar Issing, setzt sich in seinem Beitrag über das Primat der Geldwertstabilität (1989, S. 356 ff.) ebenfalls intensiv mit dem Euckenschen Primat der Währungspolitik auseinander. Es gäbe, so Issing, auch Kritiker einer „Verabsolutierung des Zieles der Geldwertstabilität", die meistens damit argumentierten, dass sich viele Ziele der Wirtschaftspolitik – etwa ein hoher Beschäftigungsgrad – wesentlich besser mit einer Politik des leichten Geldes verwirklichen ließen. Ein solcher Zusammenhang, der in den 70er Jahren häufig als sog. Phillips-Kurve diskutiert wurde, konnte jedoch bis heute empirisch nicht nachgewiesen werden. Länder mit hohen Inflationsraten schneiden über die letzten 50 Jahre keineswegs besser bei der Bewertung anderer wirtschaftspolitischer Indikatoren ab als geldwertstabile Länder. Aus gutem Grund – sowohl rein theoretisch wie auch empirisch – hat die 1992 gegründete Europäische Zentralbank (EZB) deshalb nur ein einziges Ziel: Die Sicherung der Geldwertstabilität!

In Deutschland hat die Geldwertstabilität aus historischen Gründen einen besonderen Stellenwert. Von 1914 bis 1923 gab es eine sehr hohe Inflation, die letztlich in einer Hyperinflation mündete und zur Rentenmarkreform führte. Das Gegenteil fand dann in den 30er Jahren mit der Weltwirtschaftskrise und der „Great Depression" statt, als Deutschland in den deflationären Sog der US-Politik geriet. Nach dem Zweiten Weltkrieg, der zu einem großen Teil von der Reichsbank mit der Notenpresse finanziert worden war, gab es wieder eine gravierende Inflation, die alle noch verbliebenden Ersparnisse der Bevölkerung ausradierte. Um es vereinfacht und kurz auszudrücken: Die deutschen Erfahrungen mit der Geldpolitik waren eigentlich bis zur Einführung der DM 1948 katastrophal. Das Wirtschaftswunder der Nachkriegszeit ist in der Wahrnehmung der Menschen unzertrennbar mit der erstmaligen Einführung einer stabilen Währung in Deutschland verbunden.

Die Debatte, welche institutionellen Voraussetzungen für dauerhafte Geldwertstabilität zu schaffen sind, wurde insbesondere nach dem Maastricht-Vertrag 1992 intensiv geführt – gerade auch vor dem Hinblick, welche Zentralbankverfassung die ehemaligen sozialistischen Staaten nach ihrem Übergang in die marktwirtschaftliche Ordnung wählen sollten (siehe Wentzel, 1995). Ein Kernpunkt dieser Überlegungen ist die Unabhängigkeit der Notenbanken: Eine abhängige Notenbank, die lediglich ein verlängerter Arm der Politik ist, steht immer in der Gefahr, sich kurzfristig für Wahlgeschenke oder andere politische Aufmerksamkeiten instrumentalisieren zu lassen. Der Grad der Unabhängigkeit der Zentralbanken kann empirisch gemessen werden. Je unabhängiger die Notenbank, desto größer ist die Wahrscheinlichkeit, dass sie vergleichsweise moderate Inflationsraten als Erfolgsmeldungen präsentieren kann.

In jüngster Zeit ist die Geldwertstabilität in verschiedenen Formen herausgefordert worden (siehe Nagel, 2023)/(Wentzel & Marošević, 2023). Erstens haben Angebotsschocks und explodierende Energiepreise als Folge der weltweiten Corona-Pandemie mit unterbrochenen Lieferketten und zudem der russische Angriffskrieg die weltweiten Inflationsraten in die Höhe schnellen lassen. Es stellt sich die Frage, inwieweit die Geldpolitik reagieren kann und muss, um auf diese primär angebotsseitigen Schocks zu reagieren. Zweitens entwickeln sich Kryptowährungen und andere digitale Zahlungsmittel zunehmend als Ergänzung zum Zentralbankgeld – unabhängig ob dies als Buchgeld oder als Bargeld vorliegt. Auch hier muss eine geldwertorientierte Zentralbank reagieren, wie der Vorschlag der EZB zur Einführung eines digitalen Euros zeigt. Neue technische Formen der Zahlungsmittel dürfen jedoch die grundsätzliche ordnungspolitische und stabilitätsorientierte Zielsetzung der Zentralbank nicht infrage stellen.

Zur Geschichte und Entwicklung der Europäischen Währungsunion
Der Weg zur Europäischen Währungsunion ist historisch wie auch wirtschaftspolitisch interessant und facettenreich. Nach dem 2. Weltkrieg kam es 1951 zur Gründung der Europäischen Gemeinschaft für Kohle und Stahl (EGKS, Pariser Vertrag, sog. Monnet-Plan), um auf wirtschaftlichem Gebiet in den zentralen Schlüsselindustrien Kohle und Stahl miteinander zu kooperieren. Die Gründerstaaten Deutschland, Frankreich, Italien, die Niederlande, Belgien und Luxemburg waren geografisch und auch wirtschaftlich eng miteinander verbunden, konnten aber aufgrund von permanenten politischen Spannungen und auch zwei Weltkriegen zu keinem wirtschaftlichen Wohlstand durch Arbeitsteilung gelangen. Die Idee von Jean Monnet war es letztlich, durch pragmatische Schritte und Arbeitsteilung zu einem dauerhaften Frieden und damit auch zu wirtschaftlicher Entwicklung zu gelangen.

1957 gründeten die sechs Kernstaaten dann die Europäische Wirtschaftsgemeinschaft (EWG), die in den sog. Römischen Verträgen ratifiziert wurde. Besonders hervorzuheben ist herbei, das auf die Gründung einer gemeinsamen Währung ausdrücklich verzichtet wurde. Das Misstrauen unter den 6 Gründungsmitgliedern war einfach noch zu groß und die Geldpolitik wurde als wichtiger Baustein einer wirtschaftlichen Autonomie gesehen. Dass man Geldpolitik und vor allem Wechselkurspolitik auch strategisch zum Nachteil der Nachbarn einsetzen konnte, wurde damals zwar gesehen, aber noch nicht als Problem erkannt.

Die Wirtschaftswunderjahre – im englischen Sprachraum auch als „Golden Age" bezeichnet – waren Jahre großen wirtschaftlichen Aufschwungs, wobei die Spannungen im Festkurssystem von Bretton Woods mit dem durch Gold gedeckten Dollar sich zunehmend als Hindernis und Störung erwiesen. Aufgrund der hohen Inflation in den USA schwand das Vertrauen in die US-Währung und immer mehr Länder forderten einen Eintausch ihrer Dollar-Reserven in Gold, bis 1971 der damalige US-Präsident Nixon das Goldeinlöseversprechen einseitig aufkündigte (sog. Nixon-Schock). Kurz darauf zerbrach das Bretton Woods System endgültig und das Weltwährungssystem musste ohne einen Anker auskommen.

Das Jahr 1970 gilt als die Geburtsstunde für die Idee einer europäischen Währung. Der langjährige luxemburgische Premierminister Pierre Werner, ein enger Weggefährte von Jean Monnet, legte einen Plan für die Gründung einer Währungsunion bis zum Jahr 1980 vor. Um die Beweggründe von Werner zu verstehen, muss man den Blick auf seine geografische Herkunft schärfen. Luxemburg ist ein sehr kleines Land mit ca. 2500 km^2 und gerade einmal 660.000 Einwohnern. Es hat als Staat eine sehr enge Bindung an Deutschland, Frankreich und Belgien. Die deutschen Bundesländer Rheinland-Pfalz und Saarland, das französische Lothringen sowie das belgische Wallonien (sog. Region Saar-Lor-Lux) hat die höchste grenzüberschreitende Mobilität innerhalb von Europa. Täglich pendeln mehr als 200.000 Menschen aus den Nachbarstaaten nach Luxemburg zur Arbeit. Innerhalb einer solchen Region ergibt es wenig Sinn, vier verschiedene Währungen zu verwenden. Ebenso wenig ergeben Grenzkontrollen Sinn, weshalb in dem kleinen luxemburgischen Ort Schengen auch der Vorschlag gemacht wurde, Grenzkontrollen gänzlich abzuschaffen. Auf diese Weise ist das sog. „Schengener Abkommen" der Freizügigkeit entstanden, das mit der Weile auf fast ganz Europa ausgeweitet wurde und auch die Nicht-EU-Länder Schweiz und Norwegen umfasst.

Vor diesem geografischen, politischen und wirtschaftlichen Hintergrund Luxemburgs schlug Pierre Werner 1970 vor, eine gesamteuropäische Währung einzuführen. Der Vorschlag fand vor allem in Deutschland, aber auch in Frankreich keine Zustimmung. Die großen Verwerfungen an den Finanzmärkten, die Spannungen im Bretton Woods System und vor allem die hohen Inflationsraten führten zu hoher politischer Unsicherheit. Pierre Werner war einfach seiner Zeit voraus und die Idee konnte noch nicht realisiert werden. Allerdings war die Idee geboren und sie wurde sowohl in akademischen wie auch in politischen Kreisen immer wieder diskutiert.

Nach dem Zusammenbruch des Bretton Woods Systems 1973 bildete sich in Europa aufgrund von Marktbewertungen spontan die Deutsche Mark als Stabilitätsanker für die anderen Währungen heraus. Dies war zumindest aus der Sicht der deutschen Wirtschaft und der Verbraucher durchaus ambivalent zu bewerten: Einerseits wurde die DM als stabile Währung europaweit geschätzt – gerade auch bei touristischen Reisen im Ausland, andererseits stand die DM permanent unter Aufwertungsdruck, was die deutsche Exportwirtschaft stark belastete. Vor diesem Hintergrund entwickelten der deutsche Bundeskanzler Helmut Schmidt und der französische Präsident Valery Giscard d'Estaing die Idee des Europäischen Währungssystems (EWS) und der Währungsschlange, bei dem die Wechselkurse zumindest in bestimmten Schwankungsbreiten gehalten werden sollten, um für die grenzüberschreitend arbeitenden Unternehmen Handlungs- und Planungssicherheit zu gewährleisten. 1979 wurde das EWS dann offiziell aus der Taufe gehoben.

Die 80er Jahre führten dann zu einer massiven Beschleunigung der Europäischen Integration und zu weiteren Schritten zur Währungsunion. 1985 legte der Präsident der EU-Kommission, Jaques Delors, ein sog. Weiß-Buch vor, in dem 300 Schritte zur Verwirklichung des Binnenmarktes aufgeführt wurden. Mit der sog. Einheitlichen Europäischen

6.20 Geldpolitik und Währungsunion

Akte (EEA) wurden ein Jahr später 1986 die Grundlagen für die Vollendung des Binnenmarktes geschaffen. Im Juni 1989 legte Delors dann seinen Drei-Stufen-Plan zur Errichtung einer Währungsunion vor.

Parallel zu den Bemühungen um eine Intensivierung der (west-) europäischen Integration entwickelte sich im sowjetischen Herrschaftsbereich „hinter dem Eisernen Vorhang" eine revolutionäre Stimmung gegen die politische Führung. Seit dem Amtsantritt von Michail Gorbatschow hatte es zahlreiche Reformschritte zur Öffnung des sozialistischen Systems gegeben. Im November 1989 kam es dann zum Fall der Mauer und zu einer umfassenden europäischen Integration, die nicht nur auf die Länder Westeuropas beschränkt war. Wie es mit dem neuen und ungetrennten Europa weitergehen sollte, war Gegenstand einer intensiven und zum Teil auch sehr kontroversen Diskussion, an deren Ende 1992 der Vertrag von Maastricht stand. Neben vielen anderen Dingen wurde dort die Einführung einer Europäischen Währung beschlossen und der konkrete Weg zum Euro und zur Europäischen Zentralbank begonnen.

Theoretische Aspekte der Währungsintegration: Optimale Währungsräume und Wechselkurse

Die akademischen und wissenschaftlichen Debatten um die Einführung des Euro gehören sicherlich zu den interessantesten, die jemals unter Wirtschaftswissenschaftlern stattgefunden haben. In Deutschland fand diese Debatte vor allem unter der Überschrift „Schrittmacher- versus Krönungstheorie" statt. Manche Vertreter der ökonomischen Zunft trauten dem Euro zu, als Schrittmacher zu dienen und die Europäische Integration so zu beschleunigen, wie es auch im deutschen Einigungsprozess der Fall gewesen war. Dem gegenüber stand die These der Krönungstheoretiker, dass die Einführung der Gemeinschaftswährung erst ganz am Schluss der Europäischen Einigung gelingen könnte. Sie vertraten, vereinfacht gesagt, die Hypothese, dass der Euro zu früh käme.

In anderen europäischen Staaten wurde die Debatte weniger emotional geführt und andere Aspekte in den Vordergrund geschoben. In Frankreich befürwortete man beispielsweise die Einführung des Euro auf allen Ebenen: Der französische Staatspräsident Francois Mitterand soll sogar seine Zustimmung zur deutschen Einheit an die Einführung der Währungsunion geknüpft haben. Auch in den kleineren europäischen Staaten – allen voran Luxemburg – stand man der Währungsunion sehr positiv gegenüber.

Eine wichtige theoretische Debatte über den Euro wurde durch den kanadischen Nobelpreisträger Robert Mundell gestartet. Da er das erste Modell für eine europäische Währung vorlegte, wird er häufig auch als der „Vater des Euro" (Braunberger FAZ, 2021) bezeichnet. Mundell vertrat die These, dass Länder, die bezüglich wirtschaftlicher und institutioneller Entwicklung sehr ähnlich sind, in jedem Fall eine gemeinsame Währung einführen sollten. Bestehen große Unterschiede zwischen Wirtschaftsräumen, ist es empfehlenswert, mit verschieden Währungen und flexiblen Wechselkursen zu arbeiten.

Wendet man die Theorie optimaler Währungsräume von Mundell auf Europa an, so ist zu erkennen, dass für viele Länder (etwa Belgien und Luxemburg oder Deutschland,

Österreich und die Niederlande) eine gemeinsame Währung Vorteile bietet. Allerdings gibt es auch Länder (etwa Griechenland), die vielleicht mit einer eigenen Währung flexibler auf externe Schocks reagieren könnten. Aus diesem Argument allerdings zu schlussfolgern, man müssen Griechenland aus dem Euro ausschließen, ist deutlich zu kurz gegriffen. Auch Italien mit einem reichen Norden und einem sehr armen Süden (sog. „Mezzogiorno") war niemals ein optimaler Währungsraum ebenso wenig wie Deutschland mit den sehr wohlhabenden Südstaaten Bayern und Baden-Württemberg und den vergleichsweise ärmeren Staaten im Nord-Osten des Landes.

Die entscheidende ordnungspolitische Frage ist weniger, ob Europa ein optimaler Währungsraum ist. Vielmehr geht es um die Frage, welches Währungsregime am besten zum europäischen Binnenmarkt passt. Einen Binnenmarkt mit freiem Güter-, Dienstleistung-, Kapital- und Personenverkehr in Verbindung mit offenen Grenzen nach dem Schengener Abkommen zu haben, gleichzeitig aber 27 nationale Währungen teilweise in Kleinststaaten zu betreiben, würde währungstechnisch keinen Sinn ergeben. Die Effizienzvorteile einer einheitlichen Währung überwiegen die möglichen Kosten um ein Vielfaches.

Der Vertrag von Maastricht und die Gründung des Euro
Mit dem Vertrag von Maastricht 1992 begann ein dreistufiger Prozess, an dessen Ende die Einführung des Euro stand. Die vollständige Aufhebung aller Kapitalverkehrskontrollen war der erste wichtige Schritt, der ordnungspolitisch hervorzuheben ist.

Um die Stabilität des Euro dauerhaft zu gewährleisten, wurden die sog. Stabilitätskriterien eingeführt (ausführlich Wentzel, 2005). Diese sind vor allem auf eine Initiative des ehemaligen deutschen Finanzministers Theo Waigel zurückzuführen. Die vier Kriterien betreffen die Preisniveaustabilität (max. 1,5 % über den drei stabilsten Ländern), die langfristigen Zinsen (max. 2 % über den drei stabilsten Ländern), die Neuverschuldung (max. 3 % des BIP), die kumulierte Verschuldung (max. 60 % des BIP) sowie die spannungsfreie Teilnahme am Wechselkursmechanismus EWS. In der Literatur ist manchmal von vier oder auch fünf Kriterien die Rede, je nachdem, ob man die Neuverschuldung und die Gesamtverschuldung getrennt betrachtet oder unter dem Überpunkt öffentliche Haushalte zusammenfasst.

Die Leistungsfähigkeit des Euro seit seiner Einführung 1999 ist – so viel kann man angesichts des nahenden 25-jährigen Jubiläums wohl sagen – beachtlich. Der Euro war im Durchschnitt stabiler als die Deutsche Mark und erst recht im Vergleich zu den anderen nationalen Währungen, die im Euro aufgegangen sind – etwa der französische Franc oder die italienische Lira. Im Jahr 2002 prognostizierte Milton Friedman, dass der Euro maximal 5 bis 15 Jahre halten werde. Diese sehr pessimistische Prognose kann schon heute als vollständig widerlegt angesehen werden. Allerdings besteht tatsächlich die Gefahr, dass die Nationalstaaten durch ihre Überschuldung ab einem bestimmten Punkt Druck auf die EZB ausüben werden, die Staaten durch eine Politik des leichten Geldes zu unterstützen. Dieser Gefahr der „fiskalischen Dominanz" muss durch die Einhaltung der Maastricht-Kriterien und die Rückkehr zu ausgeglichenen Haushalten massiv entgegengewirkt werden.

6.20 Geldpolitik und Währungsunion

Teilnehmerstaaten des Euro

Der Euro wurde am 1. Januar 1999 als Verrechnungswährung eingeführt. Belgien, Deutschland, Finnland, Frankreich, Irland, Italien, Luxemburg, Niederlande, Österreich, Portugal und Spanien waren die ersten elf Staaten, die gemeinsam den Euro einführten. 2001 folgte Griechenland – was bis heute umstritten ist, da Griechenland nach eigenen Angaben unkorrekte Zahlen vorlegte, um die Beitrittskriterien zu erfüllen. 2007 folgte mit Slowenien das erste Land mit einer sozialistischen Vergangenheit innerhalb des Vielvölkerstaates Jugoslawien. 2008 folgten die kleinen Mittelmeerstaaten Malta und Zypern, ehe 2009 die Slowakei den Euro einführte. Mit Estland trat 2011 das erste baltische Land der Eurozone bei, gefolgt von Lettland und Litauen 2015. Zum ersten Januar 2023 trat dann das stark vom Tourismus abhängige Kroatien als 20. Mitglied dem Währungsverbund bei (ausführlich Wentzel & Marošević, 2023). Neben den offiziellen EU-Staaten sind auch die innerhalb der EU liegenden Kleinstaaten Andorra, Monaco, San Marino und der Vatikan dem Euro beigetreten. Außerhalb der EU sind die Balkanstaaten Montenegro und der Kosovo einseitig in die Eurozone eingetreten und haben ihre Landeswährung abgeschafft. Weitere Staaten stehen in den Startlöchern, wobei vor allem Bulgarien und mit Abstrichen auch Rumänien die größten Chancen eingeräumt werden.

Schwierig gestaltet sich die Einführung des Euro in Polen, Tschechien und vor allem Ungarn. Hierbei spielen politische Gründe eine Rolle, weil die dortigen Regierungen versuchen, sich von der EU zu distanzieren. Sehr interessant ist der Sachverhalt, dass innerhalb dieser Länder der Euro schon sehr stark verbreitet ist – vor allem in den touristischen Hochburgen Budapest und Prag.

Funktionsbedingungen dauerhafter Währungsstabilität

Die Einführung einer Währungsunion mit nunmehr zwanzig verschiedenen Teilnehmerstaaten ist und bleibt historisch ein einzigartiges Experiment. Alle bisherigen Vorläufer – etwa die lateinische oder auch die skandinavische Münzunion – scheiterten. Aus diesem Grund ist es von zentraler Bedeutung, auf die institutionellen Voraussetzungen für dauerhafte Geldwertstabilität zu verweisen, die von der Wissenschaft vergleichsweise klar herausgearbeitet werden konnten.

An erster Stelle ist hier die uneingeschränkte Unabhängigkeit der Notenbank zu nennen (vgl. Wentzel, 1995), die frei von politischer Einflussnahme ihren Fokus auf die Sicherung der Geldwertstabilität legen sollte. Es gilt das strikte und nach wie vor uneingeschränkte Verbot der Staatsfinanzierung. Die Zentralbank muss personell, institutionell, finanziell und instrumentell unabhängig sein. Zweitens ist auf die „No-Bailout-Regel" zu verweisen: Kein Staat kann und soll für die Schulden eines anderen Staates haften – weder direkt noch indirekt. Diese No-Bailout-Regel ist während der Griechenland-Krise stark unter Druck geraten. Und drittens ist – wie bereits erwähnt – auf die strikte und uneingeschränkte Einhaltung der Maastricht-Kriterien und des Stabilitätspaktes hinzuweisen (vgl. Wentzel, 2005). Der Blick in die Wirtschaftsgeschichte der vergangenen 800 Jahre zeigt, dass hohe Inflationsraten und Staatsverschuldung fast immer miteinander einhergehen (ausführlich Reinhart & Rogoff,

2009): Oftmals war eine Hyperinflation die einzige Möglichkeit für überschuldete Staaten, sich zu entschulden. Deshalb ist es von entscheidender Bedeutung, um noch einmal auf den eingangs zitierten Bundesbankpräsident Nagel (2023) zu verweisen, eine dauerhafte Stabilitätskultur in den Köpfen der Menschen zu verankern.

Literatur
Braunberger, G. (2021). Robert Mundell ist tot. In *Frankfurter Allgemeine Zeitung* (FAZ Net), zuletzt aktualisiert am 05. April 2021
Issing, O. (1989). Vom Primat der Währungspolitik. ORDO, 40, 351–361. De Gruyter Oldenbourg, Berlin.
Nagel, J. (2023). *Stabiles Geld in den Köpfen verankern.* Rede anlässlich des zehnjährigen Jubiläums des „Aktionskreises stabiles Geld" am 22. Juni 2023 in den Räumen der Deutschen Bundesbank, Frankfurt.
Reinhart, C. M. & Rogoff, K. S. (2009). *This time is different: Eight centuries of financial folly.* Princeton University Press, Princeton.
Wentzel, D. (1995). Geldordnung und Systemtransformation: Ein Beitrag zur ökonomischen Theorie der Geldverfassung. In *Schriften zum Vergleich von Wirtschaftsordnungen* (Bd. 50). Gustav Fischer, Stuttgart.
Wentzel, D. (2005). Der Stabilitäts- und Wachstumspakt: Prüfstein für ein stabilitätsorientiertes Europa. In D. Wentzel & H. Leipold (Hrsg.), *Ordnungsökonomik als aktuelle Herausforderung.* In Schriften zu Ordnungsfragen der Wirtschaft (S. 311–331). Lucius & Lucius, Stuttgart. Jena, New York.
Wentzel, D., & Marošević. K. (2023). Inflation und Geldwertvertrauen in der „Zeitenwende". In Wirtschaft und Ethik. Das Magazin zur Förderung von Wirtschaftswissenschaften und Ethik e. V., 33. Jahrg., 2/2023. Münster.

Weiterführende Literaturempfehlungen
Wentzel, D. (2013). *Europa in (Un-) Ordnung: Zur institutionellen Evolution einer europäischen Stabilitätsordnung.* Beitrag zu den Karlsruher Gesprächen am Karlsruhe Institute of Technology, KIT, Karlsruhe.
Wentzel, D. (2014). Fortschritte bei der Bankenregulierung: Auf dem Weg zu einer Bankenunion. In *Deutschland und Europa* (Heft 67, S. 34–43). Hrsg. von der Landeszentrale für politische Bildung Baden-Württemberg, Stuttgart.

6.21 Ethik und Marktwirtschaft

Christian Müller und Sebastian Panreck

Der Markt als moralische Institution
Wer die Nachrichten verfolgt, hat nicht den Eindruck, Markt und Ethik hätten viel miteinander zu tun: Unternehmen streben nach Marktmacht, bestechen Auftraggeber oder

6.21 Ethik und Marktwirtschaft

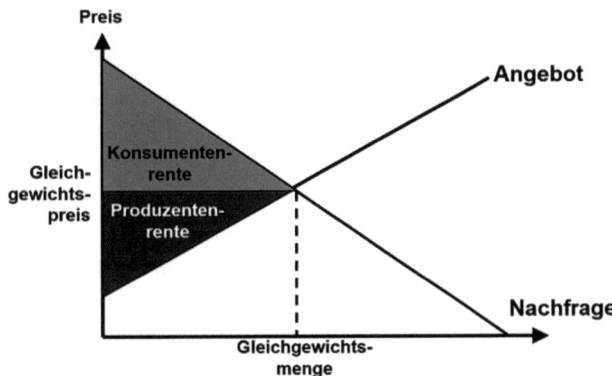

Abb. 6.11 Marktmodell im Wohlfahrtsmaximum (Quelle: eigene Darstellung)

hinterziehen Steuern; sie fälschen Bilanzen und Abgaswerte, missachten Umweltstandards und bezahlen ihre Beschäftigten schlecht. Doch trotz aller Skandale sind es gerade Märkte, die in einer Gesellschaft Werte schaffen. Typischerweise gilt: Je niedriger der Preis für ein Gut ist, desto höher ist die nachgefragte Menge und desto niedriger die angebotene Menge dieses Gutes. Im Schnittpunkt von Angebot und Nachfrage ergibt sich ein gleichgewichtiger Marktpreis, bei dem die Pläne von Anbietern und Nachfragern übereinstimmen (Abb. 6.11).

Wo Märkte vollkommen funktionieren, weisen sie aus ethischer Sicht einige Vorzüge gegenüber anderen Zuteilungsmechanismen auf (Sendker & Müller, 2016). Märkte sorgen für:

- **paretoeffiziente** Ergebnisse (sog. Erster Hauptsatz der Wohlfahrtsökonomik), insofern kein Marktteilnehmer bessergestellt werden kann, ohne einen anderen schlechter zu stellen; es werden somit keine Ressourcen verschwendet;
- **Tauschgerechtigkeit** (Spaemann, 2009, S. 51 f.), insofern kein Akteur Macht über einen anderen hat und niemand zu einer Leistung oder Zahlung gezwungen werden kann;
- ein **Wohlfahrtsoptimum** im Sinne eines Maximums aus Konsumentenrente (Geldwert der Besserstellung der Konsumenten) und Produzentenrente (Gewinn, Deckungsbeitrag) (z. B. Mankiw & Taylor, 2021, S. 249);
- ein Höchstmaß an **Freiheit** der Beteiligten, die ihrerseits in sich wünschenswert ist – ein wesentlicher Vorteil gegenüber der Zentralverwaltungswirtschaft (Sen, 2000, S. 40 f. und 140).

Der vollkommene Markt ist, wie es Adam Smith' Theorem der unsichtbaren Hand auf den Punkt bringt, somit eine moralische Institution, welche die egoistischen Motivationen der Beteiligten in einen moralisch gewünschten Endzustand transformiert (Smith, 1978, S. 17).

Ethische Konflikte in Marktwirtschaften

Doch vollkommene Märkte gibt es nicht. Das theoretische Marktideal der Lehrbuchökonomie ist in der Realität wohl bestenfalls näherungsweise erfüllbar (Fritsch, 2018). Sind die

Voraussetzungen der vollständigen Konkurrenz nicht (vollständig) erfüllt, können die Ergebnisse des Wirtschaftens selbst sehr elementare moralische Anforderungen verletzen. Nach Sandel (2012, S. 138–140) lässt sich die ethische Kritik an Märkten v. a. auf zwei Argumente zurückführen: dass sie – erstens – gegen die Fairness verstoßen und/oder – zweitens – zu einer Entwürdigung führen.

Verletzung der Fairness

Das Fairnessargument appelliert daran, dass Tausch, wenn er ethisch akzeptabel sein soll, vollkommen frei sein muss. Das ist oft nicht der Fall:

- Wenn eine Frau sich z. B. als Leihmutter anbietet, dann liegt der Verdacht nahe, dass sie dies durch äußeren Zwang (Armut, Gewaltandrohung) oder aus jugendlicher Unreife (sog. pathologische Fälle) tut (Sandel, 2012, S. 62).
- Wenn Angebotsmonopole einen höheren Preis haben als in einer Wettbewerbssituation, dann spielen sie ihre Marktmacht über die Konsumenten aus (Mankiw & Taylor, 2021, S. 386).
- Wenn Unternehmen natürliche Ressourcen als Produktionsfaktor nutzen, zwingen sie Dritten die resultierenden Umwelt- oder Klimaschäden auf (sog. negative externe Effekte); oder Unternehmen stellen Güter nicht in einer ausreichenden Menge bereit, wie es sozial wünschenswert ist (sog. positive externe Effekte), beispielsweise Mobilitätsangebote im ländlichen Raum (Mankiw & Taylor, 2021, S. 323 ff.).

Es gehört zu den Grunderkenntnissen der Theorie der Sozialen Marktwirtschaft (siehe „Marktwirtschaften"), dass auf unregulierten Märkten Fairnessstandards systematisch verletzt werden. Denn Unternehmen befinden sich im Wettbewerb in einem sozialen Dilemma (Müller, 2022, S. 174):

- Wenn alle übrigen Wettbewerber einen relevanten Fairnessstandard befolgen (eine Arbeitsschutzregel anwenden, die Umwelt schützen, wahrheitsgetreu bilanzieren, faire Löhne bezahlen, auf Bestechung verzichten o. ä.), hat jedes einzelne Unternehmen unter den Bedingungen unregulierter Konkurrenz einen Kosten- und damit Wettbewerbsvorteil, wenn es diesen Standard verletzt.
- Halten sich hingegen alle übrigen Wettbewerber nicht an diesen Fairnessstandard, dann hätte das Unternehmen im Falle der einseitigen Befolgung dieser Regel sogar einen Wettbewerbsnachteil gegenüber der Konkurrenz.

Wie auch immer also die anderen Marktteilnehmer handeln, hat jedes einzelne Unternehmen ein Eigeninteresse daran, die Standards fairen Wirtschaftens zu missachten. Solange das Verhalten der Akteure nicht staatlich oder anderweitig reguliert wird, gilt das Theorem der unsichtbaren Hand hier nicht mehr. Der freie Wettbewerb hat vielmehr eine Tendenz zur „Selbstaufhebung" (Pius XI. 1931, Nr. 109): Konkurrenz lässt Fairness und Moral am Markt erodieren – bis zur „Grenzmoral" (Briefs, 1980), jenem Minimum moralischer Standards, ohne das die Unternehmenstätigkeit gesellschaftlich nicht mehr akzeptiert würde.

Verletzung der Würde

Der zweite ethische Einwand gegen Märkte ist, dass sie zu einer Entwürdigung der beteiligten Personen oder Güter führen können. Markttausch beschädigt, verdrängt oder zerstört in solchen Fällen wertvolle Einstellungen, Normen oder Pflichten. Insofern, mit einem Diktum Kants (1968, S. 434), der Mensch keinen Preis hat sondern eine Würde, wäre z. B. ein Marktangebot von Zwangsprostitution eine schwere Entwürdigung der auf diese Weise ausgebeuteten Menschen. Doch auch Güter können entwürdigt werden, wenn z. B. religiöse Andachtsgegenstände oder die Devotionalien von Sportvereinen „verramscht" werden (Sandel, 2012, S. 207).

Ein Marktangebot kann hier einen Verdrängungseffekt auslösen (Sandel, 2012, S. 142): Werden Güter, deren marktliche und moralische Bewertung auseinanderfallen, dem Markt überlassen, kann deren moralische Bedeutung nicht nur verdrängt („Entwürdigung"), sondern sogar in ihr Gegenteil verkehrt werden. Ein Beispiel ist der Europäische Emissionshandel (Sandel, 2012, S. 92–98): Solange die Klimapolitik ordnungsrechtlich oder steuerlich agiert, wird durch die Bestrafung einer Klimaschädigung eine moralische Missbildung ausgedrückt. In einem marktlichen Emissionshandelssystem hingegen ist die Umweltschädigung wie andere Güter auch käuflich: Was vorher eine moralische Pflichtverletzung war – das Emittieren einer Tonne CO_2 –, wird durch die bloße Tatsache des Markthandels sogar (Emissions-) „Recht".

Die Soziale Marktwirtschaft als wirtschaftsethische Konzeption

Eine Lösung für die genannten ethischen Konflikte bietet die Konzeption der Sozialen Marktwirtschaft (Müller, 2022, S. 170–185). Danach hat der Staat einen Regelrahmen für die Wirtschaft zu konzipieren, der die Wirtschaftsakteure dazu bringt, aus Eigeninteresse so zu handeln, dass das Ergebnis der wirtschaftlichen Interaktion menschenwürdig ist. So sucht Eucken (2004, S. 179) nach einer „Wirtschaftsordnung …, in der die Menschen nicht nur Mittel zum Zweck, nicht nur Teilchen des Apparates sind" – eine Anspielung auf die Selbstzweckformel von Kants kategorischem Imperativ („Handle so, daß du die Menschheit, sowohl in deiner Person, als in der Person eines jeden andern, jederzeit zugleich als Zweck, niemals bloß als Mittel brauchest"; Kant, 1983, S. 61).

Insofern Fairness und Menschenwürde der Gefahr unterliegen, in Konkurrenzsituationen unter die Räder zugeraten, weil jeder Marktteilnehmer versucht, jeden anderen zum „Mittel" seines Gewinn- oder Nutzenstrebens zu machen, wird dem Staat – im Unterschied zum klassischen Liberalismus – nicht nur die Ordnung des Rechts, sondern auch die der Wirtschaft übertragen. Er soll einen „Leistungswettbewerb" initiieren, in dem sich die Akteure mit ihren Leistungen fair messen und hierdurch dem Ideal der vollkommenen Konkurrenz annähern. Da dieser Leistungswettbewerb ein Kollektivgut ist, entsteht er nicht einfach von selbst, sondern muss staatlich geschaffen werden. Die konstituierenden und regulierenden Grundsätze der Wirtschaftspolitik, wie sie Eucken (2004) für die Schaffung und

Erhaltung einer Wettbewerbsordnung vorschlägt, lassen sich insoweit als Operationalisierungen von Kants kategorischem Imperativ für die Wirtschaft interpretieren (Müller, 2022, S. 176–181). Weil es oftmals keinen Konsens in Fairnessvorstellungen gibt, kann es in der wirtschaftspolitischen Theorie und Praxis zu Uneinigkeit und unterschiedlichen Empfehlungen kommen. Die Fairness eines Marktergebnisses ist schwieriger zu beurteilen als dessen Effizienz (Mankiw & Taylor, 2021, S. 252).

Eine Politik der Sozialen Marktwirtschaft im Sinne einer staatlichen Schaffung und Erhaltung eines fairen Leistungswettbewerbs dürfte eine effektive Lösung für die Unfairness von Markttransaktionen sein. Als Antwort auf das Entwürdigungsargument kann indes auch sie nicht genügen. Im genannten Fall der Prostitution etwa mag es prinzipiell möglich sein, ordnungspolitisch solche Handelsbedingungen herzustellen, dass das Ideal der Freiwilligkeit der Marktteilnahme erfüllt ist und beispielsweise nur Edelprostituierte[], „die ihre Arbeit lieben und sich frei dafür entschieden haben" (Sandel, 2012, S. 140), als Anbieterinnen auf dem Markt aufträten (Fairnessargument). Nicht gelöst bliebe damit aber weiterhin das Problem der Entwürdigung. Bei Gütern, „die ihrer Natur nach weder bloße Waren sind noch sein können" (Johannes Paul II., 1991, Nr. 40, beide Zitate), könnte, um die Menschenwürde zu garantieren, nur helfen, auf das Zuteilungsinstrument des Marktes vollkommen zu verzichten und entsprechende Markttransaktionen zu verbieten.

Literatur
Briefs, G. (1980). Zum Problem der Grenzmoral. In *G. Briefs: Ausgewählte Werke* (Bd. I, S. 51–61). Duncker & Humblot, Berlin.
Eucken, W. (2004). *Grundsätze der Wirtschaftspolitik* (7. Aufl.). utb, Paderborn.
Fritsch, M. (2018). *Marktversagen und Wirtschaftspolitik* (10. Aufl., S. 57–79). Franz Vahlen, München.
Johannes P. II. (1991). Centesimus Annus, Vatikan. http://w2.vatican.va/content/john-paul-ii/de/encyclicals/documents/hf_jp-ii_enc_01051991_centesimus-annus.html
Kant, I. (1983). Grundlegung der Metaphysik der Sitten. In ders., *Werke in zehn Banden* (Bd. 6, S. 7–102), Wissenschaftliche Buchgesellschaft, Darmstadt.
Kant, I. (1968). Die Metaphysik der Sitten. In K. Werke (Hrsg.), *Akademie-Textausgabe* (Bd. 6, S. 203–493). De Gruyter Oldenbourg, Berlin.
Mankiw, N. G., & Taylor, M. P. (2021). *Grundzüge der Volkswirtschaftslehre* (8. Aufl., S. 249–252). Schäffer-Poeschel, Stuttgart.
Müller, C. (2022). *Grundzüge der Wirtschafts- und Unternehmensethik*. Schäffer-Poeschel, Stuttgart.
Pius XI. (1931). Quadragesimo Anno, Vatikan. https://homepage.univie.ac.at/christian.sitte/PAkrems/zerbs/volkswirtschaft_I/beispiele/wio_b07.html.
Sandel, M. J. (2012). *Was man für Geld nicht kaufen kann: Die moralischen Grenzen des Marktes*. Ullstein, Berlin.
Sen, A. (2000). *Ökonomie für den Menschen*. Hanser, München.
Sendker, M., & Müller, C. (2016). Preisbildung: Ein volks- und betriebswirtschaftlicher Überblick. *Unterricht, Wirtschaft und Politik, 6*, 2–11.
Smith, A. (1978). *Der Wohlstand der Nationen*. Dt. Taschenbuch-Verlag, München.

Spaemann, R. (2009). *Moralische Grundbegriffe* (8. Aufl.). C. H. Beck, München.

6.22 Bildung für Soziale Marktwirtschaft

Sebastian Panreck und Christian Müller

Bildung für Soziale Marktwirtschaft als Allgemeinbildung
Die Soziale Marktwirtschaft ist mehr als ein reines Wirtschaftsmodell; als reale Wirtschaftsordnung prägt sie das gesellschaftliche Leben in der Bundesrepublik Deutschland. Bildung ist eine wesentliche Voraussetzung für die aktive und autonome Teilhabe am gesellschaftlichen Leben und daher ein wichtiges Erfordernis partizipativer Gerechtigkeit. In ihrer Allgemeinheit ist Bildung für das Individuum wie für die Gemeinschaft identitätsstiftend. Nach Art. 26 der Allgemeinen Erklärung der Menschenrechte hat jeder Mensch ein Recht auf Bildung, sie soll „auf die volle Entfaltung der menschlichen Persönlichkeit und auf die Stärkung der Achtung vor den Menschenrechten und Grundfreiheiten gerichtet sein" sowie „zu Verständnis, Toleranz und Freundschaft zwischen allen Nationen […] beitragen".

Bildung besteht in Fähigkeiten zur Kontextualisierung und sinnhaften Verknüpfung von Einzelinformationen, ihrer historischen Kontextualisierung sowie der Transparenzschaffung und Nutzbarmachung wissenschaftlicher Erkenntnisse (Kaminski, 2017, S. 38 f.). In diesem Sinn ist ökonomische Bildung als Befähigung zu einem selbstbestimmten Leben ein wesentliches Element der Allgemeinbildung, die hilft, die Individuen mit Kenntnissen, Fähigkeiten, Einsichten oder Haltungen auszustatten und die eine persönlich verantwortbare Bewältigung strukturell vergleichbarer Lebenssituationen ermöglicht (Albers, 1987, S. 191 ff.).

In der Sozialen Marktwirtschaft übt der Einzelne die Rollen des Wirtschaftsbürgers, Staatsbürgers und Weltbürgers in seiner Person integriert aus (Höffe, 2004, S. 11 f.). Die Komplexität der marktwirtschaftlichen Ordnung führt dazu, dass das Individuum in unterschiedlichen Funktionen – als Arbeitnehmer oder Unternehmer, Konsument oder Sparer, Verbandsvertreter oder Manager – am Wirtschaftsprozess teilnimmt. Bildung für Soziale Marktwirtschaft bedeutet daher, Menschen zu befähigen, solche Positionen nicht nur eigeninteressiert, sondern auch – auf der Basis eines Mindestverständnisses der Gesamtzusammenhänge – unter Berücksichtigung der Interessen Dritter wahrzunehmen. Weil moderne Gesellschafts- und Wirtschaftsordnungen komplex und viele Systemzusammenhänge in der Sozialen Marktwirtschaft kontraintuitiv sind, genügt hier kein einfaches „learning by doing":

- Dass Privateigentum eine Ursache von Ausbeutung sein kann, ist z. B. im Allgemeinen leicht einzusehen; deutlich weniger scheint es indes einzuleuchten, dass Privateigentum in der Wettbewerbsordnung der Sozialen Marktwirtschaft eine wesentliche Quelle und Bedingung ökonomischer Wohlfahrt sein kann (Müller, 2018).

- Die Vorzüge von einzelstaatlichem Wirtschaftsprotektionismus durch die Auferlegung von Zöllen und nicht-tarifären Handelsbeschränkungen sind oft leichter vermittelbar als die wohlfahrtsförderlichen Wirkungen von – in ein faires Regelsystem eingebundener – Freihandel.
- Der Intuition erschließt sich auch nicht unmittelbar, dass eine empirisch messbare hohe Vermögensungleichheit nicht automatisch Ausdruck grober Ungerechtigkeit in der Gesellschaft sein muss, sondern die logische Konsequenz eines funktionierenden Wohlfahrtsstaates sein kann, in dem aufgrund glaubwürdiger staatlicher Rentenversprechen der Mittelstand kein Vermögen aufbauen muss, um fürs Alter vorzusorgen (Cremer, 2018, S. 48 ff.).

Das Ideal des mündigen Wirtschaftsbürgers

Das Leitbild jeder Bildung für Soziale Marktwirtschaft ist die Mündigkeit des Wirtschaftsbürgers (Müller & Remkes, 2021). Als ökonomischer Entscheidungsträger und Mitglied einer (Wirtschafts-)Gesellschaft ist der Wirtschaftsbürger mündig, wenn er Verantwortung für sein Handeln übernimmt, sich dessen Folgen bewusst ist und er als Träger von Rechten und Pflichten versucht, einem individuellen und gesellschaftlichen Anspruch gerecht zu werden. Mündigkeit hat drei Dimensionen (Abb. 6.12):

- Tüchtigkeit beabsichtigt Rationalität in der Problemlösung. Jedes Individuum muss wirtschaften, d. h. planmäßige und möglichst effiziente Entscheidungen über die Verwendung

Abb. 6.12 Aspekte der Mündigkeit von Wirtschaftsbürgern (Quelle: eigene Darstellung)

knapper Ressourcen zur Bedürfnisbefriedigung treffen. Als rationaler Entscheidungsträger („Homo oeconomicus") soll der Wirtschaftsbürger in der Lage sein, seine eigenen Interessen zu vertreten und bei gegebener Mittelausstattung (z. B. Finanzmittel) den Grad der Zielerreichung zu maximieren (z. B. Nutzen oder Gewinn; Maximierungsprinzip) bzw. bei gegebener Zielerreichung die eingesetzten Mittel zu minimieren (Minimierungsprinzip).
- Selbstbestimmung im Kontext der ökonomischen Bildung zielt auf die Kantianische Aufklärungsmaxime, sich seines Verstands zu bedienen („sapere aude"), was den Wirtschaftsbürger befähigen soll, Chancen zur Verwirklichung seiner eigenen Persönlichkeit nutzen zu können.
- Selbstverantwortung als Gegenbegriff zur Tüchtigkeit meint die Berücksichtigung der Folgen des eigenen Handelns, nicht nur für sich selbst, sondern auch die positiven oder negativen Folgen für Dritte („externe Effekte"). Ein solches Handeln orientiert sich – wie die Konzeption der Sozialen Marktwirtschaft insgesamt (siehe „Ethik und Marktwirtschaft") am kategorischen Imperativ von Kant: „Handle nur nach derjenigen Maxime, durch die du zugleich wollen kannst, dass sie ein allgemeines Gesetz werde".

Während die Tüchtigkeitsbedingung auf die Rationalität des Wirtschaftsbürgers zielt („the rational"), geht es bei der Selbstverantwortung um die moralische Vernünftigkeit („the reasonable") (zu dieser Unterscheidung siehe Sibley, 1953). Dieses Spannungsverhältnis ist ausdrücklich gewünscht. Es vereinbart ökonomische Effizienz mit allgemeiner Moralität, durch die ethisch informierte Vernünftigkeit wird die Rationalität des Homo oeconomicus sozialverträglich „gezähmt".

Die wesentliche Grundeinsicht der Sozialen Marktwirtschaft ist, dass ein fairer Leistungswettbewerb ein Kollektivgut darstellt und sich nicht in der freien Interaktion der Individuen von selbst ergibt, sodass individuell rationales Handeln von Individuen zu kollektiver Selbstschädigung führen kann (siehe „Ethik und Marktwirtschaft"). Während es individuell rational sein kann, Umweltgüter systematisch zu übernutzen, weil die Vorteile einer solchen Ressourcennutzung privat, die Kosten aber kollektiv anfallen, berücksichtigt ein mündiger Wirtschaftsbürger auch die sozialen Folgen seines Handelns. Die Befolgung des kategorischen Imperativs verpflichtet unbedingt zu kooperativem Handeln, sodass die Nutzung von Umweltgütern ohne äußeren Zwang auf ein ökologisch-sozialverträgliches Maß reduziert wird.

Die Soziale Marktwirtschaft ist die beste Wirtschafts- und Gesellschaftsordnung zur Berücksichtigung der drei Voraussetzungen des mündigen Wirtschaftsbürgers. Analog zu Smiths Theorem der unsichtbaren Hand führt Tüchtigkeit hier nicht nur zu individuellem Wohlstand, sondern auch zu einer Mehrung des Gemeinwohls. Die Selbstbestimmung gewährt dann, anders als in totalitären Systemen, persönliche Freiheit und vielfältige Wahlmöglichkeiten zur eigenen Bedürfnisbefriedigung. Nach Eucken (2004) soll der staatliche Rahmen das wirtschaftliche Handeln der Individuen im Sinne des kategorischen Imperativs

Abb. 6.13 Standards ökonomischer Bildung für den mittleren Schulabschluss (Quelle: DeGÖB (2004))

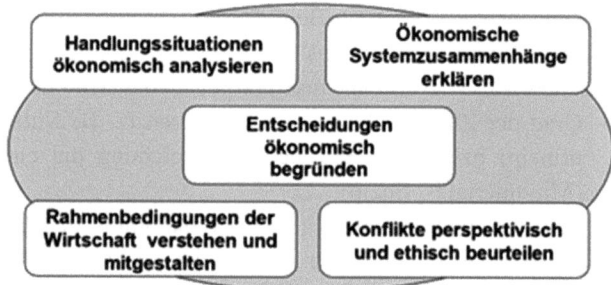

ordnen, um die Universalisierbarkeit der Ergebnisse des Wirtschaftsprozesses zu garantieren und so das Prinzip der Selbstverantwortung zu erfüllen.

Soziale Marktwirtschaft und das öffentliche Bildungssystem
Wenngleich sich ökonomische Bildung im Rahmen eines lebenslangen Prozesses vollzieht, ist der wichtigste Ort ihrer Vermittlung das öffentliche Bildungssystem. Die Deutsche Gesellschaft für ökonomische Bildung (DeGöB, 2004) gibt Empfehlungen zu den Kompetenzen der ökonomischen Bildung für allgemeinbildende Schulen und Bildungsstandards für den mittleren Schulabschluss. Dabei werden fünf Kompetenzbereiche identifiziert (Abb. 6.13). Die Schülerinnen und Schüler sollen

- Entscheidungen ökonomisch begründen und damit im privaten Haushalt für effiziente und nachvollziehbare Entscheidungsprozesse sorgen;
- Handlungssituationen ökonomisch analysieren, um das Zusammenwirken von Restriktionen und Anreizen zu verstehen;
- ökonomische Systemzusammenhänge erklären können, die sich durch die Koordination auf Märkten, Netzwerken und in Hierarchien ergeben;
- Rahmenbedingungen der Wirtschaft verstehen und mitgestalten – und damit Probleme wie Marktversagen thematisieren können;
- Konflikte perspektivisch und ethisch beurteilen durch die Anwendung der Prinzipien von Nachhaltigkeit, Sicherheit und anderer ethischer Prinzipien, die sich auf Verteilungskonflikte bei Marktergebnissen ergeben können.

Es herrscht ein weitgehender Konsens über die Notwendigkeit ökonomischer Bildung an Schulen; über ihre organisatorische Umsetzung wird indes kontrovers diskutiert. Auf der einen Seite gibt es Forderungen zur Einführung eines eigenen Schulfachs Wirtschaft, die in einigen Bundesländern bereits vollzogen wurde. Auf der anderen Seite wird aus Sorge vor einer einseitigen Beeinflussung durch ökonomisches Denken eine bessere Einbindung in die bereits bestehenden schulischen Curricula gefordert.

Auch wenn ökonomische Bildung auf die Schaffung und Erhaltung der Wettbewerbsordnung zielt, bedeutet Bildung für Soziale Marktwirtschaft gerade nicht eine einseitige

Indoktrination (Ruske & Suttner, 2012)/(Ruske, 2015) zugunsten marktwirtschaftlicher Ansätze bei der Lösung gesellschaftlicher Knappheitsprobleme. Denn auch die Volkswirtschaftslehre als zentrale fachwissenschaftliche Bezugsdisziplin stellt nicht in erster Linie eine Theorie des Funktionierens von Märkten bereit, sondern des Marktversagens (Fritsch, 2018a, 2018b). Dies gilt besonders für die Theorie der Sozialen Marktwirtschaft, die ihren Ausgangspunkt aus der Einsicht in das „Versagen des Wirtschaftsliberalismus" (Rüstow, 1950) bei der Bereitstellung einer funktionsfähigen und gerechten Ordnung für das Wirtschaftsgeschehen nimmt. Ökonomische Bildung dient insofern vor allem dazu, ein Verständnis dafür zu entwickeln, unter welchen Umständen Märkte geeignete Allokationsmechanismen darstellen können und wann stattdessen staatliche Eingriffe in das Marktgeschehen oder sogar die Verwendung anderer Zuteilungsverfahren (behördliche Zuteilung, Warteschlagen und Wartelisten, Vouchers, Lotterien o. a.) angeraten sein können. So verstanden, ist Bildung für Soziale Marktwirtschaft immer auch Befähigung zu kritischer Distanz gegenüber einem ungezügelten Kapitalismus (Müller & Remkes, 2021, S. 23).

Literatur
Albers, H.-J. (1987). *Allgemeine sozio-ökonomische technische Bildung.* Zur Begründung ökonomischer und technischer Elemente in den Curricula allgemeinbildenden Unterrichts, Böhlau.
Cremer, G. (2018). *Deutschland ist gerechter, als wir meinen.* Eine Bestandsaufnahme, C. H. Beck, München.
DeGöB. (2004). *Kompetenzen der ökonomischen Bildung für allgemein bildende Schulen und Bildungsstandards für den mittleren Schulabschluss,* Köln. https://www.degoeb.de/fileadmin/media/medien/04_DEGOEB_Sekundarstufe-I.pdf.
Eucken, W. (2004). *Grundsätze der Wirtschaftspolitik* (7. Aufl.). utb, Paderborn.
Fritsch, M. (2018). *Marktversagen und Wirtschaftspolitik* (10. Aufl., S. 57–79). Franz Vahlen, München.
Höffe, O. (2004). *Wirtschaftsbürger – Staatsbürger – Weltbürger.* Politische Ethik im Zeitalter der Globalisierung, C. H. Beck, München.
Kaminski, H. (2017). *Fachdidaktik der ökonomischen Bildung.* Ferdinand Schöningh. utb, Paderborn.
Müller, C., & Remkes, F. (2021). Wirtschaftsbürgerliche Bildung als Leitbild der Wirtschaftserziehung. *Pädagogische Rundschau, 75*(1), 15–32.
Müller, C. (2018). Eigentum: Eine ordnungsökonomische Perspektive. In H. Beyer & H.-J. Naumer (Hrsg.), *CSR und Mitarbeiterbeteiligung: Die Kapitalbeteiligung im 21. Jahrhundert* (S. 11–27). Springer, Berlin.
Ruske, R. (2015). Does economics make politicians corrupt? Empirical evidence from the United States Congress. *Kyklos, 68,* 240–254. John Wiley and Sons.
Ruske, R., & Suttner, J. (2012). Wie (un-)fair sind Ökonomen? Neue empirische Evidenz zur Marktbewertung und Rationalität. *ORDO – Jahrbuch für die Ordnung von Wirtschaft und Gesellschaft, 63,* 179–194. De Gruyter Oldenbourg, Berlin, Boston.
Rüstow, A. (1950). *Das Versagen des Wirtschaftsliberalismus* (2. Aufl.). Küpper, University of California.

Sibley, W. M. (1953). The rational versus the reasonable. *Philosophical Review, 62*, 554–560.

Weiterführende Literaturempfehlungen
Müller, C., Schlösser, H. J., Schuhen, M., & Liening, A. (Hrsg.). (2014). *Bildung zur Sozialen Marktwirtschaft.* Lucius & Lucius, Stuttgart.
Müller, C. (2022). *Grundzüge der Wirtschafts- und Unternehmensethik.* Schäffer-Poeschel, Stuttgart.

6.23 Wissenschaftliche Politikberatung in der Sozialen Marktwirtschaft

Susanne Cassel

Wissenschaftliche Beratung der Politik zielt darauf ab, eine wissenschaftlich fundierte und rationale Basis für politische Entscheidungen zu schaffen. Sie zeigt insbesondere Reformnotwendigkeiten und Lösungsalternativen auf und analysiert zu erwartende Wirkungen alternativer Politikmaßnahmen. Zudem evaluiert sie umgesetzte Maßnahmen hinsichtlich ihrer Zielerreichung. So bietet sie evidenzbasiertes Wissen über wirtschaftspolitische Handlungsoptionen für politische Entscheidungsträger und die interessierte Öffentlichkeit. Anbieter wissenschaftlicher Beratung sind in der Regel Personen, die hauptberuflich forschend an Universitäten oder wissenschaftlichen Instituten tätig sind und sich darauf verstehen, wissenschaftliche Methoden und Modelle auf reale wirtschaftspolitische Problemstellungen anzuwenden. In einer zunehmend komplexen Welt mit immer neuen Herausforderungen steigen auch der Bedarf an evidenzbasiertem Wissen und die Nachfrage nach wissenschaftlicher Beratung. Dies hat sich zuletzt während der Corona-Pandemie und der Energiekrise infolge des russischen Angriffskriegs auf die Ukraine im Jahr 2022 sehr deutlich gezeigt. Angesichts der vielfältigen, zum Teil neuartigen Fragestellungen hat eine Renaissance der Politikberatung stattgefunden. So stützten sich weltweit Politikerinnen und Politiker auf den Rat von Expertinnen und Experten, um sachgerechte Entscheidungen im Umgang mit der Pandemie zu treffen. Insbesondere Virologen wurden zu Medienstars und „Chef-Erklärern". Aber auch der Rat von Ökonomen war wieder stärker gefragt. Bisweilen entstand der Eindruck, politische Entscheidungsmacht habe ganz im Sinne des technokratischen Beratungsmodells, das Wissenschaft und Technik gegenüber der Politik eine klare Vorrangstellung einräumt (Schelsky, 1965)/(Lompe, 2006), dem (medizinischen) Sachzwang zu weichen. Expertinnen und Experten wurden gar als die besseren Politiker gehandelt (Cassel & Zibrowius, 2020).

In Krisensituationen, in denen in besonderem Maße schnelle Lösungen für neuartige Probleme gefragt sind, das notwendige gesicherte Wissen aber erst nach und nach entsteht, prallen das politische System mit seiner Machtlogik und das Wissenschaftssystem mit seiner Logik der Wahrheitssuche in besonderer Weise aufeinander. Wissenschaftlicher Fortschritt basiert auf dem Wettbewerb der Ideen, dem Prinzip der Falsifikation und des Lernens aus Fehlern (Popper, 1934/1994). Im politischen System sind dagegen eindeutige Antworten gefragt, Fehler bedeuten vielfach das politische Aus. Aber so wenig wie Wissenschaft aufgrund der Grenzen und der Vorläufigkeit des Wissens „wahre" Lösungen bieten kann, so wenig ist sie auch legitimiert, politische Entscheidungen zu treffen. Wissenschaftlerinnen und Wissenschaftler sind eben nicht die besseren Politikerinnen und Politiker. Wissenschaftlicher Rat ist eine wichtige Grundlage für politisches Handeln, indem er eine fundierte Entscheidungsbasis schafft. Politische Entscheidungen können aber nur durch Wahlen legitimierte Volkvertreter treffen, die für ihre Entscheidungen geradestehen müssen. Bei ihren Entscheidungen müssen sie vielfältige Aspekte berücksichtigen, bei Zielkonflikten abwägen und nicht zuletzt die Mehrheitsfähigkeit im Blick behalten. Ökonomische Effizienz ist bei der Entscheidungsfindung nur ein Kriterium, und vielfach sind Verteilungsfragen für politische Entscheidungen ausschlaggebender als ökonomische Rationalität. Diese klare Arbeitsteilung zwischen der Politik, die Ziele vorgibt und Entscheidungen trifft, und der Wissenschaft, die Ursache-Wirkungszusammenhänge analysiert, liegt dem dezisionistischen Beratungsmodell zugrunde (Habermas, 1964)/(Lompe, 2006). Sie respektiert auch das von Max Weber im Methodenstreit Anfang des 20. Jahrhunderts vertretene und bis heute mehrheitlich akzeptierte Postulat der Werturteilsfreiheit, welches eine strikte Trennung zwischen normativen Sollensaussagen und positiven Aussagen über Sachzusammenhänge fordert (Weber, 1913/1964).

Welchen Einfluss hat wissenschaftliche Beratung auf politische Entscheidungen und wie gut oder schlecht funktioniert der Transfer von der (Wirtschafts-)Wissenschaft in die Politik? Diese Frage wird immer wieder intensiv diskutiert (Haucap, 2020). Politikerinnen und Politiker klagen in diesem Zusammenhang regelmäßig über die aus ihrer Sicht zu realitätsfernen Ratschlägen der Wissenschaft, während Beraterinnen und Berater bemängeln, dass ihre Vorschläge vielfach ignoriert werden. Mithilfe der Public-Choice-Theorie (Mueller, 2003), die sich mit der ökonomischen Analyse politischer Entscheidungsprozesse befasst und die Nutzenkalküle der beteiligten Akteure berücksichtigt, lässt sich erklären, warum der Rat von Ökonominnen und Ökonomen oft ungehört bleibt. Denn im Kern dürften die gegenseitigen Vorwürfe darauf zurückzuführen sein, dass Beratung erfolglos bleiben muss, wenn sie die Eigengesetzlichkeiten des politischen Prozesses ignoriert. So streben politische Entscheidungsträger in der Regel danach, ihre Macht auszuweiten und ihre ideologischen Vorstellungen in konkrete Politik umzusetzen unter der Nebenbedingung, dass sie gewählt bzw. wiedergewählt werden. Da die Bürgerinnen und Bürger das Verhalten der sie repräsentierenden Politikerinnen und Politiker nur unzureichend kontrollieren und sanktionieren können (Prinzipal-Agent-Beziehung), haben die politischen Entscheidungsträger einen relativ großen diskretionären Handlungsspielraum, innerhalb dessen sie nicht befürchten müssen, von der Mehrheit der Wählerinnen und Wähler mit Wahlstimmenentzug abgestraft zu werden. Daher ist es für sie vielfach rational, einzelne, gut organisierte Interessengruppen zu Lasten der schlecht organisierbaren Allgemeinheit zu bevorzugen, um sich auf diese Weise Wählerstimmen zu sichern (Olson, 1965). Aufgrund dieser Anreizbedingungen des politischen Prozesses handeln Politikerinnen und Politiker nicht als perfekte Agenten der Bürgerinnen und Bürger. Insofern hat es wissenschaftlicher Rat schwer, der politische Entscheidungsträger mit Ratschlägen adressiert, die nicht ihren Interessen entsprechen. Eine Beratung, die die Anreize des politischen Systems berücksichtigt, muss Bürger und Politiker aufgrund ihrer Interessendivergenzen als zwei unterschiedliche Adressatengruppen behandeln. Dementsprechend ist zwischen Politikberatung (als Beratung der Bürger) und Politikerberatung zu differenzieren (Cassel, 2001, 2006). Politikberatung zielt darauf ab, die Bürgerinnen und Bürger über Reformnotwendigkeiten und Lösungsmöglichkeiten sowie die Wirksamkeit umgesetzter Politikmaßnahmen zu informieren, um sie so dabei zu unterstützen, politische Entscheidungen zu beurteilen. Sie wirkt mittelbar auf die Politik ein, indem sie die Öffentlichkeit aufklärt und die öffentliche Meinung beeinflusst. Politikerberatung hat dagegen zum Ziel, politische Entscheidungsträger unmittelbar zu beraten und muss die Anreizbedingungen des politischen Prozesses berücksichtigen. Um ihr Einflusspotenzial bestmöglich nutzen zu können, sollten Beratungsgremien je nach Ziel und Adressat der Beratung unterschiedlich institutionell ausgestaltet sein. Wesentlich für eine erfolgreiche Politikberatung ist die Unabhängigkeit der Berater. Erfolgreiche Politikerberatung kann am besten über ein regierungsintern institutionalisiertes Gremium erreicht werden. Den konkreten Erfolg von Beratung zu messen, begegnet allerdings großen Schwierigkeiten. So dürfte es im Einzelfall kaum möglich sein, eine bestimmte politische Entscheidung ursächlich auf einen bestimmten Ratschlag zurückzuführen, da u. a. der Zusammenhang zwischen Beratung und Veränderung relevanter ökonomischer Größen meist nur sehr indirekt und zeitverzögert ist (Baumann & Cassel, 2019).

Der Erfolg wissenschaftlicher Beratung hängt wesentlich auch davon ab, wie gut das Beratungsangebot ist. Dabei ist zu beachten, dass der wohlwollende Berater ebenso wenig existiert wie der wohlwollende Politiker. Auch wissenschaftliche Berater verfolgen eigene Interessen, etwa, durch die Beratung ihr Einkommen und ihr Ansehen zu erhöhen, und ihr Handeln wird durch die Anreizbedingungen des Wissenschaftsprozesses beeinflusst. Für eine wissenschaftliche Karriere ist es zentral, in hochrangigen internationalen Fachzeitschriften zu publizieren. Diese tendieren nach der q-r-Theorie des wissenschaftlichen Publizierens von Ellison jedoch dazu, die methodische Rigorosität (q) höher zu bewerten als die Relevanz der Fragestellung (r) (Ellison, 2002). Dies liege u. a. daran, dass es für internationale Gutachterinnen und Gutachter einfacher ist, die methodische Qualität einer Publikation zu beurteilen als deren wirtschaftspolitische Relevanz. Denn die verwendeten wissenschaftlichen Methoden seien weltweit dieselben und daher leicht zu begutachten, während die Beurteilung wirtschaftspolitischer Relevanz in der Regel landesspezifische institutionelle Detailkenntnisse voraussetze, die Gutachterinnen und Gutachter meist nicht hätten. Daher würden sich ihre Kommentare und Verbesserungsvorschläge auf methodische Fragen konzentrieren (Ellison, 2002)/(Haucap, 2020a, 2020b). Hinzu kommt, dass es einerseits in den US-amerikanischen Top-Journals einfacher ist, Beiträge zu platzieren, die einen Bezug zu den USA haben, als beispielsweise Analysen, die sich mit dem deutschen Sozialversicherungssystem beschäftigen (Das et al., 2013)/(Haucap, 2022). Und andererseits die für exzellente empirische Analysen notwendigen qualitativ hochwertigen Daten in Deutschland vielfach nicht verfügbar bzw. zugänglich sind, sodass sich Wissenschaftlerinnen und Wissenschaftler schlechter empirisch mit für Deutschland relevanten Fragestellungen befassen können (Haucap, 2022). Damit geht die Gefahr einer, dass sich Wissenschafts- und Beratungsprozess entkoppeln (Haucap, 2020).

In Deutschland existiert eine ausdifferenzierte Landschaft der wissenschaftlichen Beratung der Wirtschaftspolitik. Zu den bekanntesten Gremien zählen der Sachverständigenrat zur Begutachtung der gesamtwirtschaftlichen Entwicklung (SVR), die Wissenschaftlichen Beiräte beim Bundesministerium für Wirtschaft und Klimaschutz sowie beim Bundesministerium der Finanzen, die Monopolkommission und die großen wirtschaftswissenschaftlichen Forschungsinstitute. Ihnen gemeinsam ist, dass sie im internationalen Vergleich einen hohen Grad an Unabhängigkeit besitzen – im Falle des SVR ist die unabhängige Stellung sogar gesetzlich fixiert – und größtenteils staatlich finanziert sind. Auch wenn die Gremien sowohl die Öffentlichkeit als auch die Politik als ihre Adressaten ansehen, entsprechen sie weitgehend dem Modell der Politikberatung. Ein rein internes Gremium der Politikerberatung wie es in den USA mit dem Council of Economic Advisers existiert, gibt es in Deutschland nicht (Cassel, 2001)/(Baumann & Cassel, 2009)/(Haucap, 2020). Die Vielzahl der Gremien stellt eine gegenseitige Kontrolle und Wettbewerb der Beratungsangebote sicher. Robuste und gute Beratung profitiert von Diversität. Vielfalt in der Beratung sollte sich allerdings nicht nur auf die Anzahl der Gremien beschränken, sondern auch verschiedene Denkrichtungen innerhalb der Wirtschaftswissenschaft, Alter und Geschlecht der Beraterinnen und Berater sowie Interdisziplinarität umfassen.

Literatur
Baumann, E., & Cassel, S. (2009). *Ideen für die Politik von Morgen – Wissenschaftsbasierte Gremien der Politikberatung im Vergleich.* Diskussionspapier, Gesellschaft für Technische Zusammenarbeit (GTZ), Eschborn.
Baumann, E., & Cassel, S., et al. (2019). Wissenschaftliche Beratung der Wirtschaftspolitik in Deutschland und Bedingungen für ihren Erfolg. In S. Falk (Hrsg.), *Handbuch Politikberatung, 2, völlig neu* (bearbeitete, S. 285–302). Springer VS, Wiesbaden.
Cassel, S. (2001). *Politikberatung und Politikerberatung – Eine institutionenökonomische Analyse der wissenschaftlichen Beratung der Wirtschaftspolitik* (2. Aufl.). Paul Haupt, Bern/Stuttgart/Wien.
Cassel, S., et al. (2006). Politikberatung aus wirtschaftswissenschaftlicher Sicht. In S. Falk (Hrsg.), *Handbuch Politikberatung* (1. Aufl., S. 73–87). VS Verlag für Sozialwissenschaften, Wiesbaden.

Cassel, S., & Zibrowius, M. (2020). *Corona-Pandemie: Die Stunde der Experten?*. ECONWATCH Policy Brief, 5/2020, Berlin.

Das, J., et al. (2013). U.S. and them: The geography of academic research. *Journal of Development Economics, 105,* 112–130.

Ellison, G. (2002). Evolving standards for academic publishing: A q-r-theory. *Journal of Political Economy, 110*(5), 994–1034.

Haucap, J. (2020). Wirtschaftswissenschaftliche Politikberatung in Deutschland: Stärken, Schwächen, Optimierungspotenzial. In D. Loerwald (Hrsg.), *Ökonomische Erkenntnisse verständlich vermitteln: Herausforderungen für Wirtschaftswissenschaften und ökonomische Bildung* (S. 45–78). Springer, Berlin.

Haucap, J. (2022). Datenmangel und andere Probleme der wirtschaftswissenschaftlichen Politikberatung in Deutschland. *Wirtschaftsdienst, 102*(7), 506–510.

Habermas, J. (1964). Verwissenschaftlichte Politik und öffentliche Meinung. In R. Reich (Hrsg.), *Humanität und politische Verantwortung* (S. 54–73). Eugen Rentsch, Stuttgart.

Lompe, K., et al. (2006). Traditionelle Modelle der Politikberatung. In S. Falk (Hrsg.), *Handbuch Politikberatung* (1. Aufl., S. 25–34). VS Verlag für Sozialwissenschaften, Wiesbaden.

Mueller, D. C. (2003). *Public choice III* (3. Aufl.). Cambridge University Press, Cambridge.

Olson, M. (1965). *The logic of collective action – public goods and the theory of groups.* Harvard University Press, Cambridge.

Popper, K. R. (1934/1994). *Logik der Forschung* (10. Aufl.). Zur Erkenntnistheorie der modernen Naturwissenschaft, Mohr Siebeck, Tübingen.

Schelsky, H. (1965). Der Mensch in der wissenschaftlichen Zivilisation. In H. Schelsky (Hrsg.), *Auf der Suche nach der Wirklichkeit – Gesammelte Aufsätze* (S. 439–471). Eugen Diederichs, Düsseldorf.

Weber, M. (1913/1964). Gutachten zur Werturteilsdiskussion im Ausschuss des Vereins für Socialpolitik. In E. Baumgarten (Hrsg.), *Max Weber – Werk und Person* (S. 102–139). Mohr Siebeck, Tübingen.

Weiterführende Literaturempfehlungen

Falk, S., et al. (Hrsg.). (2006). *Handbuch Politikberatung* (1. Aufl.). VS Verlag für Sozialwissenschaften, Wiesbaden.

Falk, S., et al. (Hrsg.) (2019). *Handbuch Politikberatung* (2., völlig neu bearbeitete Aufl.). Springer Fachmedien, Wiesbaden

Leschke, M., & Pies, I. (Hrsg.). (2005). *Wissenschaftliche Politikberatung – Theorien, Konzepte, Institutionen, Schriften zu Ordnungsfragen der Wirtschaft* (Bd. 75). Lucius & Lucius, Stuttgart.

Schneider, K., & Weimann, J. (2016). *Den Diebstahl des Wohlstands verhindern – Ökonomische Politikberatung in Deutschland – Ein Portrait.* Springer Gabler. Wiesbaden.

Sievert, O. (1968). Die wirtschaftspolitische Beratung in der Bundesrepublik Deutschland. In L. P. Feld & C. Molitor (Hrsg.), *Olaf Sievert – Einfache Wahrheiten zählen* (S. 3–41). Mohr Siebeck, Tübingen.

MIX
Papier aus verantwortungsvollen Quellen
Paper from responsible sources
FSC® C105338

If you have any concerns about our products,
you can contact us on
ProductSafety@springernature.com

In case Publisher is established outside the EU,
the EU authorized representative is:
**Springer Nature Customer Service Center GmbH
Europaplatz 3, 69115 Heidelberg, Germany**

Printed by Libri Plureos GmbH
in Hamburg, Germany